OCA Java SE 8
Guia de Estudos
para o Exame 1Z0-808

```
F495o    Finegan, Edward.
            OCA Java SE 8 : guia de estudos para o Exame 1Z0-808 /
         Edward Finegan, Robert Liguori ; tradução: Aldir José
         Coelho Corrêa da Silva ; revisão técnica: Daniel Antonio
         Callegari. – Porto Alegre: Bookman, 2018.
            xxxviii, 524 p. : il. ; 25 cm

         ISBN 978-85-8260-476-2

            1. Ciência da computação. 2. Java (Linguagem de
         programação). I. Liguori, Robert. II.Título.

                                                   CDU 004.438Java
```

Catalogação na publicação: Karin Lorien Menoncin CRB -10/2147

Edward Finegan
Oracle Certified Associate

Robert Liguori
Oracle Certified Associate

OCA Java SE 8
Guia de Estudos
para o Exame 1Z0-808

Tradução:
Aldir José Coelho Corrêa da Silva

Revisão técnica:
Daniel Antonio Callegari
Doutor em Ciência da Computação
Professor da PUCRS

2018

Obra originalmente publicada sob o título
OCA Java SE 8 Programmer I Study Guide (Exam iZ0-808).
ISBN 1259587517 / 9781259587511

Edição original © 2016, McGraw-Hill Global Education Holdings, LLC. Todos os direitos reservados.

Gerente editorial: *Arysinha Jacques Affonso*

Colaboraram nesta edição:

Editora: *Mariana Belloli*

Capa: *Kaele Finalizando Ideias*

Preparação de original: *Clara Petter*

Projeto gráfico e editoração: *Techbooks*

Reservados todos os direitos de publicação, em língua portuguesa, à
BOOKMAN EDITORA LTDA., uma empresa do GRUPO A EDUCAÇÃO S.A.
Av. Jerônimo de Ornelas, 670 – Santana
90040-340 Porto Alegre RS
Fone: (51) 3027-7000   Fax: (51) 3027-7070

Unidade São Paulo
Rua Doutor Cesário Mota Jr., 63 – Vila Buarque
01221-020 São Paulo SP
Fone: (11) 3221-9033

SAC 0800 703-3444 – www.grupoa.com.br

É proibida a duplicação ou reprodução deste volume, no todo ou em parte, sob quaisquer
formas ou por quaisquer meios (eletrônico, mecânico, gravação, fotocópia, distribuição na Web
e outros), sem permissão expressa da Editora.

IMPRESSO NO BRASIL
PRINTED IN BRAZIL

Os autores

Edward Finegan é fundador da Dryrain Technologies. Sua empresa é especializada no desenvolvimento de softwares para iOS com o suporte de backends empresariais Java para a indústria de identificação e captura automática de dados (AIDC, automatic identification and data capture). Anteriormente Edward trabalhava na indústria de jogos de cassino, onde projetou e implementou softwares para máquinas de jogos. Ele também tem experiência em sistemas de gerenciamento de tráfego aéreo e protocolos de radar.

Finegan formou-se em ciência da computação na Rowan University e fez mestrado na mesma área na Virginia Commonwealth University. Sua tese, intitulada *Intelligent Autonomous Data Categorization*, examinou a possibilidade do uso de algoritmos de aprendizado de máquina para uma categorização de dados inteligente e autônoma.

Finegan é um ávido fã de esportes na Filadélfia. Gosta de estar com sua família, principalmente com sua esposa, Shannon, sua filha, Adalyn, e seu filho, AJ. Ele passa seu tempo livre participando de atividades ao ar livre e executando projetos de reparos caseiros, assim como conhecendo as tecnologias mais recentes.

Seu endereço de contato é edward@ocajexam.com.

Robert Liguori é diretor da Gliesian, LLC., uma empresa de desenvolvimento de softwares. Liguori formou-se em ciência da computação e tecnologia da informação no Richard Stockton College of New Jersey. Ele conquistou várias certificações da Oracle.

Liguori trabalhou com Edward Finegan na produção dos antecessores deste livro de certificação OCA, sendo o primeiro intitulado *SCJA Sun Certified Java Associate Study Guide (CX-310-019)* (McGraw-Hill Professional, 2009). Liguori e Ryan Cuprak produziram o livro *NetBeans IDE Programmer Certified Expert Exam Guide (Exam 310-045)* (McGraw-Hill Professional, 2010). Ele e sua esposa, Patricia, foram coautores de um guia de referência da linguagem Java: *Java Pocket Guide* (O'Reilly Media, Inc., 2008). O livro ganhou atualizações para as versões 7 e 8 de Java e agora está disponível em alemão e polonês.

Liguori gosta de estar com sua família e de andar de bicicleta e praticar *surf fishing*. Ele é guitarra base da banda May and the Wandering Minstrels. Também joga regularmente Google Ingress na equipe Enlightened.

O editor técnico

Ryan Cuprak é analista de formulação eletrônica na Dassault Systèmes e coautor de dois livros: *EJB in Action, Second Edition* (Manning Publications, 2014) e *NetBeans IDE Programmer Certification Expert Exam Guide* (McGraw-Hill Professional, 2010). Ele é presidente do Connecticut Java Users Group desde 2003 e apresentador do JavaOne Rock Star. Na Dassault Systèmes, trabalha no software de formulação química ENOVIA Enginuity e está envolvido no desenvolvimento para servidores desktop e backend assim como em migrações de dados de clientes. Antes de entrar na Dassault Systèmes, Cuprak trabalhou para uma empresa de computação distribuída, a TurboWorx, e também para o grupo de sistemas de tomografia molecular da Eastman Kodak, agora parte da Burker. Formou-se em ciência da computação e biologia na Loyola University Chicago.

Seu endereço de contato é ryan@ocajexam.com.

Para AJ, Adalyn e Shannon
—Edward G. Finegan

Para Ashleigh, Patti, minha família e amigos
—Robert J. Liguori

Agradecimentos

O exame OCA aborda uma quantidade de informações significativa detalhando áreas que vão dos aspectos básicos de Java a conceitos de orientação a objetos. Para concluir um projeto volumoso como o deste livro, abrangendo todos os objetivos relacionados, os autores decidiram adotar a abordagem de dividir para conquistar distribuindo os capítulos de acordo com suas habilidades individuais. Finegan dedicou-se aos capítulos que abordam conceitos básicos da orientação a objetos. Ligouri ficou com os capítulos sobre os principais fundamentos da linguagem Java.

Agradecimentos à equipe de projeto do guia de estudos para o exame OCA Java SE 8 Programmer

A equipe de suporte profissional da McGraw-Hill: Timothy Green, Amy Stonebraker, Jody McKenzie, Jim Kussow, LeeAnn Pickrell, Lisa Theobald, Lisa McCoy e Rebecca Plunkett

Na Waterside Productions, Inc.: Carole Jelen McClendon

Editor técnico: Ryan Cuprak

Revisores informais: Shannon Reilly Finegan, Richard Tkatch (OCA versão 7) e Wayne Smith (versão do SCJA)

Agradecimentos pessoais

Obrigado a toda a minha família e amigos. Um projeto como esse acaba demorando mais tempo do que se espera. Sua paciência e encorajamento me mantiveram motivado para finalizar essa aventura. Gostaria de agradecer especialmente à minha esposa, Shannon. Ela deu à luz nosso primeiro filho, Adalyn, durante a segunda edição deste livro. Seguindo a tradição, durante esta terceira edição, nosso segundo filho AJ entrou para a família. Shannon sempre me ajudou a dividir o tempo entre a família e meus esforços profissionais. Sem seu suporte, este livro nunca teria sido concluído.

Também gostaria de expressar minha gratidão a meu coautor, Robert Liguori. Foi uma experiência enriquecedora ser seu colaborador neste projeto. Robert é um profissional talentoso e eu o agradeço sinceramente por me manter focado. Seu entusiasmo e dedicação com a comunidade Java é realmente notável e isso fica claro em seu trabalho.

—Edward G. Finegan

Gostaria de agradecer à minha família, amigos e primos por sua amizade e suporte. Obrigado novamente à minha linda esposa, Patti, e à nossa maravilhosa filha, Ashleigh!

Obrigado também ao meu tecnicamente astuto coautor Edward Finegan por trabalhar no livro comigo; que jornada e esforço maravilhosos fizemos! Agradeço a nosso revisor técnico, Ryan Cuprak, e a todas as pessoas da Waterside e McGraw-Hill Professional que tornaram este livro possível.

—Robert J. Liguori

Prefácio

A finalidade deste guia de estudo é prepará-lo para o exame OCA Java SE 8 Programmer I (IZO-808) para que você conquiste sua certificação Oracle Certified Associate, Java SE 8 Programmer (OCA Java SE 8 Programmer). Essa preparação será realizada por intermédio da familiarização com o conhecimento necessário de aspectos básicos, conceitos, ferramentas e tecnologias da linguagem Java que serão apresentados no exame. Resumindo, este livro foi escrito para ajudá-lo a passar no exame. Logo, áreas de objetivos específicos são apresentadas com detalhes. Informações periféricas, que não sejam necessárias para o sucesso no exame, podem não ter sido incluídas ou ser apresentadas de maneira limitada. Já que o livro aborda muitas informações sobre os fundamentos da linguagem Java e tecnologias relacionadas, você também pode usá-lo como guia de referência geral sem relação com o proccsso de certificação.

Obter a certificação OCA Java SE 8 Programmer solidificará seus conhecimentos da linguagem de programação Java, definirá a base para sua evolução nas tecnologias relacionadas e o identificará realmente como um especialista em Java. Recomendamos firmemente a certificação OCA Java SE 8 Programmer para programadores e desenvolvedores de software experientes.

A série de certificação da Oracle para Java inclui vários exames tanto para Java SE quanto para Java EE. Este guia de estudo enfoca a primeira etapa dos exames relacionados a Java SE.

Passar no exame Java SE 8 Programmer I (IZ0-808) permitirá que você receba a certificação Oracle Certified Associated, Java SE 8 Programmer. Uma vez que você a receber, poderá fazer o exame Java SE 8 Programmer II (IZ0-809) para obter a certificação Oracle Certified Professional, Java SE 8. Se você já possui certificações Java anteriores, pode tentar subir de nível fazendo o exame Java SE 8 Programmer (IZ0-810) para passar diretamente para a certificação Oracle Certified Professional, Java SE 8.

Neste livro

Este livro aborda os fundamentos de Java, inclusive ferramentas de desenvolvimento, estruturas básicas, operadores e strings. Também aborda princípios e conceitos da orientação a objetos, como as classes e os relacionamentos entre elas. Um conjunto de apêndices apresenta as palavras-chave Java, convenções usadas para parênteses, o padrão Unicode, algoritmos em pseudocódigo, pacotes do Java SE e a Unified Modeling Language (UML). Um glossário útil também é fornecido. Divirta-se.

Material complementar

Visite o site do Grupo A (loja.grupoa.com.br) e busque, na página do livro, o ícone Conteúdo Online. Lá você encontrará um link para download do material complementar em inglês. O arquivo inclui o software de exame prático da Oracle Press, códigos-fonte exclusivos representados no livro e o arquivo de projeto Enterprise Architect contendo os diagramas UML que foram gerados e usados como fonte das figuras (mostrado na Figura 1). Para obter mais informações sobre o material complementar do livro, consulte o Apêndice I, "Material complementar".

Lista de verificação de preparação para o exame

No fim da "Introdução", você encontrará uma "Lista de verificação de preparação para o exame". Essa tabela foi construída para permitir que você compare os objetivos oficiais do exame com os objetivos como são apresentados e abordados neste livro.

A lista de verificação o ajudará a avaliar seu nível de conhecimento em cada objetivo no início dos estudos para que você possa verificar seu progresso e dedicar o tempo necessário a seções mais difíceis ou desconhecidas. São fornecidas referências para os objetivos exatamente como o exame os apresenta, para a seção do guia de estudo que os aborda, além de uma referência ao capítulo e à página.

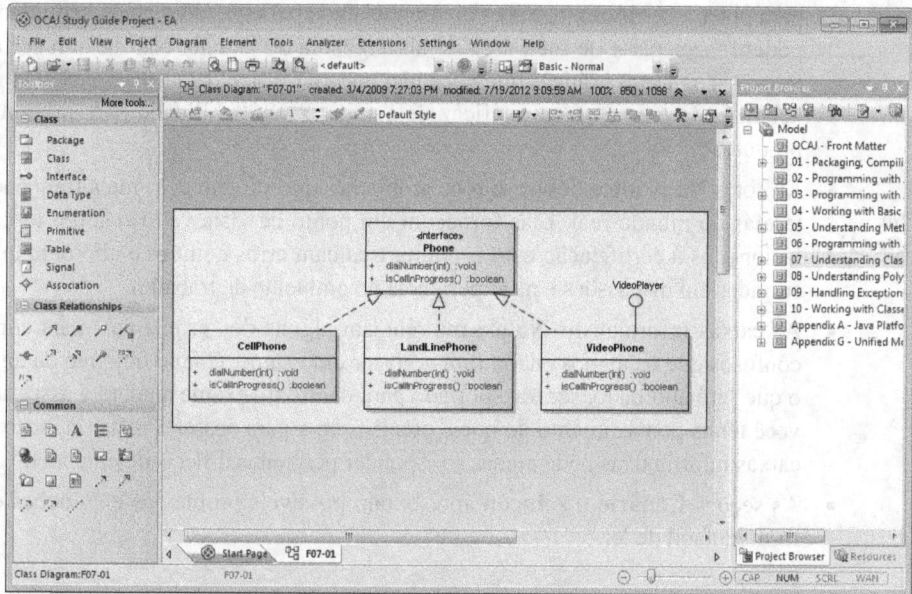

FIGURA 1   Ferramenta CASE Enterprise Architect.

Em todos os capítulos

Criamos um conjunto de componentes nos capítulos que chamam a atenção para itens importantes, reforçam pontos relevantes e fornecem dicas úteis para a realização do exame. Veja o que você encontrará em cada capítulo:

- Todos os capítulos começam com os **Objetivos da certificação** – o que você precisa saber para passar na seção do exame que lida com o tópico do capítulo. Os títulos identificam os objetivos dentro do capítulo, para que você sempre reconheça um objetivo quando o encontrar!
- As notas de **Fique atento** chamarão a atenção para informações sobre o exame e as possíveis armadilhas que ele pode apresentar. Essas dicas úteis foram escritas por autores que fizeram os exames e receberam a certificação. Ninguém seria mais apto para lhe dizer com o que deve tomar cuidado. Eles sabem o que você vai encontrar!

Fique
   @tento

Instruções rotuladas não devem cair no exame. Sua inclusão visa apenas complementar os recursos fornecidos pelas instruções de transferência de controle.

- **Exercícios** foram inseridos no decorrer dos capítulos. Eles foram projetados como exercícios práticos que lhe permitirão vivenciar a experiência do dia-a-dia necessária para obter a certificação. Serão de grande ajuda para que domine as habilidades que podem fazer parte de uma área de abrangência do exame. Não devem ser apenas lidos – são tarefas práticas que você não pode ter dificuldades para executar. Aprender fazendo é uma maneira eficaz de aumentar sua habilidade para lidar com um produto.

Na prática

- As notas **Na prática** descrevem os problemas que surgem com mais frequência nas tarefas do mundo real. Elas fornecem um ponto de vista valioso sobre tópicos relacionados à certificação e ao produto. Realçam erros comuns e abordam questões surgidas em discussões e na experiência no ambiente de trabalho.
- As caixas informativas **No exame** realçam alguns dos problemas mais comuns e confusos que os alunos encontram ao fazer um exame. Com o objetivo de antecipar o que será abordado, ser transportado para dentro do exame ajudará a assegurar que você tenha conhecimento do que é preciso saber para passar. Prestar atenção nessas caixas informativas pode ajudar a responder perguntas difíceis de entender.
- As seções **Cenário e solução** apresentam possíveis problemas e soluções em um formato fácil de ler.

Cenário e solução

Você deseja usar um operador AND que avalie o segundo operando se o primeiro operando for igual a verdadeiro ou falso. Qual usaria?	AND booleano (&)
Você deseja usar um operador OR que avalie o segundo operando se o primeiro operando for igual a verdadeiro ou falso. Qual usaria?	OR booleano (|)
Você deseja usar um operador AND que avalie o segundo operando somente quando o primeiro operando for igual a verdadeiro. Qual usaria?	AND lógico (&&)
Você deseja usar um operador OR que avalie o segundo operando somente quando o primeiro operando for igual a falso. Qual usaria?	OR lógico (||)

- O **Resumo para a certificação** apresenta uma descrição sucinta do capítulo e reitera os pontos de destaque do exame.
- A **Revisão rápida** no fim de cada capítulo é uma lista de verificação com os principais assuntos do capítulo. Use-o para uma revisão de última hora.
- O **Teste** oferece perguntas semelhantes às encontradas nos exames de certificação. As respostas, assim como suas explicações, podem ser visualizadas no fim dos capítulos. Fazendo o teste após terminar cada capítulo, você reforçará o que aprendeu e se familiarizará com a estrutura das perguntas do exame.

Algumas sugestões

Ao terminar de ler este livro, dedique um tempo para fazer uma revisão completa. Pode ser bom consultá-lo várias vezes fazendo uso de todos os métodos oferecidos para a revisão do material.

- *Releia todas as Revisões rápidas,* ou peça a alguém para lhe fazer as perguntas. Você também pode usar os exercícios como um reforço breve antes do exame. Se quiser, crie cartões com fichas 3×5 contendo material das Revisões rápidas.
- *Releia todas as notas Fique atento e os elementos das caixas No exame.* Lembre-se de que essas notas foram escritas por autores que fizeram o exame e passaram. Eles sabem o que você encontrará – e com o que deve tomar cuidado.
- *Revise todas as seções Cenário e solução* para poder resolver problemas rapidamente.
- *Refaça os testes.* Fazer os testes logo após você ter lido o capítulo é uma boa ideia porque as perguntas ajudarão a reforçar a lição que acabou de ser aprendida. No entanto, é uma ideia ainda melhor voltar posteriormente e considerar todas as perguntas do livro de uma só vez. Sinta-se como se estivesse fazendo o exame nesse momento. Na primeira vez que você percorrer as perguntas, deve anotar suas respostas em um pedaço de papel separado. Dessa forma, poderá repassar as perguntas quantas vezes precisar até se sentir à vontade com o material.
- *Faça os exercícios.* Você fez os exercícios ao percorrer cada capítulo? Se não os fez, faça-os! Os exercícios foram projetados para abordar os tópicos do exame e não há maneira melhor de conhecer esse material a não ser praticando. Certifique-se de entender por que está executando cada etapa de cada exercício. Se não estiver seguro quanto um tópico específico, releia esta seção do capítulo.

Sumário

Introdução xxvii

Particularidades sobre o exame de certificação
OCA Java SE 8 Programmer xxviii
    Referências ao exame. xxviii
    Dinâmica do exame Java SE 8 Programmer I (IZ0-808). xxviii
    Agendando o exame OCA. xxviii
    Vouchers de teste da Pearson VUE. xxix
    Localizador de centros de teste da Pearson VUE. xxix
    Preparando-se para o exame OCA xxx
    O que você deve fazer. xxx
    O que não deve fazer xxx
    Fazendo o exame OCA. xxxi
    Compartilhando seu sucesso. xxxi
    Reagendando o exame OCA. xxxi

Recursos adicionais para o exame OCA xxxi
    Software Java. xxxii
    Fóruns online da comunidade Java. xxxii
    Especificações e documentação de ferramentas e tecnologias Java . . xxxii
    Livros que abordam material encontrado no exame OCA xxxii

Exames OCA simulados.................................xxxiii
Ambientes de desenvolvimento integrado...............xxxiii
Ferramentas com recursos de modelagem UML............xxxiii
Recursos variados.....................................xxxiv
Programa de certificação em tecnologia Java da Oracle.......... xxxv
Nota do Revisor Técnico xxxviii

1. Empacotamento, compilação e interpretação de código Java 1

A plataforma Java 2
    Independência de plataforma.............................2
    A Filosofia orientada a objetos de Java.................3
    Robustez e segurança....................................3
Compreender pacotes 4
    Projetando pacotes......................................4
    Instruções package e import.............................5
    Exercício 1-1: Substituindo instruções import implícitas
    por instruções import explícitas........................9
Compreender classes derivadas de pacotes 11
    API Java de utilitários................................11
    A API Java de entrada/saída básica.....................12
    API Java de rede.......................................14
    API Java do Abstract Window Toolkit....................14
    API Java do Swing......................................15
    API do JavaFX..16
Compreender a estrutura das classes 17
    Convenções de nomenclatura.............................17
    Separadores e outros símbolos em código-fonte Java.....18
    Estrutura das classes Java.............................18
Compilar e interpretar código Java 22
    Compilador Java..22
    Interpretador Java.....................................25
    Exercício 1-2 Compilando e interpretando software empacotado....28
    Revisão Rápida...31
    Teste..33
    Respostas do Teste.....................................36

2 Programação com instruções Java 43

Compreender instruções de atribuição 46
    A instrução de expressão de atribuição 46

Criar e usar instruções condicionais. 48
    A Instrução Condicional if 48
    A instrução condicional if-then 50
    A instrução condicional if-then-else. 51
    O operador ternário. 53
    A instrução condicional switch 54
    Exercício 2-1   Avaliando a classe String em uma instrução switch . . . 57

Criar e usar instruções de iteração. 57
    A instrução de iteração de laços for 57
    A instrução de iteração de laços for melhorado 59
    Exercício 2-2   Iterando por um ArrayList ao aplicar condições. 60
    A instrução de iteração while 60
    A instrução de iteração do-while. 61
    Exercício 2-3   Executando refatoração de código. 62
    Exercício 2-4   Conhecendo as palavras-chave relacionadas
    às instruções. 63

Criar e usar instruções de transferência de controle 64
    A instrução de transferência de controle break 64
    A instrução de transferência de controle continue 65
    A instrução de transferência de controle return 65
    A instrução rotulada 66
    Revisão Rápida. 69
    Teste 71
    Respostas do Teste 74

3 Programação com operadores e strings Java 81

Compreender operadores básicos 82
    Operadores de atribuição 83
    Exercício 3-1   Usando operadores de atribuição compostos. 84
    Operadores aritméticos. 86
    Operadores relacionais 88
    Operadores lógicos 90
    Compreendendo a precedência de operadores 93

Usar objetos string e seus métodos 96
    Strings. 96
    Operador de concatenação de strings. 98

Exercício 3-2 Revelando bugs que seu compilador pode
não encontrar...100
Métodos da classe String...101
Usar objetos StringBuilder e seus métodos....................108
Métodos da classe StringBuilder.................................109
Exercício 3-3 Usando construtores da classe StringBuilder.......112
Verificar a igualdade entre strings e outros objetos..........113
Método equals da classe String..................................114
Exercício 3-4 Trabalhando com o método compareTo
da classe String..115
Revisão Rápida..116
Teste...119
Respostas do Teste..126

4 Classes e variáveis básicas 137

Compreender primitivos, enumerações e objetos...............138
Variáveis primitivas..138
Objetos...145
Exercício 4-1 Compile e execute um objeto......................149
Arrays..149
Enumerações...150
A linguagem Java é fortemente tipificada........................151
Convenções de nomenclatura......................................152
Usar primitivos, enumerações e objetos......................153
Literais..153
Exemplos de primitivos, enumerações e objetos...................154
Exercício 4-2 Criando getters e setters.......................156
Revisão Rápida..159
Teste...161
Respostas do Teste..167

5 Métodos e escopo de variáveis 179

Criar e usar métodos..180
Usando a sintaxe para métodos...................................180
Criando e chamando um método....................................183
Sobrecarregando um método.......................................184
Passar objetos por referência e por valor...................186
Passando primitivos por valor para métodos......................186
Passando objetos por referência para métodos....................187

Compreender o escopo de variáveis 188
    Variáveis locais. 189
    Parâmetros de método 191
    Variáveis de instância. 192
    Ciclo de vida de um objeto. 193
Criar e usar construtores. 194
    Criando um construtor. 194
    Sobrecarregando um construtor. 196
    Usando o construtor padrão 197
Usar as palavras-chave this e super 197
    A palavra-chave this 197
    A palavra-chave super 199
Criar métodos estáticos e variáveis de instância 201
    Métodos estáticos 201
    Variáveis estáticas 202
    Constantes 204
    Revisão Rápida. 206
    Teste 208
    Respostas do Teste 215

6   Programação com arrays. 227

Trabalhar com arrays Java 228
    Arrays unidimensionais 228
    Arrays multidimensionais. 232
Trabalhar com objetos ArrayList e seus métodos 235
    Usando a classe ArrayList 235
    ArrayList versus arrays padrão 238
    Exercício 6-1   Implemente um ArrayList e um array padrão. 239
    Revisão Rápida. 240
    Teste 242
    Respostas do Teste 248

7   Herança de classes 257

Implementar e usar herança e os tipos de classe 258
    Herança. 259
    Sobrescrevendo métodos 262
    Classes abstratas. 263
    Interfaces. 264
    Conceitos avançados de herança. 266

Compreender princípios do encapsulamento................... 267
    Um bom design com encapsulamento 268
    Modificadores de acesso................................268
    Setters e getters 271
Uso avançado de classes com herança e encapsulamento........ 272
    Exemplo de modificadores de acesso Java 273
    Exemplos de herança com classes concretas 274
    Exemplos de herança com classes abstratas 277
    Exercício 7-1 Adicione uma funcionalidade ao
    simulador de plantas 282
    Exemplo de interface..................................282
    Revisão Rápida......................................286
    Teste..288
    Respostas do teste....................................292

8 Polimorfismo e coerções............................... 301

Compreender polimorfismo 302
    Conceitos do polimorfismo 302
    Exemplos práticos de polimorfismo 306
    Exercício 8-1 Adicione funcionalidade ao exemplo de Describable ..312
Compreender coerção 316
    Quando a coerção é necessária..........................317
    Revisão Rápida......................................323
    Teste..325
    Respostas do teste....................................329

9 Tratamento de exceções 337

Compreender a base lógica e os tipos de exceções.............. 338
    Vantagens das exceções...............................338
    Hierarquia das exceções em Java.........................339
    Exceções verificadas..................................340
    Exceções não verificadas 340
    Erros (não verificados)................................341
    Exercício 9-1 Determinando quando usar asserções
    em vez de exceções 341
Compreender a natureza das exceções....................... 341
    Lançando exceções 342
    Propagando exceções 343
    Exercício 9-2 Criando uma classe Exception personalizada 343

Alterar o fluxo do programa 344
    A instrução try-catch 344
    A instrução try-finally 347
    A instrução try-catch-finally 348
    A instrução try-with-resources 348
    A cláusula multi-catch 351
    Exercício 9-3 Usando modelos de código do NetBeans
    para elementos de tratamento de exceções 351
Reconhecer exceções comuns 352
    Exceções verificadas comuns 353
    Exceções não verificadas comuns 354
    Erros comuns 356
    Exercício 9-4 Criando uma condição de erro 358
    Revisão Rápida 360
    Teste 362
    Respostas do teste 366

10 Programação com a API de data e hora 375

Trabalhar com a API de data e hora 376
    Criação de dados de calendário 377
    Manipulação de dados de calendário 380
    Períodos de calendário 382
    Exercício 10-1 Usando o método normalized da classe Period 386
    Formatação de dados de calendário 387
    Revisão Rápida 392
    Teste 393
    Respostas do teste 396

11 Expressões lambda 401

Escrever expressões lambda 402
    Programação funcional 403
    Interfaces funcionais 404
    Expressões lambda 405
    Exemplo de expressões lambda e de uma FI 407
    A interface funcional Predicate 413
    Exercício 11-1 Refatoração para expressões lambda via IDE 419
    Revisão Rápida 420
    Teste 421
    Respostas do teste 424

A Relacionamentos entre classes 429

Compreendendo composições e associações de classes. 430
    Composições e associações de classes. 430
    Relacionamentos entre classes. 431
    Multiplicidades. 434
    Composições e associações de classes na prática 435
    Exemplos de relacionamentos de associação de classes. 436
    Exemplos de relacionamentos de composição de classes 438
    Exemplos de navegação da associação 439

B Pacotes Java SE 8 441

Pacotes principais. 442
Pacotes de integração. 446
Pacotes de interface de usuário. 448
Pacotes de segurança. 454
Pacotes baseados em XML 455
Pacotes temporais 458

C Palavras-chave Java 459

D Convenções de parênteses 461

Convenções Java para tipos de parênteses. 462
Convenções variadas para tipos de parênteses. 462

E Padrão Unicode 463

Caracteres de pontuação ASCII 464

F Algoritmos em pseudocódigo 467

Implementando algoritmos relacionados a instruções a partir de pseudocódigo. 468
    Algoritmos em pseudocódigo. 468
    Algoritmos em pseudocódigo e Java. 470

G Unified Modeling Language 471

Reconhecendo representações de elementos UML significativos ... 474
    Diagramas de classes concretas, classes abstratas e interfaces 475
    Atributos e operações 476
    Modificadores de visibilidade 478

Reconhecendo representações de associações UML 479
    Caminhos gráficos 479
    Especificadores de relacionamento 481

H Interfaces funcionais 483

FIs de uso específico 484
FIs de uso geral 485

I Material complementar 489

Como baixar o material complementar 490
Requisitos de sistema 490
Software de exame prático da Oracle Press 490
    Instalando o software de exame prático 490
    Executando o software Practice Exam 491
    Recursos do software Practice Exam 491
    Removendo a instalação 491
    Ajuda 492
Cópia gratuita do livro em inglês em PDF 492
Conteúdo adicional 492
Suporte técnico 492
    Solução de problemas no Windows 8 492
    Suporte ao conteúdo da McGraw-Hill Education 493

Glossário 495

Índice 507

Introdução

Este *Guia de Estudo para o Exame OCA Java SE 8 Programmer I* foi projetado para ajudá-lo a se preparar para passar no exame Java SE 8 Programmer I da Oracle e obter a certificação OCA Java SE 8 Programmer. O material do livro é apresentado por conteúdo textual, exemplos de código, exercícios e muito mais. Até onde possível, os exemplos de código foram validados nos sistemas operacionais Apple OS X, Microsoft Windows e Linux. As informações de todos os objetivos do exame são abordadas com detalhes.

Os tópicos a seguir são examinados neste livro:

- A plataforma Java SE
- Ferramentas Java de desenvolvimento e suporte
- Aspectos básicos de Java, que incluem instruções, variáveis, primitivos de métodos, e operadores.
- Métodos e funcionalidade das classes String e StringBuilder
- Elementos básicos de Java, que incluem tipos primitivos, arrays, enumerações e objetos
- Classes e interfaces, inclusive o relacionamento entre classes
- Princípios de orientação a objetos

- Tratamento de exceções
- API de data e hora
- Expressões lambda

Vários apêndices também foram incluídos para ajudá-lo em seus estudos.

Particularidades sobre o exame de certificação OCA Java SE 8 Programmer

As particularidades sobre os objetivos do exame OCA Java SE 8 Programmer encontram-se detalhadas no site de certificação da Oracle (http://education.oracle.com). Aspectos específicos do processo de registro no exame serão fornecidos pela Pearson VUE quando você se inscrever para participar. No entanto, detalharemos nas próximas seções as informações mais importantes que é necessário saber para se inscrever e fazer o exame. No site de certificação da Oracle é possível ver os detalhes mais recentes sobre os objetivos do exame.

Referências ao exame

O nome formal desse exame é Java SE 8 Programmer I (IZ0-808). Se você passar, receberá a certificação Oracle Certified Associate, Java SE 8 Programmer.

Pesquisando no Google, vemos que as pessoas e as fontes de informação estão chamando o exame IZ0-808 de *exame OCA, exame OCAJ, exame OCAJP e exame OCAJP8*. Estas referências estariam relacionadas às certificações OCA, OCAJ, OCAJP e OCAJP8.

Para simplificar, resolvemos chamar o exame de *exame OCA* e a certificação de *certificação OCA*.

Dinâmica do exame Java SE 8 Programmer I (IZ0-808)

Esse exame destina-se a programadores e desenvolvedores Java experientes que queiram obter a certificação Java básica. O exame, que não tem pré-requisitos, é composto por 77 perguntas. É necessário acertar 65% para ser bem-sucedido – em outras palavras, você deve responder pelo menos 50 das 77 perguntas corretamente para passar. O limite de tempo designado é de 120 minutos (2 horas).

O custo atual do exame é de 245 dólares. Se você estiver trabalhando em uma empresa de serviços técnicos, verifique se ela tem uma política de assistência educacional.

Agendando o exame OCA

O exame deve ser realizado em um local de teste credenciado pela Pearson VUE. Você pode marcar seu exame usando um desses três métodos:

- Online
- Por telefone
- Pelo centro de testes

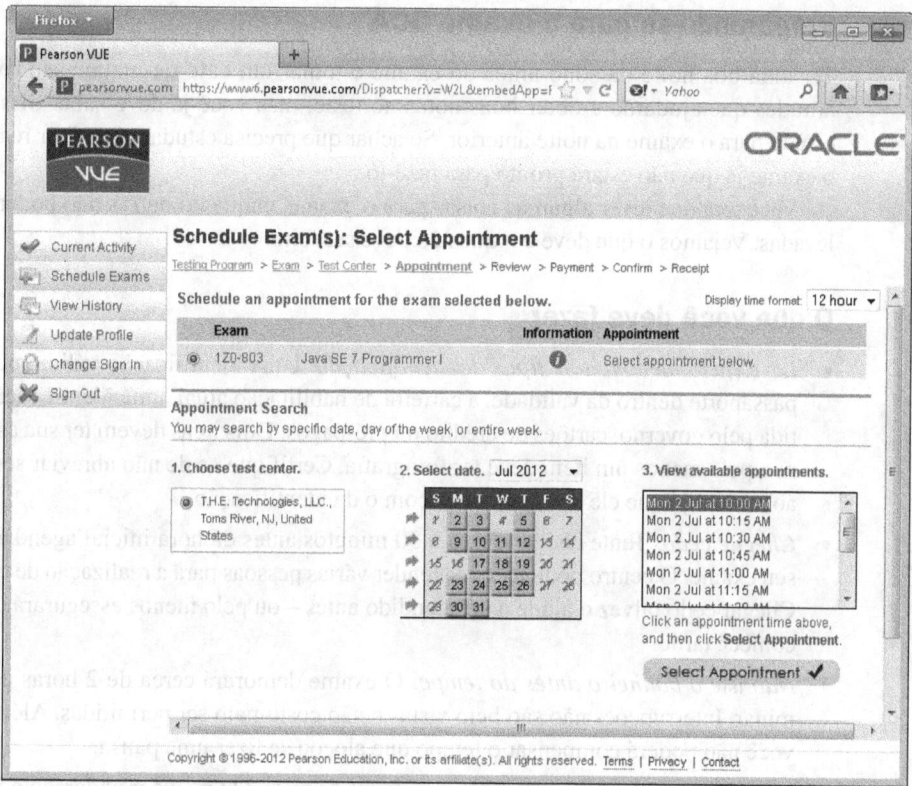

FIGURA 2 Agendando um exame.

Você encontrará todas as informações necessárias referentes a essas opções no site da Pearson VUE (www.pearsonvue.com/oracle/). Para uma visualização rápida, a Figura 2 mostra o processo de agendamento no site.

Vouchers de teste da Pearson VUE

Vouchers de teste (certificados de exame pré-pagos) podem estar disponíveis para compra para o exame OCA. Para obter mais informações sobre a compra de vouchers de teste, visite a página de informações de vouchers no site da Pearson VUE em www1.pearsonvue .com/vouchers/, ou visite a loja de vouchers em www1.pearsonvue.com/contact/voucherstore/.

Localizador de centros de teste da Pearson VUE

Se estiver interessado em encontrar um local de teste perto de você, use o Localizador de Centros de Teste da Pearson Vue em www.vue.com/vtclocator/.

Preparando-se para o exame OCA

Ter uma boa noite de sono antes do exame e tomar um café-da-manhã saudável são atitudes que ajudarão a obter boas notas no teste, mas você já deve saber disso. Não estude para o exame na noite anterior. Se achar que precisa estudar, é melhor reagendar o exame já que não estará pronto para fazê-lo.

Você terá que levar algumas coisas para o exame, enquanto outras não poderão ser levadas. Vejamos o que deve e o que não deve ser feito.

O que você deve fazer

- *Leve (pelo menos) dois tipos de identificação.* Uma identificação válida inclui um passaporte dentro da validade, a carteira de habilitação atual, uma identificação emitida pelo governo, cartões de crédito ou pré-pagos. Dois itens devem ter sua assinatura e pelo menos um item deve ter fotografia. Certifique-se de não abreviar seu nome ao assinar já que ele deve coincidir com o da identificação.
- *Chegue cedo.* Tente chegar de 15 a 30 minutos antes da hora inicial agendada para seu exame. O centro pode ter que atender várias pessoas para a realização de exames. Chegar cedo talvez o ajude a ser atendido antes – ou pelo menos assegurará que não comece tarde.
- *Não use o banheiro antes do tempo.* O exame demorará cerca de 2 horas para terminar. Interrupções não são bem vistas e não costumam ser permitidas. Além disso, você não poderá compensar o tempo que alocou se fizer uma pausa.
- *Leve orientações de como chegar no local de teste.* Ou pegue o endereço e insira-o em seu navegador GPS ou aplicativo de rotas se tiver um.

O que não deve fazer

- *Não leve seu laptop, tablets, telefone ou pager para o exame.* Alguns centros também podem pedir que você não entre na área de teste com seu relógio ou carteira.
- *Não leve livros, notas ou material de escrita.* Talvez lhe deem um noteboard apagável para usar. Não use o noteboard antes do exame começar.
- *Não leve objetos grandes.* Pode não haver um local de armazenagem disponível para mochilas com livros e jaquetas. No entanto, talvez o centro de teste forneça armários pequenos e seguros. Antes de guardar seu celular ou outro dispositivo eletrônico, desligue-o.
- *Não leve bebidas ou lanches para o exame.* Mas não deixe de apreciar petiscos enquanto estuda.
- *Não estude no centro de teste.*

Fazendo o exame OCA

Imediatamente antes da execução do exame, o supervisor pode pedir sua fotografia. Leve seu melhor sorriso. Podem lhe pedir que assine e espere enquanto o supervisor prepara seu exame em um PC. No meu caso, o supervisor ajustou a webcam na sala colocando-a virada para mim. Ele terá que se certificar se você acessou a primeira pergunta e então sairá da sala. Boa sorte!

Após o exame, podem lhe passar uma pesquisa opcional baseada em computador, perguntando sobre sua experiência técnica e pedindo outras informações relacionadas. Um engano comum é achar que as perguntas têm relação com as questões apresentadas no exame; a pesquisa não tem relação com as perguntas do exame. Podem ser necessários alguns minutos para terminá-la. As informações coletadas serão importantes para o desenvolvimento e o aprimoramento de exames futuros, logo, responda honestamente.

Depois que você terminar o exame, seus resultados aparecerão na tela e também serão impressos. Procure o supervisor (a equipe do teste) para pegar os resultados na impressora e assinar. O importante aqui é que *você não saia* ao concluir o exame; fique e pegue os resultados.

Compartilhando seu sucesso

Gostaríamos de saber como foi seu desempenho. Você pode enviar um e-mail para results@ocajexam.com ou postar os resultados no Wall of Fame do portal Java Ranch.

Reagendando o exame OCA

Se precisar reagendar (ou cancelar) seu exame, faça-o 24 horas antes dele começar. Use a página de serviços de participantes de testes da VUE (www.vue.com/programs/) para lhe ajudar no reagendamento ou entre em contato com a Pearson VUE diretamente. O reagendamento nas 24 horas anteriores ao exame fica sujeito à mesma taxa diária perdida. Não serão concedidos reembolsos se você não comparecer ao exame (isto é, se não cancelar e não aparecer).

Recursos adicionais para o exame OCA

Você encontrará vários recursos para complementar este livro e ajudar em seu objetivo de obter a certificação OCA. Esses recursos incluem utilitários de software Java, fóruns da comunidade Java, especificações da linguagem e documentação relacionada, livros relacionados ao OCA, exames fictícios online e à venda, e ferramentas de software (como as ferramentas CASE de IDE e assim por diante). Embora essas ferramentas e recursos periféricos sejam altamente benéficos e recomendados, eles são opcionais no que diz respeito a passar no exame; este livro tenta abordar todo o material necessário.

As seções a seguir detalham os recursos mencionados anteriormente.

Software Java

Java Development Kits, www.oracle.com/technetwork/java/archive-139210.html
Java Enterprise Editions (não faz parte do escopo do exame, informado aqui só para seu conhecimento), www.oracle.com/technetwork/java/javaee/overview/index.html

Fóruns online da comunidade Java

- Fóruns de tecnologia Java no Big Moose Saloon do portal Java Ranch, www.coderanch.com/forums
- Fóruns de programação Java, http://javaprogrammingforums.com/
- </dream.in.code>, www.dreamincode.net/forums/forum/32-java/
- IBM – fóruns de tecnologia Java, www.ibm.com/developerworks/forums/dw_jforums.jspa
- Fórum de Java Tek Tips, www.tek-tips.com/threadminder.cfm?pid=269
- Code Guru – Java Programming, http://forums.codeguru.com/forumdisplay.php?f=67
- Go4Expert, www.go4expert.com/forums/forumdisplay.php?f=21
- Grupos de Usuários Java, http://home.java.net/jugs/java-user-groups

Especificações e documentação de ferramentas e tecnologias Java

- The Java Tutorials, http://docs.oracle.com/javase/tutorial/
- Java Platform Standard Edition 8 Documentation, http://docs.oracle.com/javase/8/docs/
- Java Platform, Standard Edition 8 API Specification, http://docs.oracle.com/javase/8/docs/api/
- *The Java Language Specification: Java SE 8 Edition*, http://docs.oracle.com/javase/specs/jls/se8/jls8.pdf

Livros que abordam material encontrado no exame OCA

Embora o livro que você tem em mãos aborde satisfatoriamente tudo que é preciso saber para passar no exame, leituras complementares podem ajudar. Tente ler os livros a seguir para aperfeiçoar suas habilidades:

- *Java 8 Pocket Guide*, de Robert e Patricia Liguori (O'Reilly Media, Inc., 2014)
- *NetBeans IDE Programmer Certified Expert Exam Guide (Exam -310-045)* de Robert Liguori e Ryan Cuprak (McGraw-Hill Professional, 2010)
- *Java: The Complete Reference*, de Herbert Schildt (McGraw-Hill Professional, 2014)

Exames OCA simulados

Além dos exames simulados online associados a este livro, existem vários outros exames OCA simulados gratuitos e à venda. Listaremos diversos recursos aqui.

- Exames práticos de certificação da Oracle, http://education.oracle.com/pls/web_prod-plq-dad/db_pages.getpage?page_id=208
- Exames simulados do site Enthuware, http://enthuware.com/
- Whizlabs SCJA Preparation Kit, http://bit.ly/19h3fvg
- ExamsExpert, http://bit.ly/18Uw4hh
- Transcender, http://bit.ly/1NaCkyD

Ambientes de desenvolvimento integrado

Um *ambiente de desenvolvimento integrado (IDE)* é um pacote de desenvolvimento que permite que os desenvolvedores editem, compilem, depurem, conectem-se com sistemas de controle de versões, colaborem e façam muito mais dependendo da ferramenta específica. A maioria dos IDEs modernos tem recursos complementares fornecidos por vários módulos de software para aumentar suas capacidades. Não há razão para não usar um IDE. Nós (os autores) recomendamos que você use o IDE NetBeans na preparação para o teste devido à sua popularidade, facilidade de uso, e suporte da Oracle. No entanto, qualquer IDE da lista a seguir serviria:

- IDE NetBeans, www.netbeans.org
- Oracle JDeveloper IDE, http://bit.ly/19h29jc IDE Oracle JDeveloper, http://bit.ly/19h29jcIDEA IntelliJ, www.jetbrains.com
- IDE Eclipse, www.eclipse.org
- IDE JCreator, www.jcreator.com
- BlueJ, www.bluej.org

Ferramentas com recursos de modelagem UML

Várias ferramentas e IDEs têm recursos de UML. No entanto, perguntas sobre UML não são incluídas no OCA. Se quiser explorar modelagem em UML, a seguir apresentamos algumas ferramentas que você pode examinar – mas, lembre-se, isso não cai no exame. Acreditamos, porém, que programadores e desenvolvedores de software devem aprender UML no começo de suas carreiras.

- IDE NetBeans, http://netbeans.org/features/uml/
- JDeveloper IDE, http://bit.ly/1N4bpq8
- Ferramenta CASE Enterprise Architect, www.sparxsystems.com/products/ea/
- Visual Paradigm for UML (fornece plug-ins para os IDEs populares), www.visual-paradigm.com/product/vpuml/

Recursos variados

Existem vários outros recursos, como os descritos a seguir, na forma de jogos e serviços de notícias Java que podem ajudá-lo a ter notas altas no exame.

- Jogo Rules Round Up do portal Java Ranch, www.javaranch.com/game/game2.jsp

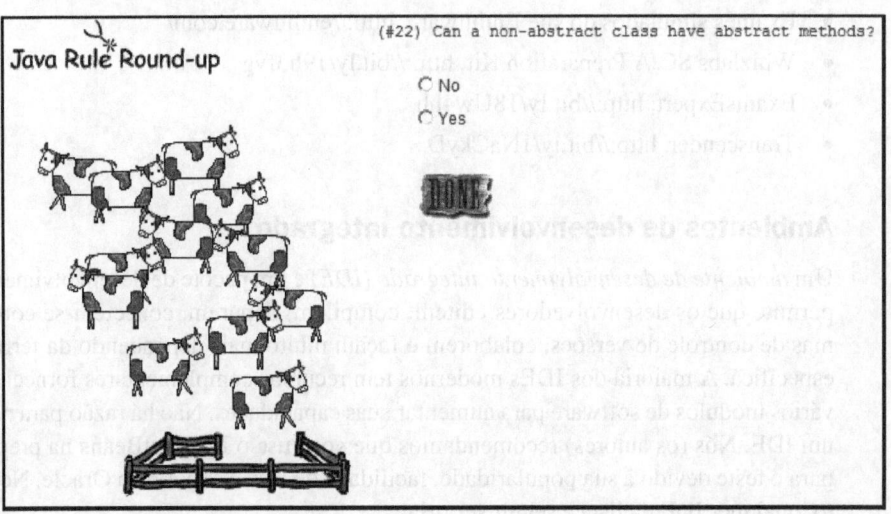

- DZone, http://java.dzone.com
- The Server Side, http://theserverside.com
- FAQs sobre o OCA no Java Ranch, www.coderanch.com/how-to/java/OcajpFaq
- Especificações da linguagem Java, http://docs.oracle.com/javase/specs/

Programa de certificação em tecnologia Java da Oracle

Esta seção fará o mapeamento entre os objetivos do exame e as abordagens específicas no guia de estudos.

LISTA DE VERIFICAÇÃO DE PREPARAÇÃO PARA O EXAME

Objetivo oficial	Abordagem no guia de estudos	Cap. #	Pág. #	Iniciante	Intermediário	Especialista
Comparar e citar as diferenças de recursos e componentes Java como independência de plataforma, orientação a objetos, encapsulamento, etc.	A plataforma Java	1	2			
Importar outros pacotes Java para torná-los acessíveis em seu código	Compreender pacotes	1	4			
Definir a estrutura de uma classe Java	Compreender a estrutura das classes	1	17			
Criar aplicativos Java executáveis com um método principal; executar um programa a partir da linha de comando; incluir a saída de console	Compilar e interpretar código Java	1	22			
Criar estruturas if e if/else	Criar e usar instruções condicionais	2	48			
Usar uma instrução switch	Criar e usar instruções condicionais	2	48			
Criar e usar laços for, inclusive o laço for melhorado	Criar e usar instruções de iteração	2	57			
Criar e usar laços while	Criar e usar instruções de iteração	2	57			
Criar e usar laços do/while	Criar e usar instruções de iteração	2	57			
Comparar estruturas de laço	Criar e usar instruções de iteração	2	57			

LISTA DE VERIFICAÇÃO DE PREPARAÇÃO PARA O EXAME

Objetivo oficial	Abordagem no guia de estudos	Cap. #	Pág. #	Iniciante	Intermediário	Especialista
Usar break e continue	Criar e usar instruções de transferência de controle	2	64			
Usar operadores Java, incluindo parênteses para sobrepor a precedência de operadores	Compreender operadores básicos	3	82			
Criar e manipular strings	Usar objetos string e seus métodos	3	96			
Tratar dados usando a classe StringBuilder e seus métodos	Usar objetos StringBuilder e seus métodos	3	108			
Verificar a igualdade entre strings e outros objetos usando == e equals()	Verificar a igualdade entre strings e outros objetos	3	113			
Declarar e inicializar variáveis (inclusive fazendo a coerção de tipos de dados primitivos)	Compreender primitivos, enumerações e objetos	4	138			
Desenvolver código que use classes wrapper como Boolean, Double e Integer	Compreender primitivos, enumerações e objetos	4	138			
Citar a diferença entre variáveis de referência de objeto e variáveis primitivas	Usar primitivos, enumerações e objetos	4	153			
Criar métodos com argumentos e valores de retorno, inclusive métodos sobrecarregados	Criar e usar métodos	5	180			
Determinar o efeito produzido em referências de objeto e valores primitivos quando eles são passados para métodos que alteram valores	Passar objetos por referência e por valor	5	186			
Definir o escopo de variáveis	Compreender o escopo de variáveis	5	188			
Explicar o ciclo de vida de um objeto (criação, "desreferência por reatribuição" e coleta de lixo)	Compreender o escopo de variáveis	5	188			

LISTA DE VERIFICAÇÃO DE PREPARAÇÃO PARA O EXAME

Objetivo oficial	Abordagem no guia de estudos	Cap. #	Pág. #	Iniciante	Intermediário	Especialista
Criar e sobrecarregar construtores, incluindo o impacto sobre os construtores padrão	Criar e usar construtores	5	194			
Usar super e this para acessar objetos e construtores	Usar as palavras-chave this e super	5	197			
Aplicar a palavra-chave static a métodos e campos	Criar métodos estáticos e variáveis de instância	5	201			
Declarar, instanciar, inicializar e usar um array unidimensional	Trabalhar com arrays Java	6	228			
Declarar, instanciar, inicializar e usar um array multidimensional	Trabalhar com arrays Java	6	228			
Declarar e usar um ArrayList de um tipo específico	Trabalhar com objetos ArrayList e seus métodos	6	235			
Descrever a herança e seus benefícios	Implementar e usar a herança e os tipos de classe	7	258			
Usar classes abstratas e interfaces	Implementar e usar a herança e os tipos de classe	7	258			
Aplicar modificadores de acesso	Compreender princípios do encapsulamento	7	267			
Aplicar princípios de encapsulamento a uma classe	Compreender princípios do encapsulamento	7	267			
Saber como ler ou gravar em campos de objetos	Uso avançado de classes com herança e encapsulamento	7	272			
Desenvolver código que demonstre o uso do polimorfismo, incluindo sobrecarga e diferenciação entre tipo objeto e tipo referência	Compreender polimorfismo	8	302			
Determinar quando a coerção é necessária	Compreender coerção	8	316			

LISTA DE VERIFICAÇÃO DE PREPARAÇÃO PARA O EXAME

Objetivo oficial	Abordagem no guia de estudos	Cap. #	Pág. #	Iniciante	Intermediário	Especialista
Descrever as vantagens do tratamento de exceções	Compreender a base lógica e tipos das exceções	9	338			
Citar a diferença entre exceções verificadas, exceções não verificadas e erros	Compreender a base lógica e tipos das exceções	9	338			
Criar e chamar um método que lance uma exceção	Compreender natureza das exceções	9	341			
Criar um bloco try-catch e determinar como as exceções alteram o fluxo normal do programa	Alterar o fluxo do programa	9	344			
Reconhecer classes de exceção comuns (como NullPointerException, ArithmeticException, ArrayIndexOutOfBoundsException, ClassCastException)	Reconhecer exceções comuns	9	352			
Criar e manipular dados de calendário usando classes de java.time.LocalDateTime, java.time.LocalDate, java.time.LocalTime, java.time.format.DateTimeFormatter, java.time.Period	Trabalhar com a API de data e hora	10	376			
Escrever um exemplo de expressão lambda que use uma expressão de predicado	Escrever expressões lambda	11	402			

Nota do Revisor Técnico

Este livro destina-se principalmente àqueles que pretendem realizar uma certificação oficial Java Oracle. Todo o processo de certificação e, em especial, as questões apresentadas durante o exame serão em inglês. Por esse motivo, diversos conceitos e palavras-chave que foram traduzidos são também apresentados entre parênteses no idioma original para que o leitor faça a correta associação entre os termos.

Capítulo 1

Empacotamento, compilação e interpretação de código Java

OBJETIVOS DA CERTIFICAÇÃO

- A plataforma Java
- Compreender pacotes
- Compreender classes derivadas de pacotes
- Compreender a estrutura das classes
- Compilar e interpretar código Java
- Revisão rápida
- Teste

Já que você tem este livro em mãos, ou está lendo uma versão eletrônica dele, deve ter alguma afinidade com Java. Também deve querer que, por intermédio do processo de certificação Oracle Certified Associate, Java SE 8 Programmer (OCA), todos saibam que é realmente um conhecedor da linguagem. Portanto, deve – ou deseja – ser um programador Java, e a longo prazo, quer ser um desenvolvedor. Talvez seja ou pretenda ser um gerente de projeto na liderança de uma equipe de programadores e/ou desenvolvedores Java. Nesse caso, precisará ter um conhecimento básico da linguagem Java e suas tecnologias. Seja qual for o caso, este livro é para você.

Como ponto de partida, é provável que queira conhecer os elementos funcionais importantes fornecidos pela plataforma básica Java Standard Edition (SE) no que diz respeito a bibliotecas e utilitários e como esses elementos estão organizados. Este capítulo responderá essas perguntas discutindo os pacotes e classes Java, com seus processos de empacotamento, estruturação, compilação e interpretação.

Quando você terminar o capítulo, terá um conhecimento sólido do empacotamento de classes Java, saberá detalhes de alto nível dos pacotes comuns da edição Java SE, e dominará os aspectos básicos das ferramentas de compilação e interpretação de Java.

OBJETIVO DA CERTIFICAÇÃO

A plataforma Java

Objetivo do exame: Comparar e confrontar os recursos e componentes Java, como a independência de plataforma, a orientação a objetos, o encapsulamento, e assim por diante.

A linguagem Java foi lançada em 1995 como uma versão beta. Naquela época a equipe de criação tinha uma visão radical. Eles queriam criar uma linguagem que fosse independente da plataforma em que fosse executada. Também queriam que em sua essência a linguagem fosse orientada a objetos e que usasse todos os princípios que isso demandava. Encapsulamento, polimorfismo, herança e abstração são conceitos básicos nos quais Java se baseia. Nesta seção examinaremos a filosofia central que compõe a linguagem Java.

Independência de plataforma

Quando a linguagem Java é compilada, ela é destinada à execução na máquina virtual Java, ou JVM, em vez de em uma arquitetura de hardware específica. O código Java compilado chama-se *bytecode*. É por isso que é possível compilar a linguagem Java em um PC Windows e executar a saída em um servidor Linux. O único requisito para o código funcionar em qualquer computador é a presença de uma JVM compatível. No entanto, a linguagem Java não é encontrada apenas em PCs e em servidores. Muitos telefones móveis adotaram Java e sua eficiência como a linguagem recomendada para seus aplicativos. Isso permite que o fabricante altere o hardware entre os modelos sem eliminar a compatibilidade do software. Java está presente até mesmo em aparelhos e em sistemas embarcados. Em dispositivos como Blu-ray players e sistemas de infoentretenimento veicular, com frequência há um software Java.

É importante entender que a independência de plataforma não significa que código desenvolvido para servidores será executado no Blu-ray player. Java tem particularidades diferentes relacionadas à JVM para dispositivos com funcionalidades distintas. Por exemplo, sistemas embarcados usam uma JVM apenas com um subconjunto de recursos, e normalmente telefones móveis usam uma JVM com bibliotecas de interfaces de usuário móveis otimizadas. Todas essas JVMs compartilham um núcleo Java comum, mas a independência de plataforma fica restrita a versões compatíveis.

A Filosofia orientada a objetos de Java

Java foi concebida como uma linguagem orientada a objetos, ao contrário da linguagem C, que é procedural. Uma linguagem orientada a objetos organiza juntos dados e códigos que são relacionados – um processo chamado *encapsulamento*. Um objeto apropriadamente encapsulado usa proteção de dados e só expõe parte de seus dados e métodos. Os dados e métodos que são projetados para uso interno no objeto não são expostos para outros objetos.

O design orientado a objetos favorece a *abstração*, a habilidade de generalizar algoritmos. A abstração facilita a reutilização e a flexibilização do código. Esses conceitos são a essência da linguagem Java. A herança e o polimorfismo são conceitos-chave na criação de código reutilizável. Os dois serão abordados em um nível maior de detalhes nos Capítulos 7 e 8 deste livro.

Robustez e segurança

Segurança e robustez eram os objetivos principais do projeto quando Java foi criada. C e C++ sofriam de má utilização de ponteiros e no gerenciamento de memória, e de estouro de buffer (*buffer overrun*). Java foi projetada para resolver esses problemas e muitos outros.

Java foi projetada para não ter ponteiros explícitos. Na família de linguagem tipo C, os ponteiros armazenam um endereço de memória para um objeto. Esse endereço de memória pode ser alterado diretamente. As variáveis Java armazenam referências a objetos, mas não permitem acessar, ou modificar, o endereço de memória armazenado na referência. Isso simplificou o desenvolvimento e removeu um nível de complexidade que era com frequência fonte de instabilidade de aplicativos.

O gerenciamento de memória foi resolvido em Java com o coletor de lixo interno da JVM (*garbage collector*). Quando Java foi introduzida, muitas linguagens dependiam de gerenciamento de memória explícito. Ou seja, o desenvolvedor era responsável tanto por alocar quanto por desalocar a memória usada por objetos. Esse processo podia se tornar tedioso. Se feito incorretamente, o aplicativo podia apresentar vazamento de memória (*memory leak*) e/ou travar. Com Java, a JVM executa periodicamente o coletor de lixo, que procura objetos que saíram do escopo e não são mais referenciados, e ele desaloca automaticamente sua memória. Isso evita que o desenvolvedor precise executar essa tarefa manual propensa a erros e aumenta a robustez assegurando que a memória seja apropriadamente gerenciada.

Estouros de buffer são vetores comuns de exploração de brechas encontrados em softwares que não as verificam. Em um programa C, quando um array é criado, o índice usado nunca é verificado automaticamente para sabermos se ele está dentro dos limites. Na verdade, um índice fora dos limites pode nem mesmo chegar a travar o programa. O software fará a leitura ou gravação no endereço de memória esteja ele ou não dentro dos limites, o que pode gerar um comportamento imprevisível. Isso pode ser usado maliciosamente para alterar o programa de maneiras não pretendidas pelo desenvolvedor. Java verifica automaticamente os limites dos arrays. Se um índice estiver fora dos limites, uma exceção será lançada. Esse nível de verificação ajuda a criar softwares mais robustos e seguros.

OBJETIVO DA CERTIFICAÇÃO

Compreender pacotes

Objetivo do exame: *Importar outros pacotes Java para torná-los acessíveis em seu código*

O empacotamento é uma abordagem comum usada para organizar classes e interfaces relacionadas. Quase todos os códigos reutilizáveis são empacotados. Classes não empacotadas costumam ser encontradas em livros e tutoriais online, assim como em aplicativos de software com um objetivo mais simples. Esta seção mostrará como e quando você deve empacotar suas classes Java e como importar classes externas a partir de seus pacotes Java.

Os tópicos a seguir serão abordados:

- Design de pacotes
- Instruções package e import

Projetando pacotes

Os pacotes são considerados contêineres de classes, mas na verdade eles definem onde as classes estarão localizadas na estrutura hierárquica do diretório. O uso do empacotamento é encorajado pelos padrões de codificação Java para diminuir a probabilidade de classes colidirem no mesmo espaço de nomes (*namespace*). O nome do pacote mais os nomes das classes criam o *nome de classe totalmente qualificado* (*fully qualified class name*). O empacotamento de classes também promove a reutilização de código, a facilidade de manutenção e os princípios de encapsulamento e modularidade da orientação a objetos.

Quando projetar pacotes Java, como no caso de um agrupamento de classes, considere as áreas-chave mostradas na Tabela 1-1.

TABELA 1-1 Considerações sobre os atributos dos pacotes

Atributo dos pacotes	Benefícios da aplicação do atributo
Acoplamento de classes	As dependências dos pacotes são reduzidas com o acoplamento de classes.
Acoplamento do sistema	As dependências dos pacotes são reduzidas com o acoplamento do sistema.
Tamanho do pacote	Normalmente, pacotes maiores facilitam a reutilização, e pacotes menores promovem a fácil manutenção.
Capacidade de manutenção	Alterações no software frequentemente ficam restritas a um único pacote quando este contém funcionalidades específicas e relacionadas.
Nomenclatura	Considere convenções ao nomear seus pacotes. Use um nome de domínio invertido para a estrutura do pacote. Use caracteres minúsculos delimitados por sublinhados para separar palavras em nomes de pacotes.

Vejamos um exemplo do mundo real. Como gerente de um programa, suponhamos que você precisasse de dois conjuntos de classes com funcionalidade exclusiva para serem usados pelo mesmo produto final. Você pede ao Desenvolvedor A para construir o primeiro conjunto e ao Desenvolvedor B para construir o segundo. Não define os nomes das classes, mas define a finalidade do pacote e o que ele deve conter. O Desenvolvedor A terá que criar várias classes para trabalhar com geometria, inclusive uma classe de ponto, uma de polígono e uma de um plano. O Desenvolvedor B deve criar classes que serão incluídas para fins de simulação, inclusive objetos como balões de ar quente, helicópteros e aviões. Você lhes pede então que construam suas classes (sem pedir que as empacotem).

Quando chega a hora da entrega, os dois lhe passam uma classe chamada `Plane.java` – isto é, uma classe para o plano geométrico e a outra para o avião. Agora você tem um problema, porque esses dois arquivos-fonte (e arquivos de classe também) não podem coexistir no mesmo diretório já que têm o mesmo nome. A solução é o empacotamento. Se você tivesse designado nomes de pacote para os desenvolvedores, esse conflito nunca teria ocorrido (como mostrado na Figura 1-1). A lição aprendida é essa: sempre empacote seu código, a não ser que seu projeto de codificação tenha uma natureza mais simples.

Instruções package e import

Agora você já tem uma noção de quando e por que deve empacotar seus arquivos-fonte. Precisa saber, então, como fazê-lo. Para inserir um arquivo-fonte em um pacote, use a instrução `package` no começo do arquivo. Você pode usar zero ou uma instrução `package` por arquivo-fonte. Para importar classes de outros pacotes para o arquivo-fonte, use a instrução `import` ou preceda cada nome de classe com o nome do pacote. O pacote `java.lang` que contém as classes básicas da linguagem é importado por padrão.

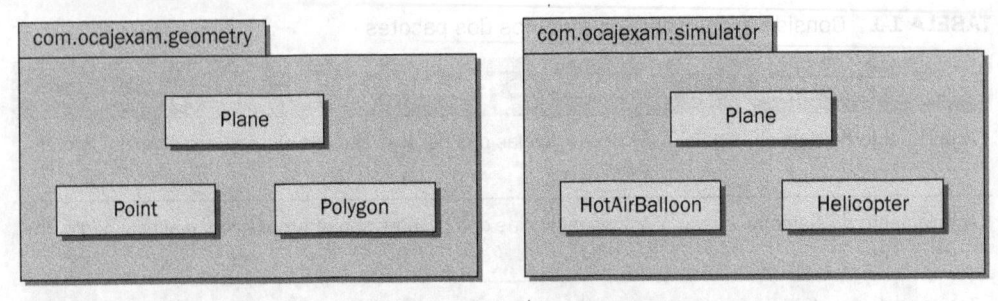

[Diagrama: dois pacotes]
- com.ocajexam.geometry: Plane, Point, Polygon
- com.ocajexam.simulator: Plane, HotAirBalloon, Helicopter

FIGURA 1-1 Empacotamento de classes separado com os mesmos nomes.

A listagem de código a seguir mostra o uso das instruções package e import. Você pode voltar a ela à medida que discutirmos as instruções package e import com detalhes no decorrer do capítulo.

```
package com.ocaj.exam.tutorial; // Instrução package
/* Importa a classe ArrayList a partir do pacote java.util */
import java.util.ArrayList;
/* Importa todas as classes do pacote java.io */
import java.io.*;
public class MainClass {
  public static void main(String[] args) {
    /* Cria um console a partir do pacote java.io - execute fora de seu
       IDE */
    Console console = System.console();
    String planet = console.readLine(" \nEnter your favorite
    planet: " );
    /* Cria lista de planetas */
    ArrayList planetList = new ArrayList();
    planetList.add(planet); // Adiciona a entrada do usuário à lista
    planetList.add("Gliese 581 c"); // Adiciona uma string à lista
    System.out.println(" \nTwo cool planets: " + planetList);
  }
}
$ Enter your favorite planet: Jupiter
$ Two cool planets: [Jupiter, Gliese 581 c]
```

A instrução package

A instrução package inclui a palavra-chave package, seguida pelo caminho do pacote delimitado por pontos. A Tabela 1-2 mostra exemplos válidos de instruções package. As instruções package têm os seguintes atributos:

- São opcionais.
- Só pode haver uma por arquivo-fonte

TABELA 1-2 Instruções package válidas

Instrução package	Estrutura de diretório relacionada
package java.net;	[caminho_diretório]\java\net\
package com.ocajexam.utilities;	[caminho_diretório]\com\ocajexam\utilities\
package nome_pacote;	[caminho_diretório]\nome_pacote\

- A convenção de codificação padrão das instruções package inverte o nome de domínio da organização ou do grupo que está criando o pacote. Por exemplo, os proprietários do nome de domínio ocajexam.com poderiam usar o seguinte nome para um pacote de utilitários: com.ocajexam.utilities.
- Os nomes dos pacotes são iguais às estruturas de diretório. O nome do pacote com.ocajexam.utils equivaleria ao diretório com/ocajexam/utils. Se uma classe incluir uma instrução package que não seja mapeada para a estrutura de diretório equivalente, a classe não será usável.
- Nomes de pacotes que comecem com java.* e javax.* são reservados.
- Os nomes dos pacotes devem usar letras minúsculas. Palavras individuais que componham o nome do pacote devem ser separadas por sublinhados.

A API do Java SE contém vários pacotes. Esses pacotes estão descritos com detalhes na documentação Javadoc Online da Oracle que fica em http://docs.oracle.com/javase/8/docs/api/.

No exame, você verá pacotes das seguintes APIs Java: Abstract Window Toolkit, Swing, entrada/saída básica, rede, utilitários, e da API principal da linguagem. É preciso conhecer a funcionalidade que cada pacote/API contém.

A instrução import

Uma instrução import permite incluir código-fonte de outras classes em um arquivo-fonte em tempo de compilação. A instrução import inclui a palavra-chave import seguida pelo caminho do pacote delimitado por pontos e terminando com um nome de classe ou asterisco, como mostrado na Tabela 1-3. Essas instruções ocorrem após a instrução package opcional e antes da definição da classe. Cada instrução import só pode estar relacionada a um único pacote.

> **Na prática**
>
> *Para fins de manutenção, é melhor você importar suas classes explicitamente. Isso permitirá que o programador saiba rapidamente que classes externas são usadas na classe inteira. Por exemplo, em vez de usar* import java.util.*, *use* import java.util.Vector. *Nesse exemplo do mundo real, o codificador veria rapidamente (com a última abordagem) que só é importada uma única classe e ela é do tipo coleção. Nesse caso, trata-se de um tipo legado e a decisão de atualizar a classe com um tipo de coleção mais recente pode ser tomada sem demora.*

TABELA 1-3 Instruções import válidas

Instrução import	Definição
`import java.net.*;`	Importa todas as classes do pacote `java.net`
`import java.net.URL;`	Importa somente a classe `URL` do pacote `java.net`
`import static java.awt.Color.*;`	Importa todos os membros estáticos da classe `Color` do pacote `java.awt` (somente a partir do J2SE 5.0)
`import static java.awt.Color.ColorSpace.CS_GRAY;`	Importa o membro estático `CS_GRAY` da classe `ColorSpace` do pacote `java.awt` (somente a partir do J2SE 5.0)

Cenário e solução

Para gerar elementos gráficos e imagens, que pacote você deve usar?	Use o pacote AWT da API do Java. `import java.awt.*;`
Para usar fluxos de dados, que pacote deve usar?	Use o pacote de I/O básico de Java. `import java.io.*;`
Para desenvolver um aplicativo de rede, que pacote deve usar?	Use o pacote de rede da API do Java. `import java.net.*;`
Para trabalhar com o framework de coleções, com o modelo de eventos e com recursos de data/hora, que pacote deve usar?	Use o pacote de utilitários da API do Java. `import java.util.*;`
Para utilizar as classes e interfaces básicas de Java, que pacote deve usar?	Use o pacote básico da linguagem Java, que é importado por padrão. `import java.lang.*;`

Programadores C e C++ verão semelhanças na aparência da instrução `import` de Java e da instrução `#include` de C/C++, ainda que não haja um mapeamento direto sobre sua funcionalidade.

A instrução import static

As instruções `import` estáticas foram introduzidas no Java SE 5.0. Em uma descrição resumida, elas permitem importar membros estáticos. As instruções do exemplo a seguir demonstram isso:

```
/* Importa o membro estático ITALY */
import static java.util.Locale.ITALY;
...
System.out.println("Locale: " + ITALY); // Exibe "Local: it_IT"
...
```

```
/* Importa todos os membros estáticos da classe Locale */
import static java.util.Locale.*;
...
System.out.println("Locale: " + ITALY); // Exibe "Local: it_IT"
System.out.println("Locale: " + GERMANY); // Exibe "Local: de_DE"
System.out.println("Locale: " + JAPANESE); // Exibe "Local: ja"
...
```

Sem as instruções import estáticas mostradas no exemplo, as referências diretas a ITALY, GERMANY e JAPANESE seriam inválidas e causariam problemas de compilação.

```
// import static java.util.Locale.ITALY;
...
System.out.println("Locale: " + ITALY); // Não será compilado
```

EXERCÍCIO 1-1:

Substituindo instruções import implícitas por instruções import explícitas

Considere o exemplo de aplicativo a seguir:

```
import java.io.*;
import java.text.*;
import java.time.*;
import java.time.format.*;
import java.util.*;
import java.util.logging.*;

public class TestClass {
  public static void main(String[] args) throws IOException {
    /* Assegura que o diretório seja criado */
    Files.createDirectories(Paths.get("logs"));
    /* Obtém a data a ser usada no nome do arquivo */
    DateTimeFormatter df
      = DateTimeFormatter.ofPattern("yyyyMMdd_hhmm");
    LocalDateTime now = LocalDateTime.now();
    String date = now.format(df);
    /* Define o nome do arquivo no diretório logs */
    String logFileName = "logs\\testlog-" + date + ".txt";
    /* Define Logger */
    FileHandler myFileHandler = new FileHandler(logFileName);
    myFileHandler.setFormatter(new SimpleFormatter());
    Logger ocajLogger = Logger.getLogger("OCAJ Logger");
    ocajLogger.setLevel(Level.ALL);
    ocajLogger.addHandler(myFileHandler);
    /* Mensagem de log */
```

```
        ocajLogger.info("\nThis is a logged information message. ");
        /* Fecha o arquivo */
        myFileHandler.close();
    }
}
```

Podemos ter instruções `import` implícitas que permitam que todas as classes necessárias de um pacote sejam importadas.

```
import java.io.* ; // Exemplo de importação implícita
```

E podemos ter instruções `import` explícitas que só permitam que a classe ou a interface designada de um pacote seja importada.

```
import java.io.File ; // Exemplo de importação explícita
```

Neste exercício você usará instruções `import` explícitas em vez de instruções `import` implícitas para todas as classes necessárias do aplicativo de exemplo. Se não souber compilar e interpretar programas Java, termine de ler o capítulo para então voltar ao exercício. Caso contrário, comecemos.

1. Digite o aplicativo de exemplo em um novo arquivo e chame-o de *TestClass.java*. Salve o arquivo.

2. Compile e execute o aplicativo para verificar se criou o conteúdo do arquivo sem erro: `javac TestClass.java` para compilar, `java TestClass` para executar. Verifique se a mensagem de log está sendo exibida na tela. Verifique também se um arquivo foi criado no subdiretórios logs com a mesma mensagem.

3. Desative com um símbolo de comentário todas as instruções `import`:

```
//import java.io.*;
//import java.text.*;
//import java.time.*;
//import java.time.format.*;
//import java.util.*;
//import java.util.logging.*;
```

4. Compile o aplicativo: `javac TestClass.java`. Você verá vários erros de compilação relacionados às importações de classe ausentes. Como exemplo, a ilustração a seguir demonstra os erros que são exibidos quando só o pacote `java.io` é desativado com um comentário.

Capítulo 1   Empacotamento, compilação e interpretação de código Java   11

```
C:\Windows\system32\cmd.exe

c:\code>javac TestClass.java
TestClass.java:7: error: cannot find symbol
public static void main (String [] args) throws IOException {
                                                ^
  symbol:   class IOException
  location: class TestClass
TestClass.java:9: error: cannot find symbol
new File ("TEST").mkdir();
    ^
  symbol:   class File
  location: class TestClass
2 errors

c:\code>
```

5. Para cada classe que não puder ser encontrada, use a especificação online da API do Java para determinar a que pacote ela pertence e atualize o arquivo-fonte com a instrução import explícita necessária. Quando terminar, você terá substituído as quatro instruções import *implícitas* por nove instruções import *explícitas*.

6. Execute o aplicativo novamente para verificar se ele funciona com as instruções import explícitas da mesma forma que com as instruções implícitas.

OBJETIVO DA CERTIFICAÇÃO

Compreender classes derivadas de pacotes

A Oracle incluiu mais de 200 pacotes na API do Java SE 8. Cada pacote tem um enfoque específico. Felizmente, você só precisa conhecer alguns para fazer o exame OCA. Entre eles podemos citar os pacotes de utilitários Java, de entrada/saída básica, de rede, do Abstract Window Toolkit (AWT), do Swing e de data/hora. As classes Java de data/hora serão abordadas com mais detalhes no Capítulo 10.

As seções a seguir abordarão essas APIs:

- API Java de utilitários
- API Java de entrada/saída básica
- API Java de rede
- API Java do Abstract Window Toolkit
- API Java do Swing
- JavaFX

API Java de utilitários

A API de utilitários do Java está contida no pacote java.util. Essa API fornece funcionalidades de várias classes utilitárias. As principais classes e interfaces da API podem ser divididas em diversas categorias. As categorias de classes que podem cair no exame são o Java Collections Framework, os recursos de data e hora, a internacionalização e algumas classes utilitárias variadas.

Dessas categorias, o Java Collections Framework tem maior peso porque é usado com frequência e fornece as estruturas de dados básicas necessárias à construção de aplicativos Java úteis. A Tabela 1-4 detalha as classes e interfaces da API de coleções que você pode ver no exame.

Para ajudar as coleções na classificação (ordenação de elementos) onde a ordem não for natural, a API de coleções fornece a interface Comparator. De forma semelhante, a interface Comparable que reside no pacote java.lang é usada para classificar objetos por sua ordem natural.

Várias outras classes e interfaces residem no pacote java.util. Recursos legados de data e hora são representados pelas classes Date, Calendar e TimeZone. Regiões geográficas são representadas pela classe Locale. A classe Currency representa moedas de acordo com o padrão ISO 4217. Um gerador de números aleatórios é fornecido pela classe Random. A classe StringTokenizer divide strings em tokens. Existem muitas outras classes dentro de java.util, e tanto elas quanto as interfaces e classes de coleções são elementos que provavelmente você vai usar em seu trabalho. Essas classes utilitárias estão representadas na Figura 1-2.

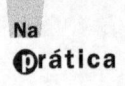

> **Na prática**
>
> **Muitos pacotes têm classes e interfaces relacionadas com funcionalidades exclusivas, logo, elas são incluídas em seus próprios subpacotes. Por exemplo, as expressões regulares estão armazenadas em um subpacote do pacote de utilitários do Java (java.util). O subpacote chama-se java.util.regex e hospeda as classes Matcher e Pattern. Onde necessário, considere criar subpacotes para seus projetos.**

A API Java de entrada/saída básica

A API Java de entrada/saída básica está contida no pacote java.io. Essa API fornece funcionalidades gerais de entrada e saída do sistema no que diz respeito a fluxos de

TABELA 1-4 Várias classes do java collections framework

Interface	Implementações	Descrição
List	ArrayList, LinkedList, Vector	Estruturas de dados baseadas em acesso posicional.
Map	HashMap, Hashtable, LinkedHashMap, TreeMap	Estruturas de dados que mapeiam chaves para valores.
Set	HashSet, LinkedHashSet, TreeSet	Estruturas de dados baseadas na exclusividade de elementos.
Queue	PriorityQueue	Normalmente as filas ordenam os elementos seguindo o padrão FIFO, primeiro a entrar, primeiro a sair (first in, first out). As filas com prioridade ordenam os elementos de acordo com um comparador fornecido.

java.util

Date	Calendar	TimeZone	Locale
Representa um momento no tempo	Fornece conversões de momentos no tempo para campos de calendário	Representa um fuso horário e faz o ajuste para o horário de verão	Representa uma região geográfica, política ou cultural

Currency	Random	StringTokenizer	Timer
Representa um tipo de moeda: ISO 4217	Fornece um gerador de números aleatórios	Fornece uma maneira de dividir uma string em tokens	Fornece um recurso de agendamento de tarefas

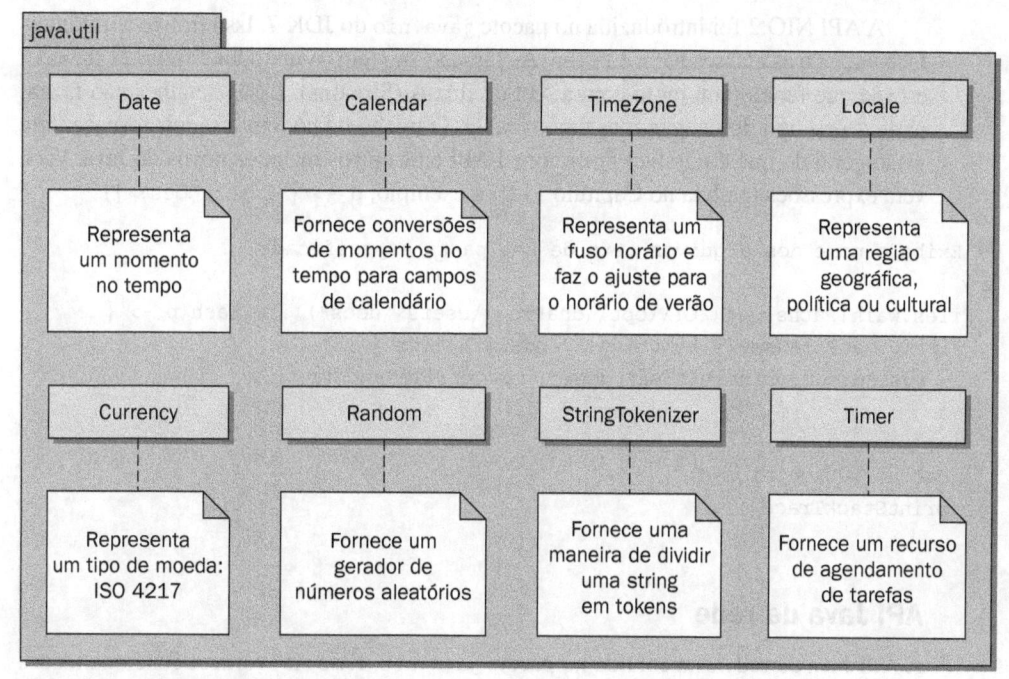

FIGURA 1-2 Várias classes utilitárias.

dados, serialização e o sistema de arquivos. As classes de fluxos de dados incluem subclasses de fluxos de bytes das classes `InputStream` e `OutputStream`. Também incluem subclasses de fluxos de caracteres das classes `Reader` e `Writer`. A Figura 1-3 mostra parte da hierarquia das classes abstratas `Reader` e `Writer`.

Outras classes e interfaces importantes de `java.io` são `File`, `FileDescriptor`, `FilenameFilter` e `RandomAccessFile`. A classe `File` fornece uma representação de nomes de caminho de arquivos e diretórios. A classe `FileDescriptor` fornece um meio para funcionar como um handle para abertura de arquivos e sockets. A interface `FilenameFilter`, como seu nome sugere, define a funcionalidade de filtragem de nomes de arquivo. A classe `RandomAccessFile` permite ler e gravar arquivos em locais especificados.

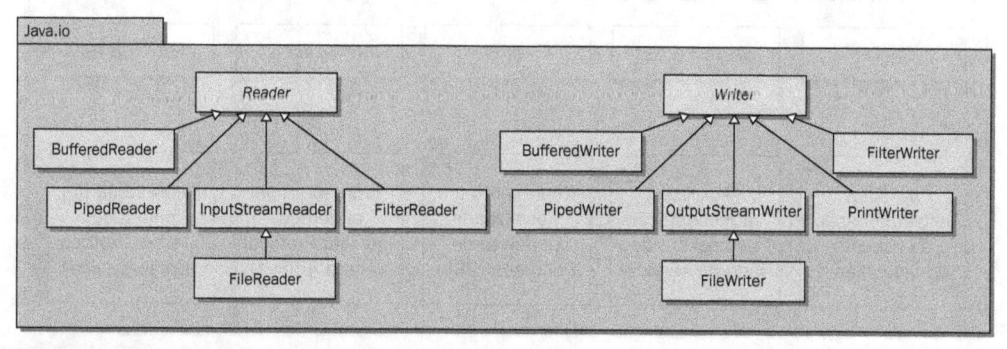

Java.io

Reader
- BufferedReader
- PipedReader
- InputStreamReader
  - FileReader
- FilterReader

Writer
- BufferedWriter
- PipedWriter
- OutputStreamWriter
  - FileWriter
- PrintWriter
- FilterWriter

FIGURA 1-3 Hierarquia das classes Reader e Writer.

A API NIO.2 foi introduzida no pacote java.nio do JDK 7. Isso trouxe a útil interface Paths e as classes Path e Files. A classe Files tem os métodos lines, list, walk e find que funcionam junto com a API de fluxos (Streams). Esses detalhes não fazem parte do escopo do exame, mas é bom saber. O trecho de código a seguir fornece uma visão geral do que é possível fazer com a API e os outros recursos novos de Java. Você verá expressões lambda no Capítulo 11 (por exemplo, p -> { instruções; }).

```
// Exibe o nome dos arquivos .txt de uma pasta especificada
try {
  Files.walk(Paths.get("C:\\opt\\dnaProg\\users\\docs")).forEach(p -> {
    if (p.getFileName().toString().endsWith(".txt")) {
      System.out.println("Text doc:" + p.getFileName());
    }
  });
} catch (IOException e) {
  e.printStackTrace();
}
```

API Java de rede

A API Java de rede está contida no pacote java.net. Essa API fornece funcionalidades que ajudam na criação de aplicativos de rede. Suas principais classes e interfaces estão representadas na Figura 1-4. Provavelmente você verá poucas, ou talvez nenhuma, dessas classes no exame, mas a figura o ajudará a ter uma ideia do que existe no pacote java.net. O pacote com desempenho aperfeiçoado de I/O da API (java.nio), que fornece funcionalidades de rede não bloqueantes e o pacote de suporte à factory de soquetes (javax.net), não cai no exame.

API Java do Abstract Window Toolkit

A API Java do Abstract Window Toolkit está contida no pacote java.awt. Essa API fornece funcionalidades de geração de componentes pesados para a criação de interfaces

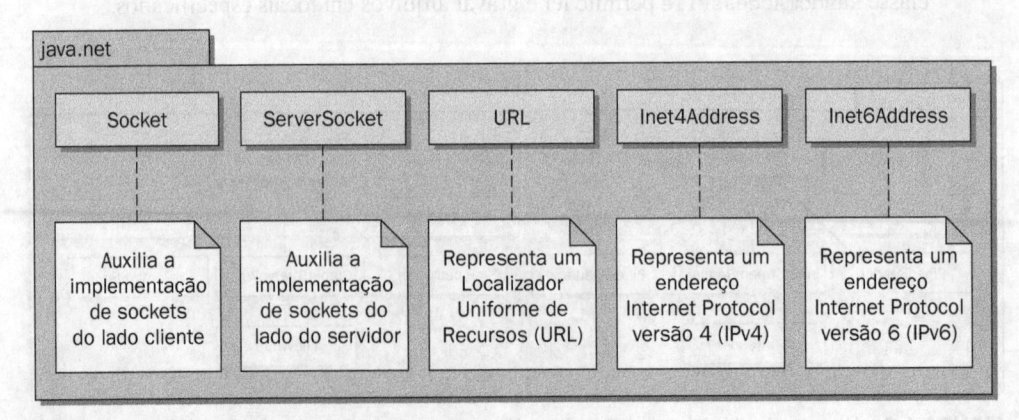

java.net

Socket	ServerSocket	URL	Inet4Address	Inet6Address
Auxilia a implementação de sockets do lado cliente	Auxilia a implementação de sockets do lado do servidor	Representa um Localizador Uniforme de Recursos (URL)	Representa um endereço Internet Protocol versão 4 (IPv4)	Representa um endereço Internet Protocol versão 6 (IPv6)

FIGURA 1-4 Várias classes da API de rede.

Capítulo 1   Empacotamento, compilação e interpretação de código Java

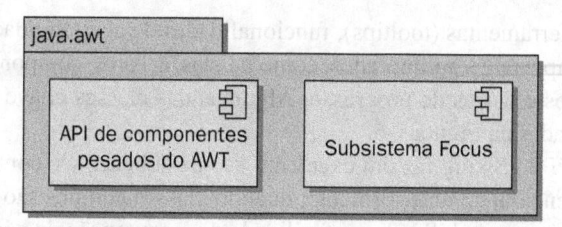

FIGURA 1-5   Principais elementos do AWT.

Diagrama: pacote java.awt contendo "API de componentes pesados do AWT" e "Subsistema Focus".

de usuário e exibição dos elementos gráficos e imagens associados. A API do AWT era a API de interface gráfica (GUI) original do Java e foi substituída pela API do Swing. Muito embora o uso do Swing venha sendo recomendado no lugar do AWT, certas partes da API AWT continuam sendo empregadas normalmente, como o subsistema Focus que foi refeito na versão J2SE 1.4. O subsistema Focus fornece controle de navegação entre os componentes. A Figura 1-5 mostra os principais elementos do AWT.

API Java do Swing

A API Java do Swing está contida no pacote javax.swing. Essa API fornece funcionalidades para a criação de contêineres e componentes leves (puramente Java). A API do Swing, que fornece um conjunto mais sofisticado de componentes de interface gráfica (GUI), substitui a API do AWT. Muitas das classes do Swing são simplesmente prefixadas com "J" em relação às classes de componentes equivalentes legadas do AWT. Por exemplo, o Swing usa a classe JButton para representar um contêiner de botão, enquanto o AWT usa a classe Button.

O Swing também fornece suporte à composição da aparência (*look-and-feel*), permitindo alterações de estilo universais nos componentes da GUI. Outros recursos são as

Cenário e solução

Você precisa criar componentes Java básicos com o Swing como botões, painéis e caixas de diálogo. Forneça o código de importação das classes necessárias de um pacote.	`// pacote da API Java do Swing` `import javax.swing.*;`
Você precisa dar suporte a aspectos relacionados a texto de seus componentes Swing. Forneça o código de importação das classes necessárias de um pacote.	`// subpacote text da API Java do Swing` `import javax.swing.text.*;`
Você precisa implementar e configurar suporte básico plugável a mais de um *look-and-feel*. Forneça o código de importação das classes necessárias de um pacote.	`// subpacote plaf da API Java do Swing` `import javax.swing.plaf.*;`
Você precisa usar adaptadores e receptores de eventos do Swing (*listeners*). Forneça o código de importação das classes necessárias de um pacote.	`// subpacote event da API Java do Swing` `import javax.swing.event.*;`

dicas de ferramentas (tooltips), funcionalidades de acessibilidade, um modelo de eventos, e componentes aprimorados, como tabelas, árvores, componentes de texto, controles deslizantes e barras de progresso. Algumas das classes-chave da API do Swing estão representadas na Figura 1-6.

A API do Swing faz um excelente uso de subpacotes, com 18 deles no Java SE 8. Como mencionado anteriormente, quando classes comuns são separadas em seus próprios pacotes, a usabilidade e a facilidade de manutenção do código aumentam.

O Swing se beneficia da arquitetura MVC (model-view-controller). Nesta arquitetura, *model* representa o estado atual de cada componente. *View* é a representação dos componentes na tela. *Controller* é a funcionalidade que vincula os componentes da interface do usuário a eventos. Embora seja importante conhecer a arquitetura subjacente do Swing, ela não é necessária no exame. Para obter informações mais abrangentes sobre a API do Swing, consulte o livro *Swing: A Beginner's Guide*, de Herbert Schildt (McGraw-Hill Professional).

> **Na prática**
>
> É bom estar familiarizado com os prefixos de pacote `java` e `javax`. Normalmente o prefixo `java` é usado para os pacotes básicos. O prefixo `javax` é mais utilizado para pacotes que compõem extensões padrão da linguagem. Preste atenção principalmente no uso dos prefixos nas APIs do AWT e do Swing: `java.awt` e `javax.swing`. É bom ressaltar também que JavaFX substituirá o Swing como ferramenta de interface gráfica no Java SE. Seu prefixo é `javafx`.

API do JavaFX

JavaFX é a tecnologia Java mais recente para a criação de interfaces de usuário ricas. Seu objetivo é fornecer interfaces leves aceleradas por hardware. JavaFX fornece um conjunto de recursos semelhante ao da biblioteca Swing. Foi projetado para substituir o Swing da mesma forma que este substituiu o AWT. As bibliotecas JavaFX fazem parte do pacote `javafx`.

As práticas recomendadas pelo JavaFX sugerem que a arquitetura MVC seja usada no design de aplicativos. Uma linguagem de marcação baseada em XML, chamada FXML, foi criada para definir interfaces de usuário. Muitos dos mais de 60 controles de UI podem ser estilizados com o uso de CSS (Cascading Style Sheets). Juntos esses

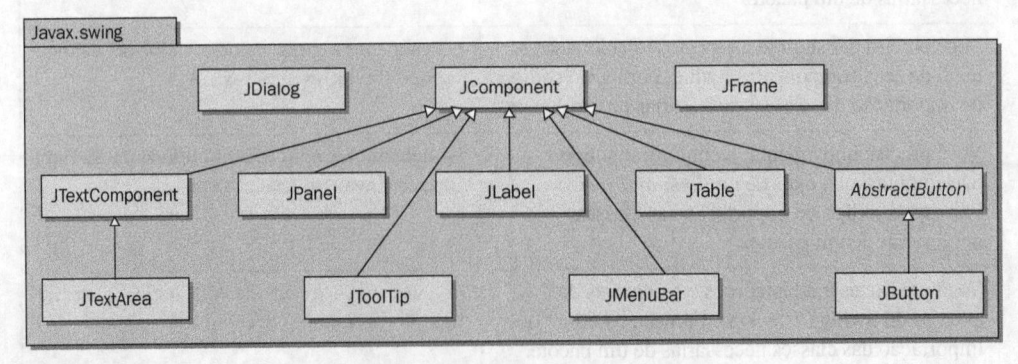

FIGURA 1-6 Várias classes da API do Swing.

recursos representam uma nova maneira poderosa de criar interfaces de usuário. O Java-FX torna mais rápido do que nunca passar do desenho no quadro branco para o software implementado. Um ótimo guia de referência de JavaFX é *Introducing JavaFX 8 Programming,* de Herbert Schildt (Oracle Press).

> **Na prática**
>
> JavaFX é a tecnologia Java mais recente para a criação de interfaces de usuário. A Oracle está promovendo ativamente essa tecnologia como o toolkit do momento. No entanto, as bibliotecas Swing não vão desaparecer tão cedo. No Java 8, tanto o JavaFX quanto o Swing têm suporte total e podem ser usados de forma intercambiável. A classe `SwingNode` permite que elementos Swing sejam embutidos em JavaFX. `JFXPanel` permite o inverso para que elementos JavaFX possam ser usados em aplicativos Swing.

OBJETIVO DA CERTIFICAÇÃO

Compreender a estrutura das classes

Objetivo do exame: Definir a estrutura de uma classe Java

Você precisa entender a estrutura de uma classe para se sair bem no exame e ter uma carreira promissora com Java. Ajudaria ter um conhecimento básico das convenções de nomenclatura para a linguagem Java e dos separadores típicos que são vistos em códigos-fonte em Java (como os separadores de comentários e os diferentes tipos de parênteses/colchetes/chaves para a delimitação de entidades). Esses tópicos serão abordados nas seções a seguir:

- Convenções de nomenclatura
- Separadores e outros símbolos em código-fonte Java
- Estrutura das classes Java

Convenções de nomenclatura

Convenções de nomenclatura são regras para o uso e a aplicação de caracteres na criação de identificadores, métodos, nomes de classe, e assim por diante, em toda a base de código. Se alguns membros de sua equipe não estiverem aplicando convenções de nomenclatura a seus códigos, você deve encorajá-los a fazê-lo, para o sucesso da empreitada e por razões de facilidade de manutenção após o código ser implantado.

> **Na prática**
>
> Vale a pena ler o popular artigo "How to Write Unmaintainable Code" de Roedy Green (http://thc.org/root/phun/unmaintain.html). Ele revela, de uma maneira cômica, os desafios que podem ocorrer na manutenção de código quando são deixadas de lado de maneira gritante ou intencional as melhores práticas do desenvolvimento de software. Por outro lado, "The Passionate Programmer: Creating a Remarkable Career in Software Development", de Chad Fowler (Pragmatic Bookshelf, 2009), encoraja o desenvolvedor de software a ser o melhor que ele puder.

Você pode encontrar pessoas que criaram suas próprias convenções de nomenclatura. Embora isso seja melhor do que não aplicar nenhuma convenção, um leigo que quisesse editar o código dessa pessoa teria que aprender a convenção original e aplicá-la por razões de coerência. Felizmente, a comunidade Java adota uma maneira compartilhada de como as convenções de nomenclatura devem ser aplicadas a muitos elementos diferentes da linguagem. A Tabela 1-5 descreve essas convenções de forma simples. Ao aplicar convenções de nomenclatura, você deve tentar usar nomes significativos e sem ambiguidade. E lembre-se de que a principal finalidade das convenções é tornar os programas Java mais legíveis e, portanto, mais fáceis de alterar. A prática de usar a "Notação Camelo" (CamelCase) – usar letras maiúsculas para os primeiros caracteres em palavras compostas – faz parte das convenções Java de nomenclatura.

Separadores e outros símbolos em código-fonte Java

A linguagem de programação Java faz uso de vários separadores e símbolos para ajudar na estruturação do código-fonte de um software. A Tabela 1-6 detalha esses separadores e símbolos.

Estrutura das classes Java

Todo programa Java tem, pelo menos, uma classe. Uma classe Java tem uma assinatura, e construtores, membros de dados (campos) e métodos opcionais, como descrito aqui:

```
[modificadores] class identificadorDaClasse [extends identificadorDaSuperClasse]
[implements identificadorDaInterface, identificadorDaInterface2, etc.] {
    [membros de dados]
    [construtores]
    [métodos]
}
```

Cada classe pode estender uma e somente uma superclasse. No entanto, pode implementar uma ou mais interfaces. As interfaces são separadas por vírgulas.

A classe SpaceShip a seguir mostra elementos típicos anotados com comentários. O arquivo que a contém deve se chamar SpaceShip.java.* Observe que a declaração da classe estende a classe Ship e implementa a interface Dockable. A interface Dockable inclui o método dockShip, que é sobrescrito aqui. Os métodos da classe Ship seriam herdados pela classe SpaceShip. Os Capítulos 4 a 7 mostram detalhes mais abrangentes sobre a criação e o uso de classes.

O código a seguir mostra a estrutura de uma classe típica:

```
package com.ocajexam.craft_simulator;

public class SpaceShip extends Ship implements Dockable {
```

---

*N. de RT.: Em Java, cada arquivo deve ter obrigatoriamente o mesmo nome de sua classe.

TABELA 1-5 Convenções Java de nomenclatura

Elemento	Uso de letras	Característica	Exemplo
Nome de classe	Começa com maiúscula e segue com a notação CamelCase	Substantivo	SpaceShip
Nome de interface	Começa com maiúscula e segue com a notação CamelCase	Adjetivo terminando com "able" ou "ible" quando se trata de uma qualidade. Caso contrário é um substantivo	Dockable
Nome de método	Começa com minúscula e segue com a notação CamelCase	Verbo. Pode incluir adjetivo ou substantivo	orbit
Nomes de variáveis de instância e estáticas	Começam com minúscula e seguem com a notação CamelCase	Substantivo	moon
Parâmetros e variáveis locais	Começam com minúscula e seguem com a notação CamelCase se várias palavras forem necessárias	Palavras individuais, acrônimos ou abreviações	lop (line of position)
Parâmetros de tipos genéricos	Uma única letra maiúscula	A letra *T* é recomendada	T
Constante	Todas as letras são maiúsculas	Quando são várias palavras elas são separadas por sublinhados	LEAGUE
Enumeração	Começa com maiúscula e segue com a notação CamelCase; o conjunto de objetos deve ficar todo em maiúsculas	Substantivo	enum Occupation {MANNED, SEMI_ MANNED, UNMANNED}
Pacote	Todas as letras são minúsculas	Pacotes públicos devem ter o nome de domínio invertido da organização	com.ocajexam.sim

TABELA 1-6 Símbolos e separadores

Símbolo	Descrição	Finalidade
( )	Parênteses	Delimitam o conjunto de argumentos do método, delimitam tipos para coerção (*cast*), determinam a precedência em expressões aritméticas
{ }	Chaves	Delimitam blocos de código, inicializam arrays
[ ]	Colchetes retos	Declaram arrays, inicializam arrays
< >	Colchetes angulares	Delimitam tipos genéricos
;	Ponto e vírgula	Termina a instrução no fim de uma linha
,	Vírgula	Separa identificadores em declarações de variáveis, separa valores, separa expressões em um laço for
.	Ponto	Delineia nomes de pacote, seleciona o campo ou o método de um objeto, suporta o encadeamento de métodos
:	Dois pontos	Vem após rótulos de laços
' '	Aspas simples	Definem um único caractere
->	Operador de seta	Faz a separação entre os parâmetros do lado esquerdo e a expressão do lado direito
" "	Aspas duplas	Definem uma string de caracteres
//	Barras inclinadas	Indicam um comentário de linha única
/* */	Barras inclinadas com asteriscos	Indicam um comentário de bloco com várias linhas
/** */	Barras inclinadas com um asterisco duplo e um simples	Indicam comentários Javadoc

```
// Membros de dados
public enum ShipType {
  FRIGATE, BATTLESHIP, MINELAYER, ESCORT, DEFENSE
}
ShipType shipType = ShipType.BATTLESHIP;

// Construtores
public SpaceShip() {
```

```
    System.out.println("\nSpaceShip created with default ship type.");
  }
  public SpaceShip(ShipType shipType) {
    System.out.println("\nSpaceShip created with specified ship type.");
    this.shipType = shipType;
  }

  // Métodos
  @Override
  public void dockShip () {
    // A concluir
  }
  @Override
  public String toString() {
    String shipTypeRefined = this.shipType.name().toLowerCase();
    return "The pirate ship is a " + shipTypeRefined + " ship.";
  }
}
```

A classe SpaceShip pode ser instanciada como demonstrado nesse código:

```
    package com.ocajexam.craft_simulator;
    import com.ocajexam.craft_simulator.PirateShip.ShipType;
    public class SpaceShipSimulator {

      public static void main(String[] args) {

        // Cria um objeto SpaceShip com o tipo de nave padrão
        SpaceShip ship1 = new SpaceShip ();
        // Exibe "The pirate ship is a battleship."
        System.out.println(ship1);

        // Cria um objeto SpaceShip com o tipo de nave especificado
        SpaceShip ship2 = new SpaceShip (ShipType.FRIGATE);
        // Exibe "The pirate ship is a frigate ship."
        System.out.println(ship2);
      }
    }
```

Na prática *A anotação de sobrescrita (@Override) indica que uma declaração pretende sobrescrever um método do supertipo da classe.*

OBJETIVO DA CERTIFICAÇÃO

Compilar e interpretar código Java

Objetivo do exame: Criar aplicativos Java executáveis com um método principal, executar um programa a partir da linha de comando, incluindo a saída do console

O Java Development Kit (JDK) inclui vários utilitários para compilação, depuração e execução de aplicativos Java. Esta seção detalhará dois utilitários do kit: o compilador e o interpretador Java. Para obter mais informações sobre o JDK e seus outros utilitários, consulte o Capítulo 10.

Compilador Java

Já que precisaremos de um exemplo de aplicativo para usar em nossos exercícios sobre o compilador e o interpretador de Java, empregaremos no decorrer da seção o arquivo-fonte simples GreetingsUniverse.java, mostrado na listagem a seguir. Esse exemplo inclui o método principal (main) usado como ponto de entrada do código executado. Quando o programa é iniciado, ele é o primeiro método a ser chamado pela JVM. O método main mostrado aqui contém uma única linha de código. Essa linha,

```
System.out.println("Greetings, Universe!")
```

exibirá

```
Greetings, Universe!
```

na saída padrão. Normalmente essa saída seria exibida em um aplicativo Java iniciado a partir de um console.

```
public class GreetingsUniverse {
  public static void main(String[] args) {
    System.out.println("Greetings, Universe!");
  }
}
```

Examinemos, então, a compilação e a interpretação de programas Java simples e suas opções de linha de comando mais básicas.

Compilando seu código-fonte

O compilador Java é apenas uma das diversas ferramentas do JDK. Quando tiver tempo, inspecione as outras ferramentas residentes na pasta bin do JDK, como mostrado na Figura 1-7. Quanto ao escopo do exame OCA, você só precisa conhecer os detalhes relacionados ao compilador e ao interpretador.

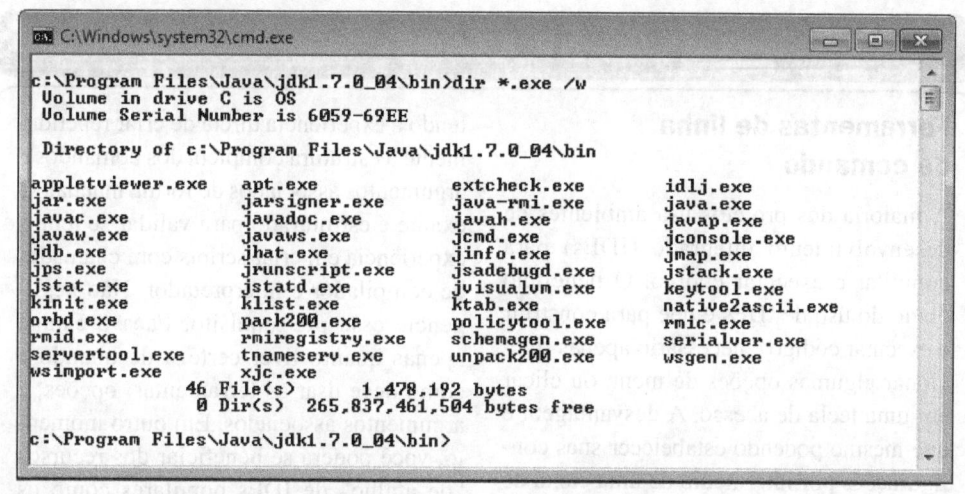

```
C:\Windows\system32\cmd.exe

c:\Program Files\Java\jdk1.7.0_04\bin>dir *.exe /w
 Volume in drive C is OS
 Volume Serial Number is 6059-69EE

 Directory of c:\Program Files\Java\jdk1.7.0_04\bin

appletviewer.exe  apt.exe         extcheck.exe    idlj.exe
jar.exe           jarsigner.exe   java-rmi.exe    java.exe
javac.exe         javadoc.exe     javah.exe       javap.exe
javaw.exe         javaws.exe      jcmd.exe        jconsole.exe
jdb.exe           jhat.exe        jinfo.exe       jmap.exe
jps.exe           jrunscript.exe  jsadebugd.exe   jstack.exe
jstat.exe         jstatd.exe      jvisualvm.exe   keytool.exe
kinit.exe         klist.exe       ktab.exe        native2ascii.exe
orbd.exe          pack200.exe     policytool.exe  rmic.exe
rmid.exe          rmiregistry.exe schemagen.exe   serialver.exe
servertool.exe    tnameserv.exe   unpack200.exe   wsgen.exe
wsimport.exe      xjc.exe
              46 File(s)      1,478,192 bytes
               0 Dir(s)  265,837,461,504 bytes free

c:\Program Files\Java\jdk1.7.0_04\bin>
```

FIGURA 1-7 Utilitários do Java Development Kit.

O compilador Java apenas converte arquivos-fonte Java em bytecodes. Ele é usado da seguinte forma:

```
javac [opções] [arquivos-fonte]
```

A maneira mais simples de compilar uma classe Java é listando na linha de comando os nomes dos arquivos-fonte logo depois do nome do utilitário compilador, desta forma: `javac.exe NomeDoArquivo.java`. A notação .exe é a extensão de arquivo executável padrão em máquinas Windows e é opcional. A extensão .exe não está presente nos executáveis de sistemas do tipo UNIX.

```
javac GreetingsUniverse.java
```

Isso resultará na produção de um arquivo de bytecodes com o mesmo nome principal, como `GreetingsUniverse.class`. Esse arquivo será inserido na mesma pasta do código-fonte, a menos que o código tenha sido empacotado e/ou haja uma opção de linha de comando solicitando que ele seja inserido em outro local.

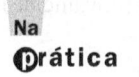

> **Na prática**
> Você descobrirá que muitos projetos usam os ambientes de compilação Apache Ant e/ou Maven. É preciso conhecer os aspectos básicos das ferramentas de linha de comando para poder escrever e editar os scripts associados a esses produtos decompilação.

Compilando seu código-fonte com a opção -d

Você pode especificar explicitamente onde deseja que os arquivos .class compilados com bytecodes sejam armazenados. Para fazê-lo, use a opção -d.

```
javac -d classes GreetingsUniverse.java
```

NO EXAME

Ferramentas de linha de comando

A maioria dos projetos usa ambientes de desenvolvimento integrado (IDEs) para compilar e executar código. O benefício óbvio do uso de IDEs é que para construir e executar código é necessário apenas selecionar algumas opções de menu ou clicar em uma tecla de acesso. A desvantagem é que mesmo podendo estabelecer suas configurações por intermédio de uma caixa de diálogo e ver os comandos e argumentos subsequentes em uma das janelas do espaço de trabalho (*workspace*), você não estará tendo a experiência direta de criar repetidamente a estrutura completa dos comandos e argumentos associados de forma manual. O exame é estruturado para validar se temos experiência em criar scripts com chamadas de compilador e interpretador. Não negligencie esse pré-requisito. Faça o exame apenas quanto tiver certeza de quando e como deve usar as ferramentas, opções, e argumentos associados. Em outro momento, você poderá se beneficiar dos recursos "de atalho" de IDEs populares como os fornecidos pelo NetBeans, Eclipse, IntelliJ IDEA e JDeveloper

---

Essa estrutura de linha de comando armazenará o arquivo .class no diretório classes, e já que o código-fonte foi empacotado (isto é, o arquivo-fonte inclui uma instrução package), o arquivo de bytecodes será armazenado nos subdiretórios relativos.

```
[diretório de trabalho atual]\classes\com\ocajexam\tutorial\
    GreetingsUniverse.class
```

Compilando seu código com a opção -classpath

Se quiser compilar seu aplicativo com classes e pacotes definidos pelo usuário, talvez você precise informar à JVM onde procurar especificando-os no caminho de classe. A indicação do caminho das classes é feita quando informamos ao compilador onde estão as classes e pacotes desejados com a opção de linha de comando -cp ou -classpath. Na chamada a seguir, o compilador inclui em sua compilação qualquer arquivo-fonte que esteja localizado sob o diretório 3rdPartyCode\classes, assim como qualquer classe localizada no diretório de trabalho atual (o ponto). A opção -d armazenará (novamente) os arquivos de bytecodes compilados no diretório classes.

```
javac -d classes -cp 3rdPartyCode\classes\;. GreetingsUniverse.java
```

É bom ressaltar que não é preciso incluir a opção classpath se o caminho das classes for definido com a variável de ambiente CLASSPATH ou se os arquivos desejados estiverem no diretório de trabalho atual.

Fique @tento

Conheça as opções. Os projetistas do exame tentarão lhe confundir apresentando respostas com uma mistura de opções de compilador e de interpretador. Você pode encontrar até mesmo opções fictícias que não existam em lugar algum. Para reforçar sua preparação, consulte o conjunto completo de opções do respectivo comando digitando `java -help` ou `javac -help`. Opções também são conhecidas como parâmetros de linha de comando, switches de linha de comando ou flags.

Nos sistemas Windows, os diretórios dos caminhos das classes são delimitados por barras invertidas e os caminhos são delimitados por ponto e vírgula:

```
-classpath .;\dir_a\classes_a\;\dir_b\classes_b\
```

Em sistemas baseados no POSIX, os diretórios dos caminhos das classes são delimitados por barras inclinadas comuns e os caminhos são delimitados por dois pontos:

```
-classpath .:/dir_a/classes_a/:/dir_b/classes_b/
```

Novamente, o ponto representa o diretório de trabalho atual.

Interpretador Java

Interpretar os arquivos Java é a base para a criação de um aplicativo, como mostrado na Figura 1-8. Vejamos como deve ser chamado o interpretador juntamente com suas opções de linha de comando.

```
java [-opções] class [args...]
```

Interpretando seus bytecodes

O interpretador Java é chamado com o comando `java[.exe]`. Use-o para interpretar bytecodes e executar seu programa.

Você pode chamar o interpretador facilmente sobre uma classe que não tenha sido empacotada, como descrito a seguir:

```
java ClassePrincipal
```

GreetingsUniverse.java → Compilador Java (javac) → GreetingsUniverse.class → Interpretador Java (java) → Aplicativo GreetingsUniverse

FIGURA 1-8 Conversão de bytecodes.

Opcionalmente você pode iniciar o programa com o comando `javaw` no Microsoft Windows para excluir a janela de comandos. Esse é um bom recurso para aplicativos com interfaces gráficas de usuário, porque a janela do console não costuma ser necessária.

```
javaw.exe ClassePrincipal
```

Da mesma forma, em sistemas baseados no POSIX, você pode usar o E comercial para executar o aplicativo como um processo de segundo plano:

```
java ClassePrincipal &
```

Interpretando o código com a opção classpath

Ao interpretar seu código, você pode ter que definir onde certas classes e pacotes estão localizados. Será possível encontrar suas classes em tempo de execução se você incluir a opção -cp ou -classpath ao chamar o interpretador. Se as classes que você deseja incluir estiverem empacotadas, inicie o aplicativo apontando seu caminho completo para o diretório-base das classes, como na chamada de interpretador a seguir:

```
java -cp classes com.ocajexam.tutorial.ClassePrincipal
```

A sintaxe de delimitação é a mesma para as opções -cp e -classpath, como definido anteriormente na seção "Compilando seu código com a opção -classpath".

Interpretando seu bytecode com a opção -D

A opção de linha de comando -D permite definir novos valores de propriedades. Ela deve ser usada assim:

```
java -D<nome>=<valor> classe
```

O aplicativo de arquivo único a seguir composto pela classe `PropertiesManager` exibe todas as propriedades de sistema:

```java
import java.util.Properties;
public class PropertiesManager {
  public static void main(String[] args) {
    if (args.length == 0) {System.exit(0);}
    Properties props = System.getProperties();
    /* Exemplo de nova propriedade */

    props.setProperty("new_property2", "new_value2");
    switch (args[0]) {
      case "-list_all":
        props.list(System.out); // Lista todas as propriedades
        break;
      case "-list_prop":
        /* Lista valor */
        System.out.println(props.getProperty(args[1]));
```

Capítulo 1 Empacotamento, compilação e interpretação de código Java

```
          break;
        default:
          System.out.println("Usage: java
            PropertiesManager [-list_all]");
          System.out.println("          java
            PropertiesManager [-list_prop [property]]");
          break;
      }
    }
  }
```

Executaremos esse aplicativo configurando uma nova propriedade de sistema chamada new_property1 com o valor new_value1:

```
java -Dnew_property1=new_value1 PropertiesManager -list_all
```

Você verá na saída padrão que a listagem das propriedades de sistema inclui a nova propriedade que definimos e seu valor:

```
...
new_property1=new_value1
java.specification.name=Java Platform API Specification
...
```

Opcionalmente, você pode definir um valor instanciando a classe Properties e configurando uma propriedade e seu valor com o método setProperty.

Para ajudá-lo a ter uma ideia melhor sobre as propriedades de sistema, a Tabela 1-7 detalha um subconjunto das propriedades padrão.

Consultando a versão do interpretador com a opção -version

A opção de linha de comando -version é usada no interpretador Java para retornar a versão da JVM e terminar. Não subestime a simplicidade do comando, já que os projetistas do exame podem tentar enganá-lo incluindo argumentos adicionais. Reserve um tempo para fazer uso do comando adicionando argumentos e inserindo a opção -version em vários locais. Não faça suposições sobre como acha que o aplicativo responderá. A Figura 1-9 demonstra vários resultados de acordo com o local onde a opção -version foi usada.

Na Prática — *Examine os outros utilitários do JDK que estão à sua disposição. Principalmente o Java Flight Recorder e o Java Mission Control são valiosas ferramentas com interfaces gráficas de usuário usadas para monitorar, medir desempenho e coletar informações em tempo de execução.*

TABELA 1-7 Subconjunto de propriedades de sistema

Propriedade do sistema	Descrição da propriedade
file.separator	O separador de arquivos específico da plataforma (/ para POSIX, \ para Windows)
java.class.path	O caminho de classes como definido para a variável de ambiente do sistema
java.class.version	O número de versão da classe Java
java.home	O diretório da instalação do Java
java.vendor	O fabricante fornecedor da plataforma Java
java.vendor.url	O Localizador Uniforme de Recursos do fabricante
java.version	A versão do Interpretador Java (JVM)
line.separator	O separador de linhas específico da plataforma (\r no Mac OS 9, \n para o POSIX, \r\n para o Microsoft Windows)
os.arch	A arquitetura do sistema operacional
os.name	O nome do sistema operacional
os.version	A versão do sistema operacional
path.separator	O separador de caminho específico da plataforma (: para POSIX, ; para Windows)
user.dir	O diretório de trabalho atual do usuário
user.home	O diretório-base do usuário
user.language	O código de idioma da região padrão (locale)
user.name	O nome do usuário atual
user.timezone	O fuso horário padrão do sistema

EXERCÍCIO 1-2

Compilando e interpretando software empacotado

Quando você compilar e executar software empacotado a partir de um IDE, o processo de execução pode ser tão simples quanto clicar em um ícone de execução, já que o IDE definirá o caminho das classes automaticamente e também lhe informará se algo estiver errado. Se você tentar compilar e interpretar o código por conta própria a partir da linha de comando, terá que saber o caminho exato de seus arquivos. Considere nosso exemplo

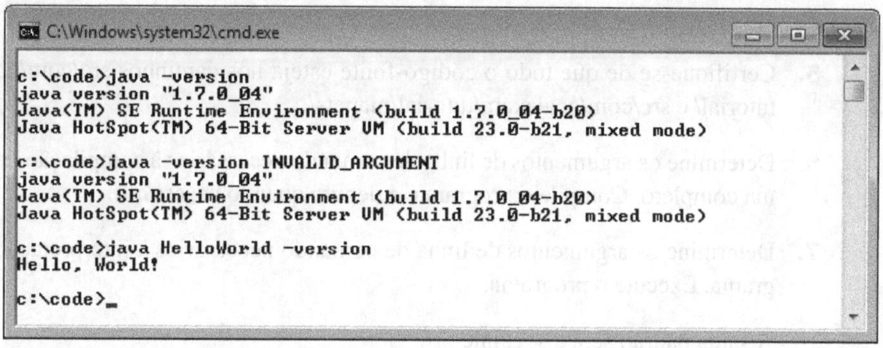

FIGURA 1-9 A opção de linha de comando -version.

de aplicativo que se encontra no pacote com.ocajexam.tutorial (isto é, no diretório com/ocajexam/tutorial).

```
package com.ocajexam.tutorial;
public class GreetingsUniverse {
  public static void main(String[] args) {
    System.out.println("Greetings, Universe!");
  }
}
```

Neste exercício você compilará e executará o aplicativo com novas classes criadas em um pacote separado.

1. Compile o programa:

   ```
   javac -d . GreetingsUniverse.java
   ```

2. Execute o programa para ver se não há erros:

   ```
   java -cp . com.ocajexam.tutorial.GreetingsUniverse
   ```

3. Crie três classes chamadas Earth, Mars e Venus e insira-as no pacote com.ocajexam.tutorial.planets. Crie construtores que exibam os nomes dos planetas na saída padrão. Os detalhes da classe Earth foram fornecidos aqui como exemplo do que você precisará fazer:

   ```
   package com.ocajexam.tutorial.planets;
   public class Earth {
     public Earth {
       System.out.println("Hello from Earth!");
     }
   }
   ```

4. Instancie cada classe a partir do programa principal adicionando o código necessário à classe GreetingsUniverse.

```
Earth e = new Earth();
```

5. Certifique-se de que todo o código-fonte esteja nos caminhos src/com/ocajexam/ tutorial/ e src/com/ocajexam/tutorial/planets/.

6. Determine os argumentos de linha de comando necessários à compilação do programa completo. Compile o programa, e depure quando necessário.

7. Determine os argumentos de linha de comando necessários à interpretação do programa. Execute o programa.

A saída padrão será a seguinte:

```
$ Greetings, Universe!
Hello from Earth!
Hello from Mars!
Hello from Venus!
```

Resumo para a certificação

Este capítulo discutiu o empacotamento, a estruturação, a compilação e a interpretação de código Java. O capítulo começou com uma discussão sobre a importância de organizar as classes em pacotes e usar as instruções package e import para definir e incluir diferentes trechos de código-fonte. No meio do capítulo, discutimos os recursos-chave dos pacotes Java mais usados: java.awt, javax.swing, java.net, java.io e java.util. Também examinamos a estrutura básica de uma classe Java. Concluímos o capítulo fornecendo informações detalhadas de como compilar arquivos-fonte Java e interpretar arquivos .class e como trabalhar com as opções de linha de comando. A essa altura, você deve conseguir (fora de um IDE) empacotar, construir e executar programas Java básicos independentemente.

✓ REVISÃO RÁPIDA

Compreender pacotes
- Os pacotes são contêineres para classes.
- Uma instrução `package` define o caminho de diretório em que os arquivos estarão armazenados.
- A instrução `package` usa pontos para delimitação.
- Os nomes de pacotes devem usar letras minúsculas e ser separados com sublinhados entre as palavras.
- Nomes de pacotes que comecem com `java.*` e `javax.*` são reservados.
- Você deve usar zero ou uma única instrução package por arquivo-fonte.
- Uma instrução `import` é usada para incluir código-fonte de classes externas.
- A instrução `import` ocorre após a instrução `package` opcional e antes da definição da classe.
- Uma instrução `import` pode definir o nome de uma classe específica a ser importada.
- A instrução `import` pode usar um asterisco para incluir todas as classes de um determinado pacote.

Compreender classes derivadas de pacotes
- A API Java do Abstract Window Toolkit está localizada no pacote `java.awt` e em seus subpacotes.
- O pacote `java.awt` inclui funcionalidades de criação de interfaces gráficas do usuário (GUIs) e geração de elementos gráficos e imagens.
- A API Java do Swing está localizada no pacote `javax.swing` e em seus subpacotes.
- O pacote `javax.swing` inclui classes e interfaces que dão suporte a funcionalidades de componentes leves de GUI.
- As classes Java relacionadas à entrada/saída básica estão contidas no pacote `java.io`.
- O pacote `java.io` inclui classes e interfaces que dão suporte a funcionalidades de entrada/saída do sistema de arquivos, fluxos de dados (streams), e serialização.
- As classes Java para trabalhar em rede estão contidas no pacote `java.net`.
- O pacote `java.net` inclui classes e interfaces que dão suporte a funcionalidades de rede básica que também são estendidas pelo pacote `javax.net`.
- Os utilitários Java básicos estão contidos no pacote `java.util`.
- O pacote `java.util` e seus subpacotes incluem classes e interfaces que dão suporte ao Java Collections Framework, a classes de coleção legadas, ao modelo de eventos, a recursos de data e hora e a funcionalidades de internacionalização.

Compreender a estrutura das classes

- As convenções de nomenclatura são usadas para tornar os programas Java mais legíveis e fáceis de editar.
- Elas são aplicadas a vários elementos Java, inclusive a nomes de classes, interfaces, variáveis de instância e estáticas, parâmetros e variáveis locais, parâmetros de tipo genérico, constantes, enumerações e pacotes.
- A ordem preferencial de apresentação dos elementos de uma classe começa pelos membros de dados, que são seguidos pelos construtores e pelos métodos. É bom ressaltar que a inclusão de cada tipo de elemento é opcional.

Compilar e interpretar código Java

- O compilador Java é chamado com o comando `javac[.exe]`.
- A extensão `.exe` é opcional em máquinas Microsoft Windows e não está presente em sistemas do tipo UNIX.
- A opção de linha de comando `-d` do compilador define onde os arquivos de classes compilados devem ser armazenados.
- Ela incluirá o local do pacote se a classe tiver sido declarada com uma instrução `package`.
- A opção de linha de comando `-classpath` define caminhos de diretório para a busca de classes.
- O interpretador Java é chamado com o comando `java[.exe]`.
- A opção `-classpath` do interpretador define caminhos de diretório para serem usados em tempo de execução.
- A opção de linha de comando `-D` do interpretador permite definir valores de propriedades de sistema. A sintaxe do interpretador para a opção de linha de comando `-D` é `-Dpropriedade=valor`.
- A opção de linha de comando `-version` do interpretador é usada para retornar a versão da JVM e terminar.
- A opção de linha de comando `-h` pode ser aplicada ao compilador ou ao interpretador para exibir as informações de uso de tais ferramentas.

TESTE

Compreender pacotes

1. Quais são as duas instruções `import` que permitirão a importação da classe HashMap?
   - A. `import java.util.HashMap;`
   - B. `import java.util.*;`
   - C. `import java.util.HashMap.*;`
   - D. `import java.util.hashMap;`

2. Que instrução designaria que um arquivo pertence ao pacote com.ocajexam.utilities?
   - A. `pack com.ocajexam.utilities;`
   - B. `package com.ocajexam.utilities.*`
   - C. `package com.ocajexam.utilities.*;`
   - D. `package com.ocajexam.utilities;`

3. Qual dos itens a seguir é o único pacote Java que é importado por padrão?
   - A. `java.awt`
   - B. `java.lang`
   - C. `java.util`
   - D. `java.io`

Compreender classes derivadas de pacotes

4. As classes `JCheckBox` e `JComboBox` pertencem a que pacote?
   - A. `java.awt`
   - B. `javax.awt`
   - C. `java.swing`
   - D. `javax.swing`

5. Que pacote contém o Java Collections Framework?
   - A. `java.io`
   - B. `java.net`
   - C. `java.util`
   - D. `java.utils`

6. A API Java de entrada/saída básica contém que tipos de classes e interfaces?
   - A. Internacionalização
   - B. RMI, JDBC e JNDI
   - C. Fluxos de dados (streams), serialização e sistema de arquivos
   - D. API de coleções e fluxos de dados

7. Que API fornece uma solução leve para componentes de GUI?
   A. AWT
   B. Abstract Window Toolkit
   C. Swing
   D. AWT e Swing
8. Considere a ilustração a seguir. Que problema existe com o empacotamento? Se quiser, como fonte de ajuda consulte o Apêndice G que é sobre a Unified Modeling Language (UML).

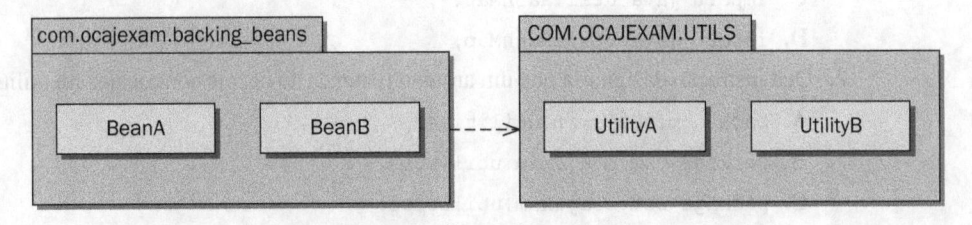

```
com.ocajexam.backing_beans              COM.OCAJEXAM.UTILS

  [ BeanA ]    [ BeanB ]  ---->    [ UtilityA ]    [ UtilityB ]
```

   A. Só pode haver uma única classe por pacote.
   B. Os pacotes não podem ter associações entre eles.
   C. O pacote com.ocajexam.backing_beans não segue as convenções de nomenclatura de pacotes apropriadas.
   D. O pacote COM.OCAJEXAM.UTILS não segue as convenções de nomenclatura de pacotes apropriadas.

Compreender a estrutura das classes

9. Na aplicação de convenções de nomenclatura, que elementos Java devem começar com uma letra maiúscula e seguir com o uso da convenção CamelCase?
   A. Nomes de classes
   B. Nomes de interfaces
   C. Nomes de constantes
   D. Nomes de pacotes
   E. Todos os itens anteriores
10. Na instanciação de um objeto com genéricos, você deve usar colchetes angulares, colchetes retos, chaves, ou aspas duplas para delimitar o tipo genérico? Selecione a resposta apropriada.
   A. `List<Integer> a = new ArrayList<Integer>();`
   B. `List[Integer] a = new ArrayList[Integer]();`
   C. `List{Integer} a = new ArrayList{Integer}();`
   D. `List"Integer" a = new ArrayList"Integer"();`

11. Na organização dos elementos de uma classe, que ordem é preferencial?

A. Membros de dados, métodos, construtores

B. Membros de dados, construtores, métodos

C. Construtores, métodos, membros de dados

D. Construtores, membros de dados, métodos

E. Métodos, construtores, membros de dados

Compilar e interpretar código Java

12. Que sintaxe representa uma maneira válida de compilar uma classe Java?

A. `java MainClass.class`

B. `javac MainClass`

C. `javac MainClass.source`

D. `javac MainClass.java`

13. Quais são as duas chamadas de linha de comando do interpretador Java que retornam a versão do interpretador?

A. `java -version`

B. `java --version`

C. `java -version NomeDoPrograma`

D. `java NomeDoPrograma -version`

14. Quais são as duas sintaxes de linha de comando que identificam apropriadamente o caminho das classes?

A. `javac -cp /project/classes/ MainClass.java`

B. `javac -sp /project/classes/ MainClass.java`

C. `javac -classpath /project/classes/ MainClass.java`

D. `javac -classpaths /project/classes/ MainClass.java`

15. Que sintaxe de linha de comando define apropriadamente o valor de uma propriedade de sistema?

A. `java -Dcom.ocajexam.propertyValue=003 MainClass`

B. `java -d com.ocajexam.propertyValue=003 MainClass`

C. `java -prop com.ocajexam.propertyValue=003 MainClass`

D. `java -D:com.ocajexam.propertyValue=003 MainClass`

✓ Respostas do Teste

Compreender pacotes

1. Quais são as duas instruções import que permitirão a importação da classe HashMap?

    A. import java.util.HashMap;

    B. import java.util.*;

    C. import java.util.HashMap.*;

    D. import java.util.hashMap;

> Resposta:
>
> ⦿ **A e B.** A classe HashMap pode ser importada diretamente via import java.util.HashMap ou com um curinga via import java.util.*;.
>
> ○ **C e D** estão incorretas. **C** está incorreta porque a resposta é uma instrução import estática que importa membros estáticos da classe HashMap, e não da própria classe. **D** está incorreta porque nomes de classe diferenciam maiúsculas de minúsculas, logo, o nome de classe hashMap não é a mesma coisa que HashMap.

2. Que instrução designaria que um arquivo pertence ao pacote com.ocajexam.utilities?

    A. pack com.ocajexam.utilities;

    B. package com.ocajexam.utilities.*

    C. package com.ocajexam.utilities.*;

    D. package com.ocajexam.utilities;

> Resposta:
>
> ⦿ **D.** A palavra-chave package está sendo usada apropriadamente, seguida pelo nome do pacote, delimitado com pontos, e por ponto e vírgula.
>
> ○ **A, B e C** estão incorretas. **A** está incorreta porque a palavra pack não é uma palavra-chave válida. **B** está incorreta porque uma instrução package deve terminar com ponto e vírgula, e você não pode usar asteriscos em instruções package. **C** está incorreta porque você não pode usar asteriscos em instruções package.

3. Qual dos itens a seguir é o único pacote Java que é importado por padrão?

　A. java.awt

　B. java.lang

　C. java.util

　D. java.io

> Resposta:
>
> ● **B.** O pacote java.lang é o único que tem todas as suas classes importadas por padrão.
>
> ○ **A, C e D** estão incorretas. As classes dos pacotes java.awt, java.util e java.io não são importadas por padrão.

Compreender classes derivadas de pacotes

4. As classes JCheckBox e JComboBox pertencem a que pacote?

　A. java.awt

　B. javax.awt

　C. java.swing

　D. javax.swing

> Resposta:
>
> ● **D.** Geralmente componentes pertencentes à API do Swing iniciam com um *J* maiúsculo. Logo, JCheckBox e JComboBox fariam parte da API Java do Swing e não da API do AWT. O pacote base da API do Swing é javax.swing.
>
> ○ **A, B e C** estão incorretas. **A** está incorreta porque o pacote java.awt não inclui as classes JCheckBox e JComboBox já que elas pertencem à API Java do Swing. É bom ressaltar que o pacote java.awt inclui a classe CheckBox e não JCheckBox. **B e C** estão incorretas porque os nomes de pacote javax.awt e java.swing não existem.

5. Que pacote contém o Java Collections Framework?

　A. java.io

　B. java.net

　C. java.util

　D. java.utils

> Resposta:
>
> ⦿ **C.** O Java Collections Framework faz parte da API Java de utilitários no pacote `java.util`.
>
> ○ **A, B e D** estão incorretas. **A** está incorreta porque o pacote base da API Java de entrada/saída chama-se `java.io` e não contém o Java Collections Framework. **B** está incorreta porque o pacote base da API Java de rede chama-se `java.net` e também não contém o Java Collections Framework. **D** está incorreta porque não há um pacote chamado `java.utils`.

6. A API Java de entrada/saída básica contém que tipos de classes e interfaces?
   A. Internacionalização
   B. RMI, JDBC e JNDI
   C. Fluxos de dados (streams), serialização e sistema de arquivos
   D. API de coleções e fluxos de dados

> Resposta:
>
> ⦿ **C.** A API Java de entrada/saída básica contém classes e interfaces para fluxos de dados, serialização e o sistema de arquivos.
>
> ○ **A, B e D** estão incorretas. Internacionalização (i18n), RMI, JDBC, JNDI e o framework de coleções não estão incluídos na API de entrada/saída básica

7. Que API fornece uma solução leve para componentes de GUI?
   A. AWT
   B. Abstract Window Toolkit
   C Swing
   D. AWT e Swing

> Resposta:
>
> ⦿ **C.** A API do Swing fornece uma solução leve para componentes de GUI, ou seja, suas classes geram código Java puro e não widgets nativos da plataforma.
>
> ○ **A, B e D** estão incorretas. AWT e Abstract Window Toolkit são a mesma coisa e fornecem uma solução pesada para componentes de GUI.

Capítulo 1 Empacotamento, compilação e interpretação de código Java

8. Considere a ilustração a seguir. Que problema existe com o empacotamento? Se quiser, como fonte de ajuda consulte o Apêndice G que é sobre a Unified Modeling Language (UML).

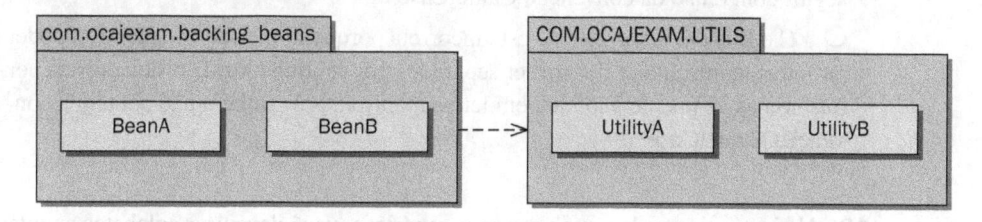

```
com.ocajexam.backing_beans              COM.OCAJEXAM.UTILS

   [ BeanA ]   [ BeanB ]  - - ->   [ UtilityA ]   [ UtilityB ]
```

   A. Só pode haver uma única classe por pacote.
   B. Os pacotes não podem ter associações entre eles.
   C. O pacote com.ocajexam.backing_beans não segue as convenções de nomenclatura de pacotes apropriadas.
   D. O pacote COM.OCAJEXAM.UTILS não segue as convenções de nomenclatura de pacotes apropriadas.

> Resposta:
>
> ◉ D. O pacote COM.OCAJEXAM.UTILS não segue as convenções de nomenclatura de pacotes apropriadas. Os nomes de pacotes devem usar letras minúsculas e empregar um sublinhado entre as palavras. No entanto, as palavras em ocajexam estão juntas no URL; logo, excluir o sublinhado aqui é aceitável. O nome do pacote deveria ser com.ocajexam.utils.
>
> ○ A, B e C estão incorretas. A está incorreta porque seria inconveniente um pacote ficar restrito a uma única classe. Não há limite. B está incorreta porque os pacotes podem ter e com frequência têm associações com outros pacotes. C está incorreta porque com.ocajexam.backing_beans segue as convenções de nomenclatura de pacotes apropriadas.

Compreender a estrutura das classes

9. Na aplicação de convenções de nomenclatura, que elementos Java devem começar com uma letra maiúscula e seguir com o uso da convenção CamelCase?
   A. Nomes de classe
   B. Nomes de interface
   C. Nomes de constante
   D. Nomes de pacote
   E. Todos os itens anteriores

> Resposta:
>
> ◉ **A e B.** Nomes de classes e de interfaces devem começar com letra maiúscula e seguir com o uso da convenção CamelCase.
>
> ○ **C e D** estão incorretas. **C** está incorreta porque nomes de constante só podem ter letras maiúsculas e devem ser separados por sublinhados. **D** está incorreta porque nomes de pacote não incluem letras maiúsculas e também não adotam a convenção CamelCase.

10. Na instanciação de um objeto com genéricos, você deve usar colchetes angulares, colchetes retos, chaves, ou aspas duplas para delimitar o tipo genérico? Selecione a resposta apropriada.

   A. `List<Integer> a = new ArrayList<Integer>();`

   B. `List[Integer] a = new ArrayList[Integer]();`

   C. `List{Integer} a = new ArrayList{Integer}();`

   D. `List"Integer" a = new ArrayList"Integer"();`

> Resposta:
>
> ◉ **A.** Os genéricos usam colchetes angulares.
>
> ○ **B, C e D** estão incorretas. Colchetes retos (**B**), chaves (**C**) e aspas duplas (**D**) não são usados para delimitar o tipo genérico.

11. Na organização dos elementos de uma classe, que ordem é preferencial?

   A. Membros de dados, métodos, construtores

   B. Membros de dados, construtores, métodos

   C. Construtores, métodos, membros de dados

   D. Construtores, membros de dados, métodos

   E. Métodos, construtores, membros de dados

> Resposta:
>
> ◉ **B.** A ordem preferencial para a apresentação dos elementos de uma classe é apresentar primeiro os membros de dados, seguidos pelos construtores e pelos métodos.
>
> ○ **A, C, D e E** estão incorretas. Embora ordenar os elementos dessas maneiras não cause erros funcionais ou de compilação, elas não são a ordem preferencial.

Capítulo 1   Empacotamento, compilação e interpretação de código Java   41

Compilar e interpretar código Java

12. Que sintaxe representa uma maneira válida de compilar uma classe Java?

A. `java MainClass.class`

B. `javac MainClass`

C. `javac MainClass.source`

D. `javac MainClass.java`

Resposta:

◉ **D.** O compilador é chamado pelo comando `javac`. Na compilação de uma classe Java, você deve incluir o nome do arquivo, contendo as classes principais, e incluir a extensão `.java`.

○ **A, B** e **C** estão incorretas. **A** está incorreta porque `MainClass.class` é byte-code que já foi compilado. **B** está incorreta porque `MainClass` não tem a extensão `.java`. **C** está incorreta porque `MainClass.source` não é um nome válido para um arquivo Java.

13. Quais são as duas chamadas de linha de comando do interpretador Java que retornam a versão do interpretador?

A. `java -version`

B. `java --version`

C. `java -version NomeDoPrograma`

D. `java NomeDoPrograma -version`

Resposta:

◉ **A** e **C**. A flag `-version` deve ser usada como primeiro argumento. O aplicativo retornará as strings apropriadas na saída padrão com as informações da versão e terminará imediatamente. O segundo argumento será ignorado.

○ **B** e **D** estão incorretas. **B** está incorreta porque a flag version não permite traços duplos. Podem ser usados traços duplos em flags de utilitários, principalmente os regidos pela licença GNU. No entanto, os traços duplos não são aplicáveis à flag version do interpretador Java. **D** está incorreta porque a flag version deve ser usada como o primeiro argumento ou sua funcionalidade será ignorada.

14. Quais são as duas sintaxes de linha de comando que identificam apropriadamente o caminho das classes?

   A. `javac -cp /project/classes/ MainClass.java`

   B. `javac -sp /project/classes/ MainClass.java`

   C. `javac -classpath /project/classes/ MainClass.java`

   D. `javac -classpaths /project/classes/ MainClass.java`

> Resposta:
>
> ⦿ **A e C.** A flag de opção que é usada para especificar o caminho das classes é `-cp` ou `-classpath`.
>
> ◯ **B e D** estão incorretas. As flags de opção `-sp` (**B**) e `-classpaths` (**D**) são inválidas.

15. Que sintaxe de linha de comando define apropriadamente o valor de uma propriedade de sistema?

   A. `java -Dcom.ocajexam.propertyValue=003 MainClass`

   B. `java -d com.ocajexam.propertyValue=003 MainClass`

   C. `java -prop com.ocajexam.propertyValue=003 MainClass`

   D. `java -D:com.ocajexam.propertyValue=003 MainClass`

> Resposta:
>
> ⦿ **A.** A configuração de propriedade é usada com o interpretador e não com o compilador. O nome da propriedade deve ser intercalado entre a flag `-D` e o sinal de igualdade. O valor desejado deve vir imediatamente após o sinal de igualdade.
>
> ◯ **B, C e D** estão incorretas. As flags `-d` (**B**), `-prop` (**C**), e `-D:` (**D**) são maneiras inválidas de designar uma propriedade de sistema.

Capítulo 2

Programação com instruções Java

OBJETIVOS DA CERTIFICAÇÃO

- Compreender instruções de atribuição
- Criar e usar instruções condicionais
- Criar e usar instruções de iteração
- Criar e usar instruções de transferência de controle
- Revisão rápida
- Teste

As instruções de uma linguagem usadas nos aplicativos de software permitem que ocorram a sequência de execução apropriada e a funcionalidade associada. Quanto maior for o número de tipos de instruções incluídos na linguagem, mais eficaz ela será. No caso de Java, por exemplo, podermos manter o sistema sendo executado por fornecer ao código instruções de tratamento de exceções é um benefício. A Tabela 2-1 mostra definições resumidas dos tipos de instruções Java contidas em *The Java Language Specification: Java SE 8 Edition*, de James Gosling, Bill Joy, Guy Steele, Gilad Bracha e Alex Buckley (Oracle, 2015). As instruções abordadas no exame e neste capítulo apresentam uma marca de seleção. Você pode consultar a especificação da linguagem para ver mais detalhes sobre as instruções que não caem no exame.

Para ser um programador Java eficaz, você deve dominar as instruções básicas. A Oracle sabe disso e incluiu uma abordagem completa das instruções básicas no exame. Este capítulo ensinará como reconhecer e codificar instruções Java.

Começaremos conhecendo as instruções essenciais. A linguagem de programação Java contém vários tipos de instruções. Embora os diversos

TABELA 2-1   Instruções Java

Nome da instrução	Definição	Cai no exame?
A instrução `assert`	Usada para determinar se o código está funcionando como esperado. Quando sua expressão é avaliada como falsa, uma exceção é lançada.	
A instrução `break`	Usada para sairmos do corpo de uma instrução `switch` ou de um laço	✓
A instrução `case`	Usada como parte da instrução `switch` para executar instruções quando seu valor for igual ao valor condicional da instrução `switch`.	✓
A instrução `continue`	Usada para terminar a iteração atual de um laço `do-while`, `while` ou `for` e passar para a próxima iteração.	✓
A instrução `while`	Usada para iterações baseadas em uma condição.	✓
A instrução `do-while`	Usada para iterações baseadas em uma condição. O corpo da instrução `do-while` é executado pelo menos uma vez.	✓
A instrução vazia	Usada para fins triviais em que nenhuma funcionalidade seja necessária. É representada por um símbolo de ponto-e-vírgula individual.	

(continua)

TABELA 2-1 Instruções Java (*continuação*)

Nome da instrução	Definição	Cai no exame?
As instruções de expressão	Usadas para avaliar expressões. Consulte a Tabela 2-2.	✓
A instrução de laço `for`	Usada para iteração. Os principais componentes são uma parte de inicialização, a parte da expressão e uma parte de atualização.	✓
A instrução de laço `for` melhorado	Usada para a iterar sobre um objeto ou um array iterável.	✓
A instrução `if`	Usada para a execução condicional de instruções.	✓
A instrução `if-then`	Usada para a execução condicional de instruções, com o fornecimento de várias condições	✓
A instrução `if-then-else`	Usada para a execução condicional de instruções, com o fornecimento de várias condições e execução até o final (fall-through) quando nenhuma condição for atendida.	✓
A instrução rotulada	Usada para fornecer um rótulo pré-fixado a uma instrução.	
A instrução `return`	Usada para sair de um método e retornar um valor especificado.	✓
A instrução `switch`	Usada para código ramificado baseado em condições	✓
A instrução `synchronized`	Usada para o controle de acesso em threads.	
A instrução `throw`	Usada para lançar uma exceção.	Capítulo 9
A instrução `try-catch-finally`	Usada no tratamento de exceções.	Capítulo 9

tipos sirvam a diferentes finalidades, os que serão abordados neste capítulo podem ser agrupados em quatro categorias principais: instruções de expressão, condicionais, de iteração e de transferência de controle.

As *instruções de expressão* são usadas para a avaliação de expressões. As chamadas instruções de expressão de atribuição permitem que atribuições sejam executadas em variáveis. As *instruções condicionais*, também conhecidas como instruções de decisão, ajudam a direcionar o fluxo de controle quando uma decisão precisa ser tomada. Elas incluem as instruções `if`, `if-then`, `if-then-else` e `switch` As *instruções de iteração* ajudam a percorrer blocos de código. Elas incluem o laço `for`, o laço `for` melhorado, a instrução `while` e a instrução `do-while`. As *instruções de transferência de controle* fornecem um meio de parar ou interromper o fluxo de controle normal. Elas incluem as instruções `continue`, `break` e `return`. As instruções de transferência de controle são sempre vistas dentro de outros tipos de instruções.

O objetivo deste capítulo é lhe ensinar onde e como usar todos os tipos de instruções Java necessários que serão incluídos no exame OCA Java Associate SE 8 Programmer (OCA).

OBJETIVO DA CERTIFICAÇÃO

Compreender instruções de atribuição

Uma instrução de atribuição define um valor dentro de uma variável. Todas as instruções de atribuição são consideradas instruções de expressão. Embora não haja um objetivo explícito no exame para esse assunto, é preciso ter um conhecimento básico sobre as instruções de expressão, principalmente sobre as instruções de atribuição.

Começaremos com a instrução de expressão. As instruções de expressão operam essencialmente com expressões. Expressão em Java é qualquer coisa que tenha um valor ou possa ser reduzida a um valor. Normalmente, as expressões têm como resultado tipos primitivos, como no caso da soma de dois números – por exemplo, (1 + 2). A concatenação de strings com o operador de concatenação (+) resulta em uma string e também é considerada uma expressão. Todas as expressões podem ser usadas como instruções; o único requisito é que terminem com ponto-e-vírgula. A Tabela 2-2 mostra exemplos de algumas instruções de expressão típicas e onde elas são discutidas neste livro.

A instrução de expressão de atribuição

As instruções de expressão de atribuição, normalmente chamadas apenas de instruções de atribuição, são criadas para atribuir valores a variáveis. Todas as instruções de atribuição devem terminar com ponto-e-vírgula. Saber como usar instruções de atribuição é um recurso-chave para o desenvolvimento em Java.

A forma geral da instrução de atribuição é:

```
variável = valor;
```

Dada a declaração de um tipo primitivo inteiro, examinaremos uma atribuição em sua forma mais básica. A instrução de atribuição é composta por três elementos-chave. À esquerda fica a variável que será associada à memória e ao tipo necessários ao armazenamento do valor. À direita temos um valor literal. Se houver uma expressão no lado direito, como (1 + 2), ela deve ser avaliada para fornecer seu valor literal antes de poder ser atribuída. Para concluir, um sinal de igualdade é colocado entre a variável e o valor da instrução de atribuição. Aqui estão alguns exemplos de instrução:

TABELA 2-2 Instruções de expressão

Instrução de expressão	Exemplo de instrução de expressão	Abordada no
Atribuição	`nomeDaVariável = 7;`	Capítulo 2
Incremento pré-fixado	`++nomeDaVariável;`	Capítulo 3
Decremento pré-fixado	`--nomeDaVariável;`	Capítulo 3
Incremento pós-fixado	`nomeDaVariável++;`	Capítulo 3
Decremento pós-fixado	`nomeDaVariável--;`	Capítulo 3
Chamada de método	`performMethod()`	Capítulo 5
Criação de objetos	`new NomeDaClasse();`	Capítulo 4

```
int nomeDaVariavel; // Declaração de um inteiro
nomeDaVariavel = 100; // Instrução de expressão de atribuição
```

Contanto que o aplicativo esteja sendo executado e o objeto em que a variável existe ainda esteja ativo (isto é, disponível na memória), o valor de nomeDaVariavel permanecerá sendo aquele que foi atribuído, a menos que seja alterado explicitamente com outra instrução de atribuição. A instrução, ilustrada na Figura 2-1, combina uma declaração, uma expressão e uma instrução de atribuição. Além disso, ela usa os valores armazenados a partir de instruções de atribuição anteriores.

```
int fishInTank = 100;
int fishInCooler = 50;
int totalFish = fishInTank + fishInCooler;
```

Tentar salvar um literal inválido em uma variável declarada como de tipo primitivo resultará em erro de compilação. Por exemplo, o erro de compilação Exception in thread "xxxx" java.lang.RuntimeException: Uncompilable source code - incompatible types... apareceria para o código a seguir:

```
int totalFish = "USO_INVÁLIDO_DE_UMA_STRING";
```

Para obter mais informações sobre o trabalho com tipos primitivos, consulte o Capítulo 4.

```
         declaração        expressão
        ⏞              ⏞
        int totalFish = fishInTank + fishInCooler;
                ⏟
            instrução de atribuição
```

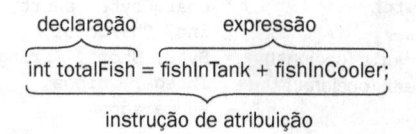

FIGURA 2-1 Instruções combinadas.

OBJETIVO DA CERTIFICAÇÃO

Criar e usar instruções condicionais

Objetivo do exame: Criar estruturas if, if/else e ternárias

Objetivo do exame: Usar uma instrução switch

As instruções condicionais são usadas quando é preciso determinar a direção do fluxo de acordo com condições. Elas incluem as instruções if, if-then, if-then-else e switch. As instruções condicionais representadas na Tabela 2-3 aparecerão no exame.

A Instrução Condicional if

A instrução if existe para executar condicionalmente uma instrução ou selecionar condicionalmente uma entre várias instruções. Ela executará uma única instrução relacionada à condição se chaves não forem fornecidas. As chaves (*curly brackets*, em inglês) permitem que múltiplas instruções sejam executadas. Esse grupo de instruções também é chamado de *bloco*. A expressão que é avaliada dentro de instruções if deve ter como resultado um valor boolean ou o aplicativo não será compilado. A cláusula else é opcional e pode ser omitida.

TABELA 2-3 Instruções condicionais

Nome formal	Palavras-chave	Tipos de expressão	Exemplo
if	if, else (opcional)	boolean	if (value == 0) {}
if-then	if, else if, else if (opcional)	boolean	if (value == 0) {} else if (value == 1) {} else if (value >= 2) {}
if-then-else	if, else if (opcional), else if (opcional), else	boolean	if (value == 0) {} else if (value >= 1) {} else {}
Operador ternário	?, : (não é uma palavra-chave Java oficial)	boolean	minVal = a < b ? a : b;

switch	switch,
	case,
	default (opcional),
	break (opcional)
		char, byte, short, int, Character, Byte, Short, String, Integer, tipos enumerados	switch (100) {
			case 100: break;
			case 200: break;
			case 300: break;
			default: break;
			}

NO EXAME

As instruções if, if-then e if-then-else

A diferença entre as instruções if, if-then e if-then-else pode ser confusa. Isso ocorre em parte porque a palavra-chave then usada em algumas linguagens de programação não é usada em Java, ainda que as estruturas Java sejam conhecidas formalmente como if-then e if-then-else. Esclareceremos alguns pontos obscuros sobre as instruções do tipo if fornecendo fatos.

- A instrução if permite o uso opcional da ramificação else. Isso é um pouco confuso já que if pode ocorrer individualmente sem ramificações.

- A instrução if-then deve ter, pelo menos, uma ramificação else if. Opcionalmente, um número ilimitado de ramificações else if pode ser incluído. Não podemos usar uma instrução else em uma instrução if-then ou ela será considerada uma instrução if-then-else.

- A instrução if-then-else deve ter, pelo menos, uma ramificação else if. A ramificação else if não é opcional, porque se não estiver presente, a instrução será considerada uma instrução if contendo a ramificação else opcional.

A forma geral da instrução if é:

```
if (expressão)
    instruçãoA;
else
    instruçãoB;
```

No exemplo a seguir, examinaremos a estrutura mais básica de uma instrução if. Aqui, verificaremos se uma pessoa é um pescador (isFisherman) e, se for, a expressão associada à instrução if será avaliada como verdadeira (true). Já que ela é verdadeira, o valor da variável (isFishingTrip) será modificado para true. Nenhuma ação será executada se a expressão isFisherman for avaliada como falsa (false).

```
boolean isFisherman = true;
boolean isFishingTrip = false;
if (isFisherman)
    isFishingTrip = true;
```

Alteraremos um pouco o código. A seguir você verá que uma viagem de pesca (fishing trip) só ocorrerá se houver um ou mais pescadores, como sugere a expressão (fishermen >= 1). Consulte o Capítulo 3 para ver mais detalhes sobre os operadores relacionais (por exemplo, <, <=, >, >=, ==, !=). Você também verá que quando "um ou mais pescadores"(ou seja, a expressão "fishermen >=1") for avaliada como verdadeira, um bloco de instruções será executado.

```
int fishermen = 2;
boolean isFishingTrip = false;
```

```
if (fishermen >= 1) {
    isFishingTrip = true;
    System.out.print("Going Fishing!");
}
$ Going Fishing!
```

A execução de instruções em resposta a uma condição avaliada como falsa também é comum em programação. No próximo exemplo, quando a expressão é avaliada como falsa, a instrução associada à parte else da instrução if é executada.

```
boolean isFisherman = false;
if (isFisherman) System.out.println("Going fishing!");
else System.out.println("I'm doing anything but fishing!");
$ I'm doing anything but fishing!
```

A instrução condicional if-then

A instrução condicional if-then – também conhecida como instrução if else if – é usada quando várias condições precisam ser percorridas em um cenário baseado em decisões.

A forma geral da instrução if-then é:

```
if (expressãoA)
    instruçãoA;
else if (expressãoB)
    instruçãoB;
```

As expressões devem ter como resultado valores boolean. Cada instrução pode opcionalmente ser um grupo de instruções incluído em chaves.

Examinaremos outro exemplo. Para quem não conhece o surf fishing, quando pescamos longe da enseada, uma chumbada em forma de pirâmide é usada para manter a linha no fundo do mar. No segmento de código a seguir, as condições são avaliadas pela associação do peso da chumbada em forma de pirâmide (pyramidSinker) com a maré equivalente:

```
int pyramidSinker = 3;
System.out.print("A pyramid sinker that weighs " + pyramidSinker
    + " ounces is ");
if (pyramidSinker == 2)
    System.out.print("used for a slow moving tide. ");
else if (pyramidSinker == 3)
    System.out.print("used for a moderate moving tide. ");
else if (pyramidSinker == 4)
    System.out.print("used for a fast moving tide. ");
```

Saída:

```
$ A pyramid sinker that weighs 3 ounces is used for a moderate
moving tide.
```

NO EXAME

A instrução if

A coisa mais importante que você precisa lembrar sobre a expressão em uma instrução `if` é que ela pode aceitar qualquer expressão que retorne um valor `boolean` e, uma vez que a expressão for avaliada como verdadeira, todas as instruções `else` subsequentes serão ignoradas. Observe, também, que ainda que operadores relacionais (como >=) sejam normalmente usados, instruções de atribuição são sempre permitidas.

Examine e entenda os exemplos de código a seguir:

```
boolean b;
boolean bValue = (b = true);
// Avaliada como verdadeira
if (bValue) System.out
.println("TRUE");
else System.out.println("FALSE");
if (bValue = false) System.out
.println("TRUE");
else System.out.println("FALSE");
if (bValue == false) System.out
.println("TRUE");
else System.out.println("FALSE");
```

Saída:

```
$ TRUE
$ FALSE
$ TRUE
```

Você também precisa saber que as instruções de atribuição de todos os tipos primitivos retornarão seus respectivos valores primitivos. Logo, se a atribuição não for de um tipo `boolean`, o valor de retorno não será `boolean`. O código a seguir não será, então, compilado.

```
int i; // Declaração válida
int iValue = (i=1);
// Avaliação válida como um int
/* Aqui há uma falha já que um
valor booleano é esperado na
expressão */
if (iValue) {};
```

Da mesma forma, esse código não será compilado:

```
/* Aqui há uma falha já que um
valor booleano é esperado na
expressão */
if (i=1) {};
```

O compilador exibirá a seguinte mensagem de erro:

```
Error: incompatible types; found:
int, required: boolean
```

Usamos o operador de concatenação de strings (+) nesse exemplo. Embora sua funcionalidade seja trivial, você encontrará mais informações sobre seu comportamento no Capítulo 3.

A instrução condicional if-then-else

Como nas instruções `if` e `if-then`, todas as expressões devem ter como resultado `true` ou `false` já que o tipo primitivo esperado é um `boolean`. A principal diferença da instrução `if-then-else` é que o código aceitará o último `else` quando a expressão não

> **Fique @tento**
>
> A família if de instruções avalia expressões que devem resultar em um tipo boolean em que o valor seja true ou false. É bom ressaltar que um objeto da classe wrapper Boolean também é permitido, porque ele será submetido à operação de unboxing para retornar o tipo esperado. O unboxing é a produção automática de seu valor primitivo em casos em que ele seja necessário. O código a seguir demonstra o uso de um objeto da classe wrapper Boolean dentro da expressão de uma instrução if:
>
> ```
> Boolean wrapperBoolean = new Boolean ("true");
> /* Válido */
> boolean primitiveBoolean1 = wrapperBoolean.booleanValue();
> /* Válido por causa do unboxing */
> boolean primitiveBoolean2 = wrapperBoolean;
> if (wrapperBoolean)
> System.out.println("Funciona em razão do unboxing");
> ```
>
> Para obter mais informações sobre o autoboxing e o unboxing, consulte o Capítulo 4.

conseguir retornar true para nenhuma condição. Cada instrução pode opcionalmente ser um grupo de instruções delimitado entre chaves. Não há limite para o número de cláusulas else if.

A forma geral da instrução if-then-else é:

```
if (expressãoA)
    instruçãoA;
else if (expressãoB)
    instruçãoB;
else if (expressãoC)
    instruçãoC
...
else
    instruçãoZZ;
```

Na listagem a seguir, o método getCastResult() representa os esforços de um pescador ao lançar sua linha no oceano. O valor de retorno será uma String "fish", "shark" or "skate" e nesse aplicativo ele é armazenado na variável resultOfCast. Esse valor de tipo String é comparado com a string passada no método equals. Se os critérios forem atendidos em alguma condição if ou else if, o bloco de código associado será executado; caso contrário, o código relacionado ao último else será executado. Essa listagem demonstra claramente um cenário if-then-else completo.

```
...
private FishingSession fishingSession = new FishingSession();
...
public void castForFish() {
  fishingSession.setCatch();
  String resultOfCast = fishingSession.getCastResult();
  if (resultOfCast.equals("fish")) {
    Fish keeperFish = new Fish();
    keeperFish = fishingSession.getFishResult();
    String type = keeperFish.getTypeOfFish();
    System.out.println("Wahoo! Keeper fish: " + type);
  } else if (resultOfCast.equals("shark")) {
    System.out.println("Need to throw this one back!");
  } else if (resultOfCast.equals("skate")) {
    System.out.println("Yuck, Leo can take this one off the
      hook!");
  } else {
    System.out.println("Darn, no catch!");
  }
}
...
```

Saída:

```
$ Wahoo! Keeper fish: Striped Bass
```

Observe que deliberadamente a classe Fish e os métodos associados não foram mostrados já que o escopo desse exemplo é apenas o cenário if-then-else.

> **Na prática**
>
> **Se uma terminação abrupta ocorrer (por exemplo, devido a um overflow) durante a avaliação da expressão condicional de uma instrução if, todas as instruções if-then (ou, elseif) e if-then-else (isto é, else) também terminarão abruptamente.**

O operador ternário

O operador ternário é uma variação da instrução if-then-else. Às vezes ele também é chamado de operador condicional. O operador ternário deriva seu nome do fato de ser o único operador a usar três operandos. Os caracteres ? e : são empregados nessa operação. O operador ternário se comporta de maneira semelhante à instrução if-then-else, mas nunca inclui else if opcionais.

A seguir temos a forma geral do operador ternário:

```
resultado = condiçãoDeTeste ? valor1 : valor2
```

Examinaremos o operador ternário em um exemplo de código real. No exemplo a seguir, a variável x é configurada com -5. Um operador ternário é, então, usado para encontrar o valor absoluto da variável x. A primeira parte deve ser uma expressão que resulte em um valor booleano. Nesse caso, x é testado para verificarmos se é maior do que 0. Se essa expressão for verdadeira, o operador ternário retornará valor1, o primeiro valor após o caractere ?. Um valor igual a false resultará em valor2, o valor após o caractere :, sendo retornado. No exemplo, –5 não é maior do que 0. Logo, o segundo valor (ou seja, após :) será usado. Esse valor inverte o sinal da variável, alterando –5 para 5.

```
int x = -5;
int valorAbsoluto = x > 0 ? x : -x;
System.out.println(valorAbsoluto);
```

Saída:

$ 5

Aqui está o mesmo exemplo usando uma instrução if-then-else comum:

```
int x = -5;
int valorAbsoluto;
if(x > 0){
   valorAbsoluto = x;
}
else{
   valorAbsoluto = -x;
}
System.out.println(valorAbsoluto);
```

> **Na ⓟrática**
> *Os operadores ternários são ótimos para a verificação e o retorno de valores simples. No entanto, em uma situação mais complexa, com frequência uma instrução if-then-else comum gera um código mais fácil de ler.*

A instrução condicional switch

A instrução condicional switch é usada para comparar o valor de sua expressão com o valor associado a uma palavra-chave case. Se eles coincidirem, a(s) instrução(ões) associada(s) ao valor da cláusula case coincidente será(ão) executada(s), a menos que uma instrução break seja encontrada. As instruções break são opcionais e causam o término imediato da instrução condicional switch.

Quando duas instruções case existentes dentro da mesma instrução switch têm o mesmo valor, um erro de compilação é lançado.

```
switch (intValue){
case 200: System.out.println("Case 1");
/* Erro de compilação, Error: duplicate case label */
 case 200: System.out.println("Case 2");
}
```

A expressão da instrução switch deve ter como resultado os tipos byte, short, int ou char. As classes wrapper dos tipos Byte, Short, Integer e Character também são permitidas porque sofrem unboxing automático para os tipos primitivos. Tipos enumerados (isto é, enum) também são permitidos. Além disso, o Java Se 7 adicionou o suporte à avaliação do objeto String na expressão.

A forma geral da instrução switch é:

```
switch (expressão) {
   case valorA:
      // Sequências de instruções
      break;
   case valorB:
      // Sequências de instruções
      break;
   default:
      // Sequências de instruções
   ...
}
```

Examinaremos um exemplo de uma instrução condicional switch completa. No método generateRandomFish a seguir, usamos um gerador de números aleatórios para produzir um valor que será usado na expressão da instrução switch. O número gerado será 0, 1, 2 ou 3. A instrução switch usará o valor para compará-lo com o valor de uma instrução case. No exemplo, uma String com o nome randomFish será definida de acordo com a instrução case correspondente. O único valor possível que não tem uma instrução case coincidente é o número 3. Logo, essa condição será tratada pela instrução default. Sempre que uma instrução break for encontrada, ela causará o término imediato da instrução switch.

```
public String generateRandomFish() {
   String randomFish;
   Random randomObject = new Random();
   int randomNumber = randomObject.nextInt(4);
   switch (randomNumber) {
     case 0:
       randomFish = "Blue Fish";
       break;
     case 1:
       randomFish = "Red Drum";
       break;
     case 2:
       randomFish = "Striped Bass";
       break;
     default:
       randomFish = "Unknown Fish Type";
       break;
   }
   return randomFish;
}
```

As instruções case podem ser organizadas de qualquer maneira. Geralmente, o case default é listado por último para facilitar a legibilidade do código. Lembre-se de que sem instruções break, o bloco switch continuará com seu efeito cascata (fall-through) a partir do ponto em que a condição foi atendida. O código a seguir é uma instrução condicional switch válida que usa um tipo enumerado para o valor de sua expressão.

```
private enum ClamBait {FRESH,SALTED,ARTIFICIAL}
...
ClamBait bait = ClamBait.SALTED;
switch (bait) {
default:
   System.out.println("No bait");
   break;
 case FRESH:
   System.out.println("Fresh clams");
   break;
 case SALTED:
   System.out.println("Salted clams");
   break;
 case ARTIFICIAL:
   System.out.println("Artificial clams");
   break;
}
```

Saber o que você pode ou não fazer com as instruções switch ajudará a acelerar seus esforços de desenvolvimento.

Cenário e solução

Para assegurar que sua instrução não gere erros, que tipo de instruções você deve incluir dentro de switch?	Tanto instruções break quanto a instrução default costumam ser usadas em um switch. Esquecer-se dessas instruções pode levar a efeitos cascata (fall throughs) inapropriados ou condições não tratadas. Muitas ferramentas de busca de bugs detectam instruções default ausentes.
Você deseja usar um intervalo em uma instrução case (por exemplo, case 7-35). Esse é um recurso válido em Java, como o é em outras linguagens?	Intervalos *não* são permitidos em instruções case. Considere definir uma condição com uma instrução if. Por exemplo: if (x >=7 && x <=35){}
Você deseja usar a instrução switch, empregando valores String onde uma expressão é esperada, como é possível fazer em outras linguagens. Esse é um recurso válido em Java?	Strings não são válidas no ponto de decisão de instruções switch antes do Java SE 7. No Java SE 6 e anteriores, considere usar uma instrução if. Por exemplo: if (strValue.equals("S1")){}

EXERCÍCIO 2-1

Avaliando a classe String em uma instrução switch

Construa um programa pequeno que demonstre o uso da classe String sendo avaliada em uma instrução switch. Siga o modelo que é usado para a instrução switch com os outros tipos de dados e seu aplicativo será executado corretamente.

OBJETIVO DA CERTIFICAÇÃO

Criar e usar instruções de iteração

Objetivo do exame: Comparar estruturas de laço

Objetivo do exame: Criar e usar laços for, inclusive o laço for melhorado

Objetivo do exame: Criar e usar laços while

Objetivo do exame: Criar e usar laços do-while

As instruções de iteração são usadas quando há a necessidade de iterar por trechos de código. Elas incluem o laço for, o laço for melhorado e as instrução while e do-while. A instrução break é usada para sairmos do corpo de uma instrução de iteração. A instrução continue é usada para terminarmos a iteração atual e continuarmos com a próxima iteração. As instruções de iteração detalhadas e comparadas na Tabela 2-4 cairão no exame.

A instrução de iteração de laços for

A instrução de iteração de laços for é usada para iterar sobre um trecho de código. Ela tem partes principais que são a parte de inicialização, uma parte de expressão e uma parte de iteração. A inicialização não precisa declarar uma variável se ela tiver sido declarada antes da instrução for. Logo, por exemplo, tanto int x = 0; quanto x = 0; são aceitáveis na parte de inicialização. No entanto, cuidado, porque o escopo da variável declarada dentro da parte de inicialização do laço for termina junto com o laço. A expressão existente dentro da instrução do laço for deve ter como resultado um valor booleano. A parte de iteração, também conhecida como parte da atualização, fornece o mecanismo que permitirá que a iteração ocorra. Uma parte de atualização básica é representada como i++;.

A forma geral da instrução for é:

```
for ( inicialização; expressão; iteração) {
    // Sequência de instruções
}
```

TABELA 2-4 Instruções de iteração

Nome formal	Palavras-chave	Componentes principais da expressão	Exemplo
Laço for	for, break (opcional), continue (opcional)	Inicializador, expressão, mecanismo de atualização	`for (i=0; i<j; i++) {}`
Laço for melhorado	for, break (opcional), continue (opcional)	Elemento, array ou coleção	`for (Fish f : listOfFish) {};`
while	while break (opcional), continue (opcional)	Expressão booleana	`while (value == 1) { }`
do-while	do, while, break (opcional), continue (opcional)	Expressão booleana	`do { } while (value == 1);`

A seguir temos um exemplo de laço for básico em que a variável de inicialização é declarada fora da instrução do laço:

```
int m;
for (m = 1; m < 5; m++) {
   System.out.print("Marker " + m + ", ");
}
System.out.print("Last Marker " + m + "\n");
```

Saída:

```
$ Marker 1, Marker 2, Marker 3, Marker 4, Last Marker 5
```

O próximo exemplo é semelhante, mas com a variável declarada no laço for:

```
for (int m = 1; m < 5; m++) {
   System.out.print("Marker " + m + ", ");
}
```

A declaração da variável de inicialização no laço for é permitida e é a abordagem comum. No entanto, você não poderá usar a variável após sair do laço. O código a seguir resultará em um erro de compilação:

```
for (int m - 1; m < 5; m++) {
  System.out.print("Marker " + m + ", ");
}
System.out.print("Last Marker " + m + "\n"); // m está fora de escopo
```

Saída do compilador:

```
# Error: variable m not found in class [NomeDaClasse].
```

A instrução de iteração de laços for melhorado

O laço for melhorado é usado para iterar sobre um array, uma coleção ou um objeto que implemente a interface iterable. Ele também é conhecido como laço for each ou laço for in. A iteração ocorre para cada elemento do array ou classe iterável. Lembre-se de que o laço pode ser terminado a qualquer momento pela inclusão de uma instrução break. E como nas outras instruções de iteração, a instrução continue terminará a iteração atual e começará a próxima.

A forma geral da instrução for é:

```
for (tipoDaVariavel nomeDaVariavel: coleção) sequência de instruções
```

O segmento de código a seguir demonstra como um laço for pode extrair facilmente o conteúdo de um array. Aqui, o laço for melhorado itera sobre cada inteiro relacionado aos anzóis do array hookSizes. A cada iteração, o tamanho do anzol é exibido.

```
int hookSizes[] = { 1, 1, 1, 2, 2, 4, 5, 5, 5, 6, 7, 8, 8, 9 };
for (int hook: hookSizes) System.out.print(hook + " ");
$ 1 1 1 2 2 4 5 5 5 6 7 8 8 9
```

O laço for melhorado é usado com frequência para buscar itens de uma coleção. No exemplo a seguir, ele itera sobre cada inteiro relacionado aos anzóis da coleção hookSizesList. A cada iteração, o tamanho do anzol é exibido. Esse exemplo demonstra o uso de coleções e da interface genérica.

```
List<Integer> hookSizesList = new ArrayList<>();
hookSizesList.add(1);
```

NO EXAME

Expondo casos extremos com seu compilador

Os projetistas do exame não ficaram satisfeitos em validar apenas nosso conhecimento do material básico de Java. Empenharam-se em fornecer casos extremos, assim como em modificar a estrutura do código de forma tão pouco aparente que ele parece estar correto, mas não está. Ao percorrer os exemplos deste livro, sinta-se à vontade para mudar um pouco as coisas, introduzindo erros intencionalmente, para ver como o compilador reage. A habilidade de conseguir pensar como o compilador o ajudará a ter uma nota melhor no exame.

Desenvolvedores não oficiais de kits de desenvolvimento Java podem ter definido seu próprio texto para mensagens de erro do compilador. Onde deveriam usar o mesmo modelo das mensagens fornecidas pelo JDK da Oracle, podem ter tentado torná-las mais precisas. Considere gerar erros com o compilador do último JDK da Oracle, assim como com o compilador fornecido por um ambiente de desenvolvimento integrado (IDE) como o Eclipse SDK. Compare as semelhanças e as diferenças.

```
hookSizesList.add(4);
hookSizesList.add(5);
for (Integer hook : hookSizesList) System.out.print(hook + " ");
$ 1 4 5
```

Consulte *Java Generics and Collections* de Maurice Naftalin e Philip Wadler (O'Reilly, 2006) para ver uma abordagem abrangente dos frameworks de genéricos e coleções.

EXERCÍCIO 2-2

Iterando por um ArrayList ao aplicar condições

Nesse exercício, você iterará sobre um `ArrayList` de floats. Especificamente, exibirá somente os tamanhos válidos de peixes grandes.

1. Crie um `ArrayList` de floats chamado `fishLengthList`. Essa lista representará os tamanhos de alguns robalos riscados.

2. Adicione os floats a seguir à lista: 10.0, 15.5, 18.0, 29.5, 45.5. Esses números representam o tamanho em polegadas da pesca.

3. Itere pela lista, exibindo somente os números maiores do que o tamanho requerido. Assuma um tamanho requerido de 28 polegadas.

Para conhecer melhor a classe `ArrayList`, consulte o Capítulo 4.

Na prática

A maioria dos IDEs dá suporte a uma formatação personalizável que com frequência pode ser aplicada pela seleção de uma opção "formatar" em um menu. Usar um IDE para assegurar que a formatação seja aplicada de forma apropriada e coerente é uma boa ideia.

A instrução de iteração while

A instrução de iteração `while` é usada para iterar sobre um trecho de código. A instrução do laço `while` avalia uma expressão e executa o corpo do laço somente se ela for considerada verdadeira. Normalmente, uma expressão dentro do corpo afeta o resultado.

A forma geral da instrução `while` é:

```
while (expressão) {
    // Sequências de instruções
}
```

O exemplo de código a seguir demonstra o uso da instrução `while`. Aqui, um pescador continuará pescando até seu limite de peixes ser alcançado. Especificamente, quando a variável `fishLimit` dentro do corpo da instrução `while` alcançar 10, a sessão do pescador será configurada como inativa. Já que a instrução while demanda que a sessão esteja ativa, seu laço terminará com a mudança.

```
fishingSession.setSession("active");
/* INSTRUÇÃO WHILE */
while (fishingSession.getSession().equals("active")) {
  castForFish(); // Atualiza a variável de instância fishLimit
  if (fishLimit == 10) {
    fishingSession.setSession("inactive");
  }
}
```

Na prática

Ao formatar seu código, você pode seguir vários estilos de formatação. As considerações relacionadas à formatação são o recuo, o uso de espaço em branco, a quebra de linhas, a separação de código, e o tratamento de chaves. Você deve selecionar um estilo e mantê-lo em todo o código. Para fins de demonstração, aqui estão duas maneiras distintas para o emprego das chaves.

Esse é o emprego de chaves no estilo K&R:

```
while (x==y) {
  performSomeMethod();
}
```

E esse é o estilo Allman:

```
while (x==y)
{
  performSomeMethod();
}
```

A instrução de iteração do-while

A instrução de iteração do-while é usada para iterar sobre um trecho de código. Ela é muito semelhante à instrução do laço while, mas sempre executa o corpo pelo menos uma vez. O laço do-while avalia uma expressão e só continua a executar o corpo se ela for considerada verdadeira. Normalmente, uma expressão dentro do corpo afeta o resultado.

A forma geral da instrução do-while é:

```
do {
    // Sequência de instruções
} while (expressão)
```

EXERCÍCIO 2-3

Executando refatoração de código

No exemplo de código a seguir, queremos nos certificar de que o pescador lance a linha pelo menos uma vez. Embora isso faça sentido, precisamos sempre considerar casos extremos. E se uma raposa roubar a isca do pescador antes dele ter a chance de lançar a linha? Nesse caso, a variável piecesOfBait (que representa quantas iscas ele possui) seria igual a zero, mas o pescador ainda faria o lançamento, já que o corpo do laço do-while garante pelo menos uma iteração. Veja se consegue refatorar esse código com uma instrução while para evitar a possível condição de lançamento da linha sem isca.

```
fishingSession.setSession("active");
int piecesOfBait = 5;
piecesOfBait = 0; // A raposa roubou toda a isca!
do {
  castForFish();
  /* Verifica se há isca disponível */
  if (fishingSession.isBaitAvailable() == false) {
    /* Coloca uma isca nova no anzol */
    fishingSession.setBaitAvailable(true);
    piecesOfBait--;
  }
} while (piecesOfBait != 0);
```

Cenário e solução

Você deseja iterar sobre uma coleção. Que instrução de iteração seria a melhor opção?	Use a instrução de laço for melhorado.
Você deseja executar uma instrução de acordo com o resultado de uma expressão boolean. Que instrução condicional seria a melhor opção?	Use a instrução if.
Você deseja fornecer casos condicionais relacionados aos valores de uma enumeração. Que instrução condicional seria sua única opção?	Use a instrução switch.
Você deseja executar um bloco de instruções e depois iterar sobre o mesmo bloco com base em uma condição. Que instrução de iteração seria sua única opção?	Use a instrução do while
Você deseja sair de uma instrução case permanentemente. Que instrução de transferência de controle selecionaria?	Use a instrução break.

Selecionar os tipos de instrução corretos durante o desenvolvimento pode facilitar a codificação de seus algoritmos. Uma seleção de instruções apropriada também promoverá a facilidade dos esforços de manutenção do software se o código precisar ser modificado. É importante lembrar que as instruções são usadas para diferentes fins e um tipo de instrução específico não pode resolver todas as necessidades de desenvolvimento. Você achará comum usar uma combinação de tipos de instrução para implementar o código de vários algoritmos. Ter uma base sólida com relação às principais finalidades dos diferentes tipos de instruções o ajudará quando você precisar usá-los em conjunto.

EXERCÍCIO 2-4

Conhecendo as palavras-chave relacionadas às instruções

A Tabela 2-5 representa todas as palavras-chave Java relacionadas a instruções. Este exercício permitirá que você use a tabela para ajudá-lo a deduzir as palavras-chave que poderá encontrar ao usar os diversos tipos de instruções.

Comecemos.

1. Liste as principais palavras-chave que você pode encontrar em instruções condicionais.
2. Liste as principais palavras-chave que você pode encontrar em instruções de iteração.
3. Liste as principais palavras-chave que você pode encontrar em instruções de transferência de controle.
4. Bônus: Liste as principais palavras-chave que você pode encontrar em instruções de tratamento de exceções.

TABELA 2-5 Palavras-chave relacionadas a instruções Java

Palavras-chave Java				
break	continue	else	if	throw
case	default	finally	return	try
catch	do	for	switch	while

OBJETIVO DA CERTIFICAÇÃO

Criar e usar instruções de transferência de controle

Objetivo do exame: Usar break e continue

As instruções de transferência de controle são break, continue e return. Elas foram mencionadas nas seções anteriores, mas aqui as abordaremos diretamente. De uma maneira geral, as instruções de transferência de controle fornecem um meio de parar ou interromper o fluxo de controle normal. Elas são sempre usadas dentro de outros tipos de instruções. Uma instrução de transferência de controle também funciona com uma instrução rotulada. Examinaremos como trabalhar com a instrução rotulada após vermos a maneira mais comum de usar as instruções break, continue e return.

A instrução de transferência de controle break

A instrução break é usada para sairmos ou forçarmos a terminação abrupta do corpo da instrução condicional switch assim como do corpo dos laços for e for melhorado e das instruções de iteração while e do-while.

A forma geral da instrução break é simples:

```
break;
```

No exemplo a seguir, o laço for é encerrado por completo quando a instrução break é chamada. Ela é chamada quando o total de horas de pesca permitidas excede o total de horas reais de pesca. Resumindo, o método exibe uma mensagem para cada hora de pesca permitida em um período de um dia.

```
public void fishingByHour() {
  int totalHoursFishing = 0;
  int hoursAllowedFishing = 4;
  for (int i = 1; i < 25; ++i) {
    totalHoursFishing = ++totalHoursFishing;
    if (totalHoursFishing > hoursAllowedFishing)
      break;
    System.out.println("Fishing for hour" + i + ".");
  }
}
```

Aqui está o resultado da execução desse método:

```
Fishing for hour 1.
Fishing for hour 2.
Fishing for hour 3.
Fishing for hour 4.
```

A instrução de transferência de controle continue

A instrução continue é usada para terminar a iteração atual de um laço for, for melhorado, while ou do-while e passar para a próxima iteração.

A forma geral da instrução continue também é simples:

continue;

No exemplo a seguir, a instrução continue (quando alcançada) muda imediatamente o fluxo para a próxima iteração da instrução for. O método exibe uma mensagem para cada dia permitido de acampamento ou de acampamento e pesca. Os dias de pesca começam no dia um e são definidos por daysAllowedFishing. A instrução continue é alcançada nos dias 1, 2 e 3, fazendo o resto da iteração do laço for ser ignorado. Nos dias subsequentes, a instrução continue não é alcançada, permitindo que o resto do laço for seja executado. As instruções System.out.print são aplicadas quando alcançadas.

```
public void activitiesByDay() {
  int totalDaysCamping = 0;
  int daysAllowedFishing = 5;
  for (int i = 1; i < 8; ++i) {
    System.out.print("\nDay " + i + ": camping ");
    totalDaysCamping++;
    if (totalDaysCamping > daysAllowedFishing)
      continue;
    System.out.print("and fishing");
  }
}
```

Veja o resultado da execução do método:

```
Day 1: camping and fishing
Day 2: camping and fishing
Day 3: camping and fishing
Day 4: camping and fishing
Day 5: camping and fishing
Day 6: camping
Day 7: camping
```

A instrução de transferência de controle return

A instrução return é usada para sairmos de um método e opcionalmente retornarmos um valor especificado como uma expressão. Uma instrução return sem valor de retorno deve ter a palavra-chave void na declaração do método.

A forma geral da instrução return é:

return [expressão];

No próximo exemplo, o método getTotalFishTypes retorna o valor da variável de tipo primitivo int fishTypesTotal que foi calculado em sua instrução de atribuição. O método getTotalCaughtFish também retorna um int, entretanto, nesse caso, a expressão é inline. Nos dois casos, a palavra-chave int é fornecida na declaração do método, quando necessário.

```
public int getTotalFishTypes
   (int saltWaterFishTotal, int freshWaterFishTotal, int
brackishFishTotal) {
   int fishTypesTotal = saltWaterFishTotal + freshWaterFishTotal
      + brackishFishTotal;
   return fishTypesTotal;
}
public int getTotalCaughtFish (int keeperFish, int throwBackFish) {
   return keeperFish + throwBackFish;
}
```

> **Na prática**
> *Se uma instrução return for a última instrução de um método, e este não retornar nada, ela é opcional. Nesse caso opcional, normalmente a instrução return não é usada.*

A instrução rotulada

A instrução rotulada é usada para fornecer um rótulo pré-fixado a uma instrução. Ela pode ser utilizada junto com as instruções continue e break. Use as instruções rotuladas com moderação. Você só deve usá-las em substituição a outras abordagens em algumas ocasiões.

Na forma geral da instrução rotulada há o acréscimo de um rótulo seguido por dois pontos com a instrução apropriada vindo imediatamente a seguir:

rótuloIdentificador:
> *Instrução (como um laço for)*

Aqui estão as formas gerais das instruções break e continue em conjunto com a instrução rotulada:

break rótuloIdentificador;

e

continue rótuloIdentificador;

Examinaremos um exemplo simples de cada uma. No exemplo a seguir, o fluxo é transferido da instrução break rotulada para o fim do laço externo myBreakLabel rotulado:

```
public void labeledBreakTest() {
   myBreakLabel:
   while (true) {
      System.out.println("While loop 1");
      while (true) {
```

```
            System.out.println("While loop 2");
            while (true) {
              System.out.println("While loop 3");
              break myBreakLabel;
            }
          }
        }
      }
    }
```

Veja o resultado da execução desse método:

```
While loop 1
While loop 2
While loop 3
```

No exemplo a seguir, o fluxo é transferido da instrução continue rotulada para o laço externo myContinueLabel rotulado. Observe que o quarto laço while não é alcançado por causa da instrução continue.

```
public void labeledContinueTest() {
  myContinueLabel:
  while (true) {
    System.out.println("While loop 1");
    while (true) {
      System.out.println("While loop 2");
      while (true) {
        System.out.println("While loop 3");
        continue myContinueLabel;
        while (true)
          System.out.println("While loop 4");
        }
      }
    }
  }
}
```

Fique @tento

É improvável que você veja instruções rotuladas no exame. Essa abordagem visa apenas complementar os recursos fornecidos pelas instruções de transferência de controle.

Como resultado da execução desse método, as três primeiras mensagens são exibidas continuamente, como mostrado aqui:

```
While loop 1
While loop 2
While loop 3
While loop 1
While loop 2
While loop 3
While loop 1
While loop 2
While loop 3
...
```

Resumo para a certificação

Este capítulo sobre as instruções básicas discutiu detalhes relacionados aos principais tipos de instruções. Estudando-o, você deve conseguir reconhecer e desenvolver as seguintes instruções:

- Instruções de expressão, principalmente a instrução de atribuição
- Instruções condicionais (if, if-then, if-then-else e switch)
- Instruções de iteração (for, for melhorado, while e do-while)
- Instruções de transferência de controle (continue, break e return)

No decorrer da carreira de um desenvolvedor Java, todos esses tipos de instruções são vistos e usados com bastante frequência. A partir de agora, você deve estar preparado para as perguntas do exame que abordarem as instruções Java.

✓ REVISÃO RÁPIDA

Compreender instruções de atribuição

- As instruções de atribuição atribuem valores a variáveis.
- Instruções de atribuição que não retornam tipos booleanos fazem o compilador relatar um erro quando usadas como expressão de uma instrução if.
- Tentar salvar um literal inválido em uma variável declarada como de tipo primitivo resultará em erro de compilação.

Criar e usar instruções condicionais

- As instruções condicionais são usadas para determinar a direção do fluxo com base em condições.
- Existem os seguintes tipos de instruções condicionais: if, if-then, if-then-else e switch.
- O operador ternário é outro tipo de instrução if-then-else.
- A instrução case default pode ser inserida em qualquer local do corpo da instrução switch.
- As expressões usadas em instruções if devem ter como resultado valores booleanos ou o aplicativo não será compilado.
- Classes wrapper Boolean são permitidas como expressões em instruções if porque sofrem unboxing. Unboxing é a produção automática de valores primitivos a partir de suas classes wrapper quando o valor primitivo é requerido.

Criar e usar instruções de iteração

- As instruções de iteração são usadas para iterar sobre trechos de código.
- Existem os seguintes tipos de instruções de iteração: o laço for, o laço for melhorado e as instruções while e do-while.
- A instrução do laço for tem como componentes principais a parte de inicialização, uma parte de expressão e uma parte de atualização.
- A instrução do laço for melhorado é usada para iterações em um objeto ou array iterável.
- A instrução do laço while é usada para a iteração baseada em uma condição.
- A instrução do laço do-while é usada para a iteração baseada em uma condição. O corpo dessa instrução é sempre executado pelo menos uma vez.

Criar e usar instruções de transferência de controle

- As instruções de transferência de controle interrompem ou param o fluxo de execução.

- Existem as seguintes instruções de transferência de controle: continue, break e return.
- A instrução continue é usada para terminar a iteração atual de um laço for, for melhorado, while ou do-while e passar para a próxima iteração.
- A instrução break é usada para sairmos ou forçarmos a terminação abrupta do corpo da instrução condicional switch assim como do corpo dos laços for e for melhorado e das instruções de iteração while e do-while.
- A instrução return é usada para o fluxo sair de um método e pode retornar um valor especificado.
- A instrução rotulada é usada para fornecer um rótulo pré-fixado a uma instrução. É utilizada com as instruções continue e break.
- Um bloco é uma sequência de instruções dentro de chaves – por exemplo, { int x=0; int y=1 }.

Teste

As perguntas a seguir o ajudarão a avaliar seu entendimento do material apresentado neste capítulo. Leia todas as opções cuidadosamente porque mais de uma resposta pode estar correta. Selecione todas as respostas corretas para cada pergunta.

Compreender instruções de atribuição

1. Qual desses itens não é um tipo de instrução?
   - **A.** Instrução condicional
   - **B.** Instrução de atribuição
   - **C.** Instrução de iteração
   - **D.** Instrução de propagação

2. De que tipo de instrução é a equação a seguir: y = (m*x) + b?
   - **A.** Instrução condicional
   - **B.** Instrução de atribuição
   - **C.** Instrução de asserção
   - **D.** Instrução de transferência de controle

3. Que instruções estão declarando corretamente variáveis booleanas?
   - **A.** `Boolean isValid = true;`
   - **B.** `boolean isValid = TRUE;`
   - **C.** `boolean isValid = new Boolean (true);`
   - **D.** `boolean isValid = 1;`

Criar e usar instruções condicionais

4. Se x tiver sido declarada com um inteiro válido, que instrução condicional não será compilada?
   - **A.** `if (x == 0) {System.out.println("True Statement");}`
   - **B.** `if (x == 0) {System.out.println("False Statement");}`
   - **C.** `if (x == 0) {;} elseif (x == 1) {System.out.println("Valid Statement");}`
   - **D.** `if (x == 0) ; else if (x == 1){} else {;}`

5. Uma instrução switch opera com que tipo(s) de classe wrapper/referência?
   - **A.** `Character`
   - **B.** `Byte`
   - **C.** `Short`
   - **D.** `Int`

6. Qual das instruções a seguir não será compilada?

A. `if (true) ;`

B. `if (true) {}`

C. `if (true) {;}`

D. `if (true) {;;}`

E. `if (true) ;{};`

F. Todas as instruções serão compiladas.

7. Dado o código:

```java
public class Dinner {
  public static void main (String[] args)
  {
    boolean isKeeperFish = false;
    if (isKeeperFish = true) {
      System.out.println("Fish for dinner");
    } else {
      System.out.println("Take out for dinner");
    }
  }
}
```

Qual será o resultado da execução do aplicativo?

A. Será exibido `Fish for dinner`.

B. Será exibido `Take out for dinner`.

C. Ocorrerá um erro de compilação.

8. Dado o código:

```java
int x = 1;
String result = (x <= 1) ? "We are set for takeoff. " : "Launch Aborted!";
```

Após sua execução, o que estará armazenado na variável `result`?

A. `We are set for takeoff.`

B. `Launch Aborted!`

C. Ocorrerá um erro de compilação.

9. Dado o código:

```java
int cartwheelsInAMinute = 30;
if (cartwheelsInAMinute > 48) {
  System.out.println("New world record!");
} else if (cartwheelsInAMinute > 30 && cartwheelsInAMinute <= 48) {
  System.out.println("Awesome Job!");
} else if (cartwheelsInAMinute > 0 && cartwheelsInAMinute <= 30) {
  System.out.println("Still impressive!");
} else {
  System.out.println("Keep trying!");
}
```

Selecione a resposta correta.

A. Será exibido New world record!
B. Será exibido Awesome Job!
C. Será exibido Still impressive!
D. Será exibido Keep trying!

Criar e usar instruções de iteração

10. Você precisa atualizar um valor de uma tabela hash (isto é, HashMap) em que a chave primária deve ser igual a uma string especificada. Que instruções teria que usar na implementação desse algoritmo?

A. Instrução de iteração
B. Instrução de expressão
C. Instrução condicional
D. Instrução de transferência de controle

Criar e usar instruções de transferência de controle

11. Que palavra-chave faz parte de uma instrução de transferência de controle?

A. if
B. return
C. do
D. assert

12. Dado o código:

```java
boolean isValid = true;
while (isValid){
  isValid = false;
  System.out.print("test1 ");
  if (isValid = true) {
    System.out.println("test2 ");
    break;
  }
  isValid = false;
  System.out.println("test3");
  }
}
```

O que será exibido?

A. Nada será exibido.
B. test1 será exibido.
C. test1 test2 será exibido.
D. test1 test2 test3 será exibido.

✓ Respostas do Teste

Compreender instruções de atribuição

1. Qual desses itens não é um tipo de instrução?
   A. Instrução condicional
   B. Instrução de atribuição
   C. Instrução de iteração
   D. Instrução de propagação

> Resposta:
> ◉ **D.** Não existem instruções de propagação.
> ○ **A, B** e **C** estão incorretas. Condicional, de atribuição e de iteração são tipos de instruções.

2. De que tipo de instrução é a equação a seguir: y = (m*x) + b?
   A. Instrução condicional
   B. Instrução de atribuição
   C. Instrução de asserção
   D. Instrução de transferência de controle

> Resposta:
> ◉ **B.** Uma instrução de atribuição seria usada para codificar o exemplo y = (m*x) + b fornecido.
> ○ **A, C** e **D** estão incorretas. As instruções condicional, de asserção e de transferência de controle não são usadas para executar atribuições.

3. Que instruções estão declarando corretamente variáveis booleanas?
   A. `Boolean isValid = true;`
   B. `boolean isValid = TRUE;`
   C. `boolean isValid = new Boolean (true);`
   D. `boolean isValid = 1;`

Resposta:

◉ **A e C.** Essas instruções estão declarando apropriadamente variáveis `boolean`. Lembre-se de que os únicos valores literais válidos para os primitivos `boolean` são `true` e `false`.

○ **B e D** estão incorretas. **B** está incorreta porque `TRUE` não é um valor literal válido. **D** está incorreta porque você não pode atribuir o valor 1 a uma variável booleana.

Criar e usar instruções condicionais

4. Se x tiver sido declarada com um inteiro válido, que instrução condicional não será compilada?

    A. `if (x == 0) {System.out.println("True Statement");}`

    B. `if (x == 0) {System.out.println("False Statement");}`

    C. `if (x == 0) {;} elseif (x == 1) {System.out.println("Valid Statement");}`

    D. `if (x == 0) ; else if (x == 1){} else {;}`

Resposta:

◉ **C.** A instrução não será compilada. Sem um espaço entre as palavras-chave `else` e `if`, o compilador lançará um erro semelhante a `Error: method elseif (boolean) not found...`

○ **A, B e D** estão incorretas. Todas essas instruções condicionais serão compiladas com sucesso.

5. Uma instrução `switch` opera com que tipo(s) de classe wrapper/referência?

    A. `Character`

    B. `Byte`

    C. `Short`

    D. `Int`

Resposta:

◉ **A, B e C.** As instruções `switch` usam as classes wrapper `Character`, `Byte` e `Short` e também a classe wrapper `Integer`.

○ **D** está incorreta. Não existe um tipo wrapper `Int`. Essa é uma pergunta para confundir. A instrução `switch` usa o tipo primitivo `int` ou o tipo wrapper `Integer`.

6. Qual das instruções a seguir não será compilada?

A. `if (true) ;`
B. `if (true) {}`
C. `if (true) {;}`
D. `if (true) {;;}`
E. `if (true) ;{};`
F. Todas as instruções serão compiladas.

Resposta:
◉ F. Todas as instruções serão compiladas.

7. Dado o código:

```
public class Dinner {
  public static void main (String[] args)
  {
    boolean isKeeperFish = false;
    if (isKeeperFish = true) {
      System.out.println("Fish for dinner");
    } else {
      System.out.println("Take out for dinner");
    }
  }
}
```

Qual será o resultado da execução do aplicativo?

A. Será exibido `Fish for dinner`.
B. Será exibido `Take out for dinner`.
C. Ocorrerá um erro de compilação.

Resposta:
◉ A. Já que um único sinal de igualdade (isto é, trata-se de uma instrução de atribuição) foi usado na instrução `if`, a variável `isKeeperFish` recebeu o valor true.
○ B e C estão incorretas.

8. Dado o código:

```
int x = 1;
String result = (x <= 1) ? "We are set for takeoff. " : "Launch Aborted! ";
```

Após sua execução, o que estará armazenado na variável result?

A. We are set for takeoff.

B. Launch Aborted!

C. Ocorrerá um erro de compilação.

> Resposta:
>
> ◉ **A.** A expressão (x <= 1) será avaliada como verdadeira. Logo, o operador ternário retornará o primeiro valor, que é a string "We are set for takeoff".
>
> ○ B e C estão incorretas.

9. Dado o código:

```
int cartwheelsInAMinute = 30;
if (cartwheelsInAMinute > 48) {
  System.out.println("New world record!");
} else if (cartwheelsInAMinute > 30 && cartwheelsInAMinute <= 48) {
  System.out.println("Awesome Job!");
} else if (cartwheelsInAMinute > 0 && cartwheelsInAMinute <= 30) {
  System.out.println("Still impressive!");
} else {
  System.out.println("Keep trying!");
}
```

Selecione a resposta correta.

A. Será exibido New world record!

B. Será exibido Awesome Job!

C. Será exibido Still impressive!

D. Será exibido Keep trying!

> Resposta:
>
> ◉ **C** está correta. O valor armazenado em cartwheelsInAMinute atende às condições de exibição dessa mensagem.
>
> ○ A, B e D estão incorretas.

Criar e usar instruções de iteração

10. Você precisa atualizar um valor de uma tabela hash (isto é, HashMap) em que a chave primária deve ser igual a uma string especificada. Que instruções teria que usar na implementação desse algoritmo?

A. Instrução de iteração

B. Instrução de expressão

C. Instrução condicional

D. Instrução de transferência de controle

Resposta:

⦿ **A, B e C.** As instruções de iteração, de expressão e condicional seriam usadas para implementar o algoritmo. O segmento de código a seguir demonstra o uso dessas instruções substituindo programaticamente o anel do dedo mindinho ("Little finger") da mão esquerda de uma pessoa. As instruções são prefaciadas por comentários que identificam seus tipos.

```
import java.util.HashMap;
public class HashMapExample {
  public static void main(String[] args) {
    HashMap<String,String> leftHand = new HashMap<String,String>();
    leftHand.put("Thumb", null);
    leftHand.put("Index finger", "Puzzle Ring");
    leftHand.put("Middle finger", null);
    leftHand.put("Ring finger", "Engagement Ring");
    leftHand.put("Little finger", "Pinky Ring");
    // Instrução de iteração
    for (String s : leftHand.keySet()) {
      // Instrução condicional
      if (s.equals("Little finger")) {
        System.out.println(s + " had a " + leftHand.get(s));
        // Instrução de expressão
        leftHand.put("Little finger", "Engineer's Ring");
        System.out.println(s + " has an " + leftHand.get(s));
      }
    }
  }
}
$ Little finger had a Pinky Ring
$ Little finger has an Engineer's Ring
```

○ **D** está incorreta. Não há instrução de transferência de controle no algoritmo.

Capítulo 2   Programação com instruções Java

Criar e usar instruções de transferência de controle

11. Que palavra-chave faz parte de uma instrução de transferência de controle?

A. `if`

B. `return`

C. `do`

D. `assert`

Resposta:

⦿ **B.** A palavra-chave `return` é usada como parte de uma instrução de transferência de controle.

○ **A, C e D** estão incorretas. As palavras-chave `if`, `do` e `assert` não fazem parte das instruções de transferência de controle.

12. Dado o código:

```
boolean isValid = true;
while (isValid){
  isValid = false;
  System.out.print("test1 ");
  if (isValid = true) {
    System.out.println("test2 ");
    break;
  }
  isValid = false;
  System.out.println("test3");
  }
}
```

O que será exibido?

A. Nada será exibido.

B. `test1` será exibido.

C. `test1 test2` será exibido.

D. `test1 test2 test3` será exibido.

Resposta:

⦿ **C** está correta. Será exibido `test1 test2`.

○ **A, B e D** estão incorretas. **A** está incorreta porque uma saída é exibida. **B** está incorreta porque `test1` não é exibido sozinho. **D** está incorreta porque a saída `test1 test2 test3` não é exibida.

Capítulo 3

Programação com operadores e strings Java

OBJETIVOS DA CERTIFICAÇÃO

- Compreender operadores básicos
- Usar objetos String e seus métodos
- Usar objetos Stringbuilder e seus métodos
- Verificar a igualdade entre Strings e outros objetos
- Revisão rápida
- Teste

Dois dos elementos mais essenciais da linguagem de programação Java são seus *operadores* e *strings*. Este capítulo discutirá os operadores Java e como eles tratam seus operandos. É preciso ter um conhecimento integral dos diferentes tipos e agrupamentos de operadores e sua precedência para tirar uma boa nota no exame. O capítulo lhe dará todas as informações necessárias relacionadas a operadores.

Strings são muito comuns em Java, logo, elas também estarão presentes no decorrer do exame. Este capítulo detalha as classes String e StringBuilder e suas funcionalidades. Os tópicos incluem o operador de concatenação de strings e o método toString, assim como uma discussão sobre métodos importantes das classes String e StringBuilder. Terminaremos o capítulo discutindo o teste de igualdade entre strings.

Após terminar este capítulo, você terá todo o conhecimento necessário para se sair bem nas perguntas do exame relacionadas a operadores e strings.

OBJETIVO DA CERTIFICAÇÃO

Compreender operadores básicos

Objetivo do exame: Usar operadores Java, incluindo parênteses para sobrepor a precedência de operadores

Os operadores Java são usados para retornar o resultado de uma expressão usando um, dois ou três operandos. Operandos são os valores inseridos no lado direito ou esquerdo dos operadores. Os operadores de incremento e decremento pré-fixados e pós-fixados usam um único operando. O operador ternário condicional (?:) usa três operandos. Todos os outros operadores usam dois operandos. Exemplos do uso de operandos são mostrados na Figura 3-1. Observe que normalmente o resultado da avaliação de operandos é um valor primitivo.

Os tópicos a seguir serão abordados nestas páginas:

- Operadores de atribuição
- Operadores aritméticos
- Operadores relacionais
- Operadores lógicos
- Precedência de operadores

```
        bestCoins = goldCoins;          totalCoins = silverCoins + goldCoins;
              (operando1)                      (operando1)  (operando2)
           Um operando                            Dois operandos


        int pirateShares = (isCaptain) ? TEN_SHARES : FIVE_SHARES;
                            (operando1)   (operando2)  (operando3)
                              Três operandos
```

FIGURA 3-1 Operandos.

Operadores de atribuição

Os operadores de atribuição são usados para atribuir valores a variáveis.

=	Operador de atribuição

O operador de atribuição é o sinal de igualdade (=). O Capítulo 2 discutiu as instruções de atribuição e o Capítulo 4 discutirá a atribuição de literais a tipos de dados primitivos e a criação de variáveis de tipo referência. Em seu comportamento mais simples, o operador de atribuição passa literais válidos para variáveis. Os operadores de atribuição causam erros de compilação quando os literais não são válidos para a variável (isto é, para o seu tipo) à qual são atribuídos. A seguir temos instruções de atribuição válidas que usam o operador de atribuição:

```
boolean hasTreasureChestKey = true;
byte shipmates = 20;
PirateShip ship = new PirateShip();
```

Já essas atribuições são inválidas e causarão erros de compilação:

```
/* Literal inválido, TRUE deve estar em minúsculas */
boolean hasTreasureChestKey = TRUE;
/* Literal inválido, o valor em bytes não pode exceder 127 */
byte shipmates = 500;
/*  Construtor inválido */
PirateShip ship = new PirateShip(UNEXPECTED_ARG);
```

Operadores de atribuição compostos

Existem vários operadores de atribuição. O exame só abordará os operadores de atribuição de adição e de subtração.

+=	Operador de atribuição por adição
-=	Operador de atribuição por subtração

Considere essas duas instruções de atribuição:

```
goldCoins = goldCoins + 99;
pirateShips = pirateShips - 1;
```

As duas instruções a seguir, com o mesmo significado e resultado dos exemplos anteriores, foram escritas com operadores de atribuição compostos:

```
goldCoins += 99;
pirateShips -= 1;
```

> **Na @rática**
> Embora o uso de operadores de atribuição compostos diminua o pressionamento de teclas, geralmente é boa prática usar a abordagem "por extenso" já que o código fica claramente mais legível.

EXERCÍCIO 3-1
Usando operadores de atribuição compostos

Este exercício esclarecerá qualquer dúvida que você possa ter sobre os operadores de atribuição compostos. O aplicativo a seguir será usado no exercício. Só o execute após a etapa 3.

```java
public class Main {
  public static void main(String[] args) {
    byte a;
    a = 10;
    System.out.println(a += 3);
    a = 15;
    System.out.println(a -= 3);
    a = 20;
    System.out.println(a *= 3);
    a = 25;
    System.out.println(a /= 3);
    a = 30;
    System.out.println(a %= 3);
    a = 35;
    // Opcional já que não faz parte do escopo do exame
    System.out.println(a &= 3);
    a = 40;
    System.out.println(a ^= 3);
    a = 45;
    System.out.println(a |= 3);
    a = 50;
    System.out.println(a <<= 3);
    a = 55;
    System.out.println(a >>= 3);
```

```
    a = 60;
    System.out.println(a >>>= 3);
    // Fim opcional
  }
}
```

1. Pegue um lápis e um pedaço de papel. Opcionalmente, você pode usar a Tabela 3-1 como planilha.

2. Para cada instrução que tenha um operador de atribuição composto, reescreva-a sem o operador e substitua a variável por seu valor. Como exemplo, vejamos uma instrução com o operador de atribuição composto de adição:

```
a = 5;
System.out.println(a += 3);
```

Ela seria reescrita como (a = a + 3) – especificamente (a = 5 + 3);.

3. Avalie a expressão sem usar um computador.

4. Compile e execute o aplicativo fornecido. Compare os resultados.

Muitos desses operadores não caem no exame. O objetivo do exercício é fazê-lo adquirir um conhecimento sólido dos operadores de atribuição compostos através da repetição.

TABELA 3-1 Refatorando instruções de atribuição compostas

Valor atribuído	Atribuição composta	Instrução refatorada	Novo valor
a = 10;	a += 3;	a = 10 + 3;	13
a = 15;	a -= 3;		
a = 20;	a *= 3;		
a = 25;	a /= 3;		
a = 30;	a %= 3;		
a = 35;	a &= 3;		
a = 40;	a ^= 3;		
a = 45;	a |= 3;		
a = 50;	a <<= 3;		
a = 55;	a >>= 3;		
a = 60;	a >>>= 3;		

> **Na prática**
>
> É comum a representação de atribuições em pseudocódigo com os caracteres de dois pontos e de sinal de igualdade (por exemplo, A := 20). Observe que := é semelhante a +=, -= e outros operadores de atribuição Java como *=, /= e %=. Cuidado, entretanto, porque a representação da atribuição em pseudocódigo (:=) não é um operador de atribuição Java, e se ela estiver presente em algum código Java, ele não será compilado.

Operadores aritméticos

O exame incluirá nove operadores aritméticos. Cinco desses operadores são usados para operações básicas (adição, subtração, multiplicação, divisão e módulo). Os outros quatro são usados para o incremento e o decremento de um valor. Examinaremos primeiro os cinco operadores usados para operações básicas.

Operadores aritméticos básicos

Os cinco operadores aritméticos básicos são

+	Operador de adição (soma)
-	Operador de subtração (diferença)
*	Operador de multiplicação (produto)
/	Operador de divisão (quociente)
%	Operador de módulo (resto)

É fácil somar, subtrair, multiplicar, dividir e produzir resto com operadores. Os exemplos a seguir demonstram isso:

```java
/* Exemplo do operador de adição (+) */
int greyCannonBalls = 50;
int blackCannonBalls = 50;
int totalCannonBalls = greyCannonBalls + blackCannonBalls; // 100
/* Exemplo do operador de subtração (-) */
int firedCannonBalls = 10;
totalCannonBalls = totalCannonBalls - firedCannonBalls; // 90
/* Exemplo do operador de multiplicação (*) */
int matches = 20;
int matchboxes = 20;
int totalMatches = matches * matchboxes; // 400
/* Exemplo do operador de divisão (/) */
int pirates = 104;
int pirateShips = 3;
int assignedPiratesPerShip = pirates / pirateShips; // 34
/* Exemplo do operador de resto (módulo) (%) */
int pirateRemainder = pirates % pirateShips; // 2 (remainder)
```

Operadores de incremento e decremento pré-fixados e pós-fixados

Quatro operadores permitem incrementar ou decrementar variáveis:

++x	Operador de incremento pré-fixado
--x	Operador de decremento pré-fixado
x++	Operador de incremento pós-fixado
x--	Operador de decremento pós-fixado

Os operadores de incremento e decremento pré-fixados fornecem uma maneira abreviada de incrementar e decrementar a variável em 1 unidade. Em vez de criar uma expressão como y=x+1, você poderia escrever y=++x. Da mesma forma, poderia substituir a expressão y=x-1 por y=--x. Isso funciona porque a execução dos operadores pré-fixados ocorre sobre o operando antes da avaliação da expressão inteira. Os caracteres de decremento e incremento pós-fixados executam os operadores após a expressão ter sido avaliada. Logo, y=x++ seria igual a y=x seguido de x=x+1. E y=x-- seria igual a y=x seguido de x=x-1.

Observe que y=++x não é exatamente igual a y=x+1 porque o valor de x muda na primeira expressão, mas não na última. Isso também ocorre com y=--x e y=x-1.

O operador de incremento pré-fixado incrementa um valor em 1 unidade antes de uma expressão ser avaliada.

```
int x = 10;
int y = ++x ;
System.out.println("x=" + x + ", y=" + y); // x= 11, y= 11
```

O operador de incremento pós-fixado incrementa um valor em 1 unidade após uma expressão ter sido avaliada.

```
int x = 10;
int y = x++ ;
System.out.println("x=" + x + ", y=" + y); // x= 11, y= 10
```

O operador de decremento pré-fixado decrementa um valor em 1 unidade antes de uma expressão ser avaliada.

```
int x = 10;
int y = --x ;
System.out.println("x=" + x + ", y=" + y); // x= 9, y= 9
```

O operador de decremento pós-fixado decrementa um valor em 1 unidade após uma expressão ter sido avaliada.

```
int x = 10;
int y = x-- ;
System.out.println("x=" + x + ", y=" + y); // x= 9, y= 10
```

Operadores relacionais

Os operadores relacionais retornam valores boolean relacionados à avaliação de seus operandos esquerdo e direito. Os seis operadores relacionais mais comuns caem no exame. Quatro deles são de comparações do tipo maior que e menor que. Dois estão estritamente relacionados à igualdade, como discutiremos no fim desta seção.

Operadores relacionais básicos

<	Operador menor que
<=	Operador menor ou igual a
>	Operador maior que
>=	Operador maior ou igual a

Os operadores menor que, menor ou igual a, maior que e maior ou igual a são usados para comparar inteiros, números de ponto flutuante e caracteres. Quando a expressão utilizada com os operadores relacionais é verdadeira, o valor boolean true é retornado; caso contrário, false é retornado. Aqui está um exemplo:

```
/* retorna true já que 1 é menor que 2 */
boolean b1 = 1 < 2;
/* retorna false já que 3 não é menor que 2 */
boolean b2 = 3 < 2;
/* retorna true já que 3 é maior que 2 */
boolean b3 = 3 > 2;
/* retorna false já que 1 não é maior que 2 */
boolean b4 = 1 > 2;
/* retorna true já que 2 é menor ou igual a 2 */
boolean b5 = 2 <= 2;
/* retorna false já que 3 não é menor ou igual a 2 */
boolean b6 = 3 <= 2;
/* retorna true já que 3 é maior ou igual a 3 */
boolean b7 = 3 >= 3;
/* retorna false já que 2 não é maior ou igual a 3 */
boolean b8 = 2 >= 3;
```

Até agora, examinamos somente o relacionamento de primitivos int. Veremos, então, as diversas maneiras pelas quais primitivos char podem ser avaliados com operadores relacionais, especificamente o operador 'menor que' nesses exemplos. Lembre-se de que os caracteres (isto é, os primitivos char) aceitam inteiros (dentro do intervalo válido de 16 bits sem sinal) e literais hexadecimais, octais e de caracteres. Cada literal dos exemplos a seguir representa as letras "A" e "B". Os operandos esquerdos são o caractere "A" e os direitos o caractere "B". Já que todas as expressões são basicamente iguais, elas apresentam como resultado true.

```
boolean b1 = 'A' < 'B'; // Literais de caracteres
boolean b2 = '\u0041' < '\u0042'; // Literais Unicode
boolean b3 = 0x0041 < 0x0042; // Literais hexadecimais
boolean b4 = 65 < 66; // Literais inteiros que cabem em um char
boolean b5 = 0101 < 0102; //Literais octais
boolean b6 = '\101' < '\102'; // Literais octais
boolean b7 = 'A' < 0102; // Literais de caractere e octal
```

Como mencionado, você também pode verificar o relacionamento entre números de ponto flutuante. A seguir temos alguns exemplos:

```
boolean b1 = 9.00D < 9.50D; // Números de ponto flutuante com um D pós-fixado
boolean b2 = 9.00d < 9.50d; // Números de ponto flutuante com um d pós-fixado
boolean b3 = 9.00F < 9.50F; // Números de ponto flutuante com um F pós-fixado
boolean b4 = 9.0f < 9.50f; // Números de ponto flutuante com um f pós-fixado
boolean b5 = (double)9 < (double)10; // Inteiros com coerções explícitas
boolean b6 = (float)9 < (float)10; // Inteiros com coerções explícitas
boolean b7 = 9 < 10; // Inteiros que cabem em números de ponto flutuante
boolean b8 = (9d < 10f);
boolean b9 = (float)11 < 12;
```

Operadores de igualdade

Operadores relacionais que verificam diretamente a igualdade de primitivos (números, caracteres, `boolean`s) e variáveis de referência de objeto são considerados operadores de igualdade.

==	Operador igual a
!=	Operador diferente de

É fácil comparar primitivos do mesmo tipo. Se os operandos à direita e à esquerda do operador 'igual a' forem iguais, o valor `boolean true` será retornado, caso contrário, `false` será retornado. Se os operandos à direita e à esquerda do operador 'diferente de' não forem iguais, o valor `boolean true` será retornado, do contrário, `false` será retornado. Os exemplos de código a seguir comparam todos os oito primitivos com valores do mesmo tipo:

```
int value = 12;
/* Comparação de booleanos, exibe true */
System.out.println(true == true);
/* Comparação de tipos char, exibe false */
System.out.println('a' != 'a');
/* Comparação de bytes, exibe true */
System.out.println((byte)value == (byte)value);
/* Comparação de tipos short, exibe false */
System.out.println((short)value != (short)value);
/* Comparação de inteiros, exibe true */
System.out.println(value == value);
```

```
/* Comparação de floats, exibe true */
System.out.println(12F == 12f);
/* Comparação de tipos double, exibe false */
System.out.println(12D != 12d);
```

> **Na prática**
>
> *Na verdade, você deve usar um épsilon quando comparar números de ponto flutuante. Consulte "Comparing Floating Point Numbers, 2012 Edition" para obter mais informações sobre a verificação de igualdade entre números de ponto flutuante: http://randomascii.wordpress.com/2012/02/25/comparing-floating-point-numbers-2012-edition/.*

Valores de referência de objetos também podem ser comparados. Considere o código a seguir:

```
Object a = new Object();
Object b = new Object();
Object c = b;
```

As variáveis de referência são a, b e c. Como mostrado, as variáveis de referência a e b são exclusivas. A variável de referência c referencia a variável de referência b, logo, para fins de comparação, elas são iguais.

O código a seguir mostra os resultados da comparação dessas variáveis:

```
/* Exibe false, referências diferentes */
System.out.println(a == b);
/* Exibe false, referências diferentes */
System.out.println(a == c);
/* Exibe true, referências iguais */
System.out.println(b == c);
```

Essas instruções são semelhantes, mas usam o operador 'diferente de':

```
System.out.println(a != b); // Exibe true, referências diferentes
System.out.println(a != c); // Exibe true, referências diferentes
System.out.println(b != c); // Exibe false, referências iguais
```

Promoção numérica de valores binários A essa altura, você deve estar se perguntando o que o compilador faz com os operandos quando eles são de tipos primitivos diferentes. Regras de promoção numérica são aplicadas a valores binários para os operadores aditivos (+,-), multiplicativos (*, /, %), de comparação (<, <=, >, >=), de igualdade (==, !=), bitwise (&, ^, |) e condicionais (?:). Consulte a Tabela 3-2.

Operadores lógicos

Os operadores lógicos retornam valores boolean. Há três operadores lógicos no exame. AND lógico, OR lógico e o operador lógico de negação.

TABELA 3-2 Promoção numérica de valores binários

Promoção numérica de binários	
Verificação 1	Verifica se um e somente um operando é um primitivo double. Se for, converte o primitivo não double a um double e interrompe as verificações.
Verificação 2	Verifica se um e somente um operando é um primitivo float. Se for, converte o primitivo não float a um float e interrompe as verificações.
Verificação 3	Verifica se um e somente um operando é um primitivo long. Se for, converte o primitivo não long a um long e interrompe as verificações.
Verificação 4	Converte os dois operandos para o tipo int.

Operadores lógicos (condicionais)

Os operadores lógicos (condicionais) avaliam um par de operandos booleanos. Para o exame, é preciso conhecer seu princípio de curto-circuito (*short-circuit*).

&&	Operador AND lógico ("E" condicional)
||	Operador OR lógico ("O" condicional)

O operador AND lógico avalia os operandos esquerdo e direito. Se os valores dos dois operandos forem iguais a true, um valor igual a true será retornado. O operador AND lógico é considerado um operador de curto-circuito. Se o operando esquerdo retornar false, o operando direito não será verificado já que os dois teriam que ter o valor true para que true fosse retornado. Logo, há um 'curto-circuito'. Isso mostra que, sempre que o operando esquerdo retornar false, a expressão terminará e retornará o valor false.

O código a seguir demonstra o uso do operador AND lógico:

```
/* Atribui true */
boolean and1 = true && true;
/* Atribui false */
boolean and2 = true && false;
/* Atribui false, o operando direito não é avaliado */
boolean and3 = false && true;
/* Atribui false, o operando direito não é avaliado */
boolean and4 = false && false;
```

O operador OR lógico avalia os operandos esquerdo e direito. Se o valor de um dos operandos for igual a true, um valor igual a true será retornado. O operador OR lógico é considerado um operador de curto-circuito. Se o operando esquerdo retornar true, o operando direito não será verificado já que só um deles precisa ter o valor true para que true seja retornado. Logo, há um 'curto-circuito'. Resumindo novamente, sempre que o operando esquerdo retornar true, a expressão terminará e retornará o valor true.

O código a seguir demonstra o uso do operador OR lógico:

```
/* Atribui true, o operando direito não é avaliado */
boolean or1 = true || true;
/* Atribui true, o operando direito não é avaliado */
boolean or2 = true || false;
/* Atribui true */
boolean or3 = false || true;
/* Atribui false */
boolean or4 = false || false;
```

Operador lógico de negação

O operador lógico de negação (NOT) também é conhecido como operador de inversão ou operador de inversão booleana. É um operador simples, mas não deixe-o de lado – ele pode aparecer bastante no exame.

!	Operador lógico de negação (inversão)

O operador lógico de negação retorna o inverso de um valor boolean.
O código a seguir demonstra o uso do operador lógico de negação:

```
System.out.println(!false);    // Exibe true
System.out.println(!true);     // Exibe false
System.out.println(!!true);    // Exibe true
System.out.println(!!!true);   // Exibe false
System.out.println(!!!!true);  // Exibe true
```

Podemos esperar ver o operador lógico de negação sendo usado em conjunto com qualquer método ou expressão que retorne um valor boolean. A lista a seguir descreve algumas expressões que retornam valores booleanos:

- Expressões com operadores relacionais retornam valores boolean.
- Expressões com operadores lógicos (condicionais) retornam valores boolean.
- O método equals da classe Object retorna valores boolean.
- Os métodos startsWith e endsWith de String retornam valores boolean.

A seguir temos alguns exemplos de instruções que incluem o operador lógico de negação:

```
/* Exemplo com expressão relacional */
int iVar1 = 0;
int iVar2 = 1;
if (!(iVar1 <= iVar2)) {};

/* Exemplo com expressões lógicas */
boolean bVar1 = false; boolean bVar2 = true;
if ((bVar1 && bVar2) || (!(bVar1 && bVar2))){}
```

```
/* Exemplo com o método equals */
if (!"NAME".equals("NAME")) {}

/* Exemplo com o método startsWith da classe String */
String s = "Captain Jack";
System.out.println(!s.startsWith("Captain"));
```

O operador lógico de negação não pode ser usado em um valor não boolean. Esse código não será compilado:

```
!10; // erro de compilação, o uso de inteiros não é válido
!"STRING"; // erro de compilação, o uso de strings não é válido
```

Os operadores AND lógico e OR lógico caem no exame, mas o AND boolean e o OR boolean, assim como o AND e o OR bitwise, não caem. Você poderia, por exemplo, usar as expressões não lógicas associadas ao operando direito se ocorresse uma alteração em uma variável e o novo resultado fosse usado posteriormente em seu código. A próxima caixa Cenário e solução detalha as particularidades desse cenário.

Cenário e solução

Você deseja usar um operador AND que avalie o segundo operando não importando se o primeiro operando for igual a true ou false. Qual usaria?	AND bitwise (&)
Você deseja usar um operador OR que avalie o segundo operando não importando se o primeiro operando for igual a true ou false. Qual usaria?	OR bitwise (|)
Você deseja usar um operador AND que avalie o segundo operando somente quando o primeiro operando for igual a true. Qual usaria?	AND lógico (&&)
Você deseja usar um operador OR que avalie o segundo operando somente quando o primeiro operando for igual a false. Qual usaria?	OR lógico (||)

Compreendendo a precedência de operadores

Precedência de operadores é a ordem em que os operadores são avaliados quando há vários em uma expressão. A precedência pode ser sobreposta com o uso de parênteses. Conheça os aspectos básicos da precedência de operadores e se sairá bem no exame nessa área.

Precedência de operadores

Operadores com precedência mais alta são avaliados antes de operadores com precedência mais baixa. A Tabela 3-3 lista os operadores Java, desde os de precedência mais alta até os de precedência mais baixa, e suas associações. A associação (por exemplo, da esquerda para a direita) define que operando será usado (ou avaliado) primeiro.

TABELA 3-3 Operadores Java

Precedência relativa	Operador	Descrição	Associação
1	`[]`	Índice de array	Esquerda para a direita
	`()`	Chamada de método	
	`.`	Acesso a membros	
2	`++, --`	Incremento pós-fixado, decremento pós-fixado	Direita para a esquerda
	`+, -`	Mais unário, menos unário	Direita para a esquerda
3	`++, --`	Incremento pré-fixado, decremento pré-fixado	Direita para a esquerda
	`!`	NOT `boolean` (lógico)	
	`~`	NOT bitwise	
4	`(tipo)`	Coerção de tipo	Direita para a esquerda
	`new`	Criação de objetos	Direita para a esquerda
5	`*, /, %`	Multiplicação, divisão, resto (módulo)	Esquerda para a direita
6	`+, -`	Adição, subtração	Esquerda para a direita
	`+`	Concatenação de strings	
7	`<<, >>, >>>`	Deslocamento para a esquerda, deslocamento para a direita, deslocamento para a direita sem sinal	Esquerda para a direita
8	`<, <=, >, >=`	Menor que, menor ou igual a, maior que, maior ou igual a	Esquerda para a direita
	`instanceof`	Teste de referência	
9	`==, !=`	Igualdade e diferença de valores / igualdade e diferença de referências	Esquerda para a direita
	`==, !=`		
10	`&`	AND bitwise / AND `boolean`	Esquerda para a direita
11	`^`	XOR bitwise ("OU" exclusivo) / XOR `boolean`	Esquerda para a direita

(continua)

TABELA 3-3 Operadores Java (*continuação*)

Precedência relativa	Operador	Descrição	Associação
12	|	OR bitwise ("OU" inclusivo) / OR boolean	Esquerda para a direita
13	&&	AND lógico (também conhecido como "E" condicional)	Esquerda para a direita
14	||	OR lógico (também conhecido como "OU" condicional)	Esquerda para a direita
15	?:	Condicional (ternário)	Direita para a esquerda
16	=, *=, /=, +=, -=, %=, <<=, >>=, >>>=, &=, ^=, |=	Atribuição e atribuições compostas	Direita para a esquerda

Sobrepondo a precedência de operadores

Você pode usar parênteses para sobrepor a precedência de operadores. Quando vários conjuntos de parênteses estiverem presentes, o mais interno será avaliado primeiro. Examinaremos alguns exemplos de código básicos que demonstram a precedência de operadores.

Quando os operadores têm a mesma precedência, eles são avaliados da esquerda para a direita.

```
int p1 = 1; int p2 = 5; int p3 = 10;
/* Mesma precedência */
System.out.println(p1 + p2 - p3); // -4
```

Quando eles não têm a mesma precedência, o operador de precedência mais alta é avaliado primeiro.

```
int p1 = 1; int p2 = 5; int p3 = 10;
/* Precedência mais baixa seguida por precedência mais alta */
System.out.println(p1 + p2 * p3); // 51
```

Quando uma expressão inclui parênteses, a precedência de operadores é sobreposta:

```
int p1 = 1; int p2 = 5; int p3 = 10;
/* Parênteses sobrepondo a precedência */
System.out.println((p1 + p2) * p3); // 60
```

Quando uma expressão tem vários conjuntos de parênteses, o operador associado aos parênteses mais internos é avaliado primeiro.

```
int p1 = 1; int p2 = 5; int p3 = 10; int p4 = 25;
/* Usando os parênteses mais internos primeiro */
System.out.println((p1 * (p2 + p3)) - p4); // -10
```

OBJETIVO DA CERTIFICAÇÃO

Usar objetos string e seus métodos

Objetivo do exame: Criar e manipular strings

O uso de strings é comum na linguagem de programação Java. Esta seção discutirá o que são strings e como concatená-las e detalhará os métodos da classe String. Quando você terminar a seção, que aborda os tópicos a seguir, terá obtido um conhecimento sólido do que são strings e de como usá-las.

- Strings
- Operador de concatenação de strings
- Métodos da classe String

Strings

Os objetos string são usados para representar cadeias de caracteres Unicode de 16 bits. Considere os 16 bits 000001011001 seguidos por 000001101111. Esses bits em Unicode são representados como \u0059 e \u006F. O valor \u0059 é mapeado para o caractere "Y" e \u006F para o caractere "o". Uma maneira fácil de concatenar strings de caracteres Unicode de 16 bits em um elemento reutilizável é declarando os dados dentro de uma string.

```
String exclamation = "Yo"; // 000001011001 e 000001101111
```

Consulte o Apêndice C para obter mais informações sobre o padrão Unicode.

As strings são objetos *imutáveis*, ou seja, seus valores nunca mudam. Por exemplo, o texto a seguir, "Dead Men Tell No Tales", pode ser criado como uma string.

```
String quote = "Dead Men Tell No Tales";
```

No próximo exemplo, o valor da string não muda após um método de String retornar um valor modificado. Lembre-se de que as strings são imutáveis. Aqui, chamamos o método replace na string. A nova string é retornada, mas o valor não muda.

```
quote.replace("No Tales", "Tales"); // Retorna um novo valor
System.out.println(quote); // Exibe o valor original
$ Dead Men Tell No Tales
```

Podemos criar strings de várias maneiras. Como ocorre na instanciação de qualquer objeto, é preciso construir um objeto e atribuí-lo a uma variável de referência. Só para lembrar, uma *variável de referência* contém o endereço do valor. Vejamos algumas coisas que podemos fazer com strings.

Podemos criar uma string sem um objeto string ter sido atribuído. Certifique-se de fornecer um valor para ela em algum momento ou verá uma mensagem de erro do compilador.

```
String quote1; // quote1 é uma variável de referência
sem objeto string atribuído
quote1 = "Ahoy matey"; // Atribui um objeto string à referência
```

Podemos usar duas abordagens básicas para criar um objeto string com uma representação de string vazia:

```
String quote2a = new String(); // quote2a é uma variável de referência
String quote2b = new String(""); // Instrução equivalente
```

Podemos criar um objeto string sem usar um construtor:

```
String quote3 = "The existence of the sea means the existence"
    + " of Pirates! -- Malayan proverb";
```

Podemos criar um objeto string usando um construtor:

```
/* quote4 é uma variável de referência do novo objeto string */
String quote4 = new String("Yo ho ho!");
```

Podemos criar uma variável de referência que aponte para outra variável de referência do objeto string:

```
String quote5 = "You're welcome to my gold. -- William Kidd";
String quote6 = quote5; // quote6 aponta para a referência quote5
```

Cenário e solução

Você deseja usar um objeto que represente uma string de caracteres imutável. Que classe usará para criar o objeto?	A classe `String`
Você deseja usar um objeto que represente uma string de caracteres mutável. Que classe usará para criar o objeto?	A classe `StringBuilder`
Você deseja usar um objeto que represente uma string de caracteres thread-safe. Que classe usará para criar o objeto?	A classe `StringBuffer`

Podemos atribuir um novo objeto string a uma variável de referência string existente:

```
/*Atribui objeto string à variável de referência */
String quote7 = "The treasure is in the sand.";
/* Atribui nova string à mesma variável de referência */
quote7 = "The treasure is between the rails.";
```

Se quiser obter uma string de caracteres mutável, considere usar a classe `StringBuffer` ou `StringBuilder` como representado na tabela Cenário e solução anterior.

Operador de concatenação de strings

O operador de concatenação de strings concatena (une) as strings. O operador é representado pelo sinal +.

+	Operador de concatenação de strings

Se você já vem programando em Java por pelo menos seis meses, deve ter unido duas strings em algum momento. O operador Java de concatenação de strings facilita muito o ato de unir duas strings. Por exemplo, "doub" + "loon" é igual a "doubloon". Vejamos um código mais completo:

```
String item = "doubloon";
String question = "What is a " + item + "? ";
System.out.println ("Question: " + question);
```

A linha 2 substitui a variável item por seu conteúdo, "doubloon", e, portanto, a string question torna-se

What is a doubloon?

Observe que o ponto de interrogação também foi incluído.

A linha 3 substitui a variável question por seu conteúdo e então a string a seguir é retornada:

$ Question: What is a doubloon?

É muito simples. Mas espere! O que acontece quando primitivos são adicionados à concatenação? A especificação da linguagem Java diz: "O operador + é sintaticamente associativo à esquerda, independentemente de ser determinado pela análise de tipo para representar uma concatenação de strings ou uma soma numérica". Podemos verificar esse comportamento nos exemplos a seguir:

```
float reale = .007812f; // porcentagem de um dobrão de ouro
float escudo = .125f; // porcentagem de um dobrão de ouro

/* Exibe "0.132812% of one gold doubloon" */
System.out.println
  (reale + escudo + "% of one gold doubloon"); // valores somados

/* Exibe "0.132812% of one gold doubloon" */
System.out.println
  ((reale + escudo) + "% of one gold doubloon"); // inclui parênteses

/* Exibe "% of one gold doubloon: 0.132812" */
System.out.println
  ("% of one gold doubloon: " + (reale + escudo)); // inclui parênteses
```

```
/* Exibe "Coin values concatenated: 0.0078120.125" */
System.out.println
  ("Coin values concatenated:" + reale + escudo); // valores não somados
```

O método toString

A classe `Object` tem um método que retorna a representação de um objeto no formato string. Ele é chamado apropriadamente de método `toString`. Todas as classes em Java estendem a classe `Object` por padrão; logo, todas as classes herdam esse método. Na criação de classes, uma prática comum é sobrescrever o método `toString` para retornar os dados que melhor representem o estado do objeto. O método `toString` costuma usar o operador de concatenação de strings.

Vejamos a classe `TreasureMap` com o método `toString` sobrescrito.

```
public class TreasureMap {
  private String owner = "Blackbeard";
  private String location = "Outer Banks";
  public String toString () {
    return "Map Owner: " + this.owner + ", treasure location: "
    + this.location;
  }
}
```

Aqui, o método `toString` retorna o conteúdo das variáveis de instância da classe. Agora exibiremos a representação de um objeto `TreasureMap`:

```
TreasureMap t = new TreasureMap();
System.out.println(t);
$ Map Owner: Blackbeard, treasure location: Outer Banks
```

Os resultados da concatenação podem ser inesperados se você estiver incluindo variáveis que inicialmente não sejam strings. É preciso se sentir seguro no uso do operador de concatenação de strings, logo, vejamos outro exemplo.

Considere uma string e dois inteiros:

```
String title1 = " shovels.";
String title2 = "Shovels: ";
int flatShovels = 5;
int roundPointShovels = 6;
```

O compilador executa a associação da esquerda para a direita para os operadores aditivos e de concatenação de strings.

Nas duas instruções a seguir, os dois primeiros inteiros são somados. Depois, o operador de concatenação pega a representação do resultado feita por `toString` e a concatena com a outra string:

```
/* Exibe '11 shovels' */
System.out.println(flatShovels + roundPointShovels + title1);
```

```
/* Exibe '11 shovels' */
System.out.println((flatShovels + roundPointShovels) + title1);
```

Em seguida, movendo-se da esquerda para a direita, o compilador pega a string title2 e a une à representação da variável flatShovels em formato string. O resultado é uma string. A string resultante é então associada à representação da variável roundPointShovels em formato string. É bom ressaltar que o método toString é usado para retornar a string.

```
/* Exibe 'Shovels: 56' */
System.out.println(title2 + flatShovels + roundPointShovels);
```

Os parênteses têm precedência, logo, você pode unir a soma dos valores inteiros à string codificando dessa forma:

```
/* Exibe 'Shovels: 11' */
System.out.println(title2 + (flatShovels + roundPointShovels));
```

EXERCÍCIO 3-2

Revelando bugs que seu compilador pode não encontrar

Considere as strings do aplicativo a seguir:

```
public class StringTest {
  public static void main(String[] args) {
    String s1 = new String ("String one");
    String s2 = "String two";
    String s3 = "String " + "three";
  }
}
```

Uma das strings está sendo construída de maneira ineficiente. Você sabe qual? Descobriremos usando o aplicativo FindBugs da Universidade de Maryland.

1. Crie um diretório chamado "code" em algum local em seu computador.

2. Crie o arquivo-fonte StringTest.java.

3. Compile o arquivo-fonte StringTest.java: `javac StringTest.java`.

4. Baixe o software FindBugs a partir de http://findbugs.sourceforge.net/.

5. Extraia, instale e execute o aplicativo FindBugs. É bom lembrar que os IDEs Eclipse e NetBeans têm plug-ins para a ferramenta FindBugs e para outras ferramentas de qualidade de software como o PMD e o Checkstyle.

6. Crie um novo projeto no FindBugs selecionando File | New Project.

7. Adicione o nome do projeto (por exemplo, OCA String Test).

Capítulo 3   Programação com operadores e strings Java   101

8. Clique no botão Add da área de texto associada à Class Archives And Directories To Analyze. Encontre e selecione o arquivo StringTest.class no diretório code e clique em Choose.

9. Clique no botão Add da área de texto associada a Source Directories. Encontre e selecione o diretório code (e não o arquivo-fonte) e clique em Choose.

10. A caixa de diálogo New Project terá uma aparência semelhante à da ilustração a seguir, com exceção dos locais de seu diretório pessoal. Clique em Finish.

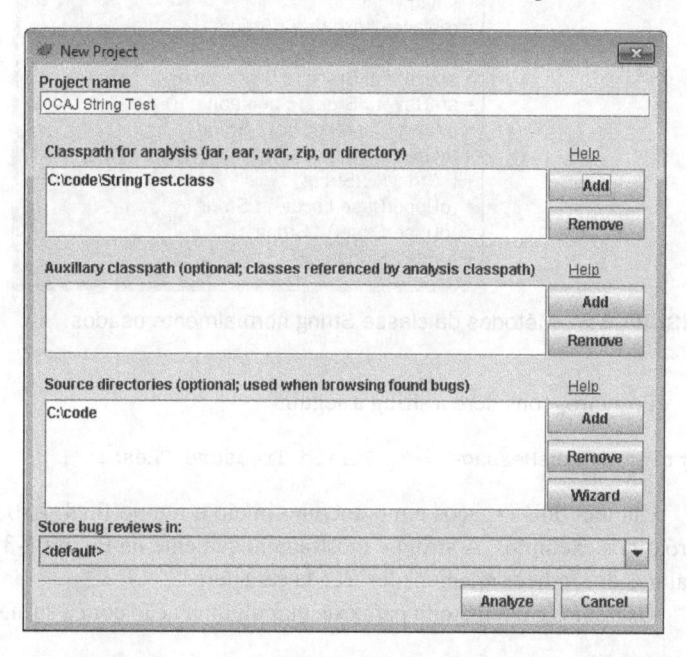

11. Você verá que dois bugs são retornados. Estamos preocupados com o primeiro. Faça uma análise mais aprofundada na janela que exibe os bugs (Bugs | Performance | [...]). O aplicativo detalhará o aviso e mostrará o código-fonte com a linha do erro realçada.

12. Corrija o bug não chamando o construtor.

13. Reexecute o teste.

Métodos da classe String

Vários métodos da classe String são muito usados, como os seguintes: charAt, indexOf, length, concat, replace, startsWith, endsWith, substring, trim, toLowerCase, toUpperCase e ensureIgnoreCase(). Esses métodos serão detalhados na Figura 3-2 e nas próximas seções.

Nas seções a seguir, você encontrará uma descrição de cada método, seguida por suas declarações e pelos exemplos associados.

```
┌─────────────────────────────────────────────┐
│                  String                     │
├─────────────────────────────────────────────┤
│ + charAt(int) : char                        │
│ + concat(String) : String                   │
│ + endsWith(String) : boolean                │
│ + equalsIgnoreCase(String) : boolean        │
│ + IndexOf(int) : int                        │
│ + IndexOf(int, int) : int                   │
│ + IndexOf(String) : int                     │
│ + IndexOf(String, int) : int                │
│ + length() : int                            │
│ + replace(char, char) : String              │
│ + replace(CharSequence, CharSequence) : String │
│ + startsWith(String, int) : boolean         │
│ + startsWith(String) : boolean              │
│ + toLowerCase(Locale) : String              │
│ + toLowerCase() : String                    │
│ + toString() : String                       │
│ + toUpperCase(Locale) : String              │
│ + toUpperCase() : String                    │
│ + trim() : String                           │
└─────────────────────────────────────────────┘
```

FIGURA 3-2 Métodos da classe String normalmente usados.

Primeiro, considere a string a seguir:

```
String pirateMessage = "  Buried Treasure Chest! ";
```

Ela tem dois espaços em branco no início e um no final. Isso será importante nos próximos exemplos. A string é mostrada novamente na Figura 3-3 com a exibição dos valores dos índices relacionados a cada caractere.

Usaremos cada método para executar alguma ação com a string pirateMessage.

O método charAt

O método charAt da classe String retorna um valor char primitivo a partir do valor de um índice int especificado relacionado ao objeto string referenciado.

Há uma única declaração para o método charAt:

```
public char charAt(int index) {…}
```

Aqui estão alguns exemplos:

```
/* Retorna o caractere de 'espaço em branco' da posição 0 */
char c1 = pirateMessage.charAt(0);
/* Retorna o caractere 'B' da posição 2 */
```

		B	u	r	i	e	d		T	r	e	a	s	u	r	e		C	h	e	s	t	!	
0	1	2	3	4	5	6	7	8	9	10	11	12	13	14	15	16	17	18	19	20	21	22	23	24

FIGURA 3-3 Objeto string.

```
char c2 = pirateMessage.charAt(2);
/* Retorna o caractere '!' da posição 23 */
char c3 = pirateMessage.charAt(23);
/* Retorna o caractere de 'espaço em branco' da posição 24 */
char c4 = pirateMessage.charAt(24);
/* Lança uma exceção StringIndexOutOfBoundsException*/
char c5 = pirateMessage.charAt(25);
```

O método indexOf

O método indexOf da classe String retorna valores int primitivos que representam o índice de um caractere ou string relacionado ao objeto string referenciado.

Existem quatro declarações públicas para o método indexOf:

```
public int indexOf(int ch) {…}
public int indexOf(int ch, int fromIndex) {…}
public int indexOf(String str) {…}
public int indexOf(String str, int fromIndex) {…}
```

Vejamos alguns exemplos:

```
/* Retorna o inteiro 3 já que ele representa o primeiro 'u' da string. */
int i1 = pirateMessage.indexOf('u'); // 3
/* Retorna o inteiro 14 já que ele representa o primeiro 'u' da string após a
 * posição 9.
 */
int i2 = pirateMessage.indexOf('u', 9); // 14
/* Retorna o inteiro 13 já que ele começa na posição 13
 * da string.
 *
int i3 = pirateMessage.indexOf("sure"); // 13
/* Retorna o inteiro -1 já que não há uma string Treasure na posição 10
 *ou depois dela
 */
int i4 = pirateMessage.indexOf("Treasure", 10); // -1!
/* Retorna o inteiro -1 já que não há um caractere u na posição 10 ou
 * depois dela
 */
int i5 = pirateMessage.indexOf("u", 10); // -1!
```

O método length

O método length da classe String retorna um valor primitivo int que representa o tamanho do objeto string referenciado.

Há uma única declaração para o método length:

```
public int length() {…}
```

Alguns exemplos seriam:

```
/* Retorna o tamanho da string que é 25 */
int i = pirateMessage.length(); // 25
// Uso do método length de String
String string = "box";
int value1 = string.length(); // 3
// Uso do atributo length dos arrays
String[] stringArray = new String[3];
int value2 = stringArray.length; // 3
```

Fique @tento

A classe String usa o método length (por exemplo, string.length()). Os arrays referenciam uma variável de instância em suas informações de estado (por exemplo, array.length). Repare que os métodos das strings usam o conjunto de parênteses para retornar seu tamanho, o que não ocorre com os arrays. Essa é uma sutileza para a qual você precisa ficar atento no exame.

O método concat

O método concat da classe String adiciona a string especificada ao final da string original.

A única declaração existente para o método concat é

```
public String concat(String str) {…}
```

Aqui está um exemplo:

```
/* Retorna a string concatenada
*" Buried Treasure Chest! Weigh anchor!"
*/
String c = pirateMessage.concat ("Weigh anchor!");
```

O método replace

O método replace da classe String retorna strings, substituindo todos os caracteres ou strings do objeto string referenciado. A interface CharSequence permite o uso de um objeto String, StringBuffer ou StringBuilder.

Duas declarações do método replace podem ser usadas:

```
public String replace(char oldChar, char newChar) {…}
public String replace(CharSequence target, CharSequence replacement) {…}
```

Alguns exemplos:

```
/* Retorna uma string com todos os caracteres 'B' substituídos por 'J'. */
String s1 = pirateMessage.replace
  ('B', 'J'); // Juried Treasure Chest!
/* Retorna uma string com todos os caracteres de espaço em branco ' '
 * substituídos por 'X'.
 */
String s2 = pirateMessage.replace
  (' ', 'X'); // XXBuriedXTreasureXChest!X
/* Retorna uma string com todas as strings 'Chest' substituídas por 'Coins'
 */
String s3 = pirateMessage.replace
  ("Chest", "Coins"); // Buried Treasure Coins!
```

O método startsWith

O método `startsWith` da classe `String` retorna um valor primitivo `boolean` representando os resultados de um teste que verifica se o prefixo fornecido corresponde ao início do objeto string referenciado.

Duas declarações podem ser usadas para o método `startsWith`:

```
public boolean startsWith(String prefix, int toffset) {…}
public boolean startsWith(String prefix) {…}
```

Veja alguns exemplos:

```
/* Retorna true quando a string referenciada começa com a
string comparada. */
boolean b1 = pirateMessage.startsWith
  (" Buried Treasure"); // true
/* Retorna false quando a string referenciada não começa com a
 * string comparada.
 */
boolean b2 = pirateMessage.startsWith(" Discovered"); // false
/* Retorna false quando a string referenciada não começa com a
 * string comparada na posição 8.
 */
boolean b3 = pirateMessage.startsWith("Treasure", 8); // false
/* Retorna true quando a string referenciada começa com a string
 * comparada na posição 9.
 */
boolean b4 = pirateMessage.startsWith("Treasure", 9); // true
```

O método endsWith

O método `endsWith` da classe `String` retorna um valor primitivo `boolean` representando os resultados de um teste que verifica se o objeto string referenciado termina com o sufixo fornecido.

Há uma única declaração para o método endsWith:

```
public boolean endsWith(String suffix) {...}
```

Aqui estão alguns exemplos:

```
/* Retorna true quando a string referenciada termina com a
 * string comparada.
 */
boolean e1 = pirateMessage.endsWith("Treasure Chest! "); // true
/* Retorna false quando a string referenciada não termina com a
 * string comparada.
 */
boolean e2 = pirateMessage.endsWith("Treasure Chest "); // false
```

O método substring

O método substring da classe String retorna novas strings que sejam substrings do objeto string referenciado. A substring começa com o valor do argumento beginIndex e, se fornecido, termina com o argumento endIndex -1.

Existem duas declarações para o método substring:

```
public String substring(int beginIndex) {...}
public String substring(int beginIndex, int endIndex) {
```

A seguir temos alguns exemplos:

```
/* Retorna a string inteira começando no índice 9. */
String ss1 = pirateMessage.substring(9); // Treasure Chest!
/* Retorna a string no índice 9. */
String ss2 = pirateMessage.substring(9, 10); // T
/* Retorna a string no índice 9 e terminando no índice 23. */
String ss3 = pirateMessage.substring(9, 23); // Treasure Chest
/* Produz erro de tempo de execução. */
String ss4 = pirateMessage.substring(9, 8); // faixa inválida
/* Retorna um espaço em branco */
String ss5 = pirateMessage.substring(9, 9); // Espaço em branco
```

O método trim

O método trim da classe String retorna a string inteira menos os caracteres de espaço em branco iniciais e finais do objeto string referenciado. O espaço em branco corresponde ao caractere Unicode \u0020.

```
System.out.println(" ".equals("\u0020")); // true
```

A única declaração existente para o método trim é

```
public String trim() {...}
```

Aqui está um exemplo:

```
/* ""Buried Treasure Chest!" sem espaços em branco iniciais ou finais
 */
String t = pirateMessage.trim();
```

O método toLowerCase

O método `toLowerCase` da classe `String` retorna a string inteira em caracteres minúsculos.

Duas declarações podem ser usadas para o método `toLowerCase`:

```
public String toLowerCase () {…}
public String toLowerCase (Locale locale) {…}
```

Aqui está um exemplo:

```
/* Retorna todos os caracteres em letras minúsculas " buried treasure chest! " */
String l1 = pirateMessage.toLowerCase();
```

O método toUpperCase

O método `toUpperCase` da classe `String` retorna a string inteira em caracteres maiúsculos.

Duas declarações podem ser usadas para o método `toUpperCase`:

```
public String toUpperCase () {…}
public String toUpperCase (Locale locale) {…}
```

Aqui está um exemplo:

```
/* Retorna todos os caracteres em letras maiúsculas " BURIED TREASURE CHEST! " */
String u1 = pirateMessage.toUpperCase();
```

O método equalsIgnoreCase

O método `equalsIgnoreCase` da classe `String` retorna um valor `boolean` após comparar duas strings sem levar em consideração a diferença entre maiúsculas e minúsculas.

A declaração usada para o método `equalsIgnoreCase` é

```
public boolean equalsIgnoreCase (String str) {…}
```

A seguir temos alguns exemplos:

```
/* Compara " Buried Treasure Chest! " com " Buried TREASURE Chest!
 */
Boolean b1 = pirateMessage.equalsIgnoreCase
   (" Buried TREASURE Chest! "); // true
/* Compara " Buried Treasure Chest! " com " Buried XXXXXXX Chest! "
 */
Boolean b2 = pirateMessage.equalsIgnoreCase
   (" Buried XXXXXXX Chest! "); // false
```

NO EXAME

Encadeamento

Java permite o encadeamento de métodos. Considere a mensagem a seguir do capitão de um navio pirata:

```
String msg = "  Maroon the First Mate with a flagon of water and a pistol!  ";
```

Queremos alterar a mensagem para "Maroon the Quartermaster with a flagon of water."

Três alterações precisam ser feitas para ajustarmos a string como desejado:

1. Remover os espaços em branco do início e do final.
2. Substituir a substring `First Mate` por `Quartermaster`.
3. Remover `and a pistol!`.
4. Adicionar um ponto no fim da frase.

Vários métodos e utilitários podem ser usados para fazermos essas alterações. Usaremos os métodos `trim`, `replace` e `substring`, nessa ordem:

```
msg = msg.trim(); // Remove o espaço em branco
msg = msg.replace("First Mate", "Quartermaster");// Substitui o texto
msg = msg.substring(0,47);
// Retorna os primeiros 48 caracteres.
```

Em vez de escrever essas atribuições individualmente, podemos ter uma única instrução de atribuição com todos os métodos encadeados. Para simplificar, também adicionaremos o ponto com o operador de concatenação de strings:

```
msg = msg.trim().replace("First Mate", "Quartermaster").substring(0,47) + ".";
```

Independentemente dos métodos serem chamados separadamente ou encadeados, o resultado final será o mesmo:

```
System.out.println (msg);
$ Maroon the Quartermaster with a flagon of water.
```

Fique atento para o encadeamento no exame.

OBJETIVO DA CERTIFICAÇÃO

Usar objetos StringBuilder e seus métodos

Objetivo do exame: Tratar dados usando a classe StringBuilder e seus métodos

Um objeto da classe `StringBuilder` representa uma cadeia de caracteres mutável, enquanto um objeto da classe `StringBuffer` representa uma string de caracteres mutável thread-safe (isto é, segura para threads). Lembre-se, um objeto da classe `String` representa uma cadeia de caracteres imutável. No que diz respeito à classe `StringBuilder` e o exame, você precisa conhecer seus métodos e construtores mais comuns.

Métodos da classe StringBuilder

Vários métodos da classe StringBuilder são usados com frequência: append, insert, delete, deleteCharAt e reverse. Esses métodos foram incluídos na Figura 3-4 e serão discutidos nas próximas seções.

Mais à frente, você verá uma descrição de cada método, seguida por suas declarações e pelos exemplos associados.

```
                    StringBuilder
+ append(Object) : StringBuilder
+ append(String) : StringBuilder
- append(StringBuilder) : StringBuilder
+ append(StringBuffer) : StringBuilder
+ append(CharSequence) : StringBuilder
+ append(CharSequence, int, int) : StringBuilder
+ append(char[]) : StringBuilder
+ append(char[], int, int) : StringBuilder
+ append(boolean) : StringBuilder
+ append(char) : StringBuilder
+ append(int) : StringBuilder
+ append(long) : StringBuilder
+ append(float) : StringBuilder
+ append(double) : StringBuilder
+ appendCodePoint(int) : StringBuilder
+ delete(int, int) : StringBuilder
+ deleteCharAt(int) : StringBuilder
+ indexOf(String) : int
+ indexOf(String, int) : int
+ insert(int, char[], int, int) : StringBuilder
+ insert(int, Object) : StringBuilder
+ insert(int, String) : StringBuilder
+ insert(int, char[]) : StringBuilder
+ insert(int, CharSequence) : StringBuilder
+ insert(int, CharSequence, int, int) : StringBuilder
+ insert(int, boolean) : StringBuilder
+ insert(int, char) : StringBuilder
+ insert(int, int) : StringBuilder
+ insert(int, long) : StringBuilder
+ insert(int, float) : StringBuilder
+ insert(int, double) : StringBuilder
+ lastIndexOf(String) : int
+ lastIndexOf(String, int) : int
- readObject(java.io.ObjectInputStream) : void
+ replace(int, int, String) : StringBuilder
+ reverse() : StringBuilder
+ StringBuilder()
+ StringBuilder(int)
+ StringBuilder(String)
+ StringBuilder(CharSequence)
+ toString() : String
- writeObject(java.io.ObjectOutputStream) : void
```

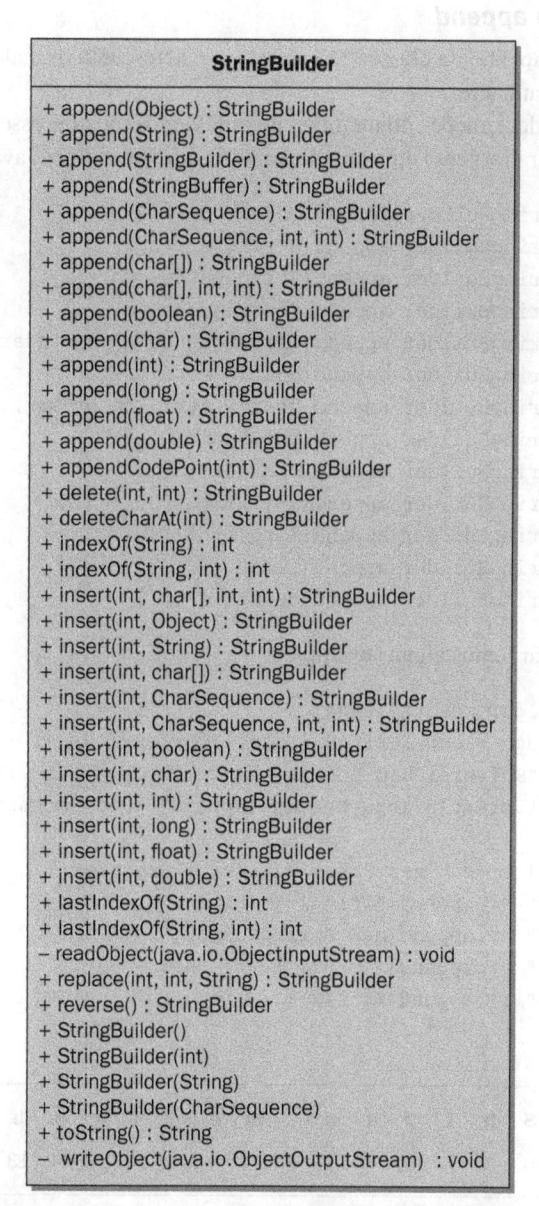

FIGURA 3-4 Métodos da classe StringBuilder normalmente usados.

Primeiro, considere a string a seguir:

```
StringBuilder mateyMessage = new StringBuilder ("Shiver Me Timbers!");
```

A string é mostrada novamente na Figura 3-5 com a exibição dos valores dos índices relacionados a cada caractere. Essa mensagem será usada em vários exemplos desta seção.

Vejamos então alguns dos métodos de StringBuilder.

O método append

O método append da classe StringBuilder acrescenta os dados fornecidos como uma cadeia de caracteres.

Há 13 declarações do método append. Vamos mostrar esses métodos sobrecarregados aqui para fornecer uma abordagem dos diferentes tipos Java:

```
public StringBuilder append(Object o) {…}
public StringBuilder append(String str) {…}
public StringBuilder append(StringBuffer sb) {…}
public StringBuilder append(CharSequence s) {…}
public StringBuilder append(CharSequence s, int start, int end) {…}
public StringBuilder append(char[] str) {…}
public StringBuilder append(char[] str, int offset, int len) {…}
public StringBuilder append(boolean b) {…}
public StringBuilder append(char c) {…}
public StringBuilder append(int i) {…}
public StringBuilder append(long l) {…}
public StringBuilder append(float f) {…}
public StringBuilder append(double d) {…}
```

A seguir temos alguns exemplos:

```
StringBuilder mateyMessage;
mateyMessage = new StringBuilder ("Shivers!");
/* Exibe "Shivers! Bad Storm! */
System.out.println(mateyMessage.append(" Bad Storm!"));

StringBuilder e = new StringBuilder ("Examples:");
e.append(" ").append("1"); // String
e.append(" ").append(new StringBuffer("2"));
e.append(" ").append('\u0031'); // char
e.append(" ").append((int)2); // int
```

S	h	i	v	e	r		M	e		T	i	m	b	e	r	s	!
0	1	2	3	4	5	6	7	8	9	10	11	12	13	14	15	16	17

FIGURA 3-5 Objeto StringBuilder.

```
e.append(" ").append(1L); // long
e.append(" ").append(2F); // float
e.append(" ").append(1D); // double
e.append(" ").append(true); // true

/* Exibe "Examples: 1 2 1 2 1 2.0 1.0 true" */
System.out.println(e);
```

O método insert

O método `insert` da classe `StringBuilder` insere a representação em formato string dos dados fornecidos começando na posição especificada.

Há 12 declarações do método `insert`, mas você só precisa conhecer as mais básicas:

```
public StringBuilder insert
   (int index, char[]str, int offset, int len) {…}
public StringBuilder insert(int offset, Object obj) {…}
public StringBuilder insert(int offset, String str) {…}
public StringBuilder insert(int offset, char []str) {…}
public StringBuilder insert(int dstOffset, CharSequence) {…}
public StringBuilder insert
   (int dstOffset, CharSequence s, int start, int end) {…}
public StringBuilder insert(int offset, boolean b) {…}
public StringBuilder insert(int offset, char c) {…}
public StringBuilder insert(int offset, int i) {…}
public StringBuilder insert(int offset long l) {…}
public StringBuilder insert(int offset float f) {…}
public StringBuilder insert(int offset, double d) {…}
```

Aqui está um exemplo:

```
StringBuilder mateyMessage;
mateyMessage = new StringBuilder ("Shiver Me Timbers");
/* Exibe "Shiver Me Timbers and Bricks! */
System.out.println(mateyMessage.insert(17, " and Bricks"));
```

O método delete

O método `delete` da classe `StringBuilder` remove caracteres de uma substring do objeto `StringBuilder`. A substring começa com o valor do argumento `start` e termina com o argumento end - 1.

Há uma única declaração para o método `delete`:

```
public StringBuilder delete(int start, int end) {…}
```

Vejamos um exemplo:

```
StringBuilder mateyMessage;
mateyMessage = new StringBuilder ("Shiver Me Timbers!");
```

```
/* Exibe "Shivers!" */
System.out.println(mateyMessage.delete(6,16));
```

O método deleteCharAt

O método `deleteCharAt` da classe `StringBuilder` remove o caractere do índice especificado.

Há uma única declaração para o método `deleteCharAt`:

```
public StringBuilder deleteCharAt (int index) {...}
```

Exemplo:

```
StringBuilder mateyMessage;
mateyMessage = new StringBuilder ("Shiver Me Timbers!");
/* Remove o '!' e exibe "Shiver Me Timbers" */
System.out.println(mateyMessage.deleteCharAt(17));
```

O método reverse

O método `reverse` da classe `StringBuilder` inverte a ordem da sequência de caracteres.

Há uma única declaração para o método `reverse`:

```
public StringBuilder reverse () {...}
```

Aqui está um exemplo:

```
StringBuilder r = new StringBuilder ("part");
r.reverse();
/* Exibe "It's a trap!" */
System.out.println("It's a " + r + "!");
```

EXERCÍCIO 3-3

Usando construtores da classe StringBuilder

É uma boa ideia conhecer os construtores da classe `StringBuilder`. Examine a documentação Javadoc para determinar quando você usaria os diferentes construtores e execute as seguintes etapas:

1. Crie instâncias de `StringBuilder` com o construtor `StringBuilder()`.
2. Crie instâncias de `StringBuilder` com o construtor `StringBuilder(CharSequence seq)`.
3. Crie instâncias de `StringBuilder` com o construtor `StringBuilder(int capacity)`.
4. Crie instâncias de `StringBuilder` com o construtor `StringBuilder(String str)`.

OBJETIVO DA CERTIFICAÇÃO

Verificar a igualdade entre strings e outros objetos

Objetivo do exame: Verificar a igualdade entre strings e outros objetos usando == e equals()

Uma maneira de comparar objetos em Java é executando uma operação de comparação com o uso do método equals. É bom ressaltar que o método equals de uma classe que será usada em uma comparação deve sobrescrever o método equals da classe Object. O método hashCode também precisa ser sobrescrito, mas ele não faz parte do escopo do teste. Para esse objetivo, examinaremos o método equals e o operador == com mais detalhes. A classe String sobrescreve o método equals, como é mostrado no exemplo de código a seguir:

```java
/** value é usado para o armazenamento de caracteres. */
private final char value[];
/** offset é o primeiro índice usado do armazenamento. */
private final int offset;
...
public boolean equals(Object anObject) {
if (this == anObject) {
  return true;
}
if (anObject instanceof String) {
  String anotherString = (String)anObject;
  int n = count;
if (n == anotherString.count) {
  char v1[] = value;
  char v2[] = anotherString.value;
  int i = offset;
  int j = anotherString.offset;
    while (n-- != 0) {
      if (v1[i++] != v2[j++])
        return false;
      }
      return true;
    }
  }
  return false;
}
```

Método equals da classe String

Na comparação dos caracteres de duas strings, o método equals deve ser usado:

```
String msg1 = "WALK THE PLANK!";
String msg2 = "WALK THE PLANK!";
String msg3 = ("WALK THE PLANK!");
String msg4 = new String ("WALK THE PLANK!");

System.out.println(msg1.equals(msg2)); // true
System.out.println(msg1.equals(msg3)); // true
System.out.println(msg1.equals(msg4)); // true
System.out.println(msg2.equals(msg3)); // true
System.out.println(msg3.equals(msg4)); // true
```

Na comparação de referências de objeto, o correto é usar o operador ==:

```
String cmd = "Set Sail!";
String command = cmd;
System.out.println(cmd == command ); // true
```

Não tente comparar os valores das sequências de caracteres das strings com o operador ==. Ainda que o resultado possa parecer correto, essa é uma aplicação inapropriada do operador, porque ele foi projetado para verificar se duas referências apontam para a mesma instância de um objeto, e não para caracteres de strings. Strings literais costumam ser armazenadas em um *pool* na JVM e reutilizadas quando possível. Aqui está um exemplo que retorna true devido à reutilização de strings. Essa abordagem do teste de igualdade não deve ser praticada.

```
String interjection1 = "Arrgh!";
String interjection2 = "Arrgh!";
System.out.println(interjection1 == interjection2); // Não recomendado
```

Quando cometemos esse erro, normalmente os IDEs modernos marcam o problema como um aviso e oferecem a opção de refatoração do código com o método equals, como mostrado aqui:

```
System.out.println(interjection1.equals(interjection2));
```

Além disso, um IDE como o NetBeans pode oferecer a opção de inserção do método equals incluindo verificações nulas e o uso do operador ternário.

```
System.out.println((interjection1 == null ? interjection2 == null :
interjection1.equals(interjection2)));
```

EXERCÍCIO 3-4

Trabalhando com o método compareTo da classe String

Dado o código a seguir que exibe "0":

```
String eggs1 = "Cackle fruit";
String eggs2 = "Cackle fruit";
System.out.println(eggs1.compareTo(eggs2));
```

1. Modifique a(s) string(s) para que um valor maior que 0 seja exibido e explique por que isso ocorre.

2. Modifique a(s) string(s) para que um valor menor que 0 seja exibido e explique por que isso ocorre.

Resumo para a certificação

Este capítulo discutiu tudo que você precisa saber sobre operadores e strings para fazer o exame.

Os operadores de atribuição, aritméticos, relacionais e lógicos foram apresentados com detalhes. Para operações de atribuição foram mostrados os operadores de atribuição geral, atribuição por adição e atribuição por subtração. Para operações aritméticas mostramos os operadores de adição, subtração, multiplicação, divisão e resto (módulo), assim como os operadores de incremento pré-fixado, decremento pré-fixado, incremento pós-fixado e decremento pós-fixado. Para operações relacionais foram mostrados os operadores menor que, menor ou igual a, maior que, maior ou igual a, igual a e diferente de. Para operações lógicas incluímos o operador lógico de negação e os operadores AND lógico e OR lógico.

Examinamos a precedência e a sobreposição de operadores. Os conceitos mostrados aqui são muito simples e você só precisa guardar a precedência dos operadores comuns e a finalidade dos parênteses na sobreposição da precedência.

As strings foram discutidas em três áreas básicas: a criação de strings, o operador de concatenação de strings e os métodos da classe String. Os seguintes métodos da classe String foram abordados: charAt, indexOf, length, concat, replace, startsWith, endsWith, substring, trim, toLowerCase, toUpperCase e equalsIgnoreCase. A classe StringBuilder foi discutida em comparação com a classe String. Os seguintes métodos da classe StringBuilder foram abordados: append, insert, delete, deleteCharAt e reverse.

A verificação da igualdade de objetos e Strings com o uso do método equals também foi discutida. O operador == foi abordado e explicamos quando devemos ou não usá-lo.

Conhecer os detalhes minuciosos dessas áreas básicas relacionadas a operadores e strings é necessário no exame.

✓ Revisão Rápida

Compreender operadores básicos

- O exame aborda os seguintes operadores de atribuição e atribuição composta: =, += e -=.
- O operador de atribuição (=) atribui valores a variáveis.
- O operador de atribuição composta de adição é usado para abreviação. Logo, a=a+b é escrito como a+=b.
- O operador de atribuição composta de subtração é usado para abreviação. Logo, a=a-b é escrito como a-=b.
- O exame aborda os seguintes operadores aritméticos: +, -, *, /, %, ++ e --.
- O operador de adição (+) é usado para somar dois operandos.
- O operador de subtração (-) é usado para subtrair o operando direito do operando esquerdo.
- O operador de multiplicação (*) é usado para multiplicar dois operandos.
- O operador de divisão (/) é usado para dividir o operando esquerdo pelo operando direito.
- O operador de módulo (%) retorna o resto de uma divisão.
- Os operadores de incremento pré-fixado (++) e decremento pré-fixado (--) são usados para incrementar ou decrementar um valor antes dele ser usado em uma expressão.
- Os operadores de incremento pós-fixado (++) e decremento pós-fixado (--) são usados para incrementar ou decrementar um valor após ele ser usado em uma expressão.
- O exame aborda os seguintes operadores relacionais: <, <=, >, >=, == e !=.
- O operador menor que (<) retorna true se o operando esquerdo for menor que o operando direito.
- O operador menor ou igual a (<=) retorna true se o operando esquerdo for menor ou igual ao operando direito.
- O operador maior que (>) retorna true se o operando direito for menor que o operando esquerdo.
- O operador maior ou igual a (>=) retorna true se o operando direito for menor ou igual ao operando esquerdo.
- O operador de igualdade igual a (==) retorna true se o operando esquerdo for igual ao operando direito.
- O operador de igualdade diferente de (!=) retorna true se o operando esquerdo não for igual ao operando direito.
- Os operadores de igualdade podem verificar números, caracteres, valores boolean e variáveis de referência.

Capítulo 3 Programação com operadores e strings Java

- O exame aborda os seguintes operadores lógicos: !, && e ||.
- O operador lógico de negação (!), ou de inversão, nega o valor do operando boolean.
- O operador AND lógico (&&), ou "E" condicional, retorna true se os dois operandos forem iguais a true.
- O operador AND lógico é conhecido como operador de 'curto-circuito' porque não avalia o operando direito se o operando esquerdo for false.
- O operador OR lógico (||), ou OR condicional, retorna true se um dos operandos for igual a true.
- O operador OR condicional é conhecido como operador de 'curto-circuito' porque não avalia o operando direito se o operando esquerdo for true.

Precedência de operadores

- Operadores com precedência mais alta são avaliados antes de operadores com precedência mais baixa.
- A precedência de operadores é sobreposta com o uso de parênteses.
- No que diz respeito à precedência de operadores, quando vários conjuntos de parênteses estiverem presentes, o mais interno será avaliado primeiro.
- Os operadores de uma expressão que tiverem a mesma precedência serão avaliados da esquerda para a direita.

Usar objetos string e seus métodos

- Um objeto da classe String representa uma string de caracteres imutável.
- *Mutável* significa alterável. Variáveis Java como as variáveis primitivas são mutáveis por padrão e podemos torná-las imutáveis com o uso da palavra-chave final.
- A interface CharSequence é implementada pela classe String e pelas classes StringBuilder e StringBuffer. Essa interface pode ser usada como argumento no método replace da classe String.
- O operador de concatenação de strings (+) une duas strings criando uma nova.
- O operador de concatenação de strings une dois operandos, contanto que um ou os dois sejam strings.
- O método charAt da classe String retorna um valor primitivo char a partir do valor de um índice int especificado relacionado ao objeto string referenciado.
- O método indexOf da classe String retorna um valor primitivo int que representa o índice de um caractere ou string existente na string referenciada.
- O método length da classe String retorna um valor primitivo int que representa o tamanho da string referenciada.
- O método concat da classe String adiciona a string especificada ao final da string original.
- O método replace da classe String retorna strings, substituindo todos os caracteres ou strings da string referenciada.

- O método startsWith da classe String retorna um valor primitivo boolean representando os resultados de um teste que verifica se a string referenciada inicia com o prefixo fornecido.
- O método endsWith da classe String retorna um valor primitivo boolean representando os resultados de um teste que verifica se a string referenciada termina com o sufixo fornecido.
- O método substring da classe String retorna novas strings que sejam substrings da string referenciada.
- O método trim da classe String retorna a string inteira menos os caracteres de espaço em branco iniciais e finais da string referenciada.
- O método toLowerCase da classe String retorna a string inteira em caracteres minúsculos.
- O método toUpperCase da classe String retorna a string inteira em caracteres maiúsculos.
- O método equalsIgnoreCase da classe String retorna um valor boolean após comparar duas strings sem levar em consideração a diferença entre maiúsculas e minúsculas.

Usar objetos StringBuilder e seus métodos

- Um objeto da classe StringBuilder representa uma string de caracteres mutável.
- Um objeto da classe StringBuffer representa uma string de caracteres mutável e thread-safe.
- A classe StringBuilder faz uso dos seguintes métodos que a classe String também declarou: charAt, indexOf, length, replace, startsWith, endsWith e substring.
- O método append da classe StringBuilder acrescenta os dados fornecidos como uma cadeia de caracteres.
- O método insert da classe StringBuilder insere a representação em formato string dos dados fornecidos começando na posição especificada.
- O método delete da classe StringBuilder remove caracteres de uma substring do objeto StringBuilder.
- O método deleteCharAt da classe StringBuilder remove o caractere do índice especificado.
- O método reverse da classe StringBuilder inverte a ordem da sequência de caracteres.

Verificar a igualdade entre strings e outros objetos

- Use o método equals da classe String (sobrescrito da classe Object) para verificar a igualdade dos valores de sequências de caracteres de objetos string.
- Use o operador == para verificar se as referências de objeto (por exemplo, os endereços de memória) das strings são iguais.
- Use o operador == para verificar a igualdade entre tipos primitivos.

Teste

Compreender operadores básicos

1. Dado o código:

    ```
    public class ArithmeticResultsOutput {
      public static void main (String[] args) {
        int i = 0;
        int j = 0;
        if (i++ == ++j) {
          System.out.println("True: i=" + i + ", j=" + j);
        } else {
          System.out.println("False: i=" + i + ", j=" + j);
        }
      }
    }
    ```

    O que será exibido na saída padrão?

    A. `True: i=0, j=1`

    B. `True: i=1, j=1`

    C. `False: i=0, j=1`

    D. `False: i=1, j=1`

2. Que conjunto de operadores representa o conjunto completo de operadores de atribuição Java válidos? Lembre-se de que os operadores de deslocamento são <<, >> e >>>.

    A. `%=, &=, *=, $=, :=, /=, ^=, |=, +=, <<=, =, -=, >>=, >>>=`

    B. `%=, &=, *=, /=, ^=, |=, +=, <<=, <<<=, =, -=, >>=, >>>=`

    C. `%=, &=, *=, /=, ^=, |=, +=, <<=, =, -=, >>=, >>>=`

    D. `%=, &=, *=, $=, /=, ^=, |=, +=, <<=, <<<=, =, -=, >>=, >>>=`

3. Dado o segmento de código Java a seguir, o que será exibido, considerando-se o uso dos operadores de módulo?

    ```
    System.out.print(49 % 26 % 5 % 1);
    ```

    A. 23

    B. 3

    C. 1

    D. 0

4. Dado o código:

```java
public class BooleanResultsOutput {
  public static void main (String[] args) {
    boolean booleanValue1 = true;
    boolean booleanValue2 = false;
    System.out.print(!(booleanValue1 & !booleanValue2) + ", ");
    System.out.print(!(booleanValue1 | !booleanValue2)+ ", ");
    System.out.print(!(booleanValue1 ^ !booleanValue2));
  }
}
```

O que será exibido, considerando-se o uso dos operadores lógicos booleanos?

A. false, false, true

B. false, true, true

C. true, false, true

D. true, true, true

5. Dado o código:

```java
public class ArithmeticResultsOutput {
  public static void main (String[] args) {
    int i1 = 100; int j1 = 200;
    if ((i1 == 99) & (--j1 == 199)) {
      System.out.print("Value1: " + (i1 + j1) + " ");
    } else {
      System.out.print("Value2: " + (i1 + j1) + " ");
    }
    int i2 = 100; int j2 = 200;
    if ((i2 == 99) && (--j2 == 199)) {
      System.out.print("Value1: " + (i2 + j2) + " ");
    } else {
      System.out.print("Value2: " + (i2 + j2) + " ");
    }
    int i3 = 100; int j3 = 200;
    if ((i3 == 100) | (--j3 == 200)) {
      System.out.print("Value1: " + (i3 + j3) + " ");
    } else {
      System.out.print("Value2: " + (i3 + j3) + " ");
    }
    int i4 = 100; int j4 = 200;
    if ((i4 == 100) || (--j4 == 200)) {
      System.out.print("Value1: " + (i4 + j4) + " ");
    } else {
      System.out.print("Value2: " + (i4 + j4) + " ");
    }
  }
}
```

O que será exibido na saída padrão?

A. `Value2: 300 Value2: 300 Value1: 300 Value1: 300`

B. `Value2: 299 Value2: 300 Value1: 299 Value1: 300`

C. `Value1: 299 Value1: 300 Value2: 299 Value2: 300`

D. `Value1: 300 Value1: 299 Value2: 300 Value2: 299`

6. Dado o segmento de código a seguir:

```java
public void validatePrime() {
  long p = 17496; // candidato a 'número primo'
  Double primeSquareRoot = Math.sqrt(p);
  boolean isPrime = true;
  for (long j = 2; j <= primeSquareRoot.longValue(); j++) {
    if (p % j == 0) {
      // Exibe divisores
      System.out.println(j + "x" + p / j);
      isPrime = false;
    }
  }
  System.out.println("Prime number: " + isPrime);
}
```

Qual das opções é verdadeira? Dica: 17496 não é número primo.

A. O código não será compilado devido a um erro sintático em algum local.

B. O código não será compilado já que a expressão `(p % j == 0)` deveria ter sido escrita como `((p % j) == 0)`.

C. Os divisores serão exibidos na saída padrão (por exemplo, `2x8478` e assim por diante), junto com `Prime number: false` como a saída final.

D. Os divisores serão exibidos na saída padrão (por exemplo, `2x8478` e assim por diante), junto com `Prime number: 0` como a saída final.

7. Dado o código:

```java
public class EqualityTests {
  public static void main (String[] args) {
    Integer value1 = new Integer("312");
    Integer value2 = new Integer("312");
    Object object1 = new Object();
    Object object2 = new Object();
    Object object3 = value1;
  }
}
```

Que expressões serão avaliadas como verdadeiras?

A. `value1.equals(value2)`

B. `value1.equals(object1)`

C. `value1.equals(object3)`

D. `object1.equals(object2)`

8. Dado o código:

```
System.out.print( true | false & true + "," );
System.out.println( false & true | true );
```

O que será exibido na saída padrão?

A. true, true

B. true, false

C. false, true

D. false, false

E. Erro de compilação

9. O que será exibido na saída padrão para o segmento de código a seguir?

```
int score = 10;
System.out.println("score: " + score++);
```

A. 9

B. 10

C. 11

D. Ocorrerá um erro de compilação.

E. Ocorrerá um erro em tempo de execução.

10. Da precedência mais alta à mais baixa, que lista de operadores está ordenada apropriadamente?

A. *, +, &&, =

B. *, &&, +, =

C. *, =, &&, +

D. +, *, &&, =

Usar objetos string e seus métodos

11. Dado o código:

```
System.out.print(3 + 3 + "3");
System.out.print(" and ");
System.out.println("3" + 3 + 3);
```

O que será exibido na saída padrão?

A. 333 and 333

B. 63 and 63

C. 333 and 63

D. 63 and 333

12. Considere a interface `CharSequence` que é argumento obrigatório em uma das declarações do método `replace`:

```
public String replace(CharSequence target, CharSequence replacement) {
    ...
}
```

Essa interface `CharSequence` é superinterface de que classes concretas?

A. `String`

B. `StringBoxer`

C. `StringBuffer`

D. `StringBuilder`

13. Que afirmação é falsa no que diz respeito ao método `toString`?

A. O método `toString` é um método da classe `Object`.

B. O método `toString` retorna a representação de um objeto no formato string.

C. O método `toString` deve retornar as informações de estado do objeto na forma de uma string.

D. O método `toString` costuma ser sobrescrito.

14. Que declaração do método `indexOf` é inválida?

A. `indexOf(int ch)`

B. `indexOf(int ch, int fromIndex)`

C. `indexOf(String str, int fromIndex)`

D. `indexOf(CharSequence str, int fromIndex)`

15. Dado o código:

```
String tenCharString = "AAAAAAAAAA";
System.out.println(tenCharString.replace("AAA", "LLL"));
```

O que é exibido na saída padrão?

A. AAAAAAAAAA

B. LLLAAAAAAA

C. LLLLLLLLLA

D. LLLLLLLLLL

16. Considere a ilustração a seguir. Que afirmações, também representadas na ilustração, são verdadeiras?

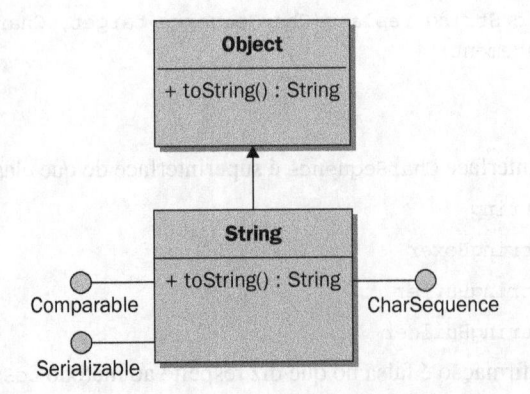

```
           ┌──────────────────────┐
           │       Object         │
           │ + toString() : String│
           └──────────────────────┘
                      ▲
                      │
           ┌──────────────────────┐
  Comparable ─┤   String             ├─ CharSequence
           │ + toString() : String│
           └──────────────────────┘
  Serializable ─┘
```

A. A classe String implementa a interface Object.

B. A classe String implementa as interfaces Comparable, Serializable e CharSequence.

C. O método toString sobrescreve seu equivalente da classe Object, permitindo que o objeto string retorne sua própria string.

D. O método toString é acessível publicamente.

Usar objetos StringBuilder e seus métodos

17. Qual dessas declarações da classe StringBuilder existe?

A. public StringBuilder reverse(String str) {...}

B. public StringBuilder reverse(int index, String str) {...}

C. public StringBuilder reverse () {...}

D. Todos os itens anteriores

Verificar a igualdade entre strings e outros objetos

18. Dado o código:

```
String name1 = new String ("Benjamin");
StringBuilder name2 = new StringBuilder ("Benjamin");
System.out.println(name2.equals(name1));
```

As classes String e StringBuilder são de tipos comparáveis? Selecione a afirmação correta.

A. As classes String e StringBuilder são de tipos comparáveis.

B. As classes String e StringBuilder são de tipos incomparáveis.

19. Que declaração de append não existe em Java 8?

   A. public StringBuilder append (short s) {...}
   B. public StringBuilder append (int i) {...}
   C. public StringBuilder append (long l) {...}
   D. public StringBuilder append (float f) {...}
   E. public StringBuilder append (double d) {...}

✓ Respostas do Teste

Compreender operadores básicos

1. Dado o código:

```java
public class ArithmeticResultsOutput {
  public static void main (String[] args) {
    int i = 0;
    int j = 0;
    if (i++ == ++j) {
      System.out.println("True: i=" + i + ", j=" + j);
    } else {
      System.out.println("False: i=" + i + ", j=" + j);
    }
  }
}
```

O que será exibido na saída padrão?

A. True: i=0, j=1

B. True: i=1, j=1

C. False: i=0, j=1

D. False: i=1, j=1

Resposta:

⦿ **D.** O valor de j é incrementado antes da avaliação, mas o valor de i não. Logo, a expressão é avaliada com um valor boolean false como resultado, já que 0 não é igual a 1 (isto é, i=0 e j=1). Após a expressão ser avaliada, mas antes da instrução print associada ser executada, o valor de i é incrementado de forma pós-fixada (isto é, (i=1)). Portanto, a resposta correta é False: i=1, j=1.

○ **A, B** e **C** são respostas incorretas como justificado pela explicação da resposta correta.

---

2. Que conjunto de operadores representa o conjunto completo de operadores de atribuição Java válidos? Lembre-se de que os operadores de deslocamento são <<, >> e >>>).

A. %=, &=, *=, $=, :=, /=, ^=, |=, +=, <<=, =, -=, >>=, >>>=

B. %=, &=, *=, /=, ^=, |=, +=, <<=, <<<=, =, -=, >>=, >>>=

C. %=, &=, *=, /=, ^=, |=, +=, <<=, =, -=, >>=, >>>=

D. %=, &=, *=, $=, /=, ^=, |=, +=, <<=, <<<=, =, -=, >>=, >>>=

Capítulo 3 Programação com operadores e strings Java

> Resposta:
>
> ◉ **C.** O conjunto completo de operadores de atribuição Java válidos está representado nessa opção.
>
> ○ **A, B** e **D** são respostas incorretas. **A** está incorreta porque $= e := não são operadores de atribuição Java válidos. **B** está incorreta porque <<<= não é um operador de atribuição Java válido. **D** está incorreta porque $= e <<<= não são operadores de atribuição Java válidos.

3. Dado o segmento de código Java a seguir, o que será exibido, considerando-se o uso dos operadores de módulo?

   ```
   System.out.print(49 % 26 % 5 % 1);
   ```

   A. 23
   B. 3
   C. 1
   D. 0

> Resposta:
>
> ◉ **D.** O resto de 49/26 é 23. O resto de 23/5 é 3. O resto de 3/1 é 0. A resposta é 0.
>
> ○ **A, B** e **C** são respostas incorretas como justificado pela explicação da resposta correta.

4. Dado o código:

   ```
   public class BooleanResultsOutput {
     public static void main (String[] args) {
       boolean booleanValue1 = true;
       boolean booleanValue2 = false;
       System.out.print(!(booleanValue1 & !booleanValue2) + ", ");
       System.out.print(!(booleanValue1 | !booleanValue2)+ ", ");
       System.out.print(!(booleanValue1 ^ !booleanValue2));
     }
   }
   ```

   O que será exibido, considerando-se o uso dos operadores lógicos booleanos?

   A. false, false, true
   B. false, true, true
   C. true, false, true
   D. true, true, true

Resposta:

◉ **A.** A primeira instrução de expressão (!(true & !(false))) tem como resultado false. Aqui, o operando direito é invertido para true pelo operador de inversão booleana, o operador AND boolean avalia a expressão dos dois operandos como sendo true e o operador de inversão externo avalia o valor resultante como false. A segunda instrução de expressão (!(true | !(false))) tem como resultado false. Nela, o operando direito é invertido para true pelo operador de inversão, o operador OR boolean avalia a expressão dos dois operandos como sendo true e o operador de inversão externo avalia o valor resultante como false. A terceira instrução de expressão (!(true ^ !(false))) tem como resultado true. Nesse caso, o operando direito é invertido para true pelo operador de inversão, o operador XOR boolean avalia a expressão dos dois operandos como sendo false e o operador de inversão externo avalia o valor resultante como true.

○ **B, C e D** são respostas incorretas como justificado pela explicação da resposta correta.

5. Dado o código:

```java
public class ArithmeticResultsOutput {
  public static void main (String[] args) {
    int i1 = 100; int j1 = 200;
    if ((i1 == 99) & (--j1 == 199)) {
      System.out.print("Value1: " + (i1 + j1) + " ");
    } else {
      System.out.print("Value2: " + (i1 + j1) + " ");
    }
    int i2 = 100; int j2 = 200;
    if ((i2 == 99) && (--j2 == 199)) {
      System.out.print("Value1: " + (i2 + j2) + " ");
    } else {
      System.out.print("Value2: " + (i2 + j2) + " ");
    }
    int i3 = 100; int j3 = 200;
    if ((i3 == 100) | (--j3 == 200)) {
      System.out.print("Value1: " + (i3 + j3) + " ");
    } else {
      System.out.print("Value2: " + (i3 + j3) + " ");
    }
    int i4 = 100; int j4 = 200;
    if ((i4 == 100) || (--j4 == 200)) {
      System.out.print("Value1: " + (i4 + j4) + " ");
    } else {
      System.out.print("Value2: " + (i4 + j4) + " ");
    }
  }
}
```

O que será exibido na saída padrão?

A. `Value2: 300 Value2: 300 Value1: 300 Value1: 300`
B. `Value2: 299 Value2: 300 Value1: 299 Value1: 300`
C. `Value1: 299 Value1: 300 Value2: 299 Value2: 300`
D. `Value1: 300 Value1: 299 Value2: 300 Value2: 299`

Resposta:

◉ **B.** `Value2: 299 Value2: 300 Value1: 299 Value1: 300` será exibido na saída padrão. Observe que `&&` e `||` são operadores de curto-circuito. Quando o primeiro operando de uma expressão AND condicional (`&&`) é avaliado como `false`, o segundo operando não é avaliado. Quando o primeiro operando de uma expressão OR condicional (`||`) é avaliado como `true`, o segundo operando não é avaliado. Logo, na segunda e na quarta instrução `if`, o segundo operando não é avaliado. Os operadores de incremento pré-fixados não são, então, executados e não afetam os valores das variáveis `j[x]`.

○ A, C e D são respostas incorretas como justificado pela explicação da resposta correta.

6. Dado o segmento de código a seguir:

```java
public void validatePrime() {
  long p = 17496; // candidato a 'número primo'
  Double primeSquareRoot = Math.sqrt(p);
  boolean isPrime = true;
  for (long j = 2; j <= primeSquareRoot.longValue(); j++) {
    if (p % j == 0) {
      // Exibe divisores
      System.out.println(j + "x" + p / j);
      isPrime = false;
    }
  }
  System.out.println("Prime number: " + isPrime);
}
```

Qual das opções é verdadeira? Dica: 17496 não é número primo.

A. O código não será compilado devido a um erro sintático em algum local.
B. O código não será compilado já que a expressão `(p % j == 0)` deveria ter sido escrita como `((p % j) == 0)`.
C. Os divisores serão exibidos na saída padrão (por exemplo, `2x8478` e assim por diante), junto com `Prime number: false` como a saída final.
D. Os divisores serão exibidos na saída padrão (por exemplo, `2x8478` e assim por diante), junto com `Prime number: 0` como a saída final.

Resposta:

◉ **C.** Os divisores serão exibidos na saída padrão seguidos por Prime number: false. Para quem estiver curioso, a lista completa de divisores impressa será 2x8748, 3x5832, 4x4374, 6x2916, 8x2187, 9x1944, 12x1458, 18x972, 24x729, 27x648, 36x486, 54x324, 72x243, 81x216 e 108x162.

○ **A, B** e **D** estão incorretas. **A** está incorreta porque não há erros sintáticos no código. **B** está incorreta porque não é necessário um conjunto de parênteses em volta de p % j. A resposta **D** está incorreta porque o código não exibe o caractere 0; ele exibe o valor literal boolean false.

7. Dado o código:

```
public class EqualityTests {
  public static void main (String[] args) {
    Integer value1 = new Integer("312");
    Integer value2 = new Integer("312");
    Object object1 = new Object();
    Object object2 = new Object();
    Object object3 = value1;
  }
}
```

Que expressões serão avaliadas como verdadeiras?

A. value1.equals(value2)

B. value1.equals(object1)

C. value1.equals(object3)

D. object1.equals(object2)

Resposta:

◉ **A** e **C**. **A** está correta porque a classe Integer implementa a interface Comparable, permitindo o uso do método equals. **C** está correta porque o objeto Integer foi usado na criação do objeto de referência.

○ **B** e **D** estão incorretas porque o código não pode comparar dois objetos com referências diferentes.

8. Dado o código:

```
System.out.print( true | false & true + "," );
System.out.println( false & true | true );
```

O que será exibido na saída padrão?

A. `true,true`

B. `true,false`

C. `false,true`

D. `false,false`

E. `Erro de compilação`

Resposta:

◉ **E.** A concatenação de um `boolean` e uma string não é permitida na primeira instrução print. Logo, a primeira linha não será compilada. Alterar a instrução adicionando parênteses para incluir as avaliações `boolean` permitiria que a linha fosse compilada:

```
System.out.print( (true | false & true) + ", " );
```

Se a linha pudesse ser compilada, a resposta correta seria A, considerando-se a precedência de operadores com o operador `boolean` AND (`&`) tendo precedência mais alta que o operador `boolean` OR (`|`).

○ **A, B, C** e **D** estão incorretas. **A** está incorreta porque o código não será compilado. **B, C** e **D** estão incorretas porque se o código fosse corrigido para ser compilado, a resposta seria A.

---

9. O que será exibido na saída padrão para o segmento de código a seguir?

```
int score = 10;
System.out.println("score: " + score++);
```

A. 9

B. 10

C. 11

D. Ocorrerá um erro de compilação.

E. Ocorrerá um erro em tempo de execução.

Resposta:

◉ **B.** A variável score não será incrementada antes da operação ser concluída já que temos um operador de incremento pós-fixado, logo, `10` será exibido.

○ **A, C, D** e **E** estão incorretas. **A** estaria correta se tivéssemos um operador de decremento pré-fixado. **C** estaria correta se tivéssemos um operador de incremento pré-fixado. **D** e **E** estão incorretas porque o código não contém erros.

10. Da precedência mais alta à mais baixa, que lista de operadores está ordenada apropriadamente?

   A. *, +, &&, =
   B. *, &&, +, =
   C. *, =, &&, +
   D. +, *, &&, =

> Resposta:
>
> ◉ **A.** Na ordem de precedência, o resultado a seguir está correto: multiplicação (*), adição (+), AND condicional (&&), atribuição (=).
>
> ○ **B, C e D** estão incorretas porque foram ordenadas inapropriadamente.

Usar objetos string e seus métodos

11. Dado o código:

```
System.out.print(3 + 3 + "3");
System.out.print(" and ");
System.out.println("3" + 3 + 3);
```

O que será exibido na saída padrão?

   A. 333 and 333
   B. 63 and 63
   C. 333 and 63
   D. 63 and 333

> Resposta:
>
> ◉ **D.** Os operadores + têm associação da esquerda para a direita. Os dois primeiros operandos da primeira instrução são numéricos, logo, o operador de adição (+) é usado. Temos, então, 3 + 3 = 6. Já que 6 + "3" usa uma string como operando, o operador de concatenação de strings (+) é usado. Portanto, a concatenação das strings 6 e 3 gera a string 63. A última instrução é tratada de maneira um pouco diferente. O primeiro operando é uma String, logo, o operador de concatenação de strings é usado com os outros operandos. A concatenação das strings "3" + "3" + "3" gera a string 333. A resposta correta é 63 and 333.
>
> ○ **A, B e C** estão incorretas. Observe que a alteração de ("3" + 3 + 3) para ("3" + (3 + 3)) teria gerado 36.

12. Considere a interface CharSequence que é argumento obrigatório em uma das declarações do método replace:

```
public String replace(CharSequence target, CharSequence
replacement) {
    ...
}
```

Essa interface `CharSequence` é superinterface de que classes concretas?

A. String
B. StringBoxer
C. StringBuffer
D. StringBuilder

> Resposta:
>
> ● **A, C e D.** As classes concretas `String`, `StringBuffer` e `StringBuilder` implementam a interface `CharSequence`. Todas essas classes podem ser usadas de maneira polimórfica com relação a `CharSequence` ser um argumento esperado em um dos métodos `replace` da classe `String`.
>
> ○ **B** está incorreta. A classe `StringBoxer` não existe.

13. Que afirmação é falsa no que diz respeito ao método `toString`?

A. O método `toString` é um método da classe `Object`.
B. O método `toString` retorna a representação de um objeto no formato string.
C. O método `toString` deve retornar as informações de estado do objeto na forma de uma string.
D. O método `toString` costuma ser sobrescrito.

> Resposta:
>
> ● **C.** Embora normalmente o método `toString` seja usado para retornar as informações de estado do objeto, qualquer informação que puder ser coletada pode ser retornada na string.
>
> ○ **A, B e D** são respostas incorretas porque representam afirmações verdadeiras. A está incorreta porque o método `toString` é um método da classe `Object`. B está incorreta porque o método `toString` retorna a representação de um objeto no formato string. D está incorreta porque o método `toString` também costuma ser sobrescrito.

14. Que declaração do método `indexOf` é inválida?

A. indexOf(int ch)
B. indexOf(int ch, int fromIndex)
C. indexOf(String str, int fromIndex)
D. indexOf(CharSequence str, int fromIndex)

Resposta:

◉ **D.** A declaração de método que inclui indexOf(CharSequence str, int fromIndex) é inválida. CharSequence não é usada como argumento de um método indexOf. Lembre-se de que String, StringBuffer e StringBuilder declaram seus próprios métodos indexOf.

○ **A, B e C** estão incorretas porque são declarações de método válidas.

15. Dado o código:

```
String tenCharString = "AAAAAAAAAA";
System.out.println(tenCharString.replace("AAA", "LLL"));
```

O que é exibido na saída padrão?

A. AAAAAAAAAA
B. LLLAAAAAAA
C. LLLLLLLLLA
D. LLLLLLLLLL

Resposta:

◉ **C.** O método replace da classe String substitui todas as instâncias da string especificada. As três primeiras instâncias de AAA são substituídas por LLL, o que torna LLLLLLLLLA correto.

○ **A, B e D** são respostas incorretas como justificado pela explicação da resposta correta.

16. Considere a ilustração a seguir. Que afirmações, também representadas na ilustração, são verdadeiras?

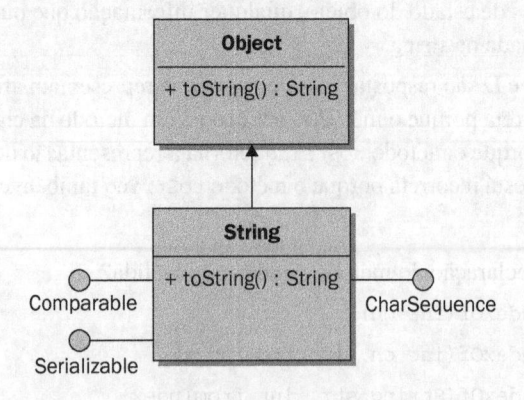

```
          ┌─────────────────────┐
          │       Object        │
          ├─────────────────────┤
          │ + toString() : String│
          └──────────▲──────────┘
                     │
          ┌─────────────────────┐
          │       String        │
          ├─────────────────────┤
  ○───────│ + toString() : String│───────○
Comparable└─────────────────────┘CharSequence
  ○
Serializable
```

A. A classe String implementa a interface Object.

B. A classe String implementa as interfaces Comparable, Serializable e CharSequence.

C. O método toString sobrescreve seu equivalente da classe Object, permitindo que o objeto string retorne sua própria string.

D. O método toString é acessível publicamente.

Resposta:

◉ **B, C e D.** Todas essas respostas representam afirmações verdadeiras. **B** está correta porque a classe String implementa as interfaces Comparable, Serializable e CharSequence. **C** está correta porque o método toString sobrescreve seu equivalente da classe Object, permitindo que o objeto string retorne sua própria string. **D** está correta porque o método toString também é acessível publicamente.

○ **A** está incorreta. A classe Object é uma classe concreta. Logo, a classe String não implementa uma interface Object porque essa interface não existe. Na verdade, a classe String estende a classe concreta Object.

Usar objetos StringBuilder e seus métodos

17. Qual dessas declarações da classe StringBuilder existe?

A. public StringBuilder reverse(String str) {...}

B. public StringBuilder reverse(int index, String str) {...}

C. public StringBuilder reverse () {...}

D. Todos os itens anteriores

Resposta:

◉ **C.** O método reverse da classe StringBuilder não tem argumentos.

○ **A, B e D** são respostas incorretas como justificado pela explicação da resposta correta.

Verificar a igualdade entre strings e outros objetos

18. Dado o código:

```
String name1 = new String ("Benjamin");
StringBuilder name2 = new StringBuilder ("Benjamin");
System.out.println(name2.equals(name1));
```

As classes String e StringBuilder são de tipos comparáveis? Selecione a afirmação correta.

A. As classes String e StringBuilder são de tipos comparáveis.

B. As classes String e StringBuilder são de tipos incomparáveis.

> Resposta:
>
> ◉ **B.** As classes String e StringBuilder são de tipos incomparáveis.
>
> ○ **A** está incorreta porque as classes String e StringBuilder são de tipos incomparáveis.

19. Que declaração de append não existe em Java 8?

    A. public StringBuilder append (short s) {...}

    B. public StringBuilder append (int i) {...}

    C. public StringBuilder append (long l) {...}

    D. public StringBuilder append (float f) {...}

    E. public StringBuilder append (double d) {...}

> Resposta:
>
> ◉ **A.** A declaração de append que inclui um short não existe na classe StringBuilder. Isso ocorre porque o valor short é convertido automaticamente para um inteiro quando passado por literal inteiro. Logo, a declaração a seguir também tratará um argumento short: public StringBuilder append (int i) {...}.
>
> ○ **B, C, D** e **E** estão incorretas. **B** está incorreta porque há uma declaração de append que inclui um int na classe StringBuilder. **C** está incorreta porque a declaração de append que inclui um long é usada pela classe StringBuilder. **D** está incorreta porque a declaração de append que usa um float é empregada pela classe StringBuilder. **E** está incorreta porque a declaração de append que inclui um double existe na classe StringBuilder.

Capítulo 4

Classes e variáveis básicas

OBJETIVOS DA CERTIFICAÇÃO

- Compreender primitivos, enumerações e objetos
- Usar primitivos, enumerações e objetos
- Revisão rápida
- Teste

Este capítulo abordará os aspectos básicos das variáveis primitivas e dos objetos. As perguntas do OCA requerem que o candidato saiba a diferença entre primitivos e objetos e como cada um é usado. Os próximos capítulos se basearão nesse conhecimento. Os tópicos a seguir serão abordados no capítulo:

- Primitivos
- Objetos
- Arrays
- Enumerações
- A natureza fortemente tipificada de Java
- Convenções de nomenclatura

OBJETIVO DA CERTIFICAÇÃO

Compreender primitivos, enumerações e objetos

Objetivo do exame: Declarar e inicializar variáveis (inclusive fazendo a coerção de tipos de dados primitivos).

Objetivo do exame: Desenvolver código que use classes wrapper como Boolean, Double e Integer

Objetivo do exame: Saber diferenciar variáveis de referência a objetos e variáveis primitivas.

Um aplicativo é composto por *variáveis* que armazenam dados e pelo código que lida com eles. Java usa variáveis *primitivas* para armazenar seus dados mais básicos. Esses primitivos são, então, usados em tipos de dados mais avançados chamados *objetos*. É isso que faz de Java uma linguagem orientada a objetos: ela permite que o desenvolvedor organize código e dados relacionados juntos em objetos discretos.

Esse é um conceito muito importante e básico que você deve entender para saber como a linguagem Java realmente funciona.

Variáveis primitivas

Os primitivos são um subconjunto especial dos tipos de dados de Java. Eles são a base do armazenamento de dados em um programa. Para fazer o exame OCA, é importante que você saiba o que é e o que não é um primitivo. A linguagem Java tem oito primitivos. O importante a lembrar sobre cada primitivo é que tipo de valor você armazenaria nele. É bom saber o espaço que é ocupado na memória e os tamanhos mínimo/máximo dos valores, mas o exame não exige a memorização dessas informações.

O que é um primitivo?

Um primitivo é o formato de dados mais básico de um programa Java, daí seu nome. Quando um primitivo é declarado, ele reserva um certo número de bits na memória. O tamanho do espaço alocado na memória depende do tipo de primitivo. Cada tipo de dado primitivo tem um tamanho específico que ele sempre ocupará na memória.

Os oito tipos de dados primitivos são

- boolean (booleano)
- char (caractere)
- byte (byte)
- short (inteiro curto)
- int (inteiro)
- long (inteiro longo)
- float (ponto flutuante)
- double (ponto flutuante de dupla precisão)

Lembre-se de que algo representado em código como um Integer (que se refere a um objeto) é diferente de um int (que se refere a um primitivo contendo um valor inteiro).

Quando trabalhamos com uma variável primitiva, só podemos ler ou atribuir um valor a ela. Os cálculos executados com primitivos são muito mais rápidos do que os executados com objetos semelhantes.

Declarando e inicializando primitivos

Como todas as variáveis em Java, os primitivos precisam ser declarados antes de poder ser usados. Quando uma variável é declarada, seu tipo e nome são definidos. O código a seguir mostra um primitivo int sendo declarado:

```
int gallons;
```

A variável gallons foi declarada como um int. Essa variável só pode armazenar um inteiro e não pode ser dividida em elementos menores. Agora que a variável foi declarada, ela só pode ser alvo de leitura ou atribuição – apenas isso. Nenhum método pode ser chamado sobre ela porque ela é um primitivo.

Isso será discutido com mais detalhes neste capítulo quando os objetos forem examinados. Primitivos que são declarados como variáveis de instância recebem um valor padrão igual a 0 ou false se forem um boolean. Quando primitivos são incluídos no corpo de um método, eles precisam receber um valor antes de ser usados. Se não receberem um valor, um erro de tempo de compilação será gerado.

Esse código usa o novo inteiro:

```
int gallons = 13;
System.out.println("Gallons: " + gallons);
```

Primitivo boolean

Um primitivo boolean é usado para armazenar o valor true (verdadeiro) ou false (falso). Eles armazenam um valor de 1 bit e usam como padrão false quando são variáveis de instância. Embora só representem um único bit de informação, seu tamanho exato não está definido no padrão Java e pode ocupar mais espaço em diferentes plataformas. Os literais válidos são true e false.

```
boolean hasTurboCharger = true;
hasTurboCharger = false;
```

Primitivo char

O primitivo char é usado para armazenar um único caractere Unicode de 16 bits e requer 16 bits de memória. Como definido pela especificação Unicode, o intervalo de um char corresponde ao valor mínimo '\u0000' (ou 0) e ao valor máximo '\uffff' (ou 65.535, inclusive). Quando um char é configurado com um caractere no código, aspas simples têm que ser usadas – por exemplo, 'Y' . Um char tem um valor padrão igual a '\u0000', ou 0, quando usado como variável de instância. Esse primitivo nunca tem sinal.

Os segmentos de código a seguir demonstram as aplicações do tipo de dado char. Os literais válidos são caracteres individuais, caracteres especiais, caracteres Unicode e representações hexadecimais e octais.

```
char c1 = 'S'; // S como um caractere
char c2 = '\u0068'; // h em Unicode
char c3 = 0x0065; // e em hexadecimal
char c4 = 0154; // l em octal
char c5 = (char) 131170; // b; da coerção para 98
char c6 = (char) 131193; // y; da coerção para 121
char c7 = '\''; // caractere especial apóstrofe '
char c8 = 's'; // s como um caractere
char[] autoDesignerArray = {c1, c2, c3, c4, c5, c6, c7, c8};
System.out.println(new String(autoDesignerArray) + " Mustang"); // Shelby's Mustang
```

Consulte a Tabela E-1 do Apêndice E sobre o padrão Unicode para ver a representação de caracteres ASCII imprimíveis e não imprimíveis como valores Unicode.

Primitivo byte

Um byte é um primitivo Java que normalmente é usado para armazenar números pequenos, com sinal e com até 1 byte de tamanho. Como variável de instância, ele tem um valor padrão igual a 0. Um byte ocupa 8 bits de memória e pode armazenar um número de 8 bits, com sinal, em complemento de dois, que não seja de ponto flutuante. Tem como valor máximo 127 e como valor mínimo −128, inclusive. Quando um inteiro literal é armazenado em um primitivo do tipo byte, ele é convertido implicitamente para 1 byte. Os segmentos de código a seguir demonstram as aplicações do primitivo byte:

```
byte passengers = 4; // coerção implícita de inteiro para byte
byte doors = (byte) 2; // coerção explícita de inteiro para byte
```

Primitivo short

Um short é um primitivo Java para números pequenos. Costuma ser usado quando o desenvolvedor quer economizar o espaço de memória que um int ocuparia. Como variável de instância, ele tem um valor padrão igual a 0. Um short ocupa 16 bits de memória e pode armazenar um número de 16 bits, com sinal, em complemento de dois, que não seja de ponto flutuante. Tem como valor máximo 32.767 e como valor mínimo −32.768, inclusive. Os segmentos de código a seguir demonstram as aplicações do primitivo short:

```
short unladenWeightInLbs = 2350; // coerção implícita para dois bytes
short capacityInCu = (short) 427; // coerção explícita para dois bytes
```

Primitivo int

Um int é o primitivo Java mais usado. É em grande parte utilizado para armazenar números inteiros. Como variável de instância, ele tem um valor padrão igual a 0. Um int ocupa 32 bits de memória e pode armazenar um número de 32 bits, com sinal, em complemento de dois, que não seja de ponto flutuante. Tem como valor máximo 2.147.483.647 e como valor mínimo −2.147.483.648, inclusive. Java 8 adicionou métodos auxiliares à classe Integer que permitem que o desenvolvedor trate o int como se ele não tivesse sinal. No entanto, ao lidar com o primitivo int diretamente, a máquina virtual Java (JVM) sempre o considera como um valor com sinal. Os segmentos de código a seguir demonstram as aplicações do primitivo int:

```
int auctionPrice = 7800000;

char cylinders = '\u0008';
int cyl = cylinders; // coerção implícita de char para int
byte wheelbase = 90;
int wBase = wheelbase; // coerção implícita de byte para int
short horsepower = 250;
int hPower = horsepower; // coerção implícita de short para int
int length = (int) 151.5F; // floats devem ser convertidos explicitamente
int powerToWeightRatio = (int) 405.1D; // doubles devem ser convertidos
                                        // explicitamente
```

Primitivo long

Um long é um primitivo Java para números inteiros que sejam maiores do que um int pode armazenar. Como variável de instância, ele tem um valor padrão igual a 0L. O l ou L acrescido a esse número indica que trata-se de um long e não de um int. Um long ocupa 64 bits de memória e pode armazenar um número de 64 bits, com sinal, em complemento de dois, que não seja de ponto flutuante. Tem como valor máximo 9.223.372.036.854.775.807 e como valor mínimo −9.223.372.036.854.775.808, inclusive. Java 8 adicionou métodos auxiliares à classe Long que permitem que o desenvolvedor trate o long como se ele não tivesse sinal. No entanto, ao lidar com o primitivo long diretamente, a JVM sempre o considera como um valor com sinal. Os segmentos de código a seguir demonstram as aplicações do primitivo long:

```
long mustangBingResults = 146000000L;
long mustangGoogleResults = 405000001;
/* coerção explícita para long */
long mustangAmazonBookResults = (long) 5774;
/* coerção implícita para long */
long mustangAmazonManualResults = 2380;
```

Primitivo float

Um primitivo `float` é usado para armazenar valores decimais. Ele tem um valor padrão igual a 0.0f quando usado como variável de instância. Esse valor é igual a 0, mas o f ou F acrescido ao final indica que ele é um `float` e não um `double`. Um `float` requer 32 bits de memória e pode conter um valor de 32 bits sendo no máximo igual a $3,4e^{+38}$ e no mínimo um valor positivo diferente de zero igual a $1,4e^{-45}$, inclusive. Esses valores foram arredondados a título de simplificação. O tamanho exato de um `float` é uma fórmula que pode ser encontrada na seção 4.2.3 de *The Java Language Specification: Java SE 8 Edition*, de James Gosling, Bill Joy, Guy Steele, Gilad Bracha e Alex Buckley (Oracle, 2014), mas isso não faz parte do escopo deste livro e do exame OCA. Os segmentos de código a seguir demonstram as aplicações do primitivo `float` (observe o uso de f ou F para indicar que o número é um `float`):

```
float currentBid = 80100.99F;
float openingBid = 20000.00f;
float reservePrice = (float) 92000;
float myBid = 36000;  // coerção implícita de int para float
```

Primitivo double

Um primitivo `double` é usado para armazenar valores decimais grandes. É o primitivo padrão que a maioria dos desenvolvedores usa para armazenar números de ponto flutuante. Ele tem um valor padrão igual a 0,0 quando usado como variável de instância. Um `double` ocupa 64 bits de memória e pode conter um valor de 64 bits sendo no máximo igual a $1,8e^{+308}$ e no mínimo um valor positivo diferente de zero igual a $5e^{-324}$, inclusive. Esses valores foram arredondados a título de simplificação. O tamanho exato de um `double` é uma fórmula que pode ser encontrada na seção 4.2.3 de *The Java Language Specification*, mas isso não faz parte do escopo deste livro e do exame OCA. Os segmentos de código a seguir demonstram as aplicações do primitivo `double`:

```
double leafSpringCobraEngine = 4.7D;
double chyrsler331Engine = 5.4d;
double ford427Engine = (double)7;
double ford428Engine = 7.01;
double fordV8Engine = 5; // coerção implícita de int para double
```

Por que tantos primitivos?

Há oito primitivos Java. O leitor astuto deve estar se perguntando por que Java tem tantos primitivos e por que a maioria parece armazenar os mesmos dados. Essa é uma ótima observação. Os primitivos byte, short, int e long armazenam números inteiros. Listei-

-os por ordem de tamanho do menor para o maior. Se fôssemos armazenar um número como 32, todos os quatro primitivos serviriam sem problemas, já que 32 é suficientemente pequeno para caber em um byte, que é o menor tipo. A única desvantagem do uso de um tipo maior como short, int ou long seria o espaço que ele ocupa na memória.

Os primitivos para o armazenamento de números de ponto flutuante são float e double. Um número pequeno como 5,3 poderia ser armazenado em qualquer um deles, com a única diferença sendo a memória que o primitivo consome. No entanto, à medida que o número de ponto flutuante cresce, ele pode perder a precisão. Um double tem o dobro da precisão de um float.

Os primitivos char e boolean são cada um à sua maneira exclusivos. Um boolean é o único primitivo que pode armazenar um valor true ou false. E um char é o único primitivo que armazena um número inteiro sem sinal.

Matemática de ponto flutuante

Como desenvolvedor, você precisa tomar cuidado ao usar números de ponto flutuante. Os números de ponto flutuante perdem a precisão à medida que aumentam. O código a seguir é um exemplo simples de dois floats sendo somados e exibidos na saída padrão.

```
float a = 19801216.0f;
float b = 20120307.12f;
float c = a + b;
//Formata o float como moeda dos Estados Unidos.
String  d = NumberFormat.getCurrencyInstance().format(c);
System.out.println(d);
//Exibe o número diretamente como foi armazenado.
System.out.println(c);
```

O certo seria esperar que a saída desse segmento de código fosse $39.921.523,12 após a classe NumberFormat formatar o número como moeda dos Estados Unidos. No entanto, essa não é a saída correta. Em vez dela, o código exibirá o seguinte:

```
$39,921,524.00
3.9921524E7
```

A saída tem uma diferença de 0,88. Esse é um exemplo de um primitivo float que perde a precisão de um número. Embora a saída não esteja correta, ela é esperada devido à maneira como os floats funcionam. Se o segmento de código for alterado para usar o primitivo double, a saída correta será exibida. Os segmentos de código a seguir usam o tipo double, que aumenta a precisão dos números:

```
double x = 19801216.0;
double y = 20120307.12;
double z = x + y;
//Formata o double como moeda dos Estados Unidos.
String  s = NumberFormat.getCurrencyInstance().format(z);
System.out.println(s);
//Exibe o número diretamente como foi armazenado.
System.out.println(z);
```

Esse segmento de código exibirá o seguinte:

```
$39,921,523.12
3.9921523120000005E7
```

Essa é a saída correta. Observe que o double bruto, 3,9921523120000005E7, é muito mais preciso do que o float bruto, 3,9921524E7. No entanto, é importante saber que o double não resolve todos os problemas como ocorreu aqui. Nesse caso, a precisão necessária era maior do que a que o float podia fornecer, mas estava dentro dos limites de um double. Se a precisão requerida for ainda maior ou o número aumentar, um double apresentará o mesmo problema. Esse exemplo ilustra por que valores financeiros nunca devem ser armazenados como um double ou float. A maneira apropriada de armazenar qualquer número de ponto flutuante que exija precisão garantida é usar a classe Java BigDecimal. Essa classe pode armazenar qualquer número, com o único limite sendo a memória que o aplicativo pode usar. BigDecimal não oferece a rapidez no tratamento que ocorre com os primitivos, mas fornece a precisão que esses não possuem. Para obter mais informações sobre como a classe BigDecimal funciona, consulte a Especificação de API da Plataforma Java, Standard Edition 8.

A tabela Cenário e solução a seguir detalha cada um dos primitivos que aparecerão no exame OCA. É importante que você entenda esse conteúdo.

Primitivos versus sua classe wrapper

Sabemos que os primitivos constituem os componentes básicos de Java e são uma das poucas coisas que não são objetos. Java tem uma classe wrapper interna para cada primitivo e ela pode converter um primitivo em um objeto. As classes wrapper são Integer, Double, Boolean, Character, Short, Byte, Long e Float. Observe que todas começam com letra *maiúscula*, enquanto um primitivo começa com letra *minúscula*.

Cenário e solução	
Que primitivo você usaria para armazenar um valor que será true ou false?	boolean
Que primitivo você usaria para armazenar um valor que será um número inteiro?	int
Que primitivo você usaria para armazenar um valor Unicode?	char
Que primitivo você usaria para armazenar um valor que pode não ser um número inteiro se o tamanho da memória for uma preocupação?	float
Que primitivo você usaria para armazenar números de ponto flutuante grandes ou de alta precisão? Esse também tende a ser o primitivo padrão para números de ponto flutuante.	double
Que primitivo você usaria para armazenar um número inteiro muito grande?	long
Que primitivo você usaria para armazenar um byte de dados?	byte
Que primitivo você usaria para armazenar um valor igual a 3000, sem usar mais memória do que a necessária?	short

Se você se deparar com um tipo de dado `Float`, ele estará referenciando o objeto, enquanto o tipo de dado `float` refere-se ao tipo primitivo. A partir do J2SE 5.0, há a conversão automática nas duas direções entre a classe wrapper e o primitivo associado. Esse recurso se chama *autoboxing e unboxing*.

A seguir temos um exemplo de um objeto `Integer` sendo inicializado:

```
// Um Integer é criado e inicializado com 5
Integer valueA = new Integer(5);
/*Um primitivo int é configurado com o
valor int armazenado no objeto Integer*/
int num = number.intValue();
// O autoboxing é usado para converter um int em um Integer
Integer valueB = num;
```

Quase sempre, os primitivos e os objetos aos quais eles estão associados podem ser usados de forma intercambiável. No entanto, essa é uma prática de codificação inapropriada. Na execução de operações matemáticas, o uso de primitivos resulta em cálculos muito mais velozes. Os primitivos também ocupam menos espaço na memória.

Revisando todos os primitivos

A Tabela 4-1 detalha todos os oito primitivos. No exame OCA, é mais importante lembrar que tipo de dado você usaria para os dados que está armazenando. É bom conhecer o tamanho e o intervalo, mas isso não é pedido.

> **Na prática**
> *Quando você estiver lendo código Java que outros desenvolvedores criaram, provavelmente verá os primitivos `int`, `double` e `boolean`. Esses três primitivos são a opção padrão de quase todos os desenvolvedores e abrangem a maioria dos casos comuns. Os desenvolvedores tendem a se preocupar apenas com a otimização do tamanho dos primitivos quando são usados repetidamente em arrays ou em estruturas de dados que permaneçam persistentes por longo período de tempo.*

Objetos

Java é uma linguagem orientada a objetos e é fundamental e muito importante que você entenda o que são objetos e como eles funcionam. Quase tudo com o que você trabalhar em Java será um objeto. Os primitivos são uma das poucas exceções a essa regra. Você aprenderá, então, o que é armazenado nos objetos e como eles ajudam a manter o código organizado.

> **Fique @tento**
> Você verá mais as classes wrapper dos tipos primitivos quando estiver trabalhando com as classes de Java Collections quando um objeto for necessário.

TABELA 4-1 Tipos de dados primitivos Java

Tipo de dado	Usado para	Tamanho	Intervalo
boolean	true ou false	1 bit	N/A
char	caractere Unicode	16 bits	\u0000 a \uFFFF (0 a 65.535)
byte	inteiro	8 bits	–128 a 127
short	inteiro	16 bits	–32768 a 32767
int	inteiro	32 bits	–2.147.483.648 a 2.147.483.647
long	inteiro	64 bits	-2^{63} a $2^{63}-1$
float	ponto flutuante	32 bits	$1,4e^{-45}$ positivo a $3,4e^{+38}$
double	ponto flutuante	64 bits	$5e^{-324}$ positivo a $1,8e^{+308}$

Entendendo os objetos

Os objetos são um tipo de dado mais avançado que os primitivos. Eles usam primitivos e outros objetos internamente para armazenar seus dados e incluir o código relacionado. Os dados são usados para manter o estado do objeto, enquanto o código é organizado em métodos que executam ações com esses dados. Uma classe bem projetada deve ser definida claramente e tem que poder ser reutilizada facilmente em diferentes aplicativos. Essa é a filosofia básica de uma linguagem orientada a objetos.

Objetos versus classes e o operador new

É importante que você entenda a diferença entre objetos e classes. Quando um desenvolvedor escreve código, ele está criando ou modificando uma classe. Uma classe é o arquivo contendo o código que o desenvolvedor escreveu. É um item tangível. A classe é como um modelo que diz à JVM como criar um objeto em tempo de execução. O operador new solicita à JVM que use o modelo para criar uma nova instância dessa classe, cujo resultado é um objeto. Muitos objetos podem ser construídos a partir de uma única classe. A seguir temos o exemplo de uma classe que cria um objeto usado na representação de um carro.

```java
public class Car {
  int topSpeed;
  boolean running;
  Car(int topSpeed, boolean running){
    this.running = running;
    this.topSpeed = topSpeed;
  }
  public boolean isRunning(){
    return running;
  }
}
```

A classe anterior pode ser usada para representar um objeto do tipo Car. Ela pode armazenar um valor boolean que represente se o carro está correndo e um valor int que represente a velocidade máxima. A JVM poderá criar uma ou muitas instâncias a partir da classe Car. Cada instância será seu próprio objeto Car.

No segmento de código a seguir, dois objetos Car são criados.

```
Car fastCar = new Car(200,true);
Car slowCar = new Car(100,true);
```

Tanto fastCar quanto slowCar são instâncias da classe Car. Para inicializar um objeto, devemos usar o operador new. O operador new informará à JVM que ela precisa criar um objeto do tipo Car com os argumentos fornecidos ao construtor. Esse operador sempre retornará uma instância nova e independente da classe.

Inicializando objetos

Anteriormente neste capítulo, você aprendeu que cada primitivo tem um tamanho finito predeterminado. Ao contrário do que ocorre com um primitivo, o tamanho de um objeto não é definido claramente. Seu tamanho depende de todos os primitivos e objetos que ele armazena. Já que os objetos armazenam outros objetos, o tamanho destes deve ser considerado. Quando um objeto é inicializado, a JVM cria uma referência na memória que aponta para o local em que ele se encontra. Os objetos também podem mudar de tamanho conforme os outros objetos que eles armazenam aumentam ou diminuem. Um objeto é declarado da mesma maneira que um primitivo, mas não pode ser usado antes de ser inicializado, com o uso do operador new ou sendo configurado como igual a um objeto existente.

No exemplo a seguir, usaremos a classe Car novamente:

```
/* Isso é válido. Você pode usar o método isRunning
porque o objeto foi inicializado. */
Car bigCar;
bigCar = new Car(125,true);
boolean running = bigCar.isRunning();

/* Esse exemplo também é válido. Você pode usar o método isRunning
porque o objeto smallCar foi configurado com o mesmo objeto inicializado
de bigCar. Isso fará com que smallCar e bigCar sejam o mesmo objeto. */
Car smallCar;
smallCar = bigCar;
boolean running = smallCar.isRunning();

/* Esse exemplo não é válido. Você não pode usar um método
em um objeto não inicializado. */
Car oldCar;
boolean running = oldCar.isRunning();
```

Observe que, ao contrário de um primitivo, um objeto deve ser inicializado com o operador new. Antes da inicialização, o objeto é configurado com null por padrão. Se um objeto nulo for usado, ele lançará uma exceção de ponteiro nulo.

Quando usar objetos

Os primitivos são usados para armazenar valores simples. Inteiros ou números de ponto flutuante que estejam dentro dos limites de um tipo de dado primitivo são fáceis de armazenar. Infelizmente, nem todos os aplicativos lidam com valores que cabem exatamente nos limites de um primitivo. Por exemplo, se um valor inteiro for muito grande e puder crescer ainda mais, os primitivos int ou long talvez não sejam apropriados. Em vez disso, o desenvolvedor pode ter que usar uma das classes dos pacotes internos de Java que tratam números grandes. Essas classes são BigInteger e BigDecimal. BigInteger pode armazenar um número inteiro e sua única restrição de tamanho é definida pela memória que o aplicativo pode usar. BigDecimal é semelhante a BigInteger, mas armazena um número de ponto flutuante.

Os objetos podem e devem ser criados para armazenar dados que sejam similares. Lembre-se de que faz parte de um bom design orientado a objetos agrupar códigos e dados semelhantes em uma classe distinta. Os objetos devem ser usados para armazenar dados relacionados complexos.

Objetos nulos

Antes de um objeto ter um valor atribuído ou ser inicializado, ele recebe o valor null. Uma NullPointerException é uma exceção de tempo de execução que é lançada quando um objeto nulo é usado. Esse é um erro de tempo de execução muito comum e pode fazer um aplicativo ser encerrado. Pode ser muito frustrante e demorado rastreá-lo. A melhor maneira de evitar isso é ser cuidadoso, inicializar os objetos, e usar uma instrução de condição para verificar objetos que possam ter sido configurados como null em algum local do código.

A seguir temos um exemplo de como verificar se um objeto é null:

```
Truck truck = null; // Inicializa com null
  if(truck != null){
    truck.startEngine();
  }
```

Aqui, um objeto Truck é declarado e chamado de truck. A variável truck é então verificada para determinarmos se ela é nula. Se não for nula, dará continuidade dentro da instrução if e executará o método startEngine. Nesse caso, truck nunca será inicializada, logo, não atenderá a condição da instrução if. O fluxo de execução saltará o corpo da instrução if e o método startEngine nunca será chamado. Isso impede que uma NullPointerException seja lançada.

É boa prática verificar se variáveis desconhecidas são nulas antes delas serem usadas. Mesmo se seu aplicativo estiver em estado de erro, verificar a variável permitirá que uma mensagem de log melhor seja gravada antes do aplicativo ser encerrado.

EXERCÍCIO 4-1

Compile e execute um objeto

Este exercício o fará conhecer melhor os objetos. Você usará a classe Car e adicionará mais funcionalidade a ela.

1. Copie a classe Car em um arquivo de texto e salve-o como Car.java.

2. Crie um novo arquivo de texto e chame-o de Main.java. Essa será sua classe principal. Copie o código a seguir nesse arquivo:

   ```
   public class Main {
     public static void main(String[] args) {
       // Seu código entra aqui
     }
   }
   ```

3. Use o código a seguir para criar um objeto Car:

   ```
   Car yourCar = new Car(230,true);
   ```

4. Use o código a seguir para exibir para o usuário se o carro está ou não correndo:

   ```
   System.out.println(yourCar.isRunning());
   ```

5. Volte à classe Car e adicione um método para obter a velocidade máxima do carro.

6. Adicione uma linha a seu arquivo Main.java para exibir a velocidade máxima do carro.

Arrays

Um array é uma série de variáveis do mesmo tipo que podem ser acessadas por intermédio de um índice. Os arrays são úteis quando todas as variáveis de um conjunto de dados são usadas de maneira semelhante. Eles podem ser compostos por tipos de dados primitivos ou objetos. Mesmo se um array for composto por tipos de dados primitivos, o operador new deve ser usado.

A seguir temos o exemplo de um array composto pelo tipo de dado int:

```
int[] testScore = new int[3];
```

Nesse exemplo, declaramos uma variável chamada testScore para ser um array de inteiros. Isso é feito com a inclusão de colchetes após o tipo de dado: int[] é o resultado. Os símbolos [] após o tipo de dado significam que trata-se de um array. Os colchetes devem vir após o tipo de dado, mas também é válido virem após o nome da variável. As convenções de codificação padrão de Java sugerem que eles só devem ser usados com o tipo de dado. Seja o novo array composto por primitivos ou objetos, ele deve ser inicializado com `new` e então com o tipo de dado. O número dentro dos colchetes indica o tamanho do array. No exemplo, o array tem três itens. Todos os itens são do tipo `int`. Os elementos individuais do array podem ser acessados ou modificados; eles também podem ser atribuídos a um outro `int`. O índice de um array é baseado em zero. Ou seja, o primeiro elemento tem índice zero.

O próximo exemplo demonstra como um array pode ser usado.

```
int[] testScore = new int[3];
testScore[0] = 98;
testScore[1] = 100;
testScore[2] = 72;
int shannonsTestScore = testScore[1];
```

Os arrays são úteis em laços. É muito comum o acesso a um array em um laço com uma variável como índice. Essa variável seria incrementada a cada passagem pelo laço até o fim do array ser alcançado. O desenvolvedor deve tomar cuidado para não usar um índice que esteja fora dos limites. Um índice fora dos limites fará a JVM lançar uma exceção em tempo de execução. Uma vez que o tamanho de um array é definido, ele não pode ser alterado. Isso torna os arrays menos úteis para situações em que o conjunto de dados possa crescer. A Figura 4-1 mostra uma declaração de array básica.

Os arrays também podem ser multidimensionais. Um array multidimensional tem mais de um índice. Os arrays e suas aplicações serão discutidos com mais detalhes no Capítulo 6.

Enumerações

As enumerações são um tipo de dado especial em Java que permite que uma variável seja configurada com constantes predefinidas. A variável deve ser igual a um dos valores que foram predefinidos para ela. Uma enumeração é útil quando há um conjunto limitado de opções que uma variável pode usar e ela está restrita a esses valores conhecidos. Por exemplo, um baralho de cartas sempre terá quatro naipes: paus, ouros, copas e espadas. Se um desenvolvedor quisesse representar uma carta, uma enumeração poderia ser usada para representar o naipe:

```
enum Suit { CLUBS, DIAMONDS, HEARTS, SPADES }
```

Esse é um exemplo de uma enumeração que seria usada para armazenar o naipe de uma carta. Ela foi definida com a palavra-chave `enum`. A palavra-chave `enum` é usada da mesma maneira que a palavra-chave `class`. Ela pode ser definida em seu próprio arquivo Java ou embutida em uma classe.

O próximo exemplo demonstra o uso de uma enumeração. A variável `card` é declarada como um naipe (`Suit`). `Suit` foi definido anteriormente como uma enumeração.

```
int[] intArray = new int[4]
```

| int[0] | int[1] | int[2] | int[3] |

FIGURA 4-1 Declaração de array.

Agora a variável `cardSuite` pode ser usada para armazenar um dos quatro valores de naipes predefinidos.

```
Suit cardSuit;
cardSuit = Suit.CLUBS;
if(cardSuit == Suit.CLUBS){
  System.out.println("The suit of this card is clubs.");
}
```

Benefícios do uso de enumerações

Um objeto pode ser criado para funcionar da mesma forma que uma enumeração. Na verdade, as enumerações não foram incluídas na linguagem Java até a versão 5.0. No entanto, elas tornam o código mais legível e estão menos propensas a erros de programação.

A linguagem Java é fortemente tipificada

Java é uma linguagem de programação *fortemente tipificada**. Ela requer que o desenvolvedor declare o tipo de dado de cada variável usada. Uma vez que uma variável é declarada como de um tipo, todos os dados armazenados nela devem ser compatíveis com esse tipo. Considere os tipos de dados primitivos que examinamos anteriormente no capítulo. Por exemplo, quando uma variável é declarada como int, só dados int podem ser armazenados nela. No entanto, os dados podem ser convertidos, por coerção, de um tipo para outro, como discutido nas próximas seções.

Variáveis fortemente tipificadas

As variáveis fortemente tipificadas ajudam a criar código mais confiável. Quase sempre, o compilador Java não permite que o desenvolvedor armazene tipos de dados incompatíveis. Só variáveis com o mesmo tipo de dado são compatíveis umas com as outras. Por exemplo, um float não pode ser armazenado em outro tipo de dado que não seja um float. O mesmo ocorre para todos os primitivos e objetos. A JVM executa algumas conversões automáticas para o desenvolvedor. É importante que você entenda que os tipos não são compatíveis e que o código só funcionará devido à conversão que está ocorrendo.

Um exemplo de conversão seria passar de int para float. A JVM permitirá que um int seja atribuído a um float porque ela pode converter um no outro sem perder a precisão. No entanto, o oposto não pode ocorrer. Um float não pode ser convertido em um int sem perda de precisão.

Convertendo variáveis para tipos diferentes

Java permite que uma variável seja convertida para um tipo diferente. A coerção (ou *casting*) informa ao compilador que uma variável de um tipo deve ser usada como um tipo diferente. Para fazer a coerção de uma variável, insira o novo tipo de dado em parênteses na frente dos dados ou da variável. Os dados só podem ser convertidos para tipos

---

*Nota de RT.: Do original *strongly typed*. A expressão "fortemente tipada" também é frequentemente usada.

com os quais sejam compatíveis. Se sua coerção não for válida, o programa lançará uma exceção em tempo de execução.

Um objeto pode ser convertido para qualquer objeto pai ou filho se tiver sido inicializado como esse objeto filho. Esse é um conceito avançado das linguagens orientadas a objetos e será discutido com mais detalhes em capítulos posteriores. Os primitivos também podem ser convertidos para outros primitivos ou objetos compatíveis. Por exemplo, um `float` pode ser convertido em um `int`. Nesse cenário, a coerção truncaria o `float` para torná-lo um número inteiro. A seguir temos alguns exemplos de coerção de variáveis e dados.

```
float floatNum = 1.5f;
int wasFloat = (int) floatNum;
```

A variável `wasFloat` acabaria sendo igual a `1` já que a parte decimal `0,5` seria truncada para tornar o dado compatível.

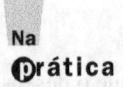

> **Na prática**
> *Os desenvolvedores devem usar a coerção de variáveis de maneira moderada. Há situações em que as variáveis devem ser convertidas e algumas técnicas avançadas de programação até mesmo dependem disso. No entanto, a coerção de variáveis adiciona uma complexidade desnecessária ao código. Só converta dados quando tiver uma boa razão para fazê-lo.*

Convenções de nomenclatura

Usar as convenções de nomenclatura corretas na criação de um aplicativo Java é uma etapa crucial para o desenvolvimento de código de fácil leitura e manutenção. Java não tem muitas restrições com relação a como as classes e objetos podem ser nomeados. Porém, quase todos os desenvolvedores Java experientes usam a convenção de nomenclatura sugerida pela Oracle. Para conhecer todas as convenções, consulte a especificação *Code Conventions for the Java Programming Language* da Oracle. Esta seção abordará as convenções comuns que serão vistas no exame OCA.

Quando você estiver criando uma classe, deve nomeá-la com um substantivo. A primeira letra tem que ser maiúscula assim como também o tem que ser a primeira letra de cada palavra interna após a primeira. Os nomes devem ser curtos, mas mesmo assim descritivos. Vejamos alguns exemplos de bons nomes de classes que seguem a convenção de nomenclatura:

```
class SportsCar {...}
class BaseballPlayer {...}
class Channel {...}
```

As variáveis também devem ter nomes curtos porém significativos. Contudo, não há problema em usar nomes de uma única letra para variáveis temporárias. O nome de uma variável deve dar ao observador externo uma ideia de para que ela é usada. Ele deve começar com letra minúscula, mas cada palavra interna sequencial deve começar com maiúscula. A seguir temos exemplos de alguns nomes de variáveis que seguem a convenção.

```
int milesPerGallon;
float price;
int i;
Car raceCar;
```

Fique atento

O exame OCA perguntará que variável é um tipo de dado primitivo e qual é um objeto. Se você não tiver um conhecimento sólido sobre os dois, pode achar as respostas confusas. Lembre-se de que o exame sempre seguirá as convenções de nomenclatura Java apropriadas e começará os tipos de dados de objeto com letra maiúscula e os tipos de dados primitivos com minúscula. Por exemplo, um `float` é um tipo de dado primitivo e um `Float` é um objeto.

OBJETIVO DA CERTIFICAÇÃO

Usar primitivos, enumerações e objetos

Objetivo do exame: Saber diferenciar variáveis de referência a objetos e variáveis primitivas.

Esta seção é baseada nos conceitos básicos discutidos nas seções anteriores. O exame OCA não solicitará que você escreva um código a partir do zero. No entanto, seus criadores decidiram apresentar cenários em que o candidato terá que determinar o código mais apropriado em uma lista de segmentos. O exame também apresentará segmentos de código e fará perguntas sobre seus elementos. Nesta seção veremos especificamente literais e exemplos práticos de primitivos, enumerações e objetos.

Literais

Literal é um termo usado para um valor embutido (*hard-coded*) dentro do código. Um literal é qualquer valor que não seja uma variável. O exemplo a seguir demonstra o uso de literais:

```
int daysInMay = 31;
int daysInJune;
daysInJune = 30;
char y = 'Y';
```

Como usados aqui, 31, 30 e 'Y' são exemplos de literais. Os formatos de valor literal válidos para todos os primitivos exceto o tipo `boolean` são os de caractere, decimal, hexadecimal, octal e Unicode. Os valores literais dos `booleans` têm que ser `true` ou `false`.

Na prática

A partir de Java 7, é possível inserir sublinhados em literais numéricos. Isso permite que o desenvolvedor crie código mais legível. Os sublinhados são ignorados em tempo de compilação e só são usados para facilitar a leitura do código. Eles podem ser inseridos em números inteiros e de ponto flutuante. Não podem ser inseridos antes do primeiro ou depois do último número, ou próximos a uma vírgula decimal. Também não podem ser inseridos antes dos sufixos `f` e `l` de um `float` ou `long`. A seguir temos alguns exemplos do uso de sublinhados:

```
long creditCardNumber = 5555_5555_5555_5555L;
int largeNumber = 1_000_000;
float pi = 3.14_159_265f;
```

Exemplos de primitivos, enumerações e objetos

Esta seção fornecerá alguns exemplos de todos os tópicos abordados no capítulo até agora. Cada exemplo será acompanhado por uma explicação. Esses exemplos simularão os tipos de cenários que podem ser encontrados no exame OCA.

Os primitivos em ação

Os primitivos são os tipos de dados mais básicos de Java. Como mencionado, eles só podem ser alvo de leitura ou atribuição. O exemplo de programa a seguir usa todos os primitivos que cairão no exame OCA. Ele calcula a média de corridas limpas (ERA, earned run average) de um arremessador de beisebol.

```java
public class EraCalculator{
  public static void main(String[] args) {
    int earnedRuns = 3;
    int inningsPitched = 6;
    int inningsInAGame = 9;
    float leagueAverageEra = 4.25f;
    float era = ((float)earnedRuns / (float)inningsPitched) *
      inningsInAGame;
    boolean betterThanAverage;
    if (era < leagueAverageEra) {
      betterThanAverage = true;
    } else {
      betterThanAverage = false;
    }
    char yesNo = betterThanAverage ? 'Y' : 'N';
    System.out.println("Earned Runs\t\t" + earnedRuns);
    System.out.println("Innings Pitched\t\t" + inningsPitched);
    System.out.println("ERA\t\t\t" + era);
    System.out.println("League Average ERA\t"+leagueAverageEra);
    System.out.println("Is player better than league average "+
      yesNo);
  }
}
```

Observe que na linha em que a variável ERA é calculada, as duas variáveis int, earnedRuns e inningsPitched, são convertidas para float. A conversão para um float é necessária para que a divisão seja efetuada com variáveis de tipo float e não com seu tipo original que é int. As variáveis earnedRuns, inningsPitched, inningsInAGame e leagueAverageEra são definidas por literais. O programa anterior mostra como os primitivos são usados. Quando o código for executado, ele produzirá a seguinte saída:

```
Earned Runs                            3
Innings Pitched                        6
ERA                                    4.5
League Average ERA                     4.25
Is player better than league average   N
```

Primitivos e suas classes wrapper

O segmento de código a seguir mostra quatro variáveis sendo declaradas. Das quatro, duas são primitivas e duas são objetos. Os objetos são instâncias de classes wrapper dos primitivos. No exame, preste muita atenção em como as variáveis são declaradas. Deve haver um segmento de código sobre o qual a questão perguntará quantas das variáveis são primitivas.

```
Integer numberOfCats;
Float averageWeightOfCats;
int numberOfDogs;
float averageWeightOfDogs;
```

No exemplo anterior, `int` e `float` são primitivos e `Integer` e `Float` são objetos. Observe que o F maiúsculo de `Float` indica um objeto.

Enumerações

As enumerações são usadas para variáveis que só podem ter o valor de algumas constantes predefinidas. O exemplo a seguir demonstra uma classe pequena. Essa classe tem uma enumeração definida que contém três tipos de calçados diferentes. O método `createRunningShoes()` é usado para configurar a variável shoe com o tipo enumerado de um calçado para corrida:

```
public class EnumExample {
  enum TypeOfShoe { RUNNING, BASKETBALL, CROSS_TRAINING }
  TypeOfShoe shoe;
  void createRunningShoes(){
    shoe = TypeOfShoe.RUNNING;
  }
}
```

Objetos

O exame OCA não solicitará que você desenvolva seus próprios objetos, mas é importante saber qual é o conteúdo de um objeto e conseguir reconhecê-lo no código. Também é importante que você saiba como usar os métodos que um objeto contém. No próximo exemplo, uma classe é definida. Trata-se da classe `Thermostat`. Como seu nome sugere, ela seria usada para representar o termostato de um aquecedor ou sistema de calefação.

Essa é uma classe muito básica, porque só tem dois métodos e uma única variável de instância. Uma classe mais útil teria um número muito maior de ambos.

```
class Thermostat {
  int temperatureTrigger;
  int getTemperatureTrigger() {
    return temperatureTrigger;
  }
  public void setTemperatureTrigger(int temperatureTrigger) {
    this.temperatureTrigger = temperatureTrigger;
  }
}
```

A classe Thermostat anterior armazena na variável chamada temperatureTrigger a temperatura que fará o sistema ser ligado. Os dois métodos são usados no acesso e na definição do valor. Eles são chamados de *getters* e *setters* e serão discutidos no Capítulo 7.

Os segmentos de código a seguir usarão a classe Thermostat para criar um objeto.

```
Thermostat houseThermostat = new Thermostat ();
houseThermostat.setTemperatureTrigger(68);
System.out.println(houseThermostat.getTemperatureTrigger());
```

Esse segmento de código declara uma nova variável como um objeto Thermostat. O objeto é então inicializado com a palavra-chave new. A linha seguinte usa o método setTemperatureTrigger para modificar o estado do objeto. A última linha usa o método getTemperatureTrigger para ler esse valor e exibi-lo para o usuário. No exame OCA, será importante que você conheça essa sintaxe e saiba como os métodos são usados.

EXERCÍCIO 4-2

Criando getters e setters

Criar vários métodos getter e setter manualmente é uma tarefa que pode ser demorada. Felizmente, a maioria dos IDEs modernos tem uma maneira automatizada de criar métodos getter e setter. O uso desse recurso automatizado produz os métodos com apenas alguns cliques do mouse. Acompanhe este exercício para ter uma ideia de como funciona no IDE Eclipse.

1. Crie algumas variáveis de instância.

2. Se estiver usando Eclipse, faça o seguinte:
   a. Realce a variável de instância para a qual deseja produzir getters e setters e clique com o botão direito do mouse.
   b. Um menu pop-up será exibido. Selecione Source seguido de Generate Getters and Setters....
   c. Outra caixa de diálogo será exibida com opções adicionais que não são necessárias nesse exemplo. Clique no botão OK para gerar os métodos.

3. Se estiver usando NetBeans, o procedimento é:
   a. No editor de texto do NetBeans, realce a variável de instância e clique com o botão direito do mouse.
   b. Na caixa suspensa, selecione Refactor | Encapsulate Fields....
   c. Uma caixa pop-up exibirá a variável de instância realçada já selecionada. Clique no botão Refactor para adicionar o getter e o setter com as configurações padrão.

Consulte o Capítulo 7 para obter mais informações sobre os métodos getter e setter.

Resumo para a certificação

Nesse capítulo, alguns dos conceitos mais fundamentais de Java foram discutidos referentes às classes e variáveis básicas. Ainda que o exame OCA só inclua dois objetivos que abordam esses conceitos, muitos conceitos e objetivos avançados se baseiam no conteúdo deste capítulo. Seu entendimento do capítulo resultará em uma melhor compreensão dos capítulos seguintes.

Os primitivos Java foram examinados primeiro. Os primitivos são os componentes básicos de um programa Java. Os oito tipos de dados de variáveis primitivas que aparecerão no exame OCA são int, double, boolean, char, byte, short, long e float. É importante que você se lembre desses primitivos e do tipo de dado que eles podem armazenar.

Em seguida, os objetos foram discutidos. Os objetos são um conceito muito importante que você precisa entender para fazer o exame OCA. Eles são um tipo de dado avançado que podemos criar de forma personalizada ou procurar nos muitos pacotes incluídos com a Máquina Virtual Java. Os objetos são as peças que interagem para compor um aplicativo. Java é uma linguagem orientada a objetos, ou seja, quase todos os aspectos do programa são representados como objetos, e a interação entre eles é o que dá ao aplicativo sua funcionalidade.

Então discutimos os arrays. Os arrays são úteis para mantermos juntos dados semelhantes. Eles usam um índice baseado em zero para o acesso aos seus elementos individuais. Os arrays podem conter objetos ou primitivos e devem ser inicializados.

As enumerações foram o último grupo de tipos de dados discutido. Elas são objetos especiais usados para representar um valor a partir de um conjunto de valores predefinidos. Embora objetos comuns possam ser usados para produzir os mesmos resultados, as enumerações fornecem uma maneira de limitar o conjunto de dados sem a implementação de muito código personalizado.

Vimos então os detalhes que explicam por que Java é uma linguagem fortemente tipificada. Em geral, a linguagem Java só permite que as variáveis mudem de tipo de dado pela sua coerção explícita para um novo tipo. Se uma variável for convertida para um tipo de dado com a qual ela não seja compatível, uma exceção será gerada.

O último conceito da linguagem Java abordado foram as convenções de nomenclatura. Mesmo havendo poucas limitações para como as variáveis e classes podem ser nomeadas, é boa prática de codificação seguir as convenções usadas por quase todos os desenvolvedores Java. Não seguir as convenções é uma maneira fácil de testar a paciência de outros colegas desenvolvedores.

O capítulo terminou com um grupo de exemplos e explicações. É importante que você os tenha entendido. O exame OCA não lhe pedirá para escrever longas seções de código, mas você terá que entender os segmentos e determinar qual será a saída ou se erros estão presentes.

✓ Revisão Rápida

Compreender primitivos, enumerações e objetos

- Os primitivos são os tipos de dados básicos em Java.
- `int` é um tipo de dado primitivo que é usado para armazenar valores inteiros. É o valor padrão para números inteiros.
- `double` é um tipo de dado primitivo para valores grandes de ponto flutuante. É o valor padrão para números de ponto flutuante.
- `boolean` é um tipo de dado primitivo que é usado para armazenar o valor `true` ou `false`.
- `char` é um tipo de dado primitivo que é usado para armazenar um único caractere Unicode.
- `byte` é um primitivo usado para armazenar números pequenos de 1 byte (8 bits) ou menores.
- `short` é um primitivo usado para armazenar números inteiros de até 16 bits.
- `long` é um primitivo usado para armazenar números inteiros grandes de até 64 bits.
- `float` é um tipo de dado primitivo para armazenar valores de ponto flutuante.
- Todos os tipos de dados primitivos começam com uma letra minúscula, enquanto as classes começam com letra maiúscula.
- Cada tipo de dado primitivo tem uma classe wrapper correspondente: `Integer`, `Double`, `Boolean`, `Character`, `Byte`, `Short`, `Long` e `Float`. Observe as letras maiúsculas.
- Os objetos são tipos de dados mais avançados. Eles podem ser definidos por um desenvolvedor ou encontrados em um pacote Java interno.

Usar Primitivos, enumerações e objetos

- Os objetos devem ser inicializados com o uso da palavra-chave `new`.
- Os arrays nos permitem armazenar múltiplas variáveis que poderão ser acessadas por intermédio de um índice.
- As enumerações permitem que um desenvolvedor crie um conjunto predefinido de constantes. Dessa forma, uma variável só poderá ser configurada com um dos valores predefinidos.
- Java é uma linguagem fortemente tipificada. As variáveis devem ser declaradas como sendo de um tipo, e qualquer valor que for armazenado terá que ser compatível com esse tipo.
- É possível converter uma variável para um tipo de dado diferente. Se tipos incompatíveis forem convertidos, uma exceção será lançada.
- Um literal é um valor que é embutido (*hard-coded*) no código como o próprio valor.

- As convenções de nomenclatura de Java definem que uma classe deve ser nomeada com a primeira letra sendo maiúscula e o mesmo ocorrendo com as primeiras letras de cada palavra sequencial do nome.
- As convenções de nomenclatura de Java definem que uma variável deve ser nomeada com a primeira letra sendo minúscula e as outras palavras da sequência do nome devem começar com letra maiúscula.

TESTE

Compreender primitivos, enumerações e objetos

1. Você precisa criar um aplicativo para calcular o comparecimento a um jogo de beisebol. Que tipo de dado seria mais apropriado para armazenar o valor relativo ao comparecimento?

    A. `boolean`
    B. `char`
    C. `float`
    D. `int`

2. Qual o melhor tipo de dado para a execução de muitos cálculos de adição, subtração e multiplicação com um número inteiro?

    A. `double`
    B. `Double`
    C. `int`
    D. `Integer`

3. Você está criando uma classe que armazenará o status de um interruptor liga/desliga. Que tipo de dado é mais apropriado para armazenar esse valor?

    A. `boolean`
    B. `char`
    C. `short`
    D. `int`

4. Você definiu que tipo de dado será usado para uma variável que armazenará as informações do interruptor liga/desliga. Agora precisa determinar um nome para ela. Qual desses nomes segue as convenções de nomenclatura Java?

    A. `LIGHTSWITCHENABLED`
    B. `LightSwitchEnabled`
    C. `lightSwitchEnabled`
    D. `x`

5. Qual é o melhor tipo de dado para o armazenamento de um código de status que pode ter um dos valores a seguir: sucesso, falha, sucesso com erros ou indeterminado?

    A. `Objeto`
    B. `Classe`
    C. `boolean`
    D. `enum`
    E. `int`

6. Um sistema tem três sensores conectados a ele. Você precisa de uma maneira de representá-lo em seu programa. Qual seria o melhor tipo de dado para modelar esse sistema e os sensores?

   A. Object
   B. boolean
   C. enum
   D. int

7. A palavra-chave new é usada para inicializar qual dos tipos de dados a seguir? Selecione todos que forem aplicáveis.

   A. Object
   B. boolean
   C. Boolean
   D. Float
   E. float
   F. float[]

8. Na linha de código a seguir, o que (int) representa?

   number = (int)sensorReading;

   A. O arredondamento da variável sensorReading para o int mais próximo.
   B. A coerção (*casting*) da variável sensorReading para o tipo de dado int.
   C. Nada, está presente como comentário.

9. Dada a linha de código a seguir, qual das linhas de código listadas depois estão incorretas? Selecione todas que forem aplicáveis.

   char c;

   A. c = new char();
   B. c = 'Y';
   C. c = '\u0056';
   D. c = "Yes";

10. Ao lidar com valores financeiros, que tipo de dado deve ser usado?

    A. float
    B. double
    C. BigDecimal
    D. BigNumber

11. Complete a frase. A classe Integer _____.

    A. é igual a um primitivo int
    B. é a classe wrapper dos primitivos de todos os números inteiros
    C. é a classe wrapper apenas de primitivos int
    D. Nenhuma dessas afirmações é válida.

12. Quais dessas afirmações estão corretas? Selecione todas que forem aplicáveis.

   A. 3.0 é um literal válido para um `int`.

   B. 3.0 é um literal válido para um `float`.

   C. 3 é um literal válido para um `int`.

   D. 3 é um literal válido para um `float`.

   E. 3f é um literal válido para um `int`.

   F. 3f é um literal válido para um `float`.

13. Que valores literais podem ser usados com o primitivo `boolean`?

   A. true e false

   B. true, false e null

   C. true, false, TRUE e FALSE

   D. TRUE e FALSE

Usar primitivos, enumerações e objetos

14. Quais das variáveis a seguir estão sendo configuradas como o uso de um literal? Selecione todas que forem aplicáveis.

   A. `int tvChannel = 4;`

   B. `char c = '5';`

   C. `char d = '\u0123';`

   D. `char e = c;`

   E. `int oldChannel = tvChannel;`

15. Dada a linha de código a seguir, quais das linhas posteriores são válidas? Selecione todas que forem aplicáveis.

   `enum Sports { FOOTBALL, BASKETBALL, BASEBALL, TRACK }`

   A. `Sports sport = FOOTBALL;`

   B. `Sports sport = Sports.FOOTBALL;`

   C. `Sports sport = Sports.HOCKEY;`

   D. `Sports sport = 'TRACK'`

16. O que há de errado com o método a seguir:

```
public double interestDue(double currentBalance, float interestRate){
double interestDue = currentBalance * interestRate;
return interestDue;
}
```

   A. Ele só deve usar primitivos `float`.

   B. Ele só deve usar objetos `Float`.

   C. Ele só deve usar primitivos `double`.

   D. Ele só deve usar objetos `Double`.

E. Ele deve usar objetos `DigDecimal`.

F. Não há nada de errado com esse método.

G. Ele não será compilado porque você não pode executar operações matemáticas com primitivos que não sejam do mesmo tipo.

17. Qual é a maneira correta de criar um array com cinco tipos de dados `int`? Selecione todas que forem aplicáveis.

A. `int intArray = new int[5];`

B. `int intArray = new int(5);`

C. `int[] intArray = new int[5];`

D. `int intArray[] = new int[5];`

18. Qual é a maneira correta de inicializar como um novo objeto `Book` uma variável que foi declarada com o tipo de dado `Book`?

A. `Book b;`

B. `Book b = new Book();`

C. `Book b = new Book[];`

D. `Book b = Book();`

19. Qual é a diferença entre um `int` e um `Integer`?

A. Nenhuma. Ambos são totalmente intercambiáveis.

B. Um `int` é um objeto e `Integer` é um primitivo. Um `int` é mais veloz na execução de cálculos.

C. Um `int` é um primitivo e `Integer` é um objeto. Um `int` é mais veloz na execução de cálculos.

D. Essa é uma pergunta para confundir. Não existe o que está sendo chamado de `Integer`.

E. Essa é uma pergunta para confundir. Um `Integer` pode ser definido para ser qualquer coisa que um desenvolvedor quiser que ele seja.

20. Qual é o resultado do uso de um método de um objeto não inicializado?

A. Nulo é retornado.

B. O objeto é inicializado automaticamente e um valor apropriado é retornado.

C. Uma `NullPointerException` é lançada pela máquina virtual Java.

21. O que há de errado com o segmento de código a seguir? Selecione todas as opções que forem aplicáveis.

```
1:      float a = 1.2f;
2:      int b = 5;
3:      short c = 9;
4:      long d = 6;
5:      double e = b;
6:      Double f = e;
7:      Short g;
8:      Float h = g.floatValue();
```

A. Não há nada errado.
B. Há um erro na linha 1.
C. Há um erro na linha 2.
D. Há um erro na linha 3.
E. Há um erro na linha 4.
F. Há um erro na linha 5.
G. Há um erro na linha 6.
H. Há um erro na linha 7.
I. Há um erro na linha 8.

22. Qual é o valor da variável x no segmento de código a seguir?

```
float x =0.0f;
int y = 5;
long z;
x = y + 3.3f;
x = x + z;
```

A. 0
B. 0,0f
C. 5,0f
D. 8,3f
E. 8,3
F. Esse código não será compilado:

23. Que declaração de inteiro usa um literal octal válido?

A. `int value1 = 0000;`
B. `int value2 = '\u0777';`
C. `int value3 = '\01111';`
D. `int value4 = '\x0123';`

24. Dado o código:

```
int b1 = 0b_0101_0101_0101_0101;
int b2 = 0b_1010_1010_1010_1010;
int b3 = b1 & b2;
System.out.println("Value:" + b3);
```

Qual será o resultado?

A. `Value: 0` será exibido.
B. `Value: 65535` será exibido.
C. `0b_1111_1111_1111_1111` será exibido.
D. Ocorrerá um erro de compilação.

25. Que exemplo de código faz uso de arrays sem produzir um erro do compilador ou de tempo de execução?

A.
```
public class Actor {
    String[] characterName = new String[3];
    {
     characterName[0] = "Captain Video";
     characterName[1] = "Quizmaster";
     characterName[2] = "J.C. Money";
     characterName[3] = "Jersey Joe";
    }
}
```

B.
```
public class Actor {
    String[] characterName = new String[1..4]
    {
      characterName[0] = "Captain Video";
      characterName[1] = "Quizmaster";
      characterName[2] = "J.C. Money";
      characterName[3] = "Jersey Joe";
    }
}
```

C.
```
public class Actor {
    String characterName = new String[4];
    {
      characterName[0] = "Captain Video";
      characterName[1] = "Quizmaster";
      characterName[2] = "J.C. Money";
      characterName[3] = "Jersey Joe";
    }
}
```

D.
```
public class Actor {
    String [] characterName = new String[4];
    {
      characterName[0] = "Captain Video";
      characterName[1] = "Quizmaster";
      characterName[2] = "J.C. Money";
      characterName[3] = "Jersey Joe";
    }
}
```

✓ Respostas do Teste

Compreender primitivos, enumerações e objetos

1. Você precisa criar um aplicativo para calcular o comparecimento a um jogo de beisebol. Que tipo de dado seria mais apropriado para armazenar o valor relativo ao comparecimento?

   A. boolean
   B. char
   C. float
   D. int

> Resposta:
>
> ◉ D. O valor relativo ao comparecimento a um jogo de beisebol será um número inteiro pertencente ao intervalo de um int.
>
> ○ A, B e C estão incorretas. A está incorreta porque variáveis boolean são usadas para armazenar literais com o valor true ou false. B está incorreta porque o tipo de dado char é usado para armazenar um único caractere Unicode. C está incorreta porque float é usado para armazenar números de ponto flutuante.

2. Qual o melhor tipo de dado para a execução de muitos cálculos de adição, subtração e multiplicação com um número inteiro?

   A. double
   B. Double
   C. int
   D. Integer

> Resposta:
>
> ◉ C. Um int é usado para armazenar números inteiros e é um primitivo. Variáveis primitivas executam cálculos com mais rapidez do que os executados com sua classe wrapper.
>
> ○ A, B e D estão incorretas. A está incorreta porque um double é usado para números de ponto flutuante. B está incorreta porque Double é a classe wrapper de um primitivo usada para números de ponto flutuante. D está incorreta porque o tipo de dado Integer é a classe wrapper de um int. Sabemos que não é um primitivo porque a primeira letra é maiúscula como em todos os nomes de classes. Executar cálculos com um Integer seria muito mais lento do que fazê-lo com o primitivo int.

3. Você está criando uma classe que armazenará o status de um interruptor liga/desliga. Que tipo de dado é mais apropriado para armazenar esse valor?

   A. boolean
   B. char
   C. short
   D. int

Resposta:

◉ **A.** Um primitivo boolean é usado para armazenar o valor true ou false, que pode ser aplicado a um interruptor.

○ **B, C** e **D** estão incorretas. São todos primitivos usados para diferentes tipos de dados.

4. Você definiu que tipo de dado será usado para uma variável que armazenará as informações do interruptor liga/desliga. Agora precisa determinar um nome para ela. Qual desses nomes segue as convenções de nomenclatura Java?

   A. LIGHTSWITCHENABLED
   B. LightSwitchEnabled
   C. lightSwitchEnabled
   D. x

Resposta:

◉ **C.** Uma variável deve começar com letra minúscula e cada palavra da sequência deve começar com maiúscula. O nome também deve descrever para que a variável é usada.

○ **A, B** e **D** estão incorretas. **A** está incorreta porque todas as letras maiúsculas não é uma convenção de nomenclatura correta para uma variável. **B** está incorreta porque começa com letra maiúscula. **D** está incorreta porque não é descritiva.

5. Qual é o melhor tipo de dado para o armazenamento de um código de status que pode ter um dos valores a seguir: sucesso, falha, sucesso com erros ou indeterminado?

   A. Objeto
   B. Classe
   C. boolean
   D. enum
   E. int

Resposta:

◉ **D.** Um enum, ou enumeração, é usado para armazenar dados que podem assumir um entre vários tipos de dados predefinidos.

○ **A, B, C e E** estão incorretas. **A** está incorreta porque objetos são usados para armazenar estruturas complexas de dados. **B** está incorreta porque as classes são usadas para criar objetos. **C e E** estão incorretas porque ambas são primitivos e inadequadas para essa aplicação específica.

6. Um sistema tem três sensores conectados a ele. Você precisa de uma maneira de representá-lo em seu programa. Qual seria o melhor tipo de dado para modelar esse sistema e os sensores?

    A. Object

    B. boolean

    C. enum

    D. int

Resposta:

◉ **A.** Um tipo de dado Object é aquele que o desenvolvedor pode definir para representar o sistema e seu estado no código do aplicativo.

○ **B, C e D** estão incorretas. Todas elas são tipos primitivos e não podem ser definidas para conter estruturas de dados complexas.

7. A palavra-chave new é usada para inicializar qual dos tipos de dados a seguir? Selecione todos que forem aplicáveis.

    A. Object

    B. boolean

    C. Boolean

    D. Float

    E. float

    F. float[]

Resposta:

◉ **A, C, D e F** estão corretas. New é usada para inicializar qualquer variável que não seja um primitivo.

○ **B e E** estão incorretas. Tanto boolean quanto float são tipos de dados primitivos.

8. Na linha de código a seguir, o que (int) representa?

```
number = (int)sensorReading;
```

A. O arredondamento da variável sensorReading para o int mais próximo.

B. A coerção (*casting*) da variável sensorReading para o tipo de dado int.

C. Nada, está presente como comentário.

> Resposta:
> ⦿ **B** está correto, pois está convertendo a variável sensorReading para um int.
> ○ **A** e **C** estão incorretas. **A** está incorreta porque a coerção para um int não arredondará o valor. Em vez disso, resultará em perda de precisão. **C** está incorreta porque essa sintaxe não é usada como comentário.

9. Dada a linha de código a seguir, qual das linhas de código listadas depois estão incorretas? Selecione todas que forem aplicáveis.

```
char c;
```

A. `c = new char();`
B. `c = 'Y';`
C. `c = '\u0056';`
D. `c = "Yes";`

> Resposta:
> ⦿ **A** e **D**. **A** é uma resposta correta porque a palavra-chave new não pode ser usada com o primitivo char. **D** é uma resposta correta porque char não pode armazenar uma string.
> ○ **B** e **C** estão incorretas. Ambas são linhas de código válidas.

10. Ao lidar com valores financeiros, que tipo de dado deve ser usado?

A. `float`
B. `double`
C. `BigDecimal`
D. `BigNumber`

Resposta:

◉ **C.** A classe `BigDecimal` pode tratar números de ponto flutuante grandes sem perda de precisão.

○ **A, B e D** estão incorretas. **A** e **B** estão incorretas porque sua precisão é limitada por seu tamanho e exigiria o uso de matemática de ponto flutuante. **D** está incorreta porque a classe `BigNumber` está restrita aos números inteiros.

11. Complete a frase. A classe `Integer` _____.

   A. é igual a um primitivo `int`

   B. é a classe wrapper dos primitivos de todos os números inteiros

   C. é a classe wrapper apenas de primitivos `int`

   D. Nenhuma dessas afirmações é válida.

Resposta:

◉ **C.** A classe `Integer` é usada como classe wrapper só para primitivos `int`.

○ **A, B e D** estão incorretas. **A** está incorreta porque um `int` e as classes `Integer` não são iguais. `Integer` é um objeto e `int` é um primitivo. No entanto, podem parecer iguais já que o autoboxing e o auto unboxing permitem que sejam usadas de maneira intercambiável. **B** está incorreta porque a classe `Integer` é a classe wrapper do primitivo `int`.

12. Quais dessas afirmações estão corretas? Selecione todas que forem aplicáveis.

   A. `3.0` é um literal válido para um `int`.

   B. `3.0` é um literal válido para um `float`.

   C. `3` é um literal válido para um `int`.

   D. `3` é um literal válido para um `float`.

   E. `3f` é um literal válido para um `int`.

   F. `3f` é um literal válido para um `float`.

Resposta:

◉ **C, D e F. C** está correta porque um `int` é usado para armazenar um número inteiro. **D** está correta porque o compilador converterá automaticamente `3` para um número de ponto flutuante. **F** também está correta porque quando um `f` é acrescido a um número, isso indica que o número é de ponto flutuante, mesmo se não tiver uma parte decimal.

○ **A, B e E** estão incorretas. **A** está incorreta porque um `int` não pode armazenar um número decimal. **B** está incorreta porque `3.0f` seria um literal válido para um float, mas `3.0` não pois o compilador trata `3.0` como um double. **E** está incorreta porque um `int` não pode ter um `f` acrescido a ele.

13. Que valores literais podem ser usados com o primitivo `boolean`?

A. `true` e `false`

B. `true`, `false` e `null`

C. `true`, `false`, `TRUE` e `FALSE`

D. `TRUE` e `FALSE`

Resposta:

◉ **A.** Os valores literais válidos para o primitivo `boolean` são `true` e `false`.

○ **B, C e D** estão incorretas. `TRUE`, `FALSE` e `null` não são literais válidos para o primitivo `boolean`. O valor `null` é um literal válido para a classe wrapper `Boolean`.

Use primitivos, enumerações e objetos

14. Quais das variáveis a seguir estão sendo configuradas como o uso de um literal? Selecione todas que forem aplicáveis.

A. `int tvChannel = 4;`

B. `char c = '5';`

C. `char d = '\u0123';`

D. `char e = c;`

E. `int oldChannel = tvChannel;`

Resposta:

◉ **A, B e C.** Um literal é um valor que não é uma variável. **A** tem o literal `4`. **B** tem o literal `'5'`. **C** tem o literal `'\u0123'`.

○ **D e E** estão incorretas. **D** está incorreta porque a variável `c` está sendo usada para definir esse `char`. **E** está incorreta porque `tvChannel` é uma variável.

15. Dada a linha de código a seguir, quais das linhas posteriores são válidas? Selecione todas que forem aplicáveis.

`enum Sports { FOOTBALL, BASKETBALL, BASEBALL, TRACK }`

A. `Sports sport = FOOTBALL;`

B. `Sports sport = Sports.FOOTBALL;`

C. `Sports sport = Sports.HOCKEY;`

D. `Sports sport = 'TRACK'`

Resposta:

◉ **B.** Essa é a única linha que usa um esporte que está na enumeração e que emprega a sintaxe correta.

○ **A, C** e **D** estão incorretas. **A** está incorreta porque usa a sintaxe errada. **C** está incorreta porque `HOCKEY` não está sendo definido como um tipo de esporte. **D** está incorreta porque a sintaxe está errada.

16. O que há de errado com o método a seguir:

    ```
    public double interestDue(double currentBalance, float interestRate){
    double interestDue = currentBalance * interestRate;
    return interestDue;
    }
    ```

    A. Ele só deve usar primitivos `float`.
    B. Ele só deve usar objetos `Float`.
    C. Ele só deve usar primitivos `double`.
    D. Ele só deve usar objetos `Double`.
    E. Ele deve usar objetos `DigDecimal`.
    F. Não há nada de errado com esse método.
    G. Ele não será compilado porque você não pode executar operações matemáticas com primitivos que não sejam do mesmo tipo.

Resposta:

◉ **E.** Primitivos não devem ser usados no trabalho com moedas de qualquer valor que não possa perder precisão. Em vez disso, objetos como `BigDecimal` devem ser usados.

○ **A, B, C, D, F** e **G** estão incorretas. **A, B, C** e **D** estão incorretas porque podem perder precisão e causar erros de arredondamento inesperados. **F** está incorreta porque o método produzirá erros de arredondamento em alguns casos. **G** está incorreta porque esse código será compilado.

17. Qual é a maneira correta de criar um array com cinco tipos de dados `int`? Selecione todas que forem aplicáveis.

    A. `int intArray = new int[5];`
    B. `int intArray = new int(5);`
    C. `int[] intArray = new int[5];`
    D. `int intArray[] = new int[5];`

> Resposta:
>
> ◉ C e D. C é a melhor maneira de declarar um array. D está correta, mas não segue as convenções padrão.
>
> ○ A e B são maneiras incorretas de declarar um array.

18. Qual é a maneira correta de inicializar como um novo objeto Book uma variável que foi declarada com o tipo de dado Book?

　A. `Book b;`

　B. `Book b = new Book();`

　C. `Book b = new Book[];`

　D. `Book b = Book();`

> Resposta:
>
> ◉ B. A maneira correta de declarar um objeto é usando new e o nome do objeto seguido por parênteses. Os parênteses são usados para a passagem de argumentos para o construtor se necessário.
>
> ○ A, C e D estão incorretas. A está incorreta porque não inicializa um novo objeto Book. C está incorreta porque são usados erroneamente colchetes em vez de parênteses. D está incorreta porque está faltando a palavra-chave new.

19. Qual é a diferença entre um int e um Integer?

　A. Nenhuma. Ambos são totalmente intercambiáveis.

　B. Um int é um objeto e Integer é um primitivo. Um int é mais veloz na execução de cálculos.

　C. Um int é um primitivo e Integer é um objeto. Um int é mais veloz na execução de cálculos.

　D. Essa é uma pergunta para confundir. Não existe o que está sendo chamado de Integer.

　E. Essa é uma pergunta para confundir. Um Integer pode ser definido para ser qualquer coisa que um desenvolvedor quiser que ele seja.

Resposta:

● **C.** Um int é um primitivo e os primitivos são mais velozes na execução de cálculos. Um Integer é um objeto. A letra *I* maiúscula deve ajudá-lo a distinguir objetos de primitivos.

○ **A, B, D e E** estão incorretas. **A** está incorreta porque um int e um Integer são claramente diferentes. O autoboxing e o unboxing executam conversões automáticas entre os dois, mas isso não os torna iguais. **B** está incorreta porque um int é o primitivo e Integer é um objeto. **D e E** estão incorretas porque essa não é uma pergunta para confundir.

20. Qual é o resultado do uso de um método de um objeto não inicializado?

  A. Nulo é retornado.

  B. O objeto é inicializado automaticamente e um valor apropriado é retornado.

  C. Uma NullPointerException é lançada pela máquina virtual Java.

Resposta:

● **C.** Uma NullPointerException é lançada pela máquina virtual Java.

○ **A e B** estão incorretas. **A** está incorreta porque um método não pode ser chamado em um objeto não inicializado. No entanto, um objeto não inicializado tem valor null e pode ser verificado antes do método ser chamado. **B** está incorreta porque um objeto não pode ser inicializado automaticamente, já que pode precisar de parâmetros especiais para seu construtor ou outra inicialização personalizada.

21. O que há de errado com o segmento de código a seguir? Selecione todas as opções que forem aplicáveis.

```
1:      float a = 1.2f;
2:      int b = 5;
3:      short c = 9;
4:      long d = 6;
5:      double e = b;
6:      Double f = e;
7:      Short g;
8:      Float h = g.floatValue();
```

  A. Não há nada errado.

  B. Há um erro na linha 1.

  C. Há um erro na linha 2.

  D. Há um erro na linha 3.

  E. Há um erro na linha 4.

  F. Há um erro na linha 5.

G. Há um erro na linha 6.
H. Há um erro na linha 7.
I. Há um erro na linha 8.

Resposta:

◉ I. Na linha 8, o objeto g não é inicializado. Logo, quando um método é chamado, ele causa um erro em tempo de compilação.

○ A, B, C, D, E, F, G e H estão incorretas. Todas elas são linhas de código válidas.

22. Qual é o valor da variável x no segmento de código a seguir?

```
float x =0.0f;
int y = 5;
long z;
x = y + 3.3f;
x = x + z;
```

A. 0
B. 0,0f
C. 5,0f
D. 8,3f
E. 8,3
F. Esse código não será compilado.

Resposta:

◉ F. O primitivo z não recebe um valor. Logo, esse código não será compilado:

○ A, B, C, D e E estão incorretas. D estaria correta se z fosse inicializado com 0.

23. Que declaração de inteiro usa um literal octal válido?

A. `int value1 = 0000;`
B. `int value2 = '\u0777';`
C. `int value3 = '\01111';`
D. `int value4 = '\x0123';`

Resposta:

◉ A. Os literais octais devem começar com um 0.

○ B, C e D estão incorretas. B está incorreta porque os literais octais não começam com \u. C está incorreta porque os literais octais não começam com \0. D está incorreta porque os literais octais não começam com \x.

24. Dado o código:

```
int b1 = 0b_0101_0101_0101_0101;
int b2 = 0b_1010_1010_1010_1010;
int b3 = b1 & b2;
System.out.println("Value:" + b3);
```

Qual será o resultado?

A. `Value: 0` será exibido.

B. `Value: 65535` será exibido.

C. `0b_1111_1111_1111_1111` será exibido.

D. Ocorrerá um erro de compilação.

Resposta:

● **D.** Ocorrerá um erro de compilação porque um sublinhado não pode ser usado após o b no literal. Os outros sublinhados são permitidos.

○ **A, B** e **C** estão incorretas. **A** está incorreta porque ocorrerá um erro de compilação. Se os sublinhados após os b's fossem removidos do literal, essa seria a resposta correta. **B** está incorreta porque ocorrerá um erro de compilação. Se os sublinhados após os b's fossem removidos do literal, essa seria uma resposta incorreta. Observe que com os sublinhados removidos, o resultado seria 65535 se o operador OR exclusivo (|) fosse usado no lugar de &. **C** está incorreta porque uma representação na forma de um valor inteiro seria esperada como saída se os literais binários fossem usados apropriadamente.

25. Que exemplo de código faz uso de arrays sem produzir um erro do compilador ou de tempo de execução?

```
A. public class Actor {
       String[] characterName = new String[3];
   {
       characterName[0] = "Captain Video";
       characterName[1] = "Quizmaster";
       characterName[2] = "J.C. Money";
       characterName[3] = "Jersey Joe";
   }
 }
```

B.
```
public class Actor {
    String[] characterName = new String[1..4]
    {
      characterName[0] = "Captain Video";
      characterName[1] = "Quizmaster";
      characterName[2] = "J.C. Money";
      characterName[3] = "Jersey Joe";
    }
}
```

C.
```
public class Actor {
    String characterName = new String[4];
    {
      characterName[0] = "Captain Video";
      characterName[1] = "Quizmaster";
      characterName[2] = "J.C. Money";
      characterName[3] = "Jersey Joe";
    }
}
```

D.
```
public class Actor {
    String [] characterName = new String[4];
    {
      characterName[0] = "Captain Video";
      characterName[1] = "Quizmaster";
      characterName[2] = "J.C. Money";
      characterName[3] = "Jersey Joe";
    }
}
```

Resposta:

◉ **D.** A declaração e as atribuições de elementos do array foram usadas apropriadamente e serão compiladas sem erro.

○ **A, B** e **C** estão incorretas. **A** será compilada, porém uma exceção `ArrayIndexOutOfBoundsException` será lançada em tempo de execução. Isso ocorre porque o índice `characterName[3]` do array está fora dos limites. **B** não será compilada porque só um inteiro é esperado nos colchetes. **C** não será compilada porque estão faltando os colchetes necessários para a criação do array.

Capítulo 5

Métodos e escopo de variáveis

OBJETIVOS DA CERTIFICAÇÃO

- Criar e usar métodos
- Passar objetos por referência e por valor
- Compreender o escopo de variáveis
- Criar e usar construtores
- Usar as palavras-chave this e super
- Criar métodos estáticos e variáveis de instância
- Revisão rápida
- Teste

Este capítulo examinará alguns detalhes dos métodos e do escopo de variáveis. Você já deve ter se deparado com um método; o capítulo examinará as nuances da criação de métodos e construtores. O efeito produzido por uma variável e um método estáticos será verificado e demonstrado com exemplos de código. As palavras-chave this e super e seus efeitos sobre o fluxo de execução também serão abordados.

OBJETIVO DA CERTIFICAÇÃO

Criar e usar métodos

Objetivo do exame: Criar métodos com argumentos e valores de retorno, inclusive métodos sobrecarregados

Esta seção examinará a construção e o uso de métodos. Os métodos operam com os dados que estão encapsulados dentro de um objeto. Eles são a espinha dorsal do aplicativo. A maneira como os objetos interagem com os métodos define a funcionalidade do software. Algumas das perguntas do exame OCA exigem o conhecimento de como os métodos funcionam. Elas apresentam segmentos de código que usam muitos métodos diferentes. Você precisa entender o fluxo do código e determinar se ele é válido. Nesta seção será demonstrado como criar e usar métodos:

- Usando a sintaxe para métodos
- Criando e chamando um método
- Sobrecarregando um método

Usando a sintaxe para métodos

Todos os métodos devem ser definidos dentro de uma classe. Os métodos são compostos por cinco partes: o modificador de acesso, o tipo de retorno, o identificador do método, a lista de parâmetros e o corpo. Algumas dessas partes podem estar vazias. As linhas a seguir mostram as partes de um método e alguns exemplos válidos:

```
//Partes de um método
<Modificador de Acesso> <Tipo de Retorno> <Identificador do Método> (<Lista de Parâmetros>) {<Corpo>}
//Exemplos válidos
public int getAttendance(){/*Corpo do Método*/}
private double average(double firstNum, double secondNum){/*Corpo do Método*/}
void saveToDisk(){/*Corpo do Método*/}
```

Repare que embora o primeiro exemplo não inclua parâmetros, ele é válido. Um método sem lista de parâmetros significa que ele não precisa de entradas externas para executar sua ação. O último exemplo não tem modificador de acesso. Nesse caso, o método está usando o modificador de acesso padrão; esse método também é válido.

Modificador de acesso

A linguagem Java permite que os métodos utilizem modificadores de acesso para informar ao compilador e à máquina virtual Java (JVM) quais outros objetos podem acessar esse código. Java tem quatro modificadores de acesso. Eles são, a partir do mais restritivo, private, o modificador padrão (*package-private*), protected e public.

O uso dos modificadores de acesso private, protected e public é indicado pela sua inserção no começo da declaração do método. Se um modificador de acesso não for declarado, o método usará o modificador padrão. Aqui está um exemplo de todos os quatro sendo usados:

```
private int getScore(){/*Corpo do Método*/}
/*Nenhum modificador de acesso é declarado, logo, esse método usará o
modificador padrão (package-private)*/
int getScore(){/*Corpo do Método*/}
protected int getScore(){/*Corpo do Método*/}
public int getScore(){/*Corpo do Método*/}
```

Os modificadores de acesso, e o que eles fazem, serão discutidos com mais detalhes no Capítulo 7. Por enquanto, é importante que você saiba que todo método tem um modificador de acesso, mesmo se for o modificador padrão. Para simplificar, no resto deste capítulo todos os métodos usarão o modificador de acesso menos restritivo public.

Tipo de retorno

Os métodos podem retornar dados para o código que os chamou. Um método pode retornar uma única variável ou nenhuma. A variável retornada pode ser um objeto ou um primitivo. Todo método deve declarar um tipo de retorno ou usar a palavra-chave void para indicar que nada será retornado para o chamador a partir desse método. Uma vez que um método declarar que retornará um valor, uma instrução return deve ser incluída em seu corpo para retornar os dados para o código chamador. Uma instrução return deve incluir a palavra-chave return seguida por uma variável ou um literal com o tipo de retorno declarado. Quando a instrução return é executada, o método termina. Nenhum código é executado após a instrução return.

O exemplo a seguir mostra alguns métodos; observe o tipo de retorno na declaração do método:

```
public boolean isActive(){return true;}
public int getCurrentTotal(){return 5;}
public void processPendingData(){/*Corpo do Método*/}
public ArrayList getAllAccounts(){return new ArrayList();}
```

No exemplo, vemos um boolean, um int e um ArrayList sendo retornados pelos diferentes métodos. A palavra-chave void indica que o método não retorna dados. Nesse exemplo simples, o literal true, um int 5 e um novo ArrayList são retornados.

Identificador do método

O identificador do método, às vezes chamado de nome do método, é o texto usado para referenciar o método posteriormente no código. O identificador deve ser descritivo quanto ao que o método faz. O Capítulo 7 fornece detalhes sobre as convenções de nomenclatura padrão de Java.

O próximo exemplo demonstra um método com o identificador sampleMethod:

```
public void sampleMethod(){/*Corpo do Método*/}
```

Lista de parâmetros

A lista de parâmetros de um método vem após seu identificador. Ela é incluída em parênteses e é uma lista delimitada por vírgulas. Um método pode não ter parâmetros, caso em que os parênteses ficam vazios. É possível incluir até 255 parâmetros, embora não seja recomendável usar esse limite excessivo, já que a passagem de mais do que alguns parâmetros com frequência é sinal de um design inapropriado.

Os parâmetros podem ser objetos, tipos enumerados, ou primitivos. Na criação da lista de parâmetros, o tipo é inserido na frente do nome da variável. Isso continua para cada parâmetro com o uso da separação por vírgulas. A seguir temos alguns exemplos de declarações de métodos com listas de parâmetros de vários tamanhos:

```
public double areaOf3dRectangle(double height,
    double width, double length) {/*Corpo do método*/}
public double areaOfCube(double sideLength){/*Corpo do método*/}
public void drawCube(){/*Corpo do método*/}
```

O primeiro exemplo tem três parâmetros: (double height, double width, double length). O exemplo seguinte tem apenas um parâmetro, (double sideLength), e o último não tem parâmetros.

Corpo do método

O corpo é a parte principal do método e contém todo o código que compõe sua funcionalidade. Ele pode conter uma única linha de código ou várias centenas de linhas. Se o método declarar um tipo de retorno, ele precisará de uma instrução return que retorne um literal ou uma variável que seja desse tipo. Quando o tipo de retorno é void, não é necessária uma instrução return; entretanto, o método pode ser usado sem uma variável ou um literal para encerrá-lo.

A seguir temos dois exemplos de um método simples com um corpo completo:

```
public int sum(int num1, int num2){
    int sum = num1 + num2;
    return sum;
}

public void printString(String stringToPrint){
    System.out.println(stringToPrint);
}
```

O primeiro exemplo demonstra o uso da instrução return para retornar um valor. O segundo não retorna dados, o que é indicado pela palavra-chave void.

> **Na** **prática**
> *Quando estiver criando métodos, torne-os objetivos e concisos. Se seu método incluir mais do que algumas centenas de linhas de código, considere dividi-lo em mais de um método.*

Criando e chamando um método

Uma classe é composta por variáveis e métodos. As variáveis de instância compõem o estado do objeto e os métodos são responsáveis por todas as ações. Quando uma classe é criada, o autor precisa decidir qual é sua finalidade e implementar essa funcionalidade na forma de métodos. Lembraremos das regras de sintaxe discutidas anteriormente neste capítulo ao examinar alguns cenários.

A classe desse exemplo será usada para executar cálculos matemáticos simples. O primeiro método que criaremos determinará o valor mais baixo de dois primitivos int. O modificador de acesso public será incluído já que não queremos restrições para como esse método será usado. O método deve retornar para o chamador o valor int que for menor. Logo, ele deve ter um tipo de retorno int. Seu nome será findLowerValue. Ele aceitará dois parâmetros; ambos são primitivos int e serão chamados de number1 e number2. O corpo do método usará instruções condicionais para determinar que variável tem o menor valor. Aqui está o método:

```
public class MathTools {
   public int findLowerValue(int number1, int number2){
      int result;
      if(number1 < number2)
         result = number1;
      else
         result = number2;
      return result;
   }
}
```

Os parâmetros desse exemplo são comparados e o int de menor valor é armazenado na variável result. A variável é então retornada.

Os métodos ficam contidos em objetos. Um método deve ser chamado a partir de uma instância do objeto do qual faz parte. O método findLowerValue do código anterior faz parte da classe MathTools. Para usá-lo, você deve criar uma instância de MathTools. A sintaxe que chama um método tem o nome do objeto seguido por um ponto (.) e o identificador do método com sua lista de parâmetros. O segmento de código a seguir chama o método findLowerValue:

```
MathTools mTools = new MathTools();
int x = 8;
int y = 13;
int lowestInt = mTools.findLowerValue(x,y);
System.out.println("Result1 : " + lowestInt);
System.out.println("Result2 : " + mTools.findLowerValue(x,y));
```

Primeiro, esse exemplo cria um objeto MathTools e o chama de mTools. Dois primitivos int são então criados. Em seguida, o método findLowerValue é chamado. As variáveis x e y são passadas para esse método. É bom ressaltar que os nomes de variáveis na lista de parâmetros não precisam ser iguais aos nomes que aparecem na definição do método; entretanto, elas devem ser de um tipo compatível. O método findLowerValue retorna o parâmetro que tiver o menor valor. Esse valor é armazenado na variável lowestInt. Depois, os resultados são exibidos na saída padrão. Os resultados são exibidos duas vezes para realçar o fato de que uma chamada de método com um valor de retorno também pode ser usada no lugar de uma variável do mesmo tipo. A saída é a seguinte:

```
Result1: 8
Result2: 8
```

Se um método não tiver parâmetros, a lista será deixada vazia. Métodos que não retornam dados, como os de tipo de retorno void, não podem ser usados para definir uma variável como fizemos no exemplo anterior. No entanto, os dados de métodos que retornam uma variável não precisam ser usados. Nesse caso, o chamador só estaria interessado na ação que o método executa.

Na prática
O IDE NetBeans dá suporte à refatoração permitindo ações automatizadas como renomear métodos seguramente, mover métodos para superclasses ou subclasses, introduzir um novo método a partir de um bloco de código existente – em que o bloco de código existente é substituído por uma chamada ao método – e gerar métodos acessores (getters) e modificadores (setters). Para obter mais informações sobre o uso dos recursos de refatoração do IDE NetBeans, consulte NetBeans IDE Programmer Certified Expert Exam Guide (Exam 310-045), de Robert Liguori e Ryan Cuprak (McGraw-Hill Professional, 2010).

Sobrecarregando um método

Quando vários métodos compartilham o mesmo identificador, mas têm listas de parâmetros diferentes, diz-se que eles foram sobrecarregados. A lista de parâmetros pode ser composta por uma quantidade maior ou menor de parâmetros do que a dos outros métodos, ou por tipos diferentes. Esse seria um recurso útil se um método tivesse, por exemplo, cinco parâmetros e quase sempre três deles usassem como padrão um valor específico. Nesse caso, podemos fornecer um método com todos os cinco parâmetros, e fornecer mais um método por conveniência que tenha apenas dois parâmetros, com os outros três sendo configurados com seus padrões. Além disso, os métodos sobrecarregados não precisam ter o mesmo tipo de retorno.

A sobrecarga de métodos também pode ser útil quando um método puder produzir um resultado semelhante usando tipos de dados diferentes como seus parâmetros. No exemplo anterior do método findLowerValue, dois primitivos int foram comparados para acharmos o de menor valor. Esse método pode ser sobrecarregado para fazer o mesmo com primitivos double. Aqui está um exemplo do método sobrecarregado.

```java
public double findLowerValue(double number1, double number2){
    double result;
```

```
        if(number1 < number2)
           result = number1;
        else
           result = number2;
     return result;
  }
```

Esse método pode ser adicionado à classe `MathTools`. Agora `findLowerValue` foi sobrecarregado para operar com primitivos `int` e `double`. O compilador determinará que método será chamado ao examinar a lista de parâmetros. Se dois primitivos `double` forem usados, ele executará o código do segundo método; dois primitivos `int` continuariam usando o método original.

> **Fique @tento**
>
> Preste bastante atenção nos métodos sobrecarregados ao fazer o exame. É fácil nos enganarmos sobre o método que está sendo usado.

O próximo exemplo é uma classe chamada `LogManager` que pode ser usada para executar um gerenciamento básico de logs. Ela tem dois métodos para a exibição de informações de log na saída padrão. Aqui está a classe:

```
public class LogManager {
   public void logInfo(String message, int errorNumber){
      System.out.println("Error: " + errorNumber + " | " + message);
   }
   public void logInfo(String message){
      logInfo(message, -1);
   }
}
```

O primeiro método dessa classe tem dois parâmetros: o primeiro é uma `String` e é a mensagem a ser exibida, e o segundo é um número de erro correspondente. Esse método exibirá uma linha na saída padrão. O segundo método tem somente uma `String` como parâmetro. O método `logInfo` está sobrecarregado já que há mais de um método com o mesmo identificador. O segundo método `logInfo` será usado quando o número de erro específico da mensagem não for incluído. Nesses casos, o número de erro usará como padrão -1. Em vez de implementar quase todo o mesmo código do primeiro método, o segundo método simplesmente chamará o primeiro e passará seu valor padrão.

O segmento de código a seguir usa esse caso:

```
LogManager logManager = new LogManager();
logManager.logInfo("First log message", -299);
logManager.logInfo("Second log message");
```

Essa é a saída:

```
Error: -299 | First log message
Error: -1 | Second log message
```

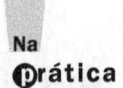

> **Na prática**
> Um bom hábito de design é assegurar que todos os métodos sobrecarregados se comportem de maneira semelhante. Seu código ficará confuso se dois métodos com o mesmo identificador, mas com parâmetros diferentes, tiverem resultados muito distintos.

OBJETIVO DA CERTIFICAÇÃO

Passar objetos por referência e por valor

Objetivo do exame: Determinar o efeito produzido em referências a objetos e valores primitivos quando eles são passados para métodos que alteram os valores

Esta seção examinará a maneira como Java passa dados entre métodos. Uma variável será passada por valor se for um primitivo e por referência se for um objeto. As diferenças entre esses dois conceitos são sutis, mas podem ter um grande efeito sobre o design do aplicativo. Os seguintes tópicos serão abordados:

- Passando primitivos por valor para métodos
- Passando objetos por referência para métodos

Passando primitivos por valor para métodos

Quando um primitivo é usado como argumento, uma cópia do valor é feita e fornecida para o método. Se o método configurar o parâmetro com um valor diferente, ele não terá efeito sobre a variável que foi passada. A seguir temos um exemplo de um método que soma 2 ao primitivo `int` que é passado para ele:

```
void addTwo(int value) {
  System.out.println("Parameter: value = " + value);
  value = value + 2;
  System.out.println("Leaving method: value = " + value);
}
```

Já que os primitivos são passados por valor, uma cópia do valor da variável é passada para o método. Ainda que o método modifique o parâmetro, já que ele é apenas uma cópia do argumento original usado para chamar o método, o argumento original permanecerá inalterado se considerarmos o ponto de vista do código chamador. Vejamos um segmento de código que poderia ser usado para chamar esse método:

```
int value = 1;
System.out.println("Argument: value = " + value);
```

```
addTwo(value);
System.out.println("After method call: value = " + value);
```

Se esse segmento de código fosse executado, ele produziria os resultados a seguir. Leia a saída e examine o código.

```
Argument: value = 1
Parameter: value = 1
Leaving method: value = 3
After method call: value = 1
```

Passando objetos por referência para métodos

Uma *referência* é basicamente um índice interno que representa o objeto. Os objetos são passados por referência para um método. Ou seja, em vez de uma cópia do objeto ser criada e passada, uma referência ao objeto original é que é passada para o método.

Fique @tento

Esta seção pode iniciar uma conversa muito técnica, o que não faz parte do escopo deste livro. O exame OCA não se aprofundará nos detalhes de como um objeto é passado internamente. Resumindo, no exame OCA, o importante é que você saiba que qualquer objeto é passado por referência.

O exemplo a seguir é semelhante ao que demonstrou como os primitivos eram passados por valor. Dessa vez, em vez de passar um `int`, ele passará um objeto `Number` personalizado. Essa é a classe `Number`:

```
public class Number {
  int number;
  public Number(int number) {
    this.number = number;
  }
  int getNumber() {
    return this.number;
  }
  void setNumber(int number) {
    this.number = number;
  }
}
```

Aqui está o método que será chamado. Nesse caso, ele somará 3 ao valor passado:

```
void addThree(Number value) {
  System.out.println("Parameter: value = " + value.getNumber());
```

```
value.setNumber(value.getNumber() + 3);
System.out.println("Leaving method: value = " + value.getNumber());
}
```

Para concluir, esse é o segmento de código usado para chamar o método:

```
Number value = new Number(1);
System.out.println("Argument: value = " + value.getNumber());
addThree(value);
System.out.println("After method call: value = " + value.getNumber());
```

Esse exemplo é quase idêntico ao anterior. A única diferença é que agora um objeto é passado por referência e o método soma 3 em vez de 2. Se esse segmento de código fosse executado, a saída seria a mostrada a seguir. Observe que, dessa vez, quando o método retorna para o código chamador, o objeto foi modificado.

```
Argument: value = 1
Parameter: value = 1
Leaving method: value = 4
After method call: value = 4
```

Fique @tento

O exame OCA incluirá questões sobre a diferença entre a passagem de variáveis por referência e por valor. A questão não lhe pedirá diretamente para identificar a diferença. Ela apresentará um código e pedirá a saída. No grupo de respostas, você verá uma que estará correta se assumir que os argumentos são passados por valor, e outra que será a correta se os argumentos forem passados por referência. É fácil errar esse tipo de questão quando não entendemos plenamente o conceito de passagem de variáveis por referência e por valor.

OBJETIVO DA CERTIFICAÇÃO

Compreender o escopo de variáveis

Objetivo do exame: Definir o escopo de variáveis

Objetivo do exame: Explicar o ciclo de vida de um objeto (criação, "desreferência por reatribuição" e coleta de lixo)

Esta seção examinará a maneira como as variáveis são organizadas no código. Como era de se esperar, qualquer aplicativo não trivial terá inúmeras variáveis. Se as variáveis pudessem ser acessadas de qualquer local do código, seria difícil encontrar nomes exclusivos contendo um significado. Esse cenário também promoveria práticas de codificação inadequadas e um programador poderia tentar acessar uma variável que estivesse em uma parte totalmente diferente do programa. Para resolver esses problemas, Java trabalha com escopo de variáveis. O *escopo* é a seção de código que tem acesso a uma variável declarada. Ele pode ser de apenas algumas linhas ou pode incluir a classe inteira.

Nesta seção, abordaremos os seguintes tópicos:
- Variáveis locais
- Parâmetros do método
- Variáveis de instância

Variáveis locais

As variáveis locais são declaradas dentro de métodos. Como o nome sugere, essas variáveis são usadas localmente no código. Normalmente elas são declaradas no início de um método e em laços, mas podem ser declaradas em qualquer local do código. Uma variável local pode ser uma variável temporária que seja usada apenas uma vez, ou pode ser usada em todo o método.

O bloco de código em que uma variável é declarada determina o escopo de uma variável local. Um bloco de código é determinado por chaves: { }. Por exemplo, se a variável for declarada no início de um método após a chave esquerda ({), ela permanecerá no escopo até o método ser fechado com a chave direita (}). Quando uma variável sai do escopo, ela não pode mais ser usada e seu valor é perdido. A qualquer momento a JVM pode realocar a memória ocupada por ela.

Um bloco de código pode ser criado em qualquer local. Um bloco também pode ser aninhado dentro de outro bloco. Uma variável pertence ao escopo do bloco de código em que é declarada e de todos os blocos de código existentes dentro dele. Os blocos mais comuns são as instruções `if` e os laços `for` ou `while`.

O exemplo a seguir demonstra o uso de variáveis locais em blocos de código:

```
void sampleMethod() { // Início do bloco de código A
  int totalCount = 0;
  for (int i = 0; i < 3; i++) { // Início do bloco de código B
    int forCount = 0;
    totalCount++;
    forCount++;
    { // Início do bloco de código C
      int block1Count = 0;
      totalCount++;
      forCount++;
      block1Count++;
    } // Fim do bloco de código C
    { // Início do bloco de código D
      int block2Count = 0;
```

```
            totalCount++;
            forCount++;
            block2Count++;
        } // Fim do bloco de código D
        /* Essas duas variáveis não têm relação com as variáveis de mesmo
           nome mostradas anteriormente */
        int block1Count;
        int block2Count;
    } // Fim do bloco de código B
} // Fim do bloco de código A
```

O bloco de código A é o método. Qualquer variável que seja declarada nesse bloco fará parte do escopo do método inteiro. A variável `totalCount` é declarada no bloco A. Logo, ela pode ser acessada a partir de qualquer local do método do exemplo.

O bloco de código B começa com o laço `for`. A variável `i` é declarada nesse bloco. Ainda que não esteja entre as chaves, porque foi declarada na instrução `for`, ela é considerada parte do bloco de código B. A variável `forCount` também é declarada no bloco B. Já que essas duas variáveis são declaradas no bloco B, só fazem parte do escopo desse bloco e dos blocos contidos nele. Elas não fazem parte do escopo do bloco A e um erro de compilação seria gerado se fossem acessadas nesse bloco.

O bloco de código C está contido dentro do bloco B. Esse bloco começa arbitrariamente. Em Java, é válido iniciar um bloco de código a qualquer momento, embora na prática isso não seja feito com frequência. A variável `block1Count` é declarada nesse bloco. Ela só faz parte do escopo do bloco C. No entanto, qualquer código do bloco C também tem acesso às variáveis que foram declaradas nos blocos A e B.

O bloco C é fechado, e o bloco D é criado no bloco B. O bloco D contém a variável `block2Count`. Essa variável só faz parte do escopo do bloco D. Como o bloco C, o bloco D também pode acessar as variáveis que foram declaradas nos blocos A e B. As variáveis do bloco C não fazem parte do escopo do bloco D e as do bloco D não pertencem ao escopo de C.

No bloco B, logo após o fechamento do bloco D, duas variáveis novas são declaradas: `block1Count` e `block2Count`. Essas variáveis têm os mesmos nomes das variáveis que foram declaradas nos blocos C e D. Já que agora as variáveis dos blocos C e D estão fora de escopo, essas duas variáveis novas não têm relação com as variáveis daquele escopo. Dar às variáveis os mesmos nomes de outras variáveis que estão fora de escopo é válido em Java; entretanto, não é boa prática de codificação porque pode dificultar a manutenção do código.

A Figura 5-1 representa outra maneira de visualizarmos esse exemplo de código. Cada bloco de código representa um escopo. A figura mostra cada variável como foi declarada no exemplo. Uma variável faz parte do escopo a partir do qual ela foi declarada até o fim de seu bloco; blocos de código aninhados foram incluídos. Esses blocos correspondem às chaves do exemplo.

Uma variável local é usada quando dados precisam ser acessados somente em uma parte específica, ou localmente, no código. Por exemplo, uma variável usada como contador deve ser local. É frequente uma variável que será retornada começar como variável local.

```
┌─────────────────────────────┐
│ Bloco de código A           │
│ int totalCount              │
│  ┌─────────────────────────┐│
│  │ Bloco de código B       ││
│  │ int forCount            ││
│  │  ┌───────────────────┐  ││
│  │  │ Bloco de código C │  ││
│  │  │ int block1Count   │  ││
│  │  └───────────────────┘  ││
│  │  ┌───────────────────┐  ││
│  │  │ Bloco de código D │  ││
│  │  │ int block2Count   │  ││
│  │  └───────────────────┘  ││
│  │ int block1Count         ││
│  │ int block2Count         ││
│  └─────────────────────────┘│
└─────────────────────────────┘
```

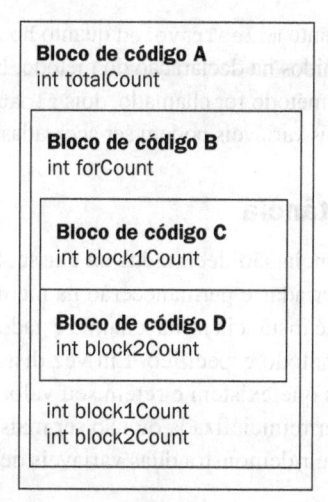

FIGURA 5-1 Blocos de código visualizados.

Fique @tento

O exame fará perguntas relacionadas ao escopo, nas quais você terá que determinar o escopo de diversas variáveis claramente. Para lhe ajudar na determinação do escopo ao trabalhar em um problema, você pode desenhar o código em blocos, como na Figura 5-1. Todas as variáveis dos exemplos são consideradas locais. Entender o escopo das variáveis é importante. É provável que pelo menos algumas perguntas do teste versem sobre o escopo de variáveis.

Na prática — *No desenvolvimento de código-fonte Java, as variáveis devem ser declaradas com o escopo mais limitado possível. Essa prática de codificação ajuda a reduzir erros de programação e melhora a legibilidade do código.*

Parâmetros de método

Os parâmetros de um método são as variáveis que são passadas para o método pelo segmento de código chamador. Elas são passadas como argumentos para o método. Os parâmetros podem ser primitivos ou objetos. Um método pode ter quantos parâmetros o desenvolvedor definir, até o total de 255. Essas variáveis fazem parte do escopo do bloco do método inteiro. Os parâmetros são definidos na declaração do método.

O exemplo a seguir contém dois parâmetros de método:

```java
float findMilesPerHour(float milesTraveled, float hoursTraveled) {
    return milesTraveled / hoursTraveled;
}
```

Nesse exemplo, tanto `milesTraveled` quanto `hoursTraveled` são parâmetros do método. Eles foram definidos na declaração do método. No exemplo, foram declarados como `floats`. Quando esse método for chamado, dois `floats` devem ser passados para ele como argumentos. Essas duas variáveis podem ser acessadas em qualquer local do método.

Variáveis de instância

As variáveis de instância são declaradas na classe. São chamadas de *variáveis de instância* porque serão criadas e permanecerão na memória enquanto a instância da classe existir. As variáveis de instância armazenam o estado do objeto. Elas não fazem parte do escopo de nenhum método específico. Em vez disso, fazem parte do escopo da classe inteira. São variáveis que existem e retêm seu valor do momento em que uma classe é inicializada até ela ser reinicializada ou não ser mais referenciada.

O exemplo a seguir demonstra duas variáveis de instância:

```
public class Television {
  int channel = 0;
  boolean on = false;
  void setChannel(int channelValue) {
    this.channel = channelValue;
  }
  int getChannel() {
    return this.channel;
  }
  void setOn(boolean on) {
    this.on = on;
  }
  boolean isOn() {
    return this.on;
  }
}
```

Nesse exemplo, `channel` é declarada como um `int` e `on` como um `boolean`. As duas são variáveis de instância. Lembre-se de que as variáveis de instância devem ser declaradas na classe e não em um método. Os quatro métodos dessa classe acessam uma das variáveis de instância. O método `setChannel` é usado para configurar a variável de instância `channel` com o valor do `int` que foi passado para ele como argumento. Os métodos `getChannel` e `isOn` retornam os valores que estão armazenados nas duas variáveis de instância, respectivamente. Observe que o método `setOn` tem um parâmetro que possui o mesmo nome de uma das variáveis de instância. Tal código é válido. Em um método que tenha essas condições, se a variável for referenciada, ela será o argumento do método. Para referenciar a variável de instância, use a palavra-chave `this`, que será discutida com detalhes posteriormente neste capítulo.

O segmento de código a seguir demonstra o uso da classe `Television`:

```
Television tv1 = new Television();
Television tv2 = new Television();
```

```
tv1.setChannel(2);
tv2.setChannel(7);
System.out.println("Television channel for tv1: " + tv1.getChannel());
System.out.println("Television channel for tv2: " + tv2.getChannel());
```

As duas primeiras linhas desse exemplo criam duas instâncias independentes da classe `Television`. Quando a instância da classe é criada, cada objeto recebe uma variável de instância que armazenará um canal. As duas linhas seguintes usam o método `setChannel` para configurar o canal de cada instância com 2 e 7, respectivamente.

A Figura 5-2 representa os dois objetos que foram criados e o valor de suas duas variáveis de instância. As duas últimas linhas de código usam o método `getChannel` para recuperar o valor armazenado na variável de instância channel.

Se o código fosse executado, a saída a seguir seria exibida. Lembre-se de que cada objeto tv tem um conjunto exclusivo de variáveis de instância.

```
Television channel for tv1: 2
Television channel for tv2: 7
```

A tabela Cenário e solução aborda os tipos de escopo de variáveis e um possível uso para cada um.

Cenário e solução

Que escopo de variável seria mais adequado para um contador em um laço?	Variável local
Que escopo de variável deve ser usado para armazenar informações sobre o estado de um objeto?	Variável de instância
Que escopo de variável deve ser usado para a passagem de informações para um método?	Parâmetro de método

Ciclo de vida de um objeto

Os objetos são criados e destruídos muitas vezes durante a existência de um aplicativo. Esse ciclo é conhecido como *ciclo de vida* do objeto. Os objetos surgem por intermédio de uma declaração, quando o tipo de dado e o nome da variável são atribuídos. Nesse momento, o código está informando ao compilador que uma variável com um nome e tipo específicos pode ser referenciada em outros locais.

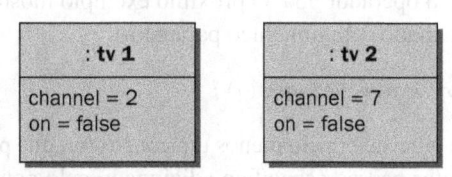

```
: tv 1
channel = 2
on = false
```

```
: tv 2
channel = 7
on = false
```

FIGURA 5-2 Duas instâncias da classe tv.

O objeto deve ser então *instanciado* e *inicializado*. A instanciação de um objeto ocorre quando o operador new é usado. Nesse momento, a JVM aloca espaço para o objeto. Em seguida, o objeto é inicializado com seu *construtor*. O construtor define todos os valores iniciais do objeto e o prepara para ser usado.

Chega a fase em que o objeto entra na parte principal de sua vida. Está pronto para ter seus métodos chamados e esses executarão ações e armazenarão os dados para os quais ele foi projetado para armazenar. Contanto que outros objetos ativos retenham uma referência ao objeto, ele permanecerá nesse estado. É nele que o objeto passará quase todo o seu tempo.

Um objeto continua a existir até nenhum outro objeto conter uma referência a ele. Poderá ser desalocado quando todas as suas variáveis saírem de escopo, forem configuradas para referenciar um objeto diferente, forem configuradas com nulo ou quando ocorrer qualquer combinação dessas condições. Uma vez que não houver outras referências ativas ao objeto, ele será elegível para remoção da memória pelo coletor de lixo do Java. Nesse momento, o objeto não pode mais ser chamado. O coletor de lixo acabará reivindicando a memória usada para o objeto descartado, tornando-a disponível para outros usos.

OBJETIVO DA CERTIFICAÇÃO

Criar e usar construtores

Objetivo do exame: Criar e sobrecarregar construtores, incluindo o impacto sobre os construtores padrão

Um *construtor* é um tipo especial de método em Java que, como seu nome sugere, é usado para construir um objeto. Toda classe em Java tem um construtor. Uma classe pode ter um ou mais construtores definidos pelo usuário ou pode usar o construtor padrão adicionado pelo compilador. Esta seção examinará como criar e usar construtores:

- Criando um construtor
- Sobrecarregando um construtor
- Usando o construtor padrão

Criando um construtor

O construtor é um método especial que é usado para inicializar um objeto. O construtor é chamado após o operador new. O próximo exemplo mostra o construtor do objeto Integer sendo chamado com um único parâmetro:

```
Integer intObj = new Integer(7);
```

Toda classe precisa ter pelo menos um construtor, que pode ser definido pelo usuário ou ser o construtor padrão específico adicionado pelo compilador Java. Ao definir um construtor, o desenvolvedor pode inicializar o objeto da maneira que melhor lhe atender. Isso pode significar inicializar as variáveis de instância com padrões predeterminados e/ou definir recursos como uma conexão de banco de dados.

Um construtor sempre assume o nome da classe, inclusive a primeira letra maiúscula. O construtor pode usar qualquer um dos quatro modificadores de acesso. No entanto, só modificadores de acesso públicos serão incluídos no exame OCA. Outros modificadores tendem a ser usados apenas em padrões de projeto mais avançados e esses padrões não fazem parte do exame. Ao contrário de um método, um construtor não declara valor de retorno, nem mesmo void.

Aqui está um exemplo de um construtor sendo definido em uma classe:

```
public class LoanDetails {
    private int term;
    private double rate;
    private double principal;

    public LoanDetails() {
        term = 180;
        rate = .0265; //Taxa de juros em formato decimal
        principal = 0;
    }

    public void setPrincipal(double p) {
        principal = p;
    }

    public double monthlyPayment(){
        return (rate * principal / 12)
            / (1.0 - Math.pow(((rate / 12) + 1.0), (-term)));
    }
}
```

Essa classe é usada para calcular os detalhes de um empréstimo básico. O construtor se chama LoanDetails. Ele não aceita parâmetros. Observe que ele não tem um tipo de retorno declarado. Quando um objeto LoanDetails é criado, o construtor define os valores das variáveis de instância term, rate e principal com suas configurações padrão. A classe assume que posteriormente o usuário definirá a quantia principal de acordo com o empréstimo em questão – é por isso que o setter setPrincipal da variável de instância principal foi incluído na classe. Ela também inclui um método para o cálculo do

> **Fique @tento**
>
> Lembre-se de que os construtores não têm um tipo de retorno declarado, nem mesmo a palavra-chave void.

pagamento mensal de um empréstimo (não é necessário saber os detalhes desse cálculo, somente que ele está correto e é baseado nas fórmulas padrão da indústria).

O segmento de código a seguir demonstra o uso dessa classe:

```
LoanDetails ld = new LoanDetails();
ld.setPrincipal(150000);
System.out.println("Payment: " + ld.monthlyPayment());
```

Esse segmento produzirá a seguinte saída:

```
Payment: 1010.809999701624
```

Sobrecarregando um construtor

Assim como os métodos podem ser sobrecarregados, o mesmo ocorre com os construtores. Para sobrecarregar um construtor, o programador deve declarar outro construtor com o mesmo nome, mas com uma lista de parâmetros diferente. Isso é útil quando uma classe deseja fornecer um construtor simples para a maioria dos casos e um mais avançado para quando ele for necessário. Continuando com o exemplo anterior, o construtor LoanDetails pode ser sobrecarregado para fornecer parâmetros para a definição do prazo, da taxa e da quantia principal. O próximo exemplo mostra o construtor que pode ser adicionado à classe LoanDetails.

```
public LoanDetails(int t, double r, double p){
    term = t;
    rate = r;
    principal = p;
}
```

Esse novo construtor tem três parâmetros (int t, double r, double p) e permite que o objeto inteiro seja definido e inicializado diretamente a partir dele.

O próximo segmento de código demonstra o uso dos dois construtores:

```
LoanDetails firstLD = new LoanDetails();
firstLD.setPrincipal(150000);
System.out.println("Payment 1 : " + firstLD.monthlyPayment());
LoanDetails secondLD = new LoanDetails(10, .025, 125000);
System.out.println("Payment 2 : " + secondLD.monthlyPayment());
```

Esse código é válido porque o construtor está sobrecarregado. O novo construtor permite que o objeto seja inicializado com o parâmetro passado para ele. É possível sobrecarregar o construtor quantas vezes forem necessárias, contanto que cada construtor tenha um conjunto de parâmetros exclusivo. Os parâmetros são considerados exclusivos quando os tipos de dados não são iguais aos dos outros construtores.

A saída é a seguinte:

```
Payment 1 : 1010.809999701624
Payment 2 : 12643.676288957713
```

Usando o construtor padrão

Toda classe deve ter um construtor. Se nenhum construtor for definido pelo desenvolvedor, o compilador Java adicionará um em tempo de compilação. Ele é chamado de *construtor padrão*. Esse construtor não tem parâmetros. Quando chamado, ele simplesmente chama o construtor da superclasse. Ele sempre tem o mesmo nome da classe. O construtor padrão é acessado em código da mesma forma que um construtor definido pelo usuário é chamado se não tiver parâmetros. Na verdade, o código chamador não sabe se o construtor é definido pelo usuário ou se é o padrão.

Fique @tento

Se um construtor for definido pelo usuário, o compilador não adicionará um construtor padrão. Ou seja, os métodos não têm garantias de que terão um construtor que não use parâmetros.

OBJETIVO DA CERTIFICAÇÃO

Usar as palavras-chave this e super

Objetivo do exame: Usar super e this para acessar objetos e construtores

As palavras-chave this e super são usadas para acessar explicitamente elementos Java relacionados à classe atual. Esta seção examinará como essas palavras-chave funcionam e quando devem ser usadas.

A palavra-chave this

A palavra-chave this é usada para referenciar explicitamente o objeto atual. Ela é mais usada no acesso a variáveis de instância. Se um método ou uma variável local tiver o mesmo nome de uma variável de instância, this pode ser usada para referenciar explicitamente a variável de instância. A seguir temos um exemplo de uma classe com um único método que usa this para definir a variável de instância a partir do parâmetro do método.

```
public class ScoreKeeper {
   private int currentScore;
   public void setCurrentScore(int currentScore) {
      this.currentScore = currentScore;
   }
}
```

Nesse exemplo a classe contém uma variável de instância chamada currentScore. O método setter dessa variável tem um parâmetro de mesmo nome. A palavra-chave this é usada no acesso à variável de instância. Se this não fosse usada, qualquer referência currentScore no método setter apontaria para o parâmetro.

A palavra-chave this também pode ser usada para chamar construtores a partir do método. O próximo exemplo reescreve a classe LoanDetails usando a palavra-chave this:

```java
public class LoanDetails {
    private int term;
    private double rate;
    private double principal;

    public LoanDetails() {
        term = 180;
        rate = 0.0265;
        principal = 0;
    }

    public LoanDetails(int term, double rate, double principal){
        this.term = term;
        this.rate = rate;
        this.principal = principal;
    }

    public void setPrincipal(double principal) {
        this.principal = principal;
    }

    public double monthlyPayment(){
        return (rate * principal / 12)
            / (1.0 - Math.pow(((rate / 12) + 1.0), (-term)));
    }
}
```

Nesse exemplo, os nomes dos parâmetros do construtor e do método setter foram alterados para tornar o código mais legível. No entanto, agora eles têm o mesmo nome da variável de instância. Em ambos, this é usada para acessar a variável de instância. Se this não fosse usada, o parâmetro é que seria acessado.

> **Na Prática**
> *É sempre boa prática usar a palavra-chave this no acesso a variáveis de instância. Ela dá clareza à leitura do código e permite que o leitor saiba imediatamente que uma variável de instância está sendo acessada.*

A palavra-chave this também é usada para referenciar métodos e construtores do mesmo objeto. Geralmente, quando uma classe tem um construtor sobrecarregado, o construtor que aceita mais parâmetros faz todo o trabalho de inicialização e os outros construtores o chamam com padrões apropriados. Podemos reescrever novamente a classe `LoanDetails` para demonstrar isso. O próximo segmento de código mostra o construtor que não aceita parâmetros reescrito:

```
public LoanDetails() {
   this(180,0.025,0);
}
```

Esse novo construtor usa `this` para chamar o outro construtor e passa para ele três parâmetros. Só é válido usar `this` na primeira linha do construtor. Um erro de compilação será gerado se `this` for usada depois disso. O novo construtor tem o mesmo efeito da versão original desse método. No entanto, essa versão tem um design melhor. Em alguns casos, os construtores podem incluir muitas linhas de código. É mais fácil editar um único construtor e fazer todos os outros chamarem-no do que editar muitos construtores diferentes.

A palavra-chave `this` também pode ser usada na frente de métodos da mesma forma que é usada com variáveis de instância. Contudo, esse recurso não é empregado com frequência. A linha de código a seguir é um exemplo, que teria que fazer parte da classe `LoanDetails` para ser válido:

```
System.out.println("Payment " + this.monthlyPayment);
```

A palavra-chave super

A palavra-chave `super` é usada para referenciar a superclasse de um objeto. Ela pode ser usada para acessar métodos que tenham sido sobrescritos na classe atual ou o construtor de uma superclasse. Quando o construtor padrão é usado, ele chama automaticamente o construtor de sua classe pai usando `super`. Um construtor definido pelo usuário pode chamar o construtor de sua classe pai usando `super` na primeira linha. Um erro de compilação será gerado se `super` for usada depois da primeira linha. Se um método definido pelo usuário não usar `super`, o compilador fará uma chamada automaticamente com `super` ao construtor sem parâmetros da classe pai. Se esse construtor não existir na classe pai, um erro em tempo de compilação será gerado.

As duas classes a seguir mostram o uso da palavra-chave `super`:

```
public class ParentClass {
//Classe pai
   public ParentClass() {
      System.out.println("ParentClass Constructor");
   }
   public ParentClass(String s) {
      System.out.println("ParentClass Constructor " + s);
   }
}

public class ChildClass extends ParentClass{
//Classe filha
   public ChildClass() {
```

```
         System.out.println("ChildClass Constructor");
      }
      public ChildClass(String s) {
         super(s);
         System.out.println("ChildClass Constructor " + s);
      }
}
```

Ambas as classes têm dois construtores. Um não aceita parâmetros e o outro aceita uma string.

ChildClass estende ParentClass. O segmento de código a seguir mostra o uso dessas classes:

```
ChildClass childClass1 = new ChildClass();
ChildClass childClass2 = new ChildClass("test");
```

A primeira linha desse segmento de código chama o primeiro construtor da classe ChildClass. Já que não há uma referência a super, o compilador chama automaticamente o construtor sem parâmetros da classe pai. A segunda linha de código chama o construtor da classe ChildClass que aceita uma string como parâmetro. Esse construtor então usa super para chamar o construtor de sua classe pai que também aceita uma string. Aqui está a saída desse segmento:

```
ParentClass Constructor
ChildClass Constructor
ParentClass Constructor test
ChildClass Constructor test
```

Percorra o código e verifique se entendeu o fluxo de execução. Inicialmente os conceitos apresentados aqui podem ser confusos, mas é importante entendê-los, porque eles cairão de alguma forma no exame OCA.

A palavra-chave super funciona com métodos de maneira semelhante a como funciona com construtores. Quando um método for sobrescrito, super pode ser usada para ter a acesso a ele a partir da classe pai. A seguir temos um exemplo disso. Esse método seria adicionado a ParentClass:

```
public String className(){
   return " ParentClass ";
}
```

E esse seria adicionado a ChildClass:

```
public String className(){
   return "ChildClass -> " + super.className();
}
```

Observe como o método foi chamado: super.identificadorDoMétodo. Ele chamará o método que foi sobrescrito a partir da classe pai. Aqui está um segmento de código que demonstra isso.

Fique atento

As palavras-chave this e super só podem ser usadas na primeira linha do construtor. Caso contrário, um erro em tempo de compilação será gerado.

```
ChildClass childClass = new ChildClass();
System.out.println(childClass.className());
```

Esse segmento cria um novo objeto e exibe os resultados do método className na saída padrão. A saída é a seguinte:

```
ParentClass Constructor
ChildClass Constructor
ChildClass -> ParentClass
```

O construtor exibe o mesmo texto de antes. O método className acrescenta seu nome atual ao de sua classe pai usando super. Por fim, ele é exibido na saída padrão.

OBJETIVO DA CERTIFICAÇÃO

Criar métodos estáticos e variáveis de instância

Objetivo do exame: Aplicar a palavra-chave static a métodos e campos

Método e campos estáticos também são conhecidos como *métodos de classe* e *variáveis de classe*. Os dois usam a palavra-chave static para indicar que pertencem à classe e não a uma instância dela. Esta seção examinará como a palavra-chave static é usada para criar métodos de classe e variáveis de classe, e apresentará uma forma comum de criar constantes em Java.

Métodos estáticos

A palavra-chave static pode ser usada para indicar que um método é estático, ou de classe, em vez de ser um método padrão. Um método estático pertence à classe e não a um objeto ou às instâncias da classe. Já que esses métodos não pertencem à instância de um objeto, não podem acessar nenhuma variável de instância ou método padrão. Os métodos estáticos também não podem usar as palavras-chave this e super. No entanto, podem acessar outros métodos estáticos ou variáveis estáticas. Um método estático é acessado com o uso do nome da classe no lugar do nome da instância do objeto. Aqui está um exemplo de uma classe com um método estático:

```java
public class Tools {
   public static String formatDate(){
      Date date = new Date();
      Format formatter = new SimpleDateFormat("MMM-dd-yy");
      return formatter.format(date);
   }
}
```

A classe `Tools` tem um único método chamado `formatDate`. A palavra-chave `static` é usada para indicar que ele é um método estático. Como mostrado no exemplo, a palavra-chave `static` deve ser inserida após o modificador de acesso.

O próximo segmento de código é um exemplo desse método estático sendo usado.

```
System.out.println(Tools.formatDate());
```

Essa linha de código exibe o resultado do método na saída padrão. Observe que o nome da classe é usado para chamar o método em vez de um objeto. Isso pode ocorrer porque o método é estático e, portanto, pertence à classe e não a um objeto. Aqui está a saída dessa linha de código:

```
Feb-27-15
```

Os métodos estáticos são mais usados como métodos utilitários. Por exemplo, se você examinar a API do Java verá que muitos dos métodos da classe `Math` são estáticos. Isso ocorre porque esses métodos devem executar uma única tarefa e não tem razão para manter o estado de seu próprio objeto. O método `sin` da classe `Math`, por exemplo, é usado para achar o seno trigonométrico de um ângulo. Ele não precisa de variáveis de instância e é utilizado mais como um método utilitário, ou auxiliar.

> **Na prática**
> *Da próxima vez que você iniciar um projeto, examine o método main. Observe que ele é um método estático.*

Variáveis estáticas

A palavra-chave `static` também pode ser usada para criar variáveis de classe. Uma variável de classe é semelhante a uma variável de instância, mas em vez de pertencer à instância do objeto, pertence à classe. A principal diferença entre as duas é que todas as instâncias de um objeto têm acesso à mesma variável de classe, mas cada instância tem acesso ao seu próprio conjunto de variáveis de instância exclusivas.

Esse exemplo demonstra uma classe que é usada para atribuir números de rastreamento a pacotes. Cada pacote deve ter um número exclusivo. A classe se chama `ShippingPackage` e é mostrada a seguir:

```java
public class ShippingPackage {
   public static int nextTrackingNumber = 100000;
   private int packageTrackingNumber;
```

```
    public ShippingPackage() {
       this.packageTrackingNumber = nextTrackingNumber;
       nextTrackingNumber++;
    }
    public int getPackageTrackingNumber(){
       return packageTrackingNumber;
    }
}
```

Essa classe tem uma variável de classe estática que se chama `nextTrackingNumber`. Ela é usada para armazenar o próximo número disponível para um pacote. Inicialmente essa variável é configurada com `100000`, representando o primeiro número de rastreamento válido. A classe também tem uma variável de instância que é usada para armazenar o número de rastreamento atribuído. Quando o construtor é chamado, ele configura a variável de instância, `packageTrackingNumber`, com o próximo número disponível armazenado em `nextTrackingNumber`. Em seguida, ele incrementa essa variável. Já que `nextTrackingNumber` é estática, todas as instâncias da classe `ShippingPackage` acessarão a mesma variável e os dados que ela contém.

O próximo segmento de código usará a classe `ShippingPackage`:

```
ShippingPackage packageOne = new ShippingPackage();
ShippingPackage packageTwo = new ShippingPackage();
ShippingPackage packageThree = new ShippingPackage();

System.out.println("Package One Tracking Number: " +
   packageOne.getPackageTrackingNumber());
System.out.println("Package Two Tracking Number: " +
   packageTwo.getPackageTrackingNumber());
System.out.println("Package Three Tracking Number: " +
   packageThree.getPackageTrackingNumber());
```

Esse segmento cria três instâncias da classe `ShippingPackage`. Em seguida, ele exibe na saída padrão o número de rastreamento que foi atribuído a cada instância pelo construtor de `ShippingPackage`.

A saída do código é a seguinte:

```
Package One Tracking Number: 100000
Package Two Tracking Number: 100001
Package Three Tracking Number: 100002
```

Nessa saída, observe que cada número de rastreamento é incrementado em uma unidade. Isso ocorre porque a variável estática, `nextTrackingNumber`, é uma variável de classe e, portanto, é comum a todas as instâncias do objeto.

Variáveis de classe com modificadores de acesso menos restritivos podem ser acessadas no código de maneira semelhante a como os métodos de classe são acessados. O identificador do método pode ser usado. No exemplo anterior, a variável `nextTracking-`

Number é pública. A linha de código a seguir pode ser empregada para obter a variável e exibi-la na saída padrão:

```
System.out.println("Next Tracking Number: " +
   ShippingPackage.nextTrackingNumber);
```

Observe que o nome da classe é usado no acesso a essa variável pública. O exemplo exibirá a seguinte saída:

```
Next Tracking Number: 100003
```

Constantes

As variáveis estáticas também podem ser usadas na criação de constantes no código. Uma *constante* é simplesmente uma variável que tem um valor definido em tempo de compilação e que não pode ser alterado. Uma constante Java é criada pela inclusão da palavra-chave `final` a uma variável de classe. A palavra-chave `final` indica apenas que essa varável não pode ter seu valor alterado. Aqui está um exemplo de uma constante Java:

```
public static final double PI = 3.14;
```

Essa constante é para o valor de PI. Ela pode ser acessada em qualquer local do código com o uso do nome de sua classe. É uma constante que já está definida na API do Java, mas com uma precisão muito maior.

Resumo para a certificação

A maioria dos objetivos deste capítulo aborda uma seção menor da linguagem Java. No entanto, sua compreensão é igualmente importante se você quiser se tornar um ótimo desenvolvedor.

O capítulo começou discutindo os métodos. A sintaxe dos métodos foi examinada e vimos cada parte de sua declaração. Você precisa conhecer os métodos ou achará difícil entender tópicos mais complexos. A sobrecarga de métodos é outro tópico crucial abordado na primeira seção. É importante que você se lembre que os métodos que são sobrecarregados, ou seja, que têm o mesmo identificador, devem ter uma lista de parâmetros destinta.

A diferença entre passar objetos para os métodos e passar primitivos também foi examinada neste capítulo. Quando um primitivo é passado como argumento, uma cópia é feita e o original permanece inalterado. No entanto, quando um objeto é passado como argumento, uma referência a ele é que é passada e qualquer alteração aplicada ao objeto no método estará presente no objeto chamador original.

É importante dominar o tópico do escopo das variáveis para quando você estiver projetando e lendo aplicativos Java grandes. A seção seguinte abordou esses tópicos. Primeiro, as variáveis locais foram discutidas. São as variáveis que devem ser usadas quando os dados tiverem que ser armazenados apenas por um curto período de tempo e acessados a partir de um único local de uma classe. O escopo dessas variáveis é o bloco de código em que elas são declaradas.

Os parâmetros são as variáveis passadas para o método. Essas variáveis só serão usadas quando o método precisar de entradas externas fornecidas pelo código chamador. Elas são declaradas na assinatura do método e têm como escopo o método inteiro.

Para concluir, as variáveis de instância foram discutidas. Essas variáveis são declaradas dentro de uma classe, porém fora de um método. Elas podem ser acessadas na classe inteira. Fornecem o estado de um objeto e retêm seu valor no decorrer do seu ciclo de vida. Diferentes métodos podem acessá-las para ler ou modificar seus dados.

Os construtores da classe são semelhantes a métodos comuns, exceto por só serem usados com o operador new para inicializar um objeto. Ao contrário dos métodos, os construtores não têm um tipo de retorno, nem mesmo void. Toda classe deve ter um construtor. Ele pode ser definido pelo usuário, ou um construtor padrão será adicionado se nenhum construtor for definido. Como os métodos, os construtores também podem ser sobrecarregados.

As palavras-chave this e super são usadas para referenciar objetos que estejam relacionados ao objeto atual. A palavra-chave this referencia o objeto atual e a palavra-chave super referencia o pai, ou a superclasse, do objeto atual. A palavra-chave this pode ser usada na primeira linha de um construtor para chamar outros construtores da mesma classe. A palavra-chave super também pode ser usada na primeira linha de um construtor, mas chamará o construtor da classe pai.

Por fim, este capítulo examinou o uso da palavra-chave static. Java permite que variáveis e métodos sejam declarados como estáticos, e nesse caso o método ou o objeto pertence à classe em vez de pertencer a uma instância de objeto. Os métodos estáticos, ou métodos de classe, só podem acessar outros métodos e variáveis estáticas. As variáveis estáticas, ou variáveis de classe, são compartilhadas entre todas as instâncias de um objeto. As constantes Java são definidas pela criação de uma variável estática e sua marcação como final com o uso da palavra-chave final.

Este capítulo abordou diferentes materiais que nem sempre parecem ter uma relação estreita. Contudo, a compreensão desses conceitos o ajudará a criar aplicativos ricos com padrões de design sofisticados. Espera-se que um candidato do exame OCA conheça esses conceitos. Eles não estarão presentes em grande parte do teste, mas um bom entendimento ajudará a aumentar sua pontuação.

✓ REVISÃO RÁPIDA

Criar e usar métodos

- Os métodos podem retornar uma única variável ou nenhuma.
- O tipo de retorno de um método pode ser um primitivo ou um objeto.
- Um método deve declarar o tipo de dado de qualquer variável que ele retornar.
- Se um método não retornar dados, ele deve usar void como seu tipo de retorno.
- A sintaxe de um método é <Modificador de Acesso> <Tipo de Retorno> <Identificador do Método> (<Lista de Parâmetros>) {<Corpo>}.
- Os métodos podem ser sobrecarregados pela criação de outro método com o mesmo identificador, mas com uma lista de parâmetros diferente.
- Os métodos podem ser sobrecarregados quantas vezes forem necessárias.

Passar objetos por referência e por valor

- Os primitivos são passados por valor.
- Quando um primitivo é passado por valor, este é copiado para o método.
- Os objetos são passados por referência.
- Na passagem por referência, uma referência ao objeto é copiada para o método. As alterações feitas no objeto estarão presentes em todas as referências que apontarem para ele.

Compreender o escopo de variáveis

- O escopo de uma variável define que partes do código têm acesso a ela.
- Uma variável de instância é declarada na classe e não dentro de um método. Seu escopo é o método inteiro e ela permanecerá na memória pelo tempo que a instância da classe na qual foi declarada também permanecer.
- Os parâmetros de métodos são definidos na declaração do método; eles fazem parte do escopo do método inteiro.
- As variáveis locais podem ser declaradas em qualquer lugar do código. Elas permanecem no escopo enquanto a execução do código não abandona o bloco em que foram declaradas.

Crie e use construtores
- Os construtores são usados para inicializar um objeto.
- Se você não definir um construtor, o compilador adicionará um construtor padrão.
- Um construtor pode ser sobrecarregado com uma lista de parâmetros exclusiva quantas vezes forem necessárias.

Usar as palavras-chave this e super
- A palavra-chave this é uma referência ao objeto atual.
- É boa prática acrescentar this na frente de variáveis de instância.
- this() pode ser usada para acessar outros construtores da classe atual.
- this() só pode ser usada na primeira linha de um construtor.
- A palavra-chave super é uma referência ao objeto pai do objeto atual.
- super pode ser usada para acessar os métodos sobrescritos de um pai.
- super() pode ser usada para acessar o construtor da classe pai.
- super() só pode ser usada na primeira linha de um construtor.

Criar métodos estáticos e variáveis de instância
- A palavra-chave static pode ser usada para criar métodos e variáveis estáticos.
- Um método estático também é conhecido como método de classe.
- Uma variável estática também é conhecida como variável de classe.
- Os métodos estáticos pertencem à classe e não a uma instância de objeto.
- As variáveis estáticas pertencem à classe e não a uma instância de objeto.
- Os métodos estáticos só podem acessar outros métodos e variáveis estáticos.
- Todos os objetos de uma classe terão acesso à mesma variável se ela for estática.
- A palavra-chave static pode ser usada com a palavra-chave final para criar constantes Java.

TESTE

Criar e usar métodos

1. Você precisa criar um método que aceite um array de floats como argumento e não retorne variáveis. O método deve se chamar setPoints. Qual das declarações de método a seguir está correta?

    A. setPoints(float[] points) {…}
    B. void setPoints(float points) {…}
    C. void setPoints(float[] points) {…}
    D. float setPoints(float[] points) {…}

2. Quando a palavra-chave void é usada, quais dessas afirmações são verdadeiras? Selecione todas que forem aplicáveis.

    A. Uma instrução return com um valor depois dela deve ser usada.
    A. Uma instrução return com um valor depois dela pode ser opcionalmente usada.
    C. Uma instrução return com um valor depois dela nunca deve ser usada.
    D. Uma instrução return sem nada que a acompanhe deve ser usada.
    E. Uma instrução return sem nada que a acompanhe pode opcionalmente ser usada.
    F. Uma instrução return sem nada que a acompanhe nunca deve ser usada.
    G. Uma instrução return deve ser omitida.
    H. Uma instrução return pode opcionalmente ser omitida.
    I. Uma instrução return nunca deve ser omitida.

3. Dada a classe SampleClass, qual é a saída desse segmento de código?

    ```
    SampleClass s = new SampleClass();
    s.sampleMethod(4.4, 4);
    public class SampleClass {
       public void sampleMethod(int a, double b){
          System.out.println("Method 1");
       }
       public void sampleMethod(double b, int a){
          System.out.println("Method 2");
       }
    }
    ```

    A. Method 1
    B. Method 2
    C. Method 1
       Method 2
    D. Method 2
       Method 1
    E. Erro de compilação

4. Qual dos métodos a seguir retorna um float e aceita um int como parâmetro?

   A. `public void method1(int var1, float var2) {/*Corpo do método*/}`

   B. `public int method2(float var1) {/*Corpo do método*/}`

   C. `public float method3(int var1) {/*Corpo do método*/}`

   D. `public float, int method4() {/*Corpo do método*/}`

5. Você deseja criar um método que receba três caracteres como parâmetros e retorne uma string. Que declaração é válida?

   A. `public void doMethod (char a, char b, char c) {String s = null; return s;}`

   B. `public String doMethod (Char a, Char b, Char c) {String s = null; return s;}`

   C. `public String doMethod (char a, char b, char c) {String s = null; return s;}`

   D. `public string doMethod (char a, char b, char c) {String s = null; return s;}`

Passar objetos por referência e por valor

6. Dados a classe FloatNumber e o método addHalf, qual será a saída se o segmento de código a seguir for executado?

```
public class FloatNumber {
  float number;
  public FloatNumber(float number) {
    this.number = number;
  }
  float getNumber() {
    return number;
  }
  void setNumber(float number) {
    this.number = number;
  }
}

void addHalf(FloatNumber value) {
  value.setNumber(value.getNumber() + (value.getNumber()/2f));
}

/* SEGMENTO DE CÓDIGO */
FloatNumber value = new FloatNumber(1f);
addHalf(value);
System.out.println("value = " + value.getNumber());
```

A. value = 1

B. value = 1.5

C. value = 2

D value = 0

7. Os objetos são passados por _____.

   A. valor
   B. soma
   C. referência
   D. ponteiro

8. Os primitivos são passados por _____.

   A. valor
   B. soma
   C. referência
   D. ponteiro

9. Qual será o valor da variável number quando a execução do segmento de código a seguir terminar?

   Segmento de código

   ```
   int number = 7;
   sampleMethod(number);
   ```

   Método de suporte:

   ```
   public void sampleMethod(int i){
      i++;
   }
   ```

   A. 0
   B. 1
   C. 7
   D. 8
   E. Ocorrerá um erro de compilação.
   F. Ocorrerá um erro em tempo de execução.

Compreender o escopo de variáveis

10. Você precisa criar uma classe para armazenar informações sobre os livros contidos em uma biblioteca. Que escopo é mais adequado para a variável que armazenará o título de um livro?

    A. Variável local
    B. Variável estática

C. Variável global
D. Parâmetro de método
E. Variável de instância

11. Dada a classe `SampleClass`, quando o segmento de código a seguir for executado, qual será o valor da variável de instância `size`?

```
SampleClass sampleClass = new SampleClass(5);
public class SampleClass {
   private int size;
   public SampleClass(int size) {
      size = size;
   }
}
```

A. 0
B. 1
C. 5
D. Erro de compilação
E. Erro em tempo de execução

12. Que tipo de variável seria usado para armazenar o estado de um objeto?

A. Variável local
B. Parâmetro de método
C. Variável de instância
D. Variável de objeto

Criar e usar construtores

13. Dada a classe `SampleClass`, qual é a saída desse segmento de código?

```
SampleClass sampleClass = new SampleClass();
public class SampleClass {
   private int size;
   private int priority;

   public SampleClass(){
      super();
      System.out.println("Using default values");
   }

   public SampleClass(int size) {
      this.size = size;
      System.out.println("Setting size");
   }
```

```
        public SampleClass(int priority){
           this.priority = priority;
           System.out.println("Setting priority");
        }
     }
```

A. Using default values

B. Setting size

C. Setting priority

D. Erro de compilação

14. Que construtor é equivalente ao listado aqui?

```
public SampleConstructor() {
   System.out.println("SampleConstructor");
}
```

A. ```
   public SampleConstructor() {
         this();
         System.out.println("SampleConstructor");
   }
   ```

B. ```
   public SampleConstructor() {
         super();
         System.out.println("SampleConstructor");
   }
   ```

C. ```
   public SampleConstructor() {
         this.SampleConstructor();
         System.out.println("SampleConstructor");
   }
   ```

D. ```
   public SampleConstructor() {
         super.SampleConstructor();
         System.out.println("SampleConstructor");
   }
   ```

E. Nenhum dos listados anteriormente

15. Se um construtor não incluir um modificador de acesso, que modificador ele usará por padrão?

A. Um construtor que não incluir um modificador de acesso será sempre declarado como `public`.

B. Um construtor que não incluir um modificador de acesso fará uso do mesmo modificador usado para sua classe.

C. Um erro de compilação ocorrerá se um construtor não incluir um modificador de acesso.

D. Um construtor que não incluir um modificador de acesso terá acesso package-private.

Usar as palavras-chave this e super

16. Dada a classe SampleClass, qual é a saída desse segmento de código?

```
SampleClass sampleClass = new SampleClass();
public class SampleClass {
   private int size;

   public SampleClass(){
      this(1);
      System.out.println("Using default values");
   }

   public SampleClass(int size) {
      this.size = size;
      System.out.println("Setting size");
   }
}
```

- **A.** Using default values
- **B.** Setting size
- **C.** Using default values Setting size
- **D.** Setting size Using default values
- **E.** Erro de compilação

17. Qual é o efeito da linha de código a seguir?

```
super()
```

- **A.** O método que é sobrescrito pelo método atual é chamado.
- **B.** O construtor da classe pai é chamado.
- **C.** O construtor da classe atual é chamado.
- **D.** O construtor da classe filha é chamado.
- **E.** O método atual é chamado recursivamente.

Criar métodos estáticos e variáveis de instância

18. Dada a classe SampleClass, qual é a saída desse segmento de código?

```
SampleClass s = new SampleClass();
SampleClass.sampleMethodOne();
public class SampleClass {
   public static void sampleMethodOne(){
      sampleMethodTwo();
      System.out.println("sampleMethodOne");
   }

   public void sampleMethodTwo(){
```

```
            System.out.println("sampleMethodTwo");
        }
    }
```

   A. sampleMethodOne
   B. sampleMethodTwo
   C. sampleMethodOne
      sampleMethodTwo
   D. sampleMethodTwo
      sampleMethodOne
   E. Erro de compilação

19. Dada a classe SampleClass, qual será o valor de currentCount para a instância de objeto x após o segmento de código ser executado?

```
SampleClass x = new SampleClass();
SampleClass y = new SampleClass();
x.increaseCount();
public class SampleClass {
    private static int currentCount=0;

    public SampleClass(){
        currentCount++;
    }

    public void increaseCount(){
        currentCount++;
    }
}
```

   A. 0
   B. 1
   C. 2
   D. 3
   E. Erro de compilação
   F. Erro em tempo de execução

20. Os métodos estáticos têm acesso a quais dos itens a seguir? (Selecione todos que forem aplicáveis).

   A. Variáveis estáticas
   B. Variáveis de instância
   C. Métodos padrão
   D. Métodos estáticos
   E. Nenhum dos anteriores

✓ Respostas do Teste

Criar e usar métodos

1. Você precisa criar um método que aceite um array de `floats` como argumento e não retorne variáveis. O método deve se chamar `setPoints`. Qual das declarações de método a seguir está correta?

   A. `setPoints(float[] points) {…}`

   B. `void setPoints(float points) {…}`

   C. `void setPoints(float[] points) {…}`

   D. `float setPoints(float[] points) {…}`

   > Resposta:
   >
   > ● C. `void` deve ser usado para métodos que não retornem dados.
   >
   > ○ A, B e D estão incorretas. A está incorreta porque falta o tipo de retorno. Se o método não retornar uma variável, ele deve usar `void`. B está incorreta porque não tem um array de `floats` como parâmetro. D está incorreta porque usa o tipo de retorno errado.

2. Quando a palavra-chave `void` é usada, quais dessas afirmações são verdadeiras? Selecione todas que forem aplicáveis.

   A. Uma instrução `return` com um valor depois dela deve ser usada.

   A. Uma instrução `return` com um valor depois dela pode ser opcionalmente usada.

   C. Uma instrução `return` com um valor depois dela nunca deve ser usada.

   D. Uma instrução `return` sem nada que a acompanhe deve ser usada.

   E. Uma instrução `return` sem nada que a acompanhe pode opcionalmente ser usada.

   F. Uma instrução `return` sem nada que a acompanhe nunca deve ser usada.

   G. Uma instrução `return` deve ser omitida.

   H. Uma instrução `return` pode opcionalmente ser omitida.

   I. Uma instrução `return` nunca deve ser omitida.

Resposta:

⦿ **C, E e H.** Quando a palavra-chave void é usada, ela indica que o método não retornará dados. **C** está correta porque não é válido retornar nenhum dado. **E** está correta porque é válido usar opcionalmente uma instrução return sem nada acompanhando-a. **H** está correta porque opcionalmente a instrução return também pode ser omitida.

○ **A, B, D, F, G e I** estão incorretas. **A e B** estão incorretas porque a palavra-chave void significa que você não pode retornar um valor. **D, F, G e I** estão incorretas porque a instrução return é opcional quando void é usada.

3. Dada a classe SampleClass, qual é a saída desse segmento de código?

```
SampleClass s = new SampleClass();
s.sampleMethod(4.4, 4);
public class SampleClass {
   public void sampleMethod(int a, double b){
      System.out.println("Method 1");
   }
   public void sampleMethod(double b, int a){
      System.out.println("Method 2");
   }
}
```

A. Method 1
B. Method 2
C. Method 1
     Method 2
D. Method 2
     Method 1
E. Erro de compilação

Resposta:

⦿ **B.** Esse é um exemplo de uma classe com um método sobrecarregado. Já que ela passa primitivos double e int como parâmetros, chamará o segundo método, que coincide com esses tipos de dados.

○ **A, C, D e E** estão incorretas. **A** está incorreta porque Method 1 é exibido por um método com a assinatura sampleMethod(int a, double b). A assinatura correta é sampleMethod(double b, int a). É importante prestar atenção na ordem dos parâmetros. **C e D** estão incorretas porque sobrecarregar um método não resulta em dois métodos serem chamados. **E** está incorreta porque não há erro de compilação.

Capítulo 5 Métodos e escopo de variáveis

4. Qual dos métodos a seguir retorna um float e aceita um int como parâmetro?
    A. public void method1(int var1, float var2) {/*Corpo do método*/}
    B. public int method2(float var1) {/*Corpo do método*/}
    C. public float method3(int var1) {/*Corpo do método*/}
    D. public float, int method4() {/*Corpo do método*/}

> Resposta:
>
> ◉ C. As partes de um método são <Modificador de Acesso> <Tipo de Retorno> <Identificador do Método> (<Lista de Parâmetros>) {Corpo}, e a resposta C, public float method3(int var1) {/*Corpo do método*/}, inclui essas partes.
>
> ○ A, B e D estão incorretas. A está incorreta porque não tem tipo de retorno. B está incorreta porque retorna um int e usa um float como parâmetro. D está incorreta porque é código Java inválido e causará um erro de compilação.

5. Você deseja criar um método que receba três caracteres como parâmetros e retorne uma string. Que declaração é válida?
    A. public void doMethod (char a, char b, char c) {String s = null; return s;}
    B. public String doMethod (Char a, Char b, Char c) {String s = null; return s;}
    C. public String doMethod (char a, char b, char c) {String s = null; return s;}
    D. public string doMethod (char a, char b, char c) {String s = null; return s;}

> Resposta:
>
> ◉ C. Essa é uma declaração de método perfeitamente formada.
>
> ○ A, B e D estão incorretas. A está incorreta porque a declaração define que não haverá um valor de retorno (void), porém o método retorna uma string. B está incorreta porque a classe wrapper de caracteres é Character e não Char. D está incorreta porque o tipo de retorno String não está começando com letra maiúscula como deveria. Isto é, em vez de "public string doMethod" deveríamos ter "public String doMethod".

Passar objetos por referência e por valor

6. Dados a classe FloatNumber e o método addHalf, qual será a saída se o segmento de código a seguir for executado?

```
public class FloatNumber {
  float number;
  public FloatNumber(float number) {
    this.number = number;
  }
  float getNumber() {
    return number;
  }
  void setNumber(float number) {
    this.number = number;
  }
}

void addHalf(FloatNumber value) {
  value.setNumber(value.getNumber() + (value.getNumber()/2f));
}

/* SEGMENTO DE CÓDIGO */
FloatNumber value = new FloatNumber(1f);
addHalf(value);
System.out.println("value = " + value.getNumber());
```

A. value = 1

B. value = 1.5

C. value = 2

D. value = 0

Resposta:

◉ **B**. O objeto `FloatNumber` é passado por referência. Logo, quando o método altera seu valor, essa alteração ainda está presente quando o código retorna para o segmento de código chamador original.

○ **A**, **C** e **D** estão incorretas. **A** está incorreta porque `FloatNumber` é passado por referência. Se fosse um `float` primitivo essa seria a resposta correta. **C** e **D** estão incorretas, não importando se a variável é passada por referência ou por valor.

7. Os objetos são passados por _____.

    A. valor

    B. soma

    C. referência

    D. ponteiro

> Resposta:
>
> ● C. Os objetos são sempre passados por referência.
>
> ○ A, B e D estão incorretas. A está incorreta porque os primitivos são passados somente por valor. B está incorreta porque "soma" não é um termo real. D está incorreta porque Java não usa o termo "ponteiro".

8. Os primitivos são passados por _____.
   A. valor
   B. soma
   C. referência
   D. ponteiro

> Resposta:
>
> ● A. Os primitivos são sempre passados por valor.
>
> ○ B, C e D estão incorretas. B está incorreta porque "soma" não é um termo real. C está incorreta porque os objetos são passados somente por referência. D está incorreta porque Java não usa o termo "ponteiro".

9. Qual será o valor da variável number quando a execução do segmento de código a seguir terminar?

   Segmento de código

   ```
   int number = 7;
   sampleMethod(number);
   ```

   Método de suporte:

   ```
   public void sampleMethod(int i){
      i++;
   }
   ```

   A. 0
   B. 1
   C. 7
   D. 8
   E. Ocorrerá um erro de compilação.
   F. Ocorrerá um erro em tempo de execução.

Resposta:

◉ **C.** Já que os primitivos são passados por valor, uma cópia dos dados é enviada para o método. Qualquer alteração que o método fizer nos dados não afetará a variável original já que uma cópia foi feita.

○ **A, B, D, E** e **F** estão incorretas. **A, B** e **D** são valores incorretos. **E** e **F** estão incorretas porque esse código não produzirá erros.

Compreender o escopo de variáveis

10. Você precisa criar uma classe para armazenar informações sobre os livros contidos em uma biblioteca. Que escopo é mais adequado para a variável que armazenará o título de um livro?

    A. Variável local
    B. Variável estática
    C. Variável global
    D. Parâmetro de método
    E. Variável de instância

Resposta:

◉ **E.** Em uma classe que armazenará informações sobre livros, o título do livro deve ser armazenado em uma variável que permaneça em escopo durante e existência do objeto.

○ **A, B, C** e **D** estão incorretas. **A** está incorreta porque uma variável local é mais adequada para dados que serão usados somente por um curto período de tempo. **B** está incorreta porque uma variável estática ou de classe é mais adequada para dados que todas as instâncias da classe precisem acessar. **C** está incorreta porque o uso de variáveis globais não é recomendado em Java e não faria muito sentido nessa situação. **D** está incorreta porque essa opção só pode ser usada com métodos.

11. Dada a classe SampleClass, quando o segmento de código a seguir for executado, qual será o valor da variável de instância size?

    ```
    SampleClass sampleClass = new SampleClass(5);
    public class SampleClass {
        private int size;
        public SampleClass(int size) {
            size = size;
        }
    }
    ```

    A. 0
    B. 1

C. 5
D. Erro de compilação
E. Erro em tempo de execução

> Resposta:
>
> ◉ **A.** A variável de instância fica oculta com o parâmetro já que os dois têm o mesmo nome. Ela é igual a 0 porque esse é o valor padrão atribuído a variáveis de instância.
>
> ○ **B, C, D** e **E** estão incorretas. **B** está incorreta porque por padrão a variável de instância é configurada com 0 e não com 1. **C** está incorreta porque para size ser configurada com 5, this.size = size; teria que ser usado. **D** e **E** estão incorretas porque esse código é válido.

12. Que tipo de variável seria usado para armazenar o estado de um objeto?

A. Variável local

B. Parâmetro de método

C. Variável de instância

D. Variável de objeto

> Resposta:
>
> ◉ **C.** As variáveis de instância retêm seu valor durante a existência do objeto.
>
> ○ **A, B** e **D** estão incorretas. **A** está incorreta porque uma variável local é usada para itens temporários e permanece em escopo até o bloco de código em que foi declarada ser abandonado. **B** está incorreta porque parâmetros de método são as variáveis passadas para um método como argumentos. Elas só fazem parte do escopo desse método. **D** está incorreta porque variável de objeto não existe.

Criar e usar construtores

13. Dada a classe SampleClass, qual é a saída desse segmento de código?

```
SampleClass sampleClass = new SampleClass();
public class SampleClass {
   private int size;
   private int priority;

   public SampleClass(){
      super();
      System.out.println("Using default values");
   }

   public SampleClass(int size) {
      this.size = size;
```

```
            System.out.println("Setting size");
        }

        public SampleClass(int priority){
            this.priority = priority;
            System.out.println("Setting priority");
        }
    }
```

   A. Using default values
   B. Setting size
   C. Setting priority
   D. Erro de compilação

> Resposta:
> ◉ **D**. Esse código geraria um erro de compilação porque você não pode sobrecarregar um construtor ou método e ter os mesmos tipos de dados para os parâmetros.
> ○ **A, B e C** estão incorretas. **A** está incorreta; no entanto, se esse código fosse válido, ela seria a resposta correta. **B e C** estão incorretas; mesmo se fossem válidas; não representam o fluxo de execução do segmento de código.

14. Que construtor é equivalente ao listado aqui?

```
public SampleConstructor() {
    System.out.println("SampleConstructor");
}
```

   A. ```
      public SampleConstructor() {
          this();
          System.out.println("SampleConstructor");
      }
      ```
   B. ```
      public SampleConstructor() {
          super();
          System.out.println("SampleConstructor");
      }
      ```
   C. ```
      public SampleConstructor() {
          this.SampleConstructor();
          System.out.println("SampleConstructor");
      }
      ```
   D. ```
      public SampleConstructor() {
          super.SampleConstructor();
          System.out.println("SampleConstructor");
      }
      ```
   E. Nenhum dos listados anteriormente

Resposta:

◉ **B.** Se super não for chamada na primeira linha de um construtor, o compilador a adicionará automaticamente.

○ **A, C, D e E** estão incorretas. **A** está incorreta porque this() chama um construtor da classe atual. **C e D** não são usos válidos de super ou this. **E** está incorreta porque a resposta **B** está correta.

15. Se um construtor não incluir um modificador de acesso, que modificador ele usará por padrão?

  A. Um construtor que não incluir um modificador de acesso será sempre declarado como public.

  B. Um construtor que não incluir um modificador de acesso fará uso do mesmo modificador usado para sua classe.

  C. Um erro de compilação ocorrerá se um construtor não incluir um modificador de acesso.

  D. Um construtor que não incluir um modificador de acesso terá acesso package--private.

Resposta:

◉ **D.** Um construtor se comportará da mesma forma que um método. Se não for fornecido um modificador de acesso, ele usará o padrão package-private. Um construtor com acesso package-private só pode ser chamado por outras classes do mesmo pacote.

○ **A, B e C** estão incorretas. **A** está incorreta porque construtores que não incluem um modificador de acesso nem sempre são declarados como public; eles são declarados da mesma forma que sua classe. **B** está incorreta porque um construtor funciona como um método padrão e será package-private se não houver modificadores presentes. **C** está incorreta porque não ocorrerá um erro de compilação se um construtor não incluir um modificador de acesso.

Usar as palavras-chave this e super

16. Dada a classe SampleClass, qual é a saída desse segmento de código?

```
SampleClass sampleClass = new SampleClass();
public class SampleClass {
   private int size;

   public SampleClass(){
      this(1);
      System.out.println("Using default values");
   }
```

```
    public SampleClass(int size) {
        this.size = size;
        System.out.println("Setting size");
    }
}
```

A. Using default values

B. Setting size

C. Using default values Setting size

D. Setting size Using default values

E. Erro de compilação

> Resposta:
>
> ◉ **D.** O primeiro construtor é chamado. Ele usa `this(10);` para chamar o segundo construtor. O segundo construtor exibe sua frase e retorna para o primeiro, que exibe sua frase.
>
> ○ **A, B, C** e **E** estão incorretas. **A, B** e **C** estão incorretas porque não representam a execução correta do segmento de código. **E** está incorreta porque esse código é válido.

17. Qual é o efeito da linha de código a seguir?

`super()`

A. O método que é sobrescrito pelo método atual é chamado.

B. O construtor da classe pai é chamado.

C. O construtor da classe atual é chamado.

D. O construtor da classe filha é chamado.

E. O método atual é chamado recursivamente.

> Resposta:
>
> ◉ **B.** A palavra-chave `super` nesse caso é usada para chamar o construtor da classe pai. Isso deve ser feito na primeira linha de um construtor da classe atual.
>
> ○ **A, C, D** e **E** estão incorretas. **A** está incorreta porque `super` e o identificador do método devem ser usados na referência a um método sobrescrito. **C** está incorreta porque `this()` seria usado para chamar um construtor da classe correta. **D** está incorreta porque é impossível referenciar os métodos de uma classe filha. **E** está incorreta porque `super` não tem nada a ver com recursão.

Criar métodos estáticos e variáveis de instância

18. Dada a classe `SampleClass`, qual é a saída desse segmento de código?

```
SampleClass s = new SampleClass();
SampleClass.sampleMethodOne();
public class SampleClass {
   public static void sampleMethodOne(){
      sampleMethodTwo();
      System.out.println("sampleMethodOne");
   }

   public void sampleMethodTwo(){
      System.out.println("sampleMethodTwo");
   }
}
```

A. sampleMethodOne

B. sampleMethodTwo

C. sampleMethodOne
sampleMethodTwo

D. sampleMethodTwo
sampleMethodOne

E. Erro de compilação

> Resposta:
>
> ● **E.** O método `sampleMethodOne` é estático. Esse método não pode chamar outros métodos padrão. Logo, o código gerará um erro de compilação quando for chamado.
>
> ○ **A, B, C** e **D** estão incorretas. **A, B** e **C** estão incorretas porque o código tem um erro de compilação. **D** está incorreta por causa do erro de compilação. No entanto, estaria correta se `sampleMethodOne` não fosse estático e esse código fosse válido.

19. Dada a classe `SampleClass`, qual será o valor de `currentCount` para a instância de objeto x após o segmento de código ser executado?

```
SampleClass x = new SampleClass();
SampleClass y = new SampleClass();
x.increaseCount();
public class SampleClass {
   private static int currentCount=0;

   public SampleClass(){
      currentCount++;
```

```
        }
        public void increaseCount(){
            currentCount++;
        }
}
```

- **A.** 0
- **B.** 1
- **C.** 2
- **D.** 3
- **E.** Erro de compilação
- **F.** Erro em tempo de execução

Resposta:

◉ **D.** A variável currentCount é estática; logo, todas as instâncias dessa classe têm acesso à mesma variável. O segmento de código cria duas instâncias novas da classe. O construtor incrementa a variável a cada vez. Para concluir, o método increaseCount é chamado e também incrementa a variável.

○ **A, B, C, E** e **F** estão incorretas. **A, B** e **C** estão incorretas porque currentCount é uma variável estática e o mesmo valor é incrementado sempre que um objeto é criado no método increaseCount. **E** e **F** estão incorretas porque esse código é válido.

20. Os métodos estáticos têm acesso a quais dos itens a seguir? (Selecione todos que forem aplicáveis).
- **A.** Variáveis estáticas
- **B.** Variáveis de instância
- **C.** Métodos padrão
- **D.** Métodos estáticos
- **E.** Nenhum dos anteriores

Resposta:

◉ **A** e **D.** Os métodos estáticos só podem acessar variáveis estáticas e outros métodos estáticos.

B, C e **E** estão incorretas. **B** e **C** estão incorretas porque os métodos estáticos não podem acessar dados que estejam associados à instância de uma classe. **E** está incorreta porque **A** e **D** são respostas corretas.

Capítulo 6
Programação com arrays

OBJETIVOS DA CERTIFICAÇÃO

- Trabalhar com arrays Java
- Trabalhar com objetos Arraylist e seus métodos
- Revisão rápida
- Teste

Um recurso importante do desenvolvimento de softwares é o trabalho com estruturas de dados para o armazenamento e a recuperação de dados. O array é uma das estruturas de dados mais básicas; na verdade, eles podem ser encontrados em quase todas as linguagens de programação, e Java não é exceção. Java herdou os arrays da linguagem C, junto com várias de suas outras regras de sintaxe. Além dos arrays padrão, Java tem uma classe ArrayList que foi incluída em seu kit de desenvolvimento de softwares. Trata-se de uma abordagem moderna dos arrays padrão que segue os princípios da programação orientada a objetos. Este capítulo discutirá os dois tipos de arrays e o preparará para as perguntas que você encontrará no exame OCA.

OBJETIVO DA CERTIFICAÇÃO

Trabalhar com arrays Java

Objetivo do exame: Declarar, instanciar, inicializar e usar um array unidimensional

Objetivo do exame: Declarar, instanciar, inicializar e usar um array multidimensional

Os arrays Java foram embutidos na linguagem para tratar dados que sejam do mesmo tipo. Eles permitem que o desenvolvedor use uma única variável com um ou mais índices para acessar vários dados independentes. Os arrays podem ser usados para armazenar tanto primitivos quanto objetos.

Questões relacionadas a arrays podem ser vistas em todo o exame OCA. Sua abordagem vai desde onde devemos usar um array a que tipo de array deve ser empregado, como inicializar um array e como trabalhar com arrays no código. Os detalhes dos arrays são um conceito importante que você precisa conhecer para obter sucesso no exame. Esta seção examinará os arrays unidimensionais e multidimensionais.

Arrays unidimensionais

Um array Java é um objeto que age como um contêiner armazenando um número fixo de valores do mesmo tipo. Os valores são acessados com o uso de um índice. Um array unidimensional usa um único índice. A seguir temos um exemplo de um array de primitivos int:

```java
int[] arrayOfInts = new int[3];
arrayOfInts[0] = 5;
arrayOfInts[1] = 10;
arrayOfInts[2] = 15;
System.out.println("First: " + arrayOfInts[0]
```

5	10	15
[0]	[1]	[2]

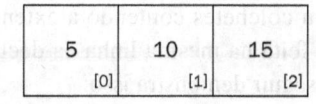

FIGURA 6-1   int[ ] arrayOfInts.

```
+ " Second: " + arrayOfInts[1]
+ " Third: " + arrayOfInts[2]);
```

A Figura 6-1 é uma representação visual desse segmento de código.
Ele produziria a seguinte saída:

```
First: 5 Second: 10 Third: 15
```

Esse é um exemplo básico de um array unidimensional em ação. Faremos uma análise do que ocorre aqui antes de entrarmos nos detalhes dos arrays.

Primeiro, a variável `arrayOfInts` é declarada. Ela é declarada com o tipo `int[]`. Os colchetes indicam que esse é um array de primitivos `int`. Em seguida, ela é inicializada com o operador `new`. O operador `new` deve ser usado porque todos os arrays são considerados objetos. Ela é inicializada com seu tipo, que é `int`, com os colchetes para indicar que é um array e com um número dentro dos colchetes. O número é usado para atribuir um tamanho ao array. Nesse caso, trata-se de um array contendo três primitivos `int`. As três linhas seguintes definem um valor para cada índice do array. Observe que o primeiro índice tem valor `0`. Todos os arrays são baseados em zero e têm um primeiro índice numérico igual a 0. Para concluir, os valores são acessados e enviados para a saída padrão.

Declarando arrays unidimensionais

Os arrays unidimensionais são declarados com o uso de colchetes após o tipo ou com colchetes após o nome da variável. As duas formas são válidas. Quando o array está sendo declarado, não há a inserção de um número entre os colchetes. Um array é declarado da mesma forma tanto para objetos quanto para primitivos. Aqui está um exemplo:

```
/* Declaração válida de array de objetos e de primitivos */
String[] clockTypes;
int[] alarms;
/*
 * Declaração válida e equivalente às declarações anteriores
 * Essa é uma sintaxe menos comum e é raramente usada
 */
String clockTypes[];
int alarms[];
```

Inicializando arrays unidimensionais

Uma vez que um array é declarado, ele deve ser inicializado. Um array pode ser inicializado de maneira semelhante a como um objeto é inicializado. O operador `new` é usado seguido pelo tipo, com colchetes contendo a extensão, ou o tamanho, do array. Essa inicialização pode ser feita na mesma linha da declaração ou em sua própria linha. O segmento de código a seguir demonstra isso:

```
/*
 * Todas essas linhas são maneiras válidas de inicializar
 * um array com o operador new
 */
String[] clockTypes = new String[3];
String clockTypes[] = new String[3];
clockTypes = new String[4];
/* Até mesmo arrays de primitivos usam o operador new */
int alarms[] = new int[2];
```

Quando um array recebe um tamanho, ele não pode ser alterado sem uma nova inicialização. Se o array declarado contiver primitivos, cada primitivo será configurado com 0. Em um array de objetos, inicialmente cada elemento é configurado como null.

Também é possível inicializar um array com todos os seus valores imediatamente após a declaração. Isso é feito com a inserção dos valores a serem armazenado no array dentro de chaves. As chaves devem vir após a declaração na mesma linha. Os valores entre as chaves são separados por vírgulas. Essa sintaxe inicializa o array e atribui um valor a cada elemento. O código a seguir mostra isso:

```
int[] alarms = {730,900};
String[] clockTypes = {"Wrist Watch","Desk Clock","Wall Clock"};
Clock[] clocks = {new Clock(1100), new Clock(2250)};
```

Esse exemplo mostra o array alarms, que contém primitivos int, sendo inicializado com dois valores int. O array tem um tamanho igual a dois e foi preenchido com 730 no índice 0 e 900 no índice 1. A linha seguinte é um array de objetos String. Ele foi inicializado com três strings: "Wrist Watch", "Desk Clock" e "Wall Clock". Seu tamanho é igual a três. O último exemplo é um objeto chamado Clock. Ele tem um construtor que forma um novo objeto e obtém a hora para a inicialização do relógio usando um argumento. Os objetos são criados *inline* e os dois são armazenados no array.

Quando um array for inicializado com chaves, isso deve ser feito dentro da mesma instrução da declaração. Ao contrário do que ocorre com o operador new, um array não pode ser inicializado com chaves em uma linha de código diferente.

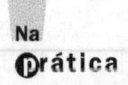

Na prática
Esta seção demonstrou que os arrays podem ser declarados com colchetes após o tipo ou após o nome da variável. Na prática, a maioria dos desenvolvedores insere os colchetes após o tipo da variável porque é o tipo que eles descrevem.

Usando arrays unidimensionais

Os arrays unidimensionais são muito fáceis de usar. Após a declaração e a inicialização, cada elemento do array pode ser acessado com o uso de seu índice. Cada objeto ou primitivo possui um índice numérico associado a ele. É importante que você se lembre que um array com tamanho igual a três teria como índices 0, 1 e 2. O primeiro índice é sempre 0.

O próximo exemplo exibe a string que está armazenada no índice 1 do array:

```
String[] clockTypes = {"Wrist Watch","Desk Clock","Wall Clock"};
System.out.println(clockTypes[1]);
```

A saída seria a seguinte:

```
Desk Clock
```

Esse array é composto por objetos String. Quando o array é usado com um número como índice, ele se comporta como uma variável de objeto String se comportaria. Por exemplo, o método equalsIgnoreCase() da classe String pode ser usado dessa forma:

```
if (clockTypes[0].equalsIgnoreCase("Grand Father Clock")({
  System.out.println("It's a grandfather clock!");
}
```

Também é possível obter o tamanho de um array. Os arrays são objetos em Java. Você pode acessar o campo público length para obter o tamanho do array. No próximo exemplo, observe que length não é um método com parênteses de abertura e fechamento, mas um campo público que pode ser acessado para obtenção do tamanho do array.

```
System.out.println("length: " + clockTypes.length);
```

O exemplo produziria a seguinte saída:

```
length: 3
```

Java tem métodos internos para a cópia de dados de um array para outro. Esses métodos copiam os dados e criam dois arrays independentes ao terminar. O método arraycopy() é um método estático que faz parte da classe System. A assinatura do método arraycopy() é mostrada a seguir:

```
public static void arraycopy(Object src, int srcPos,
    Object dest, int destPos, int length)
```

Esse método tem cinco parâmetros. O parâmetros src é o array de origem, o array do qual você pretende copiar dados. O parâmetro srcPos é a posição inicial do array e é onde a cópia começará. O parâmetro dest é o array em que os dados serão copiados. O parâmetro destPos é a posição inicial em que os dados serão inseridos no array. Por fim, o parâmetro length é o número de elementos do array a serem copiados. Quando usar esse método, você deve se certificar de não sair dos limites dos dois arrays. O array de destino também deve ser declarado como sendo do mesmo tipo e já estar inicializado.

A listagem de código a seguir demonstra parte de um array sendo copiada para outro array:

```
String[] clockTypes = {"Wrist Watch","Desk Clock","Wall Clock"};
String[] newClockTypes = new String[2];
```

```
System.arraycopy(clockTypes, 1, newClockTypes, 0, 2);

for(String s : clockTypes){
    System.out.println(s);
}
System.out.println("------");
for(String s : newClockTypes){
    System.out.println(s);
}
```

Nesse exemplo, os dois últimos elementos de clockTypes são copiados para newClockTypes. Em seguida, ambos são exibidos na saída padrão. Os dois arrays são independentes. Se os valores de um forem modificados, isso não afetará o outro array. Aqui está a saída desse segmento de código:

```
Wrist Watch
Desk Clock
Wall Clock
------
Desk Clock
Wall Clock
```

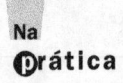

> **Na Prática**
>
> *A classe Arrays do pacote de utilitários Java fornece recursos de classificação (ordenação), busca e comparação para arrays. Os métodos estáticos da classe Arrays são asList, binarySearch, copyOf, copyOfRange, equals, fill, sort e muitos outros métodos úteis.*

Arrays multidimensionais

Os arrays multidimensionais têm mais de um índice. Um array multidimensional com duas dimensões, ou índices, é um array composto por arrays. Um array pode ter três, quatro ou mais dimensões. A especificação da linguagem Java não define um limite para o número de dimensões que um array pode ter. No entanto, a especificação da máquina virtual Java (JVM) define um limite prático de 256 dimensões.

A seguir temos um exemplo completo de um array bidimensional. Examinaremos todas as regras dos arrays nas próximas seções.

```
char[][] ticTacToeBoard = new char[3][3];

for(int y=0;y<3;y++){
    for(int x=0;x<3;x++){
        ticTacToeBoard[x][y]='-';
    }
}

ticTacToeBoard[0][0] = 'X';
ticTacToeBoard[1][1] = 'O';
ticTacToeBoard[0][2] = 'X';
```

```java
for(int y=0;y<3;y++){
   for(int x=0;x<3;x++){
      System.out.print(ticTacToeBoard[x][y]+" ");
   }
   System.out.print("\n");
}
```

Esse exemplo usa um array bidimensional para representar um tabuleiro de jogo da velha. Primeiro o array é declarado como de primitivos char e depois ele é inicializado com o tamanho 3 por 3. O primeiro laço configura cada valor com um caractere '-'. Os espaços do tabuleiro em 0,0 e 0,2 são então configurados com 'X', e 1,1 é configurado com 'O'. Para concluir, o tabuleiro é exibido na saída padrão, produzindo o resultado a seguir:

```
X - -
- O -
X - -
```

Declarando arrays multidimensionais

Um array multidimensional é declarado de maneira semelhante a um array unidimensional, com colchetes adicionais para cada dimensão. Enquanto um array unidimensional tem um único par de colchetes após o tipo ou o nome da variável, um array bidimensional tem dois pares colchetes, um array tridimensional teria três e assim por diante. A seguir temos alguns exemplos de arrays multidimensionais sendo declarados:

```java
//Um exemplo de um array bidimensional sendo declarado das duas maneiras
String[][] chessBoard;
String chessBoard[][];
//Um exemplo de um array tridimensional sendo declarado das duas maneiras
int[][][] cube;
int cube[][][];
```

Inicializando arrays multidimensionais

Os arrays multidimensionais podem ser inicializados de maneira semelhante aos arrays unidimensionais. Eles são inicializados com o operador new ou usam chaves com os valores que serão armazenados no array:

```java
String[][] square = {{"1","2"},{"3","4"}};
String[][] square = new String[2][2];
int[][][] cube = new int[3][3][3];
```

Nesse exemplo, os grupos de chaves são separados por vírgulas. Os valores dentro das chaves representam um array. Podemos considerar os arrays multidimensionais como arrays compostos por arrays. Isso ocorre porque o primeiro nível é um array contendo outro array em cada elemento.

Os arrays internos não precisam ter o mesmo tamanho. O próximo segmento de código demonstra um array com subarrays de diferentes tamanhos. A Figura 6-2 mostra uma representação visual desse array.

```
int[][] oddSizeArray = {{1,2},{1,2,3,4},{1,2,3}};
```

Quando o operador new é usado para inicializar um array, não precisamos definir o tamanho de cada dimensão. Já que um array multidimensional é apenas um array composto por arrays, é correto definir o tamanho somente da primeira dimensão. Atribua então um array preexistente a esse elemento ou use o operador new novamente:

```
int[][][] array3D = new int[2][][];
array3D[0] = new int[5][];
array3D[1] = new int[3][];
array3D[0][0] = new int[7];
array3D[0][1] = new int[2];
array3D[1][0] = new int[4];
```

No exemplo anterior, array3D só inicializou o tamanho da primeira dimensão quando foi declarado. Depois, em linhas separadas, os dois elementos da primeira dimensão foram inicializados com outro array. Para concluir, alguns elementos da segunda dimensão foram inicializados com seus arrays.

Usando arrays multidimensionais

Os arrays multidimensionais são usados de maneira semelhante aos arrays unidimensionais, exceto pelas dimensões adicionais terem que ser consideradas. Quando um elemento é acessado, um índice precisa ser fornecido em colchetes para cada dimensão:

```
int[][] grid = {{1,2},{3,4}};
System.out.println(grid[0][0] + " " + grid[1][0]);
System.out.println(grid[0][1] + " " + grid[1][1]);
```

1 [0][0]	1 [1][0]	1 [2][0]
2 [0][1]	2 [1][1]	2 [2][1]
	3 [1][2]	3 [2][2]
	4 [1][3]	

FIGURA 6-2   int[ ][ ] oddSizeArray.

> **NO EXAME**
>
> **Procurando pistas no exame**
>
> Quando estiver fazendo a prova do exame OCA, preste bastante atenção em perguntas que contenham arrays multidimensionais. Como estão seção mostrou, esses arrays podem ser usados de muitas maneiras diferentes. Reflita sobre a pergunta e tente determinar se o array é válido. Se estiver em dúvida, salte-a. Ao trabalhar em outras questões, observe como os autores do exame usaram arrays nessas perguntas.

Também podemos atribuir um dos subarrays a outro array unidimensional. O exemplo a seguir dá continuidade ao exemplo anterior para demonstrar esse conceito:

```
int[] subGrid = grid[1];
```

OBJETIVO DA CERTIFICAÇÃO

Trabalhar com objetos ArrayList e seus métodos

Objetivo do exame: Declarar e usar um ArrayList de um tipo específico

A classe Java `ArrayList` é uma representação orientada a objetos do array padrão discutido anteriormente neste capítulo. Ela faz parte do pacote `java.util`.

Usando a classe ArrayList

A classe `ArrayList` é usada para criar um objeto que possa armazenar outros objetos, inclusive tipos enumerados (enums). Um índice é utilizado no acesso aos objetos existentes no `ArrayList`. O `ArrayList` fornece mais flexibilidade que um array padrão. Ele pode ser redimensionado dinamicamente e permite que objetos sejam inseridos em seu interior enquanto outros elementos são movidos automaticamente para fazer espaço. A seguir temos um exemplo de um `ArrayList` em ação:

```
Integer integer1 = new Integer(1300);
Integer integer2 = new Integer(2000);
ArrayList<Integer> basicArrayList = new ArrayList<Integer>();
basicArrayList.add(integer1);
basicArrayList.add(integer2);
```

Nesse exemplo, dois objetos `Integer` são criados: `integer1` e `integer2`. Posteriormente eles serão armazenados em um `ArrayList`. É preciso lembrar que os objetos `ArrayList` não podem armazenar primitivos como o fazem os arrays básicos. Se um primitivo for necessário, primeiro ele deve ser inserido em um objeto encapsulador de primitivos. Se um primitivo for adicionado a um `ArrayList`, um autoboxing ocorrerá para inseri-lo em sua classe wrapper automaticamente. Em seguida, o objeto `ArrayList` `basicArrayList` é criado. Observe o `<Integer>` dentro de colchetes angulares – isso é um indicador de um tipo genérico Java. Indica que o `ArrayList` armazenará objetos `Integer`. O compilador imporá o uso do tipo declarado no tipo genérico. Só objetos desse tipo, ou subclasses dele, poderão ser armazenados no `ArrayList`. O construtor padrão é usado para criar um `ArrayList`. Para concluir, os dois objetos são adicionados. O construtor padrão cria um `ArrayList` com dez elementos internos. O tamanho do `ArrayList` é baseado no número de objetos existentes nele e uma exceção será lançada se o índice não for válido. Se o tamanho interno for ultrapassado, o `ArrayList` será expandido automaticamente.

A linha de código a seguir demonstra como acessar os elementos do `ArrayList`. Os índices do `ArrayList` são baseados em zero.

```
System.out.println(basicArrayList.get(0)
    + " - " + basicArrayList.get(1));
```

Isso resultaria na seguinte saída:

```
1300 - 2000
```

Para a obtenção do tamanho de um `ArrayList`, o método `size()` deve ser usado. Ele retorna um `int` representando o número de elementos que estão atualmente sendo armazenados.

```
System.out.println("Size: " + basicArrayList.size());
```

Esse exemplo produziria a seguinte saída:

```
Size: 2
```

Quando o construtor padrão é usado para criar um `ArrayList`, ele recebe uma capacidade inicial igual a dez. A capacidade é diferente do tamanho. Como você viu no exemplo anterior, o objeto `basicArrayList` usou o construtor padrão e, portanto, tinha capacidade igual a dez. Contudo, o método `size()` só retorna o número de elementos que ele está armazenando. O `ArrayList` gerencia a capacidade automaticamente. Quando a capacidade é excedida, ele se expande de maneira automática. No entanto, isso gera algum overhead. Ao desenvolver softwares, se você tiver uma ideia aproximada da capacidade necessária, pode defini-la com o construtor de `ArrayList`. Isso reduz o overhead do `ArrayList` se expandir várias vezes. Aqui está a assinatura desse construtor:

```
public ArrayList(int initialCapacity)
```

A capacidade do `ArrayList` pode ser alterada posteriormente com o método `ensureCapacity()`. Esse método aumenta o tamanho do `ArrayList` de acordo com o argumento passado para ele. Essa é assinatura do método `ensureCapacity()`:

```
public void ensureCapacity(int minCapacity)
```

Como mencionado, é possível adicionar um elemento a um `ArrayList` em um índice especificado. Se o índice estiver no meio do `ArrayList`, o elemento atual desse índice e tudo que vier depois dele serão deslocados uma posição para baixo. Continuando o exemplo de `basicArrayList`, o código a seguir inserirá um elemento no meio do `ArrayList`.

```
Integer integer3 = new Integer(900);
basicArrayList.add(1,integer3);
System.out.println(basicArrayList.get(0)
    + " - " + basicArrayList.get(1)
    + " - " + basicArrayList.get(2));
System.out.println("Size: " + basicArrayList.size());
```

Um terceiro `Integer` é criado e o método `add()` é usado, aceitando tanto o índice em que o elemento será inserido quanto o próprio elemento como argumentos. Quando esse código for executado, o resultado a seguir será exibido:

```
1300 - 900 - 2000
Size: 3
```

Observe que o novo `Integer`, `900`, é inserido no índice um. O tamanho também aumentou em uma unidade. A assinatura do método `add` é mostrada aqui:

```
public void add(int index,E element)
```

Os objetos podem ser removidos do `ArrayList` de maneira igualmente fácil. Quando um objeto é removido, todos os elementos existentes após o elemento removido têm seus índices deslocados para baixo em uma unidade. O tamanho também é diminuído em uma unidade. Podemos remover um elemento referenciando o número de seu índice ou passando o objeto para o `ArrayList`. Essas são as duas assinaturas de método para a remoção de um objeto:

```
public E remove(int index)
public boolean remove(Object o)
```

Esta seção abordará apenas os métodos mais importantes da classe `ArrayList`. A maioria das perguntas sobre `ArrayList` do exame será sobre esses métodos. No entanto, também seria uma boa ideia você examinar a classe `ArrayList` na API do Java para conhecer todas as funcionalidades que essa classe fornece.

> **Na prática**
>
> *A classe `ArrayList` pertence a um grupo de classes chamadas classes de coleção. Todas essas classes implementam a interface `Collection`. Como o nome sugere, as classes de coleção são utilizadas para armazenar dados. Elas são muito usadas na linguagem Java. Todo desenvolvedor deve familiarizar-se com a maioria das classes desse grupo. Ele contém pilhas, conjuntos, listas, filas e arrays. Embora `ArrayList` seja a única entre elas que cai no exame OCA, continua sendo recomendável que você examine a API do Java para obter mais informações sobre essas classes.*

ArrayList versus arrays padrão

Este capítulo discutiu duas maneiras válidas de armazenar dados no software. Qual é a melhor? Como acontece com qualquer ferramenta, você deve usar a mais apropriada para a tarefa em questão. Na maioria dos casos mais gerais, costuma ser mais fácil lidar com ArrayList. Ele permite o aumento e a redução de conjuntos de dados, permite que elementos sejam adicionados ou removidos em qualquer índice válido e oferece muitos outros métodos que facilitam seu uso.

No entanto, se você estiver preocupado com o overhead, pode ser melhor usar o array básico. Se o tamanho dos dados for conhecido, o recurso de expansão e redução automáticas do ArrayList não será útil. Se primitivos estiverem sendo usados, um array padrão será mais eficiente já que eles não precisarão ser convertidos para suas classes wrapper.

A tabela a seguir mostra as vantagens e desvantagens de usar ArrayList:

Vantagens	Desvantagens
Tem redimensionamento automático quando a capacidade é excedida.	Não pode armazenar primitivos que não estejam em classes wrapper.
Objetos podem ser inseridos no meio do array e ele reajustará automaticamente todos os outros elementos.	Um overhead adicional é necessário quando ele é redimensionado.
Objetos podem ser facilmente removidos de qualquer local do array e todos os outros elementos serão reajustados automaticamente.	É preciso aninhar vários ArrayLists no mesmo ArrayList para funcionar de maneira semelhante a um array multidimensional padrão.

A próxima tabela mostra as vantagens e desvantagens do uso de arrays unidimensionais e multidimensionais padrão:

Vantagens	Desvantagens
Pode armazenar primitivos.	Não pode ser redimensionado.
Não há overhead no acesso aos dados.	Na inclusão ou remoção de dados, o array deve ser gerenciado manualmente.
É fácil criar arrays multidimensionais.	

EXERCÍCIO 6-1

Implemente um ArrayList e um array padrão

Esse exercício o ajudará a conhecer melhor tanto a classe ArrayList quanto os arrays padrão.

1. Crie um projeto Java no IDE de sua escolha.

2. Descubra qual foi a temperatura máxima diária dos últimos sete dias.

3. Crie um array unidimensional padrão e insira nele a temperatura de cada dia. Ele deve conter sete elementos quando você terminar.

4. Crie um ArrayList e insira nele as mesmas sete temperaturas.

5. Use tanto o array padrão quanto o ArrayList e encontre a temperatura média com o passar do tempo.

6. Exiba cada valor na saída padrão.

7. Certifique-se de ter calculado o mesmo valor a partir de cada tipo de array.

Resumo para a certificação

Este capítulo examinou como devemos usar os arrays padrão Java e os ArrayLists. No exame OCA, você terá que saber como usar cada tipo de array, como eles funcionam e os detalhes semânticos do que é ou não válido. O exame o testará em todas as três áreas na mesma pergunta.

Os arrays padrão Java e sua sintaxe foram herdados pela linguagem Java a partir da linguagem C. Eles são uma maneira muito primitiva de armazenar vários valores do mesmo tipo. Geram pouco overhead, mas as alterações devem ser feitas manualmente. Uma vez que um tamanho é declarado, o array não pode crescer. Esses arrays podem armazenar tanto valores primitivos quanto objetos. Também é fácil criar um array com muitas dimensões.

ArrayList é uma classe Java que tenta fornecer a mesma funcionalidade de um array padrão, mas de maneira orientada a objetos. Ela só pode armazenar objetos, mas primitivos podem ser usados se antes forem inseridos em suas classes wrapper. O ArrayList ajustará seu tamanho automaticamente se sua capacidade for excedida. Também é possível adicionar ou remover elementos em qualquer local do ArrayList. Quando objetos são adicionados ou removidos, o ArrayList ajusta os objetos restantes.

O exame OCA se concentrará igualmente no uso dos dois tipos de array, assim como no uso da sintaxe apropriada de ambos. Não é suficiente saber como usar um array padrão ou um ArrayList. Você também precisa conhecer os detalhes do que é e do que não é válido.

✓ REVISÃO RÁPIDA

Trabalhar com arrays Java

- Os arrays Java padrão encontram-se embutidos na linguagem Java.
- Os arrays Java padrão podem armazenar tanto objetos quanto primitivos.
- Os arrays Java padrão podem ter uma ou muitas dimensões.
- Os arrays Java padrão são objetos e devem ser inicializados após serem declarados.
- Os arrays Java padrão podem ser declarados com colchetes após o tipo ou o nome da variável. Exemplo: int[] myArray ou int myArray[].
- Os arrays Java padrão podem ser inicializados com o operador new e seu tamanho em colchetes após o tipo. Exemplo: int[] myArray = new int[4]
- Os arrays Java padrão podem ser inicializados pela inserção dos valores que o preencherão em chaves. Exemplo: int[] myArray = {1,2,3,4}.
- Os arrays Java padrão podem ser multidimensionais. Cada conjunto de colchetes representa uma dimensão.
- Um array tridimensional seria declarado como int[][][] threeDArray.
- Os arrays multidimensionais podem ser declarados com o operador new e a inserção de cada dimensão em colchetes. Exemplo: int[][][] threeDArray = new int[3][2][2].
- Os arrays multidimensionais podem ser inicializados pela inserção dos valores que o preencherão em chaves. Cada dimensão é representada por um conjunto aninhado de chaves. Exemplo: int[][][] threeDArray = {{{1,2},{3,4}},{{5,6},{7,8}},{{9,10},{11,12}}}.
- Os arrays multidimensionais não precisam ter subarrays com o mesmo tamanho. Exemplo: int[][] oddSizes = {{1,2,3,4},{3},{6,7}}.
- Os arrays multidimensionais não precisam declarar o tamanho de cada dimensão quando inicializados. Exemplo: int[][][] array5 = new int[3][][].

Trabalhar com objetos ArrayList e seus métodos

- A classe ArrayList é uma representação orientada a objetos de um array Java padrão.
- A classe ArrayList faz parte do pacote java.util.
- Um objeto ArrayList se redimensionará automaticamente se sua capacidade for excedida.
- Um objeto ArrayList pode ter sua capacidade interna ajustada manualmente para ser mais eficiente.
- Um objeto ArrayList pode ter elementos adicionados a qualquer índice do array e nesse caso ele moverá automaticamente os outros elementos.

○ Um objeto `ArrayList` pode ter qualquer elemento removido, caso em que ele moverá automaticamente os outros elementos.

○ Quase sempre, o `ArrayList` é o método preferido de armazenamento de dados em um array.

Teste

Trabalhar com arrays Java

1. Que linhas serão compiladas sem erros? Selecione todas que forem aplicáveis.

   A. `Object obj = new Object();`
   B. `Object[] obj = new Object();`
   C. `Object obj[] = new Object();`
   D. `Object[] obj = new Object[];`
   E. `Object[] obj = new Object[3]();`
   F. `Object[] obj = new Object[7];`
   G. `Object obj[] = new Object[];`
   H. `Object obj[] = new Object[3]();`
   I. `Object obj[] = new Object[7];`
   J. `Object[8] obj = new Object[];`
   K. `Object[3] obj = new Object[3]();`
   L. `Object[7] obj = new Object[7];`
   M. `Object obj[] = new {new Object(), new Object()};`
   N. `Object obj[] = {new Object(), new Object()};`
   O. `Object obj[] = {new Object[1], new Object[2]};`

2. Qual é a saída do segmento de código a seguir?

   ```
   String[] numbers = {"One","Two","Three"};
   System.out.println(numbers[3] + " " + numbers[2] + " " +
       numbers[1]);
   ```

   A. One Two Three
   B. Three Two One
   C. Um erro em tempo de compilação será gerado.
   D. Uma exceção em tempo de execução será lançada.

3. Qual é a saída do segmento de código a seguir?

   ```
   String[] numbers = {"One","Two","Three"};
   for(String s : numbers){
       System.out.print(s + " ");
   }
   ```

   A. One Two Three
   B. Three Two One
   C. Um erro em tempo de compilação será gerado.
   D. Uma exceção em tempo de execução será lançada.

4. Qual é a saída do segmento de código a seguir?

   ```
   int[] testScores = {80,63,99,87,100};
   System.out.println("Length: " + testScores.length);
   ```

   A. Length: 4
   B. Length: 5
   C. Length: 100
   C. Um erro em tempo de compilação será gerado.
   E. Uma exceção em tempo de execução será lançada.

5. Qual é a saída do segmento de código a seguir?

   ```
   Integer[] integerArray1 = {new Integer(100),new Integer(1)
       ,new Integer(30),new Integer(50)};
   Integer[] integerArray2 = new Integer[2];
   integerArray2[0]=new Integer(100);
   System.arraycopy(integerArray1, 2, integerArray2, 1, 1);
   for(Integer i : integerArray2){
       System.out.print(i + " ");
   }
   ```

   A. 100 1 30 50
   B. 100 1
   C. 100 30
   D. 100 1 30
   E. 600 1
   F. 600 30
   G. 600 1 30
   H. Um erro em tempo de compilação será gerado.
   I. Uma exceção em tempo de execução será lançada.

6. Que linha *irá* produzir um erro de compilação?

   A. `double[][] numbers;`
   B. `double[][][] numbers;`
   C. `double[][] numbers = {{1,2,3},{7,8,9},{4,5,6}};`
   D. `double[][] numbers = {{1,2,3},{7,8},{4,5,6,9}};`
   E. `double[][][] numbers = new double[7][][];`
   F. `double[][][] numbers = new double[][][];`
   G. `double[][][] numbers = new double[7][3][2];`

7. Qual é o valor da variável sum no fim desse segmento de código?

```
int[][] square = new int[3][3];
for(int i=0;i<3;i++){
    square[i][i] = 5;
}
int sum=0;
for(int i=0;i<3;i++){
    for(int j=0;j<3;j++){
        sum+=square[i][j];
    }
}
```

A. 0
B. 5
C. 10
D. 15
E. 20
F. 25
G. 30
H. 35
I. 40
J. 45
K. 50
L. Ela gerará um erro de compilação.

8. O segmento de código a seguir é válido. Verdadeiro ou falso?

```
int[][] square = new int[2][];
square[0]= new int[5];
square[1]=new int[3];
```

A. Verdadeiro
B. Falso

9. Dado o código:

```
int sampleArray[]= new int[3];
sampleArray[1]= 3;
sampleArray[2]= 5;
sampleArray[3]= 7;
int var = sampleArray[1+1]; int sampleArray[]= new int[3];
sampleArray[1]= 3;
sampleArray[2]= 5;
sampleArray[3]= 7;
int var = sampleArray[1+1];
```

Qual é o valor da variável var?

- A. 3
- B. 5
- C. 7
- D. 6
- E. 8
- F. Ocorrerá um erro de compilação.
- G. Ocorrerá um erro em tempo de execução.

10. O que está faltando na declaração de array multidimensional a seguir?

```
int[][] array = int[10][10];
```

- A. Chaves
- B. Parênteses
- C. A palavra-chave new
- D. Não está faltando nada.

Trabalhar com objetos ArrayList e seus métodos

11. O que pode ser armazenado em um ArrayList? Selecione todas as opções que forem aplicáveis.

    - A. Primitivos
    - B. Objetos
    - C. Arrays padrão
    - D. Enums

12. Qual é o valor da variável size na conclusão desse segmento de código?

    ```
    ArrayList<Object> sampleArrayList = new ArrayList<Object>();
    sampleArrayList.add(new Object());
    sampleArrayList.ensureCapacity(15);
    sampleArrayList.add(new Object());
    int size = sampleArrayList.size();
    ```

    - A. 0
    - B. 1
    - C. 2
    - D. 10
    - E. 15
    - F. Um erro em tempo de compilação será gerado.
    - G. Uma exceção em tempo de execução será lançada.

13. Para situações padrão, normalmente qual é o melhor tipo de array para se usar?

   A. `ArrayList`

   B. Array unidimensional

   C. Array multidimensional

14. Qual é a saída do segmento de código a seguir?

```
ArrayList<String> sampleArrayList = new ArrayList<String>();
sampleArrayList.add("One");
sampleArrayList.add("Two");
sampleArrayList.add(1,"Three");
for(String s : sampleArrayList){
    System.out.print(s + " ");
}
```

   A. `One Two Three`

   B. `One Three Two`

   C. `Three One Two`

   D. `One Three`

   E. `Three Two`

   F. Um erro em tempo de compilação será gerado.

   G. Uma exceção em tempo de execução será lançada.

15. A classe `ArrayList` faz parte de que pacote Java?

   A. `java.lang`

   B. `java.util`

   C. `javax.tools`

   D. `javax.swing`

16. Que tipo de array tem o maior overhead?

   A. Array unidimensional

   B. Array multidimensional

   C. `ArrayList`

17. Que afirmação descreve melhor o resultado do segmento de código a seguir? O `ArrayList` chamado `sampleArrayList` foi declarado e inicializado.

```
int i = 63;
sampleArrayList.add(i);
```

   A. O `int` é inserido com sucesso no `ArrayList`.

   B. O `int` é convertido em um `Integer` via autoboxing e inserido no `ArrayList`.

   C. `null` é inserido no `ArrayList`.

   D. Um erro em tempo de compilação será gerado.

   E. Uma exceção em tempo de execução será lançada.

18. Quais dos itens a seguir são interfaces de `ArrayList`? Selecione todos que forem aplicáveis.

   A. `List`
   B. `Map`
   C. `Queue`
   D. `Set`
   E. `RandomAccess`

✓ Respostas do Teste

Trabalhar com arrays Java

1. Que linhas serão compiladas sem erros? Selecione todas que forem aplicáveis.

- **A.** `Object obj = new Object();`
- **B.** `Object[] obj = new Object();`
- **C.** `Object obj[] = new Object();`
- **D.** `Object[] obj = new Object[];`
- **E.** `Object[] obj = new Object[3]();`
- **F.** `Object[] obj = new Object[7];`
- **G.** `Object obj[] = new Object[];`
- **H.** `Object obj[] = new Object[3]();`
- **I.** `Object obj[] = new Object[7];`
- **J.** `Object[8] obj = new Object[];`
- **K.** `Object[3] obj = new Object[3]();`
- **L.** `Object[7] obj = new Object[7];`
- **M.** `Object obj[] = new {new Object(), new Object()};`
- **N.** `Object obj[] = {new Object(), new Object()};`
- **O.** `Object obj[] = {new Object[1], new Object[2]};`

> Resposta:
>
> ◉ **A, F, I, N e O**. Todas essas linhas são maneiras corretas de declarar e inicializar um array.
>
> ○ **B, C, D, E, G, H, J, K, L e M** estão incorretas. **B** e **C** estão incorretas porque têm `()` em vez de `[]` após o tipo. **D** e **G** estão incorretas porque não atribuem um tamanho ao array. **E** e **H** estão incorretas porque `()` após `[]` não são a sintaxe correta. **J** e **L** estão incorretas porque o tamanho não é atribuído quando ele é declarado. **K** está incorreta porque o tamanho está na declaração e `()` adicionais após os `[]` não são a sintaxe correta. **M** está incorreta porque o primeiro operador `new` está sendo usado com o método de inicialização `{}`.

2. Qual é a saída do segmento de código a seguir?

```
String[] numbers = {"One","Two","Three"};
System.out.println(numbers[3] + " " + numbers[2] + " " +
    numbers[1]);
```

A. One Two Three

B. Three Two One

C. Um erro em tempo de compilação será gerado.

D. Uma exceção em tempo de execução será lançada.

> Resposta:
>
> ◉ **D.** Os índices do array começam em 0. A variável `numbers[3]` lançará uma exceção `ArrayIndexOutOfBoundsException` em tempo de execução.
>
> ○ **A, B** e **C** estão incorretas. Se cada índice fosse um número menor, **B** seria a resposta correta.

3. Qual é a saída do segmento de código a seguir?

   ```
   String[] numbers = {"One","Two","Three"};
   for(String s : numbers){
       System.out.print(s + " ");
   }
   ```

   A. One Two Three

   B. Three Two One

   C. Um erro em tempo de compilação será gerado.

   D. Uma exceção em tempo de execução será lançada.

> Resposta:
>
> ◉ **A.** O laço `for` melhorado exibirá cada string em ordem.
>
> ○ **B, C** e **D** estão incorretas. **B** está incorreta porque está na ordem errada. **C** e **D** estão incorretas porque esse código é válido.

4. Qual é a saída do segmento de código a seguir?

   ```
   int[] testScores = {80,63,99,87,100};
   System.out.println("Length: " + testScores.length);
   ```

   A. Length: 4

   B. Length: 5

   C. Length: 100

   C. Um erro em tempo de compilação será gerado.

   E. Uma exceção em tempo de execução será lançada.

Resposta:

◉ **B.** O tamanho de um array é igual ao número de elementos que ele contém.

○ **A, C, D** e **E** estão incorretas. **A** está incorreta porque `length` não é baseado em zero, o que o valor 4 sugeriria. **C** está incorreta porque `length` retorna o tamanho do array e não o último valor. **D** e **E** estão incorretas porque não será gerado um erro ou exceção.

5. Qual é a saída do segmento de código a seguir?

    ```
    Integer[] integerArray1 = {new Integer(100),new Integer(1)
        ,new Integer(30),new Integer(50)};
    Integer[] integerArray2 = new Integer[2];
    integerArray2[0]=new Integer(100);
    System.arraycopy(integerArray1, 2, integerArray2, 1, 1);
    for(Integer i : integerArray2){
        System.out.print(i + " ");
    }
    ```

    A. 100 1 30 50
    B. 100 1
    C. 100 30
    D. 100 1 30
    E. 600 1
    F. 600 30
    G. 600 1 30
    H. Um erro de tempo em compilação será gerado.
    I. Uma exceção em tempo de execução será lançada.

Resposta:

◉ **C.** Primeiro, o número 100 é adicionado e, em seguida, 30 é copiado para o array com o método `arraycopy()`.

○ **A, B, D, E, F, G, H** e **I** estão incorretas. Nenhum desses conjuntos de números compõe o que será a saída desse segmento de código.

6. Que linha *irá* produzir um erro de compilação?

    A. `double[][] numbers;`
    B. `double[][][] numbers;`
    C. `double[][] numbers = {{1,2,3},{7,8,9},{4,5,6}};`
    D. `double[][] numbers = {{1,2,3},{7,8},{4,5,6,9}};`
    E. `double[][][] numbers = new double[7][][];`

F. `double[] [] [] numbers = new double[] [] [];`

G. `double[] [] [] numbers = new double[7] [3] [2];`

> Resposta:
>
> ● F. Quando o operador `new` é usado, pelo menos a primeira dimensão de um array multidimensional deve receber um tamanho.
>
> ○ A, B, C, D, E e G estão incorretas. Todas essas são maneiras válidas de trabalhar com arrays.

7. Qual é o valor da variável sum no fim desse segmento de código?

```
int[] [] square = new int[3] [3];
for(int i=0;i<3;i++){
    square[i] [i] = 5;
}
int sum=0;
for(int i=0;i<3;i++){
    for(int j=0;j<3;j++){
        sum+=square[i] [j];
    }
}
```

A. 0

B. 5

C. 10

D. 15

E. 20

F. 25

G. 30

H. 35

I. 40

J. 45

K. 50

L. Ela gerará um erro de compilação.

> Resposta:
>
> ● D. Todos os elementos primitivos do array começam com o valor 0. Em seguida, o primeiro laço `for` configura `square[0] [0]`, `square[1] [1]` e `square[2] [2]` com 5. Os elementos do array são somados no segundo laço `for` e como resultado final a variável sum recebe o valor 15.
>
> ○ A, B, C, E, F, G, H, I, J e K estão incorretas. Todos esses valores são resultados incorretos para a variável sum. L está incorreta porque esse é um código válido que não produz erro.

8. O segmento de código a seguir é válido. Verdadeiro ou falso?

```
int[][] square = new int[2][];
square[0]= new int[5];
square[1]=new int[3];
```

A. Verdadeiro

B. Falso

> Resposta:
> ⦿ **A.** O exemplo de código é válido, logo, a resposta é 'verdadeiro'.
> ○ **B** está incorreta porque o exemplo é válido.

9. Dado o código:

```
int sampleArray[]= new int[3];
sampleArray[1]= 3;
sampleArray[2]= 5;
sampleArray[3]= 7;
int var = sampleArray[1+1]; int sampleArray[]= new int[3];
sampleArray[1]= 3;
sampleArray[2]= 5;
sampleArray[3]= 7;
int var = sampleArray[1+1];
```

Qual é o valor da variável var?

A. 3

B. 5

C. 7

D. 6

E. 8

F. Ocorrerá um erro de compilação.

G. Ocorrerá um erro em tempo de execução.

> Resposta:
> ⦿ **G.** Esse código causará um erro em tempo de execução. Ele lançará uma exceção java.lang.ArrayIndexOutOfBoundsException. O índice dos arrays começa em 0. Nesse segmento de código, os índices válidos seriam 0, 1 e 2.
> ○ **A, B, C, D, E e F** estão incorretas. **A, B, C, D e E** estão incorretas porque esse código não pode ser executado sem um erro. No entanto, se sampleArray[3] fosse alterado para sampleArray[0], **B** estaria correta. **F** está incorreta porque o código será compilado sem nenhum problema. Contudo alguns IDEs podem marcar esse erro como um possível problema.

10. O que está faltando na declaração de array multidimensional a seguir?

```
int[][] array = int[10][10];
```

   A. Chaves
   B. Parênteses
   C. A palavra-chave new
   D. Não está faltando nada.

Resposta:

● **C.** A palavra-chave new é necessária para estabelecer alocação de memória.

○ **A, B e D** estão incorretas. **A** está incorreta porque para a declaração especificada, chaves não são necessárias. **B** está incorreta porque para a declaração especificada, parênteses não são necessários. **D** está incorreta porque está faltando a palavra-chave new.

Trabalhar com objetos ArrayList e seus métodos

11. O que pode ser armazenado em um ArrayList? Selecione todas as opções que forem aplicáveis.

   A. Primitivos
   B. Objetos
   C. Arrays padrão
   D. Enums

Resposta:

● **B, C e D.** Objetos, arrays padrão e enums podem ser armazenados em um ArrayList.

○ **A** está incorreta. Primitivos não podem ser armazenados em um ArrayList a não ser que sejam inseridos em sua classe wrapper.

12. Qual é o valor da variável size na conclusão desse segmento de código?

```
ArrayList<Object> sampleArrayList = new ArrayList<Object>();
sampleArrayList.add(new Object());
sampleArrayList.ensureCapacity(15);
sampleArrayList.add(new Object());
int size = sampleArrayList.size();
```

   A. 0
   B. 1
   C. 2

D. 10

E. 15

F. Um erro em tempo de compilação será gerado.

G. Uma exceção em tempo de execução será lançada.

> Resposta:
>
> ◉ C. O tamanho de um `ArrayList` é baseado no número de objetos existentes nele e não em sua capacidade.
>
> ○ A, B, D, E, F e G estão incorretas porque o tamanho de um `ArrayList` é baseado no número de objetos que ele contém e não em sua capacidade.

13. Para situações padrão, normalmente qual é o melhor tipo de array para se usar?

    A. ArrayList

    B. Array unidimensional

    C. Array multidimensional

> Resposta:
>
> ◉ A. Um `ArrayList` é uma implementação moderna de um array. Ele fornece mais flexibilidade do que os arrays padrão e seus métodos e gerenciamento automático de recursos internos ajudam a reduzir os erros de programação.
>
> ○ B e C estão incorretas. Esses dois arrays Java padrão são menos flexíveis do que um `ArrayList`.

14. Qual é a saída do segmento de código a seguir?

    ```java
    ArrayList<String> sampleArrayList = new ArrayList<String>();
    sampleArrayList.add("One");
    sampleArrayList.add("Two");
    sampleArrayList.add(1,"Three");
    for(String s : sampleArrayList){
        System.out.print(s + " ");
    }
    ```

    A. One Two Three

    B. One Three Two

    C. Three One Two

    D. One Three

    E. Three Two

    F. Um erro em tempo de compilação será gerado.

    G. Uma exceção em tempo de execução será lançada.

Resposta:

● **B.** A string `Three` é inserida no índice 1. Já que os arrays têm índices que começam em 0, um índice igual a 1 insere `Three` entre os outros dois elementos.

○ **A, C, D, E, F e G** estão incorretas. **A, C, D e E** não são a saída correta para o segmento de código fornecido. **F e G** estão incorretas porque esse é um segmento de código válido.

15. A classe `ArrayList` faz parte de que pacote Java?

    A. `java.lang`

    B. `java.util`

    C. `javax.tools`

    D. `javax.swing`

Resposta:

● **B.** O pacote `java.util` contém as classes de coleção e muitas outras classes Java comuns.

○ **A, C e D** estão incorretas. **A** está incorreta porque `java.lang` contém as classes básicas que compõem Java. **C** está incorreta porque `javax.tools` contém ferramentas que podem ser chamadas em programas. **D** está incorreta porque `javax.swing` contém classes que são usadas para criar interfaces gráficas.

16. Que tipo de array tem o maior overhead?

    A. Array unidimensional

    B. Array multidimensional

    C. ArrayList

Resposta:

● **C.** Os objetos `ArrayList` têm mais overhead do que os arrays padrão. No entanto, com frequência sua flexibilidade mais do que compensa isso.

○ **A e B** estão incorretas. São exemplos de arrays Java tradicionais. Ambos têm menos overhead que um `ArrayList` e, portanto, são respostas incorretas para essa pergunta.

17. Que afirmação descreve melhor o resultado do segmento de código a seguir? O `ArrayList` chamado `sampleArrayList` foi declarado e inicializado.

```
int i = 63;
sampleArrayList.add(i);
```

A. O int é inserido com sucesso no ArrayList.
B. O int é convertido em um Integer via autoboxing e inserido no ArrayList.
C. null é inserido no ArrayList.
D. Um erro em tempo de compilação será gerado.
E. Uma exceção em tempo de execução será lançada.

Resposta:

◉ B. Primitivos não podem ser armazenados em um ArrayList. No entanto, se forem inseridos em sua classe wrapper, poderão ser armazenados. Java fará essa conversão automaticamente via seu recurso de autoboxing se um primitivo for inserido em um ArrayList.

○ A, C, D e E estão incorretas. A está incorreta porque um int não pode ser inserido diretamente em um ArrayList. C está incorreta porque null não é inserido no ArrayList. D e E estão incorretas porque esse código é válido.

18. Quais dos itens a seguir são interfaces de ArrayList? Selecione todos que forem aplicáveis.
    A. List
    B. Map
    C. Queue
    D. Set
    E. RandomAccess

Resposta:

◉ A e E. List e RandomAccess são interfaces de ArrayList.

○ B, C e D estão incorretas. B está incorreta porque Map não é uma interface de ArrayList. C está incorreta porque Queue não é uma interface de ArrayList. D está incorreta porque Set não é uma interface de ArrayList.

Capítulo 7

Herança de classes

OBJETIVOS DA CERTIFICAÇÃO

- Implementar e usar herança e os tipos de classe
- Compreender princípios do encapsulamento
- Uso avançado de classes com herança e encapsulamento
- Revisão rápida
- Teste

A herança é um recurso fundamental das linguagens de programação orientadas a objetos. Ela permite a criação de softwares mais bem projetados por intermédio da reutilização de código, do encapsulamento e da proteção de dados. É crucial que você conheça esse conceito essencial no exame OCA. Como desenvolvedor profissional, você terá que usar herança diariamente em seus próprios códigos e ao interagir com códigos e frameworks já existentes. Este capítulo abordará a importante teoria da herança e a demonstrará com exemplos práticos.

OBJETIVO DA CERTIFICAÇÃO

Implementar e usar herança e os tipos de classe

Objetivo do exame: Descrever a herança e seus benefícios

Objetivo do exame: Usar classes abstratas e interfaces

A herança é um conceito fundamental da linguagem Java que permite que classes específicas herdem os métodos e as variáveis de instância de classes mais gerais. Isso proporciona a criação de códigos mais fáceis de editar e enfatiza a reutilização de código. Você precisará ter um conhecimento sólido sobre esses tópicos no exame.

Esta seção também examinará as diferenças entre classes concretas e classes abstratas. As classes *concretas* são classes normais básicas, enquanto as classes *abstratas* estão relacionadas à herança. O exame OCA certamente incluirá algumas questões que para você responder será preciso saber que tipo de classe está sendo usado.

Para concluir, as interfaces serão discutidas. De uma forma resumida, *interfaces* permitem que o desenvolvedor especifique uma interface pública externa para uma classe. Qualquer classe que implementar ou usar essa interface terá que seguir as especificações descritas nela.

Esta seção é sobre herança e os detalhes de como ela funciona. Trata-se de um conceito que além de ser uma parte importante do exame OCA, como desenvolvedor você precisa conhecer. Os tópicos a seguir serão abordados no capítulo:

- Herança
- Sobrescrevendo métodos
- Classes abstratas
- Interfaces
- Conceitos avançados de herança

Herança

A herança permite que um desenvolvedor crie classes gerais que possam ser usadas como base para várias classes específicas. Por exemplo, suponhamos que um programa precisasse de classes que representassem animais. Os animais que serão representadas são cães, gatos e cavalos. Todas essas classes de animais compartilham alguns elementos comuns. Nesse exemplo simples, cada animal teria uma variável de instância weight (peso), age (idade) e color (cor). Cada classe de animal também teria métodos para permitir que o animal fizesse coisas como comer, descansar e mover-se. Esses métodos poderiam se chamar eat(), rest() e move(int direction).

Tal código pode ser implementado sem o uso de herança com a criação de uma classe para cada tipo de animal e a definição de cada método. Esse esquema de implementação funcionará, mas tem algumas desvantagens. Já que cada tipo de animal come, descansa e move-se de maneira muito semelhante, haverá muito código duplicado entre cada classe. Código duplicado dificulta a manutenção do programa. Se um bug for encontrado em uma classe, o desenvolvedor terá que lembrar-se de procurá-lo em todas as outras classes que tiverem uma cópia desse código. O mesmo problema ocorre para a inclusão de recursos no código duplicado. É muito mais fácil um código que *deve* fazer sempre o mesmo começar lentamente a agir de maneira diferente à medida que avança pelo processo de desenvolvimento e manutenção. Outra desvantagem dessa abordagem é que o polimorfismo não pode ser usado. *Polimorfismo* é a técnica que permite que um objeto específico, como um objeto dog (cão), seja referenciado em código como seu animal pai mais genérico. O polimorfismo será abordado com detalhes no Capítulo 8. Já que essa abordagem não usa herança, não podemos empregar o polimorfismo. A seguir temos um exemplo de cada classe de animal implementada na abordagem em questão. Os detalhes da classe são representados como comentários para explicar que funcionalidade estaria presente se implementada.

```java
public class Dog1 {
    int weight;
    int age;
    String hairColor;

    public void eat(){ /* Alimenta-se mastigando */ }

    public void rest(){ /* Descansa */ }

    public void move(int direction)
        { /* Caminha na direção dada como parâmetro */ }

    public void bark() { /* Late */ }
}

public class Cat1 {
    int weight;
    int age;
```

```
    String hairColor;

    public void eat(){ /* Alimenta-se mastigando */ }

    public void rest(){ /* Descansa */ }

    public void move(int direction)
        { /* Caminha na direção dada como parâmetro */ }

    public void meow() { /* Mia */ }
}

public class Horse1 {

    int weight;
    int age;
    String hairColor;

    public void eat(){ /* Alimenta-se mastigando */ }

    public void rest(){ /* Descansa */ }

    public void move(int direction)
        { /* Caminha na direção dada como parâmetro */ }

    public void neigh() { /* Relincha */ }
}
```

A primeira implementação desses animais cria uma classe exclusiva para cada um. Cada uma das classes anteriores não tem qualquer relacionamento umas com as outras. É fácil ver que as classes são todas muito semelhantes e o código é duplicado entre elas. Na verdade, todos os métodos são iguais exceto bark(), meow() e neigh(). Embora não haja um relacionamento explícito definido no código, podemos inferir que as três classes estão relacionadas.

O mesmo exemplo pode ser implementado de forma mais apropriada com o uso de herança. No exemplo simples a seguir, três dos quatro métodos que precisam ser implementados são comuns a cada animal diferente. Tanto um cão quanto um gato e um cavalo alimentam-se, descansam e movem-se de maneira semelhante. Essa funcionalidade comum pode ser inserida em uma classe Animal mais genérica que defina todos os métodos e variáveis de instância gerais que compõem um animal. Quando o desenvolvedor criar tipos de animais mais específicos como cães, gatos ou cavalos, poderá usar a classe Animal como base, ou *superclasse*. As classes mais específicas herdarão todos os métodos e variáveis de instância não privados da classe base Animal. Uma classe é herdada quando é estendida. É importante lembrar-se que uma classe só pode estender uma única classe. Não é válido herdar várias classes na mesma classe. No entanto, a classe pode herdar uma classe que implemente outra e assim por diante. A palavra-chave extends é usada na linha de assinatura da classe. O próximo exemplo apresenta os mesmos animais sendo implementados com o uso de herança.

```
public class Animal {
  int weight;
  int age;
  String hairColor;

  public void eat(){ /* Alimenta-se mastigando */ }

  public void rest(){ /* Descansa */ }

  public void move(int direction)
      { /* Caminha na direção dada como parâmetro */ }
}

public class Dog2 extends Animal{
  public void bark() { /* Late */ }
}

public class Cat2 extends Animal{
  public void meow() { /* Mia */ }
}

public class Horse2 extends Animal{
  public void neigh() { /* Relincha */ }
}
```

Esse exemplo cria as classes Dog2, Cat2 e Horse2 que são funcionalmente iguais às do primeiro exemplo. Todas essas classes estendem, ou herdam, a classe Animal. A classe Animal é usada como sua base, ou superclasse. As classes específicas herdam todos os métodos e variáveis de instância da classe Animal e a partir daí podem adicionar métodos e variáveis de que a classe precise individualmente. Nesse exemplo, cada classe adicionou um método que faz o ruído de um animal. Você pode adicionar à classe quantas variáveis de instância ou métodos precisar ou usar somente os fornecidos pela superclasse.

Quando uma classe estende outra, qualquer método não privado contido na superclasse pode ser acessado na subclasse. Posteriormente neste capítulo, na seção "Compreender princípios do encapsulamento", você aprenderá mais sobre os quatro modifi-

> **Fique @tento**
>
> Dizer que a classe X estende a classe Y é o mesmo que dizer que a classe X herda da classe Y.

cadores de acesso Java. Por enquanto assumiremos que todos os exemplos estão usando métodos públicos. Eles podem ser chamados da mesma maneira que os métodos implementados na subclasse. O exemplo a seguir demonstra como a classe Dog2 pode ser usada:

```
Dog2 dog = new Dog2();
dog.bark();
dog.eat();
```

Nesse exemplo, um objeto Dog2 chamado dog é criado. Em seguida, os métodos bark() e eat() são chamados. Observe que os dois métodos podem ser chamados da mesma maneira, mesmo que somente o método bark() tenha sido implementado na classe Dog2. Isso ocorre porque qualquer objeto Dog2 herdará todos os métodos não privados da classe Animal.

Sobrescrevendo métodos

A herança, ou a extensão, de uma classe é uma abordagem muito boa para a divisão de funcionalidades comuns entre classes. Classes específicas que estendem classes mais gerais permitem que segmentos de código sejam reutilizados em um projeto. Como já mencionado, isso facilita a manutenção do projeto a ajuda a torná-lo menos propenso a bugs à medida que o ciclo de desenvolvimento avança.

O problema dessa abordagem, no entanto, é que às vezes a subclasse que herda os métodos da superclasse é um pouco diferente. Por exemplo, se uma classe Fish estender a classe Animal, o método move() não funcionará já que ele é implementado por código que emula o animal andando – e um peixe precisa nadar. Uma classe que estende outra pode sobrescrever qualquer método herdado. Isso é feito pela definição de outro método chamado move() com os mesmos argumentos e tipo de retorno. Quando o método move() for chamado, o que foi implementado na classe Fish será usado. Uma classe pode sobrescrever todos, nenhum ou apenas alguns dos métodos que ela herdar de uma classe pai. O próximo exemplo mostra a classe Fish estendendo a classe Animal e sobrescrevendo o método move():

```
public class Fish extends Animal {
  public void move(int direction)
     { /* Nada na direção dada como parâmetro */ }
}
```

Observe que a assinatura do método move() é a mesma que na classe Animal. Porém o método move() da classe Fish está sobrescrevendo o método move() da classe Animal. Quando um objeto Fish for criado e o método move() for chamado, o código que está localizado na classe Fish será executado. Para um método ser sobrescrito, suas assinaturas, que são compostas por todos os parâmetros e pelo tipo de retorno, devem ser idênticas.

Quando uma subclasse sobrescreve um método, ela tem a opção de chamar o método que está sendo sobrescrito. Isso pode ser feito com o uso da palavra-chave super. A palavra-chave super funciona como a palavra-chave this, mas em vez de referenciar a classe atual, super referencia a superclasse. Quando super é usada, ela tem que passar os argumentos corretos para o método pai. A seguir temos um exemplo de `super` sendo usada na classe `Horse3`. Já que normalmente os cavalos descansam de pé, a classe `Horse2` que vimos anteriormente pode ser modificada para colocar o cavalo de pé antes de executar o método `rest()`.

```
public class Horse3 extends Animal{
  public void rest(){
    /* Fica de pé antes de descansar */
    super.rest();
  }

  public void neigh() { /* Relincha */ }
}
```

Quando um objeto `Horse3` tiver seu método `rest()` chamado, ele executará o código existente dentro do método `rest()` da classe `Horse3`. Isso ocorre porque o método `rest()` sobrescreve o mesmo método da classe `Animal`. O método `rest()` de `Horse3` faz o cavalo ficar de pé e então usa `super` para chamar o método `rest()` da classe `Animal`.

Classes abstratas

Até agora, todos os exemplos apresentados usaram classes concretas. Uma *classe concreta* é uma classe comum que pode ser instanciada. Java tem outro tipo de classe chamado *classe abstrata*, que é diferente de uma classe concreta porque não pode ser instanciada e deve ser estendida. Uma classe abstrata pode conter *métodos abstratos*, ou métodos que não são implementados. Eles têm uma assinatura de método válida, mas devem ser sobrescritos e implementados na classe concreta que estende a classe abstrata. No entanto, uma classe abstrata pode estender outra classe abstrata sem implementar seus métodos. As classes abstratas podem ter variáveis de instância e essas podem ser usadas pelas classes concretas que as estendem. Vejamos um exemplo de uma classe abstrata:

```
public abstract class MusicPlayer {
  public abstract void play();

  public abstract void stop();

  public void changeVolume(int volumeLevel)
    { /* Configura o volume com volumeLevel */}
}
```

Esse exemplo é uma classe abstrata para um music player. Ela foi criada para ser a classe base de diferentes dispositivos de reprodução de música como MP3 players ou CD players. Observe como a classe foi definida: a palavra-chave `abstract` é usada para indicar que essa é uma classe abstrata. A classe fornece alguma funcionalidade com o método `changeVolume()`. Ela também contém dois métodos abstratos. Um método abstrato só pode existir em uma classe abstrata. A palavra-chave abstract é usada para marcar um método como abstrato. Os métodos abstratos devem ser implementados na subclasse concreta que os estende.

Uma classe abstrata pode estender outras classes abstratas. As classes abstratas não precisam implementar os métodos de uma superclasse abstrata. No entanto, todos esses métodos devem ser implementados pela primeira subclasse concreta. A finalidade do método abstrato é definir a funcionalidade que qualquer subclasse deve ter. Nesse caso, qualquer music player tem que poder reproduzir e parar. A funcionalidade não pode ser implementada na classe MusicPlayer porque ela será diferente dependendo do player. O exemplo a seguir mostra duas classes estendendo a classe MusicPlayer:

```
public class MP3Player extends MusicPlayer{

  @Override
  public void play() { /* Começa a decodificar e a reproduzir MP3 */ }
  @Override
  public void stop() { /* Interrompe a decodificação e a reprodução de MP3 */ }
}

public class CDPlayer extends MusicPlayer {

  @Override
  public void play() { /* Começa a ler e a reproduzir o disco */ }
  @Override
  public void stop() { /* Interrompe a leitura e a reprodução do disco */ }
}
```

Tanto MP3Player quanto CDPlayer são classes que representam tipos de music player. Ao estender a classe MusicPlayer, elas têm que implementar os métodos play() e stop() sobrescrevendo as classes abstratas na classe base.

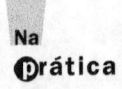

> **Na ⓟrática**
>
> **As anotações @Override e @Implements fornecem uma maneira do compilador Java verificar se o método anotado está realmente fazendo o que o desenvolvedor deseja. @Override deve ser usada quando um método estiver sobrescrevendo e, portanto, ocultando um método em uma superclasse. A anotação @Implements é usada quando um método de uma interface é implementado.**

Interfaces

As interfaces são usadas na linguagem Java para definir um conjunto obrigatório de funcionalidades para as classes que as implementarem. Ao contrário do que ocorre na extensão de classes base, uma classe pode implementar quantas interfaces forem necessárias. Uma interface pode ser considerada como uma classe abstrata com todos os métodos abstratos.

Quando uma classe concreta implementa uma interface, ela tem que implementar todos os métodos que essa define. Uma classe abstrata não tem que implementar os métodos da interface, mas a classe concreta que a está estendendo é responsável por fornecer a funcionalidade que a interface define. As interfaces são usadas para criar um acesso público padrão para itens semelhantes. Isso permite que o código seja mais modular.

A palavra-chave `interface` é usada para criar uma interface no exemplo a seguir:

```
public interface Phone {
   public void dialNumber(int number);

   public boolean isCallInProgress();
}
```

Esse exemplo é uma interface muito básica para um telefone.

O próximo exemplo demonstra essa interface sendo implementada por uma classe de telefone celular e um telefone fixo. A palavra-chave `implements` é usada para implementar uma interface.

```
public class LandlinePhone implements Phone{
   private boolean callInProgress;

   public void dialNumber(int number)
     { /* Disca o número via rede com fio */}

   public boolean isCallInProgress() { return callInProgress; }
}
public class CellPhone implements Phone{
   private boolean callInProgress;

   public void dialNumber(int number)
     { /* Disca o número via rede de celular */ }

   public boolean isCallInProgress() { return callInProgress; }
}
```

Quando uma interface é implementada, todos os seus métodos têm que ser implementados nessa classe. É possível implementar várias interfaces. Quando mais interfaces são usadas, elas são separadas em uma lista delimitada por vírgulas. Em uma situação de uso de várias interfaces, todos os métodos definidos em cada uma delas devem ser implementados. Qualquer método não implementado fará o compilador gerar erros. A seguir temos um exemplo de uma classe implementando duas interfaces:

```
public class VideoPhone implements Phone, VideoPlayer{
   ...
}
```

A grande vantagem do uso de interfaces é que as classes que usarem a mesma interface terão os mesmos métodos públicos, como mostrado na Figura 7-1. Ou seja, a classe `CellPhone` mostrada anteriormente poderia ser usada em vez de `LandlinePhone`. O

```
                    ┌─────────────────────────────┐
                    │      <<interface>>          │
                    │         Phone               │
                    ├─────────────────────────────┤
                    │ + dialNumber(int) : void    │
                    │ + isCallInProgress() : boolean │
                    └─────────────────────────────┘
                                                              VideoPlayer
                                                                  ○
```

┌──────────────────────────────┐ ┌──────────────────────────────┐ ┌──────────────────────────────┐
│   **CellPhone**   │ │   **LandlinePhone**   │ │   **VideoPhone**   │
├──────────────────────────────┤ ├──────────────────────────────┤ ├──────────────────────────────┤
│ + dialNumber(int) : void   │ │ + dialNumber(int) : void   │ │ + dialNumber(int) : void   │
│ + isCallInProgress() : boolean│ │ + isCallInProgress() : boolean│ │ + isCallInProgress() : boolean│
└──────────────────────────────┘ └──────────────────────────────┘ └──────────────────────────────┘

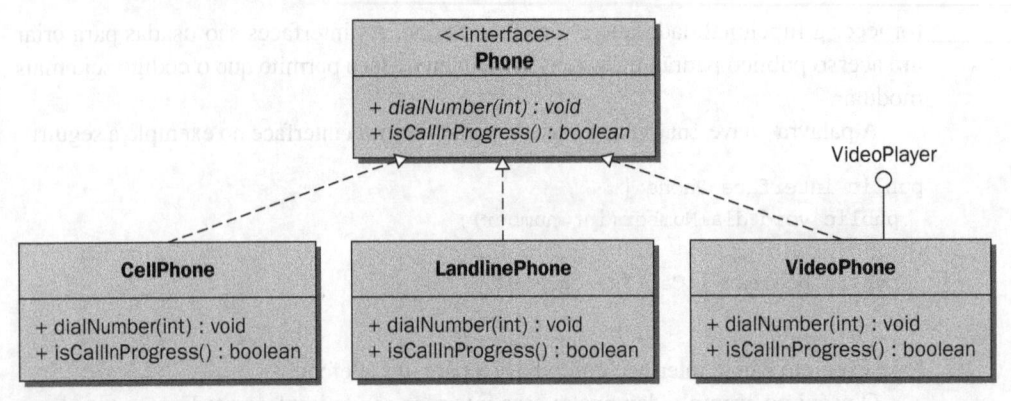

FIGURA 7-1 Implementação da interface Phone.

intercâmbio entre essas classes não deve requerer alteração no código a não ser no tipo declarado. Isso chega próximo à ideia de polimorfismo e será abordado com detalhes no Capítulo 8.

Conceitos avançados de herança

As últimas seções discutiram os casos básicos de herança – uma classe concreta estendendo outra classe concreta, estendendo uma classe abstrata ou implementando interfaces. No entanto, é possível e comum existirem muitos níveis de herança. Na verdade, toda classe na linguagem Java herda elementos da classe base Object. Isso inclui as classes construídas por desenvolvedores.

O uso de Object como classe base é implícito é ela não precisa ser estendida explicitamente com a palavra-chave extends. Ou seja, nos exemplos anteriores em que uma classe era herdada, na verdade havia dois níveis de herança. Se voltarmos ao exemplo dos animais, sabemos que a classe Dog2 estendeu a classe Animal e que essa estende a classe Object. Isso significa que a classe Dog2 ganhou todas as funcionalidades das duas classes. Se uma classe sobrescrever os métodos de outra, o novo método será então passado para baixo na cadeia de herança. A cadeia de herança pode continuar contanto que seja adequada ao aplicativo, ou seja, que a classe A possa estender a classe B, que estenderá C, que estenderá D e assim por diante. As classes podem ser uma combinação de classes abstratas e concretas. Elas também podem implementar qualquer interface necessária.

As interfaces também podem estender outras interfaces. Quando uma interface estende outra interface, ela ganha todos os métodos definidos na interface estendida. Ao contrário de uma classe, uma interface pode estender várias interfaces. Isso é feito com o uso da palavra-chave extends, seguida por uma lista de interfaces delimitada por vírgulas.

O diagrama da Figura 7-2 representa uma possível árvore de herança. Na parte inferior dessa árvore temos a classe concreta SportsCar. Ela estende a classe abstrata Car. A classe Car estende a classe PassengerVehicle, que estende a classe base Object. A classe PassengerVehicle também implementa a interface Drivable.

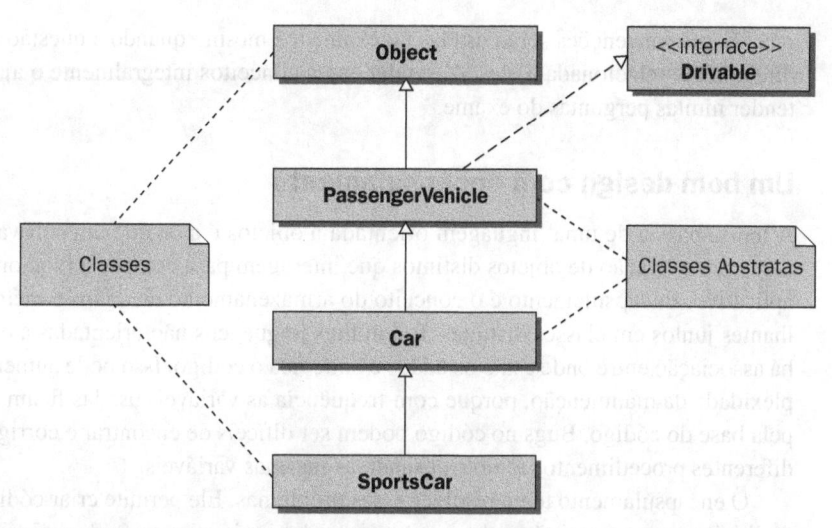

FIGURA 7-2 Um exemplo de uma árvore de herança.

Em um exemplo como esse, a classe SportsCar tem acesso a todos os métodos e variáveis de instância visíveis tanto na classe PassengerVehicle quanto na classe Car. Ela também deve implementar qualquer método que seja abstrato e não tenha sido implementado, inclusive os requeridos pela interface Drivable.

OBJETIVO DA CERTIFICAÇÃO

Compreender princípios do encapsulamento

Objetivo do exame: Aplicar modificadores de acesso

Objetivo do exame: Aplicar os princípios do encapsulamento a uma classe

Encapsulamento é o conceito que preconiza o armazenamento dos dados junto com os métodos que operam com eles. Objetos são usados como o contêiner dos dados e do código. Esta seção discutirá os princípios do encapsulamento e como ele deve ser aplicado por um desenvolvedor.

O encapsulamento permite a ocultação de dados e de métodos. Esse conceito se chama *ocultação de informações* (*information hiding*). A ocultação de informações nos permite expor uma interface pública ao mesmo tempo em que ocultamos os detalhes da implementação. Para concluir, a seção examinará as convenções JavaBeans para a criação de métodos getter e setter. Esses são os métodos usados na leitura e modificação das propriedades de um objeto Java.

Esta seção exporá o leitor a alguns princípios de um bom design básico que devem ser usados com a linguagem Java. O exame OCA exigirá o conhecimento desses princípios. Essas convenções serão usadas no exame até mesmo quando a questão não estiver diretamente relacionada a elas. Aprender esses conceitos integralmente o ajudará a entender muitas perguntas do exame.

Um bom design com encapsulamento

A teoria básica de uma linguagem orientada a objetos é a de que um software é projetado com a criação de objetos distintos que interagem para compor a funcionalidade do aplicativo. Encapsulamento é o conceito do armazenamento de dados e métodos semelhantes juntos em classes distintas. Em muitas linguagens não orientadas a objetos, não há associação entre onde estão os dados e onde fica o código. Isso pode aumentar a complexidade da manutenção, porque com frequência as variáveis usadas ficam espalhadas pela base do código. Bugs no código podem ser difíceis de encontrar e corrigir devido a diferentes procedimentos remotos usando as mesmas variáveis.

O encapsulamento tenta resolver esses problemas. Ele permite criar código de mais fácil leitura e manutenção pelo agrupamento das variáveis e métodos relacionados em classes. Os softwares orientados a objetos são muito modulares e o encapsulamento é usado para criar esses módulos.

Uma classe bem encapsulada tem uma finalidade clara e única. Essa classe só deve conter os métodos e variáveis necessários ao cumprimento de sua finalidade. Por exemplo, se uma classe tivesse como objetivo representar uma televisão, precisaria conter variáveis como currentChannel, volume e isPoweredOn. Uma classe Television também teria métodos como setChannel(int channel) ou setVolume(int volume). Todas essas variáveis e métodos estão relacionados. São específicos das propriedades e ações necessários para a criação de uma classe Television. A classe Television não conteria métodos como playBluray(), esse método deveria ficar em uma classe Bluray separada.

O encapsulamento se resume à criação de classes bem definidas com uma finalidade clara. Essas classes conterão todos os dados e métodos necessários para a execução de suas funções.

O encapsulamento é definido de maneira um pouco diferente dependendo da fonte. Às vezes a definição indica que ele se resume apenas ao armazenamento de dados e métodos relacionados juntos em uma classe. Outras fontes definem o encapsulamento como também incluindo a ocultação das informações relacionadas a detalhes da implementação. Usaremos a primeira, e mais pura, definição de encapsulamento.

Modificadores de acesso

Os modificadores de acesso são palavras-chave que definem quem poderá acessar os métodos e as variáveis de instância. Os três modificadores de acesso são private, protected e public. Todos alteram o nível de acesso padrão. O nível de acesso padrão não usa uma palavra-chave e é atribuído a um método ou variável de instância quando não é usado o modificador private, protected ou public e a área é deixada em branco. Os modificadores de acesso são um conceito importante das linguagens orientadas a objetos. Eles permitem que os detalhes da implementação sejam ocultados em uma classe.

O desenvolvedor pode selecionar especificamente que partes de uma classe poderão ser acessadas por outro objeto.

O exame OCA enfocará os diferentes efeitos que cada modificador produz. Os tópicos listados a seguir serão abordados nas próximas subseções:

- Os modificadores de acesso
- Ocultação de informações
- Expondo a funcionalidade do objeto

Os modificadores de acesso

Como mencionado, Java usa três modificadores de acesso: `private`, `protected` e `public`. Também há o nível de acesso padrão, que é conhecido como *package-private*. Cada nível de acesso tem diferentes restrições que permitem ou negam o acesso de classes a métodos ou variáveis de instância. Os modificadores de acesso também são usados na definição de uma classe. Isso não faz parte do escopo do exame OCA, logo, você pode assumir simplesmente que todas as classes são `public`. O compilador Java produzirá erros se um método ou variável de instância restrito for acessado por código não autorizado.

O modificador de acesso `private` é o mais restritivo e o mais usado. Qualquer método ou variável de instância que for marcado como `private` só poderá ser acessado por outros métodos da mesma classe. Subclasses não podem acessar variáveis de instância ou métodos que sejam `private`. A seguir temos um exemplo do uso da palavra-chave `private`.

```
private int numberOfPoints;
private int calculateAverage() { … }
```

O nível de acesso padrão é o segundo mais restritivo. Ele costuma ser chamado de *package-private*. Esse nível permite o acesso a seus métodos e variáveis de instância a partir de código que esteja no mesmo pacote. O nível de acesso padrão não tem uma palavra-chave para indicar que ele está sendo usado. Um método ou variável de instância é configurado com o nível padrão quando o modificador de acesso é omitido. A seguir temos um exemplo do uso desse nível de acesso.

```
int maxSpeed;
float calculateAcceleration() { … }
```

O modificador de acesso `protected` é o terceiro mais restritivo. Ele é igual ao nível de acesso padrão, mas adiciona a possibilidade de subclasses de fora do pacote acessarem seus métodos ou variáveis de instância. Ou seja, os métodos que podem acessar esses dados devem estar no mesmo pacote (como no nível padrão) ou estar em uma subclasse da classe que contém os dados protegidos. Lembre-se de que uma subclasse é uma classe que estende outra classe. A seguir temos um exemplo do uso do modificador de acesso `protected`.

```
protected boolean active;
protected char getFirstChar() { … }
```

O último modificador de acesso é public. É o modificador menos restritivo e o segundo mais usado. O modificador de acesso public não impõe restrições a quem pode acessar seus métodos e variáveis de instância. Qualquer método pode acessar um método ou uma variável de instância public não importando em que pacote esteja contido ou que superclasse estenda. Um item marcado como public pode ser acessado por todos. A seguir temos um exemplo do uso do modificador de acesso public.

```
public int streetAddress;
public int findZipCode(){ ... };
```

Ocultação de Informações

Ocultação de informações (*information hiding*) é o conceito que preconiza a ocultação dos detalhes de implementação de uma classe. Isso é feito com o uso de modificadores de acesso restritivos. Ocultando os dados, o desenvolvedor pode controlar como eles serão acessados.

As variáveis de instância são usadas para armazenar o estado de um objeto. Se objetos externos pudessem acessar o conjunto inteiro de variáveis de instância de outro objeto, o risco de introdução de bugs seria maior. Um desenvolvedor poderia criar uma nova classe que tentasse incorretamente usar os recursos internos de outra classe. Mesmo se inicialmente essa abordagem funcionar, ela requer que a estrutura de dados interna da classe não mude. Esse conceito também é aplicável aos métodos. Nem todos os métodos precisam estar disponíveis para classes externas. Com frequência, uma classe é composta por métodos que em sua maioria são usados internamente para a execução de tarefas em vez de por métodos projetados para objetos externos.

Cenário e solução

Você precisa criar uma variável de instância que fique disponível somente para a classe em que ela for declarada. Que modificador de acesso usaria?	Use o modificador de acesso private.
Você precisa criar um método que só fique disponível para outros métodos do mesmo pacote ou para uma subclasse da classe em que ele for definido. Que modificador de acesso usaria?	Use o modificador de acesso protected
Você precisa criar um método que esteja disponível para todos os outros métodos do aplicativo. Que modificador de acesso usaria?	Use o modificador de acesso public.
Você precisa criar uma variável de instância que só fique disponível para outros objetos do mesmo pacote. Que modificador de acesso usaria?	Use o modificador *package-private* (padrão).

Uma vantagem da ocultação de dados pode ser vista nesse cenário: uma classe contém uma variável de instância que precisa estar dentro de um determinado intervalo. Um objeto externo poderia configurá-la sem levar em consideração o intervalo apropriado. Para que isso não ocorra, a variável pode ser marcada com private e um método public seria usado para configurá-la. Esse método conteria um código que só mudaria seu valor se o novo valor fosse válido.

Na prática

Quando você estiver trabalhando em um projeto, uma regra geral deve ser a de que todos os métodos e variáveis de instância usem o modificador de acesso mais restritivo possível. Isso promove um bom design encapsulado ao proteger os dados e ajuda a reduzir as áreas em que bugs possam ser introduzidos inadvertidamente.

Expondo a funcionalidade do objeto

Uma vez que os detalhes internos da implementação estiverem ocultos, a classe deve ter um conjunto de métodos `public` que exponha sua funcionalidade para outros objetos. Na maioria das classes, todas as variáveis de instância usam o modificador de acesso `private`. Os métodos `public` são os únicos necessários para que outras classes possam usar essa classe. Qualquer método usado internamente e do qual as classes externas não precisem não deve ser `public`.

Os métodos `public` podem ser comparados aos controles internos de um carro. Só existem alguns, mas eles permitem que o carro seja dirigido. No entanto, dentro do carro existem muitos fios e controles mecânicos que não devem e não precisam ser alterados para o carro ser pilotado. Os controles são como os métodos `public`, enquanto os componentes internos são como os métodos e variáveis de instância `private`.

Anteriormente neste capítulo, as interfaces foram discutidas. Se uma classe implementar uma interface, ela terá que implementar cada método da interface como um método `public`. Elas se chamam "interfaces" porque representam o acesso que outras classes devem usar para trabalhar com essa classe. Os métodos `public` de qualquer classe podem ser considerados como uma interface de acesso à classe. Os objetos externos não têm conhecimento dos detalhes subjacentes da classe. Eles só podem ver e usar a interface pública que um objeto lhes apresenta.

Setters e getters

Os *setters* e *getters* são o conceito final da ocultação de informações e do encapsulamento. Como já discutido, é um bom design tornar todas as variáveis de instância `private`. Ou seja, as classes externas não devem ter uma maneira de acessar essas variáveis. Porém, um objeto externo pode ter que ler uma delas para determinar seu estado ou talvez precise configurar o valor. Para que isso ocorra, um método `public` é criado para a variável, tanto para acessar quanto para definir o valor. Esses métodos são chamados de *getters* e *setters*. Eles podem ser tão simples a ponto de ter uma única linha que somente defina ou retorne um valor.

O exemplo a seguir é uma classe que tem uma única variável de instância, um setter e um getter.

```
public class ScoreBoard {
  private int score;

  public int getScore() {
    return this.score;
  }

  public void setScore(int score) {
```

```
            this.score = score;
        }
    }
```

Observe nesse exemplo uma variável de instância `private` chamada `score`. Os dois métodos que estão presentes são um getter e um setter para a variável `score`. Nesse caso, a classe está dando acesso de leitura e gravação à variável por intermédio dos métodos. Em algumas situações, uma classe concede apenas um ou outro. Os métodos getter e setter desse exemplo são simples e só configuram ou retornam o valor. No entanto, se a classe tivesse que executar uma ação sempre que a variável `score` fosse alterada, isso poderia ser feito a partir do setter. Por exemplo, suponhamos que sempre que a pontuação fosse alterada, a classe tivesse que registrá-la em um log. Poderíamos executar essa ação no setter. Essa é a vantagem de mantermos as variáveis de instância privadas. Permite que a classe controle como suas variáveis de instância serão acessadas.

Os getters e setters são a maneira padrão de dar acesso às variáveis de instância de uma classe. Quando os desenvolvedores trabalham com uma classe, eles esperam encontrar getters e setters. Eles também esperam que a convenção de nomenclatura JavaBeans seja seguida. Na criação de um getter, o nome deve começar com um `get` minúsculo, seguido pelo nome da variável sem espaços e a primeira letra maiúscula. A única exceção a essa regra é quando um valor `boolean` é retornado. Nesse caso, em vez de `get`, `is` é usado com as mesmas regras sendo aplicadas ao nome da variável. Na criação de um setter, uma convenção semelhante deve ser seguida. Um setter deve começar com a palavra `set`, seguida pelo nome da variável com a primeira letra maiúscula.

Tipo e nome da variável	Nomes de getters e setters
`int boatNumber`	`public int getBoatNumber()` `public void setBoatNumber(int boatNumber)`
`boolean boatRunning`	`public boolean isBoatRunning()` `public void setBoatRunning(boolean boatRunning)`
`Object position`	`public Object getPosition()` `public void setPosition(Object position)`

OBJETIVO DA CERTIFICAÇÃO

Uso avançado de classes com herança e encapsulamento

Objetivo do exame: Saber como ler ou gravar campos de objetos

Esta seção concluirá o capítulo revisitando todos os conceitos que foram discutidos e demonstrando-os com exemplos de código. Cada exemplo será seguido por uma explicação detalhada do que está sendo realçado e de como funciona. Preste bastante atenção nos exemplos. Eles devem ajudar a reforçar todos os conceitos já abordados.

Exemplo de modificadores de acesso Java

O exemplo a seguir mostra uma classe implementada com os detalhes da implementação ocultos. Ele usa métodos públicos para expor uma interface, assim como getters e setters para dar acesso a suas variáveis de instância.

```java
public class PhoneBookEntry {
  private String name = "";
  private int phoneNumber = 0;
  private long lastUpdate = 0;

  public String getName() {
    return name;
  }

  public void setNameNumber(String name,int phoneNumber) {
    this.name = name;
    this.phoneNumber = phoneNumber;
    lastUpdate = System.currentTimeMillis();
  }

  public int getPhoneNumber() {
    return phoneNumber;
  }

  public void setPhoneNumber(int phoneNumber) {
    this.phoneNumber = phoneNumber;
    lastUpdate = System.currentTimeMillis();
  }
}
```

Esse exemplo mostra uma classe bem encapsulada. Trata-se de uma classe que representa uma entrada básica de um catálogo telefônico. Ela pode armazenar um nome e um número de telefone. Também usa uma variável de instância para rastrear a última vez em que foi atualizada. Todas as variáveis de instância usam o modificador de acesso private. Ou seja, classes externas não podem lê-las ou modificá-las. Em seguida, a classe usa getters e setters para modificar as variáveis de instância. Nesse exemplo, não há um setter para definir a variável de instância name. Para que ela seja configurada, o objeto também deve configurar a variável phoneNumber. Isso assegura que nunca haja um nome sem um número de telefone. Se as variáveis de instância fossem públicas, essa classe não poderia impedir que outra classe definisse um nome sem um número.

O exemplo também usa seus setters para atualizar a variável lastUpdate. Essa variável é usada para registrar a última vez em que o objeto teve suas informações atualizadas. Usando os getters e setters, a classe pode garantir que, sempre que um objeto externo atualizar um campo com um setter, a variável lastUpdate também seja atualizada. Os detalhes de como lastUpdate é atualizada são invisíveis para os objetos externos.

Exemplos de herança com classes concretas

Uma classe concreta é a classe Java padrão. Todos os seus métodos são implementados e podem ser instanciados. O exemplo a seguir usa uma classe Bicycle. A classe base representa uma bicicleta básica. A outra classe representa uma bicicleta de dez velocidades. Ela se chama TenSpeedBicycle e estende a classe Bicycle. A classe TenSpeedBicycle herda parte de sua funcionalidade e sobrescreve as partes da classe base que precisam se comportar diferentemente. Além de fazer o que a classe Bicycle permite, ela também pode alterar a relação de transmissão entre as marchas (gearRatio).

```java
public class Bicycle {
  private float wheelRPM;
  private int degreeOfTurn;

  public void pedalRPM(float pedalRPM){
    float gearRatio = 2f;
    this.wheelRPM = pedalRPM * gearRatio;
  }

  public void setDegreeOfTurn(int degreeOfTurn){
    this.degreeOfTurn = degreeOfTurn;
  }

  public float getWheelRPM() {
    return this.wheelRPM;
  }

  public int getDegreeOfTurn() {
    return this.degreeOfTurn;
  }
}
```

A classe Bicycle é uma classe concreta e, portanto, pode ser instanciada. Ela representa uma bicicleta básica. Tem duas variáveis de instância: wheelRPM, que é usada para armazenar o RPM das rodas, e degreeOfTurn, usada para armazenar o ângulo de virada do guidão. Cada variável tem um getter, e degreeOfTurn tem um setter. A variável wheelRPM é configurada com o uso do método pedalRPM(float pedalRPM). Ele recebe um argumento contendo o RPM dos pedais e o multiplica pela relação de transmissão definida para as marchas para encontrar o valor da variável wheelRPM e configurá-la.

O próximo exemplo mostra a classe TenSpeedBicycle. Ela estende a classe Bicycle:

```java
public class TenSpeedBicycle extends Bicycle {
  private float gearRatio = 2f;
  private float wheelRPM;

  public void setGearRatio(float gearRatio) {
    this.gearRatio = gearRatio;
```

```
  }

  public void pedalRPM(float pedalRPM) {
    this.wheelRPM = pedalRPM * gearRatio;
  }

  public float getWheelRPM() {
    return this.wheelRPM;
  }
}
```

A classe `TenSpeedBicycle` representa uma bicicleta que possui dez relações de transmissão. A classe comum `Bicycle` não pode ser usada, porque tem um uma relação de transmissão fixa. A classe `TenSpeedBicycle` adiciona um método e uma variável de instância para que uma relação de transmissão entre as marchas possa ser configurada. Ela também sobrescreve a variável `wheelRPM`. Isso deve ser feito porque a classe `Bicycle` não tem um setter para essa variável ser definida diretamente. A classe `TenSpeedBicycle` também sobrescreve o método `pedalRPM(float pedalRPM)`. Na versão desse método fornecida pela classe `Bicycle`, a relação de transmissão era fixa. Na versão mais nova, ele usa a relação de transmissão que for configurada. Para que a variável `wheelRPM` seja recuperada, o getter também deve ser sobrescrito. Isso ocorre porque a versão original desse método só pode retornar a variável de instância que fizer parte de sua classe.

O próximo segmento de código demonstra o uso das duas classes.

```
public class Main {
  public static void main(String[] args) {
    System.out.println("Starting...");
    System.out.println("Creating a bicycle...");
    Bicycle b = new Bicycle();
    b.setDegreeOfTurn(0);
    b.pedalRPM(50);
    System.out.println("Turning: " + b.getDegreeOfTurn());
    System.out.println("Wheel RPM: " + b.getWheelRPM());
    System.out.println("Creating a 10 speed bicycle...");
    TenSpeedBicycle tb = new TenSpeedBicycle();
    tb.setDegreeOfTurn(10);
    tb.setGearRatio(3f);
    tb.pedalRPM(40);
    System.out.println("Turning: " + tb.getDegreeOfTurn());
    System.out.println("Wheel RPM: " + tb.getWheelRPM());
  }
}
```

Esse código exibe informações na saída padrão para cada etapa que executa. Primeiro, ele cria um objeto `Bicycle`. Em seguida, configura o ângulo de virada do guidão com `0` e o RPM dos pedais com `50`. O código exibe então o ângulo de virada do guidão, que será `0`, e o RPM, que será `100`, já que a relação de uma transmissão é 2 (2 × 50). Depois,

> **Fique @tento**
>
> Como preparação para o exame OCA, você deve reexaminar esse exemplo de código até entender totalmente como a saída anterior foi gerada.

um objeto TenSpeedBicycle é criado. Esse objeto tem seu ângulo de virada do guidão configurado com 10, sua relação de transmissão com 3 e o RPM dos pedais com 40. Para concluir, ele exibe o ângulo de virada, que é 10, e o RPM das rodas, que é 120 (3 × 40). Observe que os métodos getDegreeOfTurn() e setDegreeOfTurn() do objeto TenSpeedBicycle foram herdados da classe base Bicycle.

Essa é a saída do programa após ele ser compilado e executado:

```
Starting...
Creating a bicycle...
Turning: 0
Wheel RPM: 100.0
Creating a 10 speed bicycle...
Turning: 10
Wheel RPM: 120.0
```

Esse exemplo mostra quase todos os conceitos básicos da herança, como você pode ver na Figura 7-3.

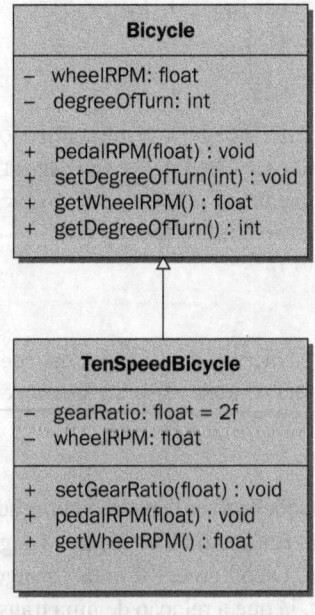

```
┌─────────────────────────────────┐
│           Bicycle               │
├─────────────────────────────────┤
│ - wheelRPM: float               │
│ - degreeOfTurn: int             │
├─────────────────────────────────┤
│ + pedalRPM(float) : void        │
│ + setDegreeOfTurn(int) : void   │
│ + getWheelRPM() : float         │
│ + getDegreeOfTurn() : int       │
└─────────────────────────────────┘
                △
                │
┌─────────────────────────────────┐
│        TenSpeedBicycle          │
├─────────────────────────────────┤
│ - gearRatio: float = 2f         │
│ - wheelRPM: float               │
├─────────────────────────────────┤
│ + setGearRatio(float) : void    │
│ + pedalRPM(float) : void        │
│ + getWheelRPM() : float         │
└─────────────────────────────────┘
```

FIGURA 7-3 Herança básica.

Exemplos de herança com classes abstratas

O exemplo que veremos agora demonstra uma classe abstrata, uma classe Java que não pode ser instanciada. Outra classe concreta deve estendê-la. Uma classe abstrata pode conter tanto métodos concretos que tenham implementações quanto métodos abstratos que precisem ser implementados pela subclasse.

Esse exemplo cria o simulador de uma planta. Ele tem uma classe abstrata `Plant` que é estendida por uma classe `MapleTree` e uma classe `Tulip`. A classe `Plant` é uma boa classe abstrata, porque uma planta é algo abstrato, ou geral. Todas as plantas compartilham algumas características que podem ser inseridas nessa classe. Cada classe específica poderá então conter os detalhes da implementação. O segmento de código a seguir é a classe abstrata `Plant`:

```java
public abstract class Plant {
  private int age=0;
  private int height=0;

  public int getAge() {
    return age;
  }

  public void addYearToAge() {
    age++;
  }

  public int getHeight() {
    return height;
  }

  public void setHeight(int height) {
    this.height = height;
  }

  abstract public void doSpring();
  abstract public void doSummer();
  abstract public void doFall();
  abstract public void doWinter();
}
```

Essa classe abstrata oferece uma visão muito simplista do que representa uma planta. Ela contém duas variáveis de instância que todos os tipos de planta usariam: `age` (idade) e `height` (altura). Há um getter e um setter para `height` e um getter para `age`. A variável de instância `age` tem um método usado para incrementá-la todo ano.

A classe `Plant` tem quatro métodos abstratos. Eles representam as ações que uma planta deve executar durante a estação especificada. Essas ações são específicas do tipo de planta e, portanto, não podem ser generalizadas. O fato das ações terem sido declaradas na classe abstrata `Plant` garantirá que qualquer classe que estender `Plant` tenha que implementá-las.

A próxima classe é MapleTree:

```java
public class MapleTree extends Plant {
  private static final int AMOUNT_TO_GROW_IN_ONE_GROWING_SEASON = 2;

/*
 * Uma árvore cresce em direção ao alto alguns centímetros por ano.
 * Uma árvore não se recolhe ao nível do solo durante o inverno.
 */
  private void grow() {
    int currentHeight = getHeight();
    setHeight(currentHeight + AMOUNT_TO_GROW_IN_ONE_GROWING_SEASON);
  }

  public void doSpring() {
    grow();
    addYearToAge();
    System.out.println("Spring: The maple tree is starting to grow " +
        "leaves and new branches");
    System.out.println("\tCurrent Age: " + getAge() + " " +
        "Current Height: " + getHeight());
  }

  public void doSummer() {
    grow();
    System.out.println("Summer: The maple tree is continuing to grow");
    System.out.println("\tCurrent Age: " + getAge() + " " +
        "Current Height: " + getHeight());
  }

  public void doFall() {
    System.out.println("Fall:   The maple tree has stopped growing" +
        " and is losing its leaves");
    System.out.println("\tCurrent Age: " + getAge() + " " +
        "Current Height: " + getHeight());
  }

  public void doWinter() {
    System.out.println("Winter: The maple tree is dormant");
    System.out.println("\tCurrent Age: " + getAge() + " " +
        "Current Height: " + getHeight());
  }
}
```

A classe MapleTree estende a classe Plant e é usada como uma representação simples de uma árvore de bordo. Já que a classe Plant é abstrata, a classe MappleTree deve implementar todos os seus métodos abstratos. A classe MapleTree contém uma única variável chamada AMOUNT_TO_GROW_IN_ONE_GROWING_SEASON. Ela foi marcada como private static final int. É assim que Java declara uma constante. Esses detalhes não caem no exame OCA. Apenas considere-a como uma constante que é um primitivo int e é private. Essa variável é usada para definir o nível de desenvolvimento atingido por um bordo durante uma estação de crescimento.

A classe MapleTree contém um método que calcula o crescimento, chamado grow(). Esse método é usado para somar a nova altura à altura atual. Os quatro métodos seguintes são todos métodos cuja implementação é obrigatória. Esses métodos abstratos foram declarados na classe Plant e cada um representa uma estação diferente. Quando são chamados, eles executam qualquer ação que seja requerida por essa estação e exibem duas linhas na saída padrão. A primeira linha de texto informa qual é a estação e o que o bordo está fazendo. A linha posterior exibe os valores das variáveis age e height.

A próxima classe é Tulip:

```java
public class Tulip extends Plant {
  private static final int AMOUNT_TO_GROW_IN_ONE_GROWING_SEASON = 1;

  /*
   * Uma tulipa cresce todo ano a mesma altura. Durante
   * o inverno elas se recolhem ao nível do solo.
   */
  private void grow() {
    int currentHeight = getHeight();
    setHeight(currentHeight + AMOUNT_TO_GROW_IN_ONE_GROWING_SEASON);
  }

  private void dieDownForWinter(){
    setHeight(0);
  }

  public void doSpring() {
    grow();
    addYearToAge();
    System.out.println("Spring: The tulip is starting to grow " +
        "up from the ground");
    System.out.println("\tCurrent Age: " + getAge() + " " +
        "Current Height: " + getHeight());
  }

  public void doSummer() {
    System.out.println("Summer: The tulip has stopped growing " +
        "and is flowering");
    System.out.println("\tCurrent Age: " + getAge() + " " +
        "Current Height: " + getHeight());
  }

  public void doFall() {
```

```java
        System.out.println("Fall:   The tulip begins to wilt");
        System.out.println("\tCurrent Age: " + getAge() + " " +
            "Current Height: " + getHeight());
    }

    public void doWinter() {
        dieDownForWinter();
        System.out.println("Winter: The tulip is dormant underground");
        System.out.println("\tCurrent Age: " + getAge() + " " +
            "Current Height: " + getHeight());
    }
}
```

A classe `Tulip` foi criada para representar uma tulipa. Ela estende a classe `Plant` e, portanto, também deve implementar todos os seus métodos abstratos. Como a classe `MapleTree`, a classe `Tulip` tem uma constante que é usada para armazenar o nível de desenvolvimento por estação de crescimento.

A classe `Tulip` tem dois métodos privados: um método `grow()` que é como o que está presente na classe `MappleTree` e um método `dieDownForWinter()` que é usado para redefinir `height` com 0 quando a tulipa perde todas as suas folhas durante o inverno.

Os quatro últimos métodos da classe são os métodos abstratos da classe `Plant`. Primeiro o método de cada estação executa as ações necessárias, como crescer, recolher-se ou envelhecer. Em seguida, exibe na saída padrão uma mensagem sobre o que ele está fazendo e qual é a estação. A segunda linha de texto contém os valores das variáveis `age` e `height`.

O último segmento de código é o método `main()` que usa as classes `Tulip` e `MappleTree`:

```java
public class Simulator{
    public static void main(String[] args) {
        System.out.println("Creating a maple tree and tulip...");
        MapleTree mapleTree = new MapleTree();
        Tulip tulip = new Tulip();
        System.out.println("Entering a loop to simulate 3 years");
        for (int i = 0; i < 3; i++) {
            mapleTree.doSpring();
            tulip.doSpring();
            mapleTree.doSummer();
            tulip.doSummer();
            mapleTree.doFall();
            tulip.doFall();
            mapleTree.doWinter();
            tulip.doWinter();
        }
    }
}
```

Primeiro, um objeto de cada tipo é criado. Depois um laço for chama os métodos de todas as quatro estações para cada objeto. Esse laço representa um programa de simulação simples. Cada passagem pelo laço representa um ano. Os dois objetos envelhecem e crescem de um ano para outro.

Quando o código anterior for executado, ele produzirá a saída mostrada a seguir:

```
Creating a maple tree and tulip...
Entering a loop to simulate 3 years
Spring: The maple tree is starting to grow leaves and new branches
        Current Age: 1 Current Height: 2
Spring: The tulip is starting to grow up from the ground
        Current Age: 1 Current Height: 1
Summer: The maple tree is continuing to grow
        Current Age: 1 Current Height: 4
Summer: The tulip has stopped growing and is flowering
        Current Age: 1 Current Height: 1
Fall:   The maple tree has stopped growing and is losing its leaves
        Current Age: 1 Current Height: 4
Fall:   The tulip begins to wilt
        Current Age: 1 Current Height: 1
Winter: The maple tree is dormant
        Current Age: 1 Current Height: 4
Winter: The tulip is dormant underground
        Current Age: 1 Current Height: 0
Spring: The maple tree is starting to grow leaves and new branches
        Current Age: 2 Current Height: 6
Spring: The tulip is starting to grow up from the ground
        Current Age: 2 Current Height: 1
Summer: The maple tree is continuing to grow
        Current Age: 2 Current Height: 8
Summer: The tulip has stopped growing and is flowering
        Current Age: 2 Current Height: 1
Fall:   The maple tree has stopped growing and is losing its leaves
        Current Age: 2 Current Height: 8
Fall:   The tulip begins to wilt
        Current Age: 2 Current Height: 1
Winter: The maple tree is dormant
        Current Age: 2 Current Height: 8
Winter: The tulip is dormant underground
        Current Age: 2 Current Height: 0
Spring: The maple tree is starting to grow leaves and new branches
        Current Age: 3 Current Height: 10
Spring: The tulip is starting to grow up from the ground
        Current Age: 3 Current Height: 1
Summer: The maple tree is continuing to grow
        Current Age: 3 Current Height: 12
Summer: The tulip has stopped growing and is flowering
```

```
        Current Age: 3 Current Height: 1
Fall:   The maple tree has stopped growing and is losing its leaves
        Current Age: 3 Current Height: 12
Fall:   The tulip begins to wilt
        Current Age: 3 Current Height: 1
Winter: The maple tree is dormant
        Current Age: 3 Current Height: 12
Winter: The tulip is dormant underground
        Current Age: 3 Current Height: 0
```

Observe como o bordo continua crescendo a cada ano. A tulipa, entretanto, deve crescer novamente todo ano. Tanto o objeto Tulip quanto o objeto MappleTree têm acesso aos métodos getAge() e getHeight() que foram implementados na classe abstrata Plant. Examine o código e a saída inteiros. A compreensão dos exemplos desta seção o deixará mais preparado para o exame OCA.

EXERCÍCIO 7-1

Adicione uma funcionalidade ao simulador de plantas

Esse exercício usará o simulador de plantas para adicionar uma nova funcionalidade.

1. Copie o simulador de plantas no editor de texto ou no IDE de sua escolha.

2. Compile e execute o exemplo para verificar se o código foi copiado corretamente.

3. Adicione uma nova classe chamada Rose para representar uma rosa. Use a classe base Plant e implemente todos os métodos requeridos.

4. Adicione sua nova classe ao simulador e execute o aplicativo.

Exemplo de interface

O último exemplo envolve interfaces. Uma *interface* é um conjunto público de métodos que devem ser implementados pela classe que a estiver usando. Ao usar uma interface, uma classe está declarando que implementa a funcionalidade definida por ela. Uma novidade de Java 8 é a possibilidade de definir métodos padrão e métodos estáticos em uma interface. Métodos padrão são métodos totalmente implementados que serão usados se o método não for definido na classe que estiver usando a interface. Métodos estáticos são aqueles que pertencem à interface e são úteis como métodos auxiliares e utilitários.

Esse exemplo inclui duas interfaces. Uma se chama Printer e fornece uma interface pública que as impressoras devem implementar. Qualquer classe que implementar Printer pode ser considerada como tendo a habilidade de imprimir. A outra interface do exemplo é Fax. Ela fornece a interface pública para um recurso de fax. Para concluir, o exemplo tem uma classe que implementa as duas interfaces. Ela representa um equipamento multifuncional com impressora e fax. Essa classe se chama `PrinterFaxCombo`.

Nesse exemplo simples, a impressora faz duas coisas: ela pode imprimir um arquivo com o método `printFile(File f)` e verificar os níveis de tinta com o método `getInkLevel()`. Observe que o método `getInkLevel()` tem uma implementação padrão definida.

```java
public interface Printer {
  public void printFile(File f);
  default public int getInkLevel(){
    return 0;
  }
}
```

A próxima interface é para uma máquina de fax. Essa máquina de fax simples pode enviar um arquivo com o método `sendFax(File f, int number)` ou retornar um fax no formato `Object` com o método `getReceivedFaxes()`.

```java
public interface Fax {
  public void sendFax(File f, int number);
  public Object getReceivedFaxes();
}
```

A seguir temos a classe `PrinterFaxCombo`. Essa classe implementa as duas interfaces.

```java
public class PrinterFaxCombo implements Fax, Printer{
  private Object incomingFax;
  private int inkLevel;
  public void sendFax(File f, int number) {
    dialNumber(number);
    faxFile(f);
  }

  public Object getReceivedFaxes() {
    return incomingFax;
  }

  public void printFile(File f) {
    sendFileToPrinter(f);
  }

  public int getInkLevel() {
    return inkLevel;
  }

  private boolean dialNumber(int number){
```

```
        boolean success = true;
        /* dialNumber configura success como false se não for bem-sucedido
*/
        return success;
    }

    private void faxFile(File f){
        /* Envia o arquivo f como um fax */
    }

    private void sendFileToPrinter(File f){
        /* Imprime o arquivo f */
    }

    /*
     * Essa classe conteria muitos outros métodos para
     * implementar toda a sua funcionalidade.
     */
}
```

A classe `PrinterFaxCombo` é uma versão simplista de uma impressora que também pode agir como fax. Ela não foi totalmente implementada, mas os comentários dos métodos vazios explicam a finalidade de cada um deles. O importante nesse exemplo é que essa classe implementa tanto a interface `Printer` quanto a interface `Fax`. Ao implementar as interfaces, a classe `PrinterFaxCombo` é obrigada a implementar cada método que elas contêm que não têm uma implementação padrão. A implementação de interfaces permite que um objeto externo saiba que essa classe fornece a funcionalidade de uma impressora e de uma máquina de fax. Todas as classes que implementarem a interface `Printer` fornecerão a funcionalidade de impressão e terão a mesma interface pública. Isso cria código modular e permite a inclusão e o descarte de diferentes classes de acordo com as necessidades do aplicativo. As interfaces também proporcionam polimorfismo, que será discutido com detalhes no Capítulo 8.

Resumo para a certificação

Este capítulo versou sobre herança e encapsulamento para classes. *Herança* é um conceito importante em Java. É o termo usado para descrever que uma classe está ganhando os métodos e as variáveis de instância de uma classe pai. Isso permite que um desenvolvedor encontre semelhanças entre as classes e crie uma classe pai geral que cada classe específica possa estender, ou herdar, para então ganhar funcionalidades comuns. Essa abordagem promove a reutilização de código.

Tanto as classes concretas quanto as classes abstratas podem ser estendidas para criar subclasses. A classe que é estendida é considerada como a superclasse, ou classe base. Uma classe só pode estender uma única classe. As classes concretas são o tipo de classe padrão em que todos os métodos são implementados. Uma classe que estende uma classe concreta ganha todos os seus métodos visíveis. As classes abstratas devem ser estendidas e não podem ser instanciadas em código. Elas contêm uma combinação de métodos implementados e abstratos, ou não implementados. Quando uma classe abstrata for estendida, todos os seus métodos abstratos têm que ser implementados pela subclasse concreta.

As interfaces são um conjunto de métodos principalmente não implementados. Quando uma classe implementa uma interface, ela deve implementar cada método existente nela com exceção de métodos que já contenham uma implantação padrão. As interfaces são usadas para definir um conjunto predeterminado de métodos expostos. As classes podem implementar quantas interfaces precisarem contanto que todos os métodos sejam implementados.

Em seguida, os modificadores de acesso Java foram discutidos. Os modificadores de acesso `public`, `private`, `protected` e padrão são usados para prefixar um método ou uma variável de instância. O modificador de acesso `public` permite que qualquer código acesse o método ou a variável de instância que ele antecede. O modificador de acesso `private` só permite que códigos pertencentes à mesma classe acessem o método ou a variável de instância. O modificador padrão, ou package-private, restringe o acesso apenas a classes do mesmo pacote. O modificador `protected` permite que qualquer classe do mesmo pacote, ou de uma subclasse, tenha acesso.

Outro conceito importante abordado neste capítulo foi o encapsulamento. Encapsulamento é o conceito de design que armazena juntos códigos e variáveis relacionados. Ele também pode levar à prática da ocultação de informações, que só permite o acesso a uma classe por intermédio de uma interface pública, enquanto o resto dos detalhes da implementação é ocultado. Uma interface pública é criada pelos métodos que têm o modificador de acesso `public`. Os detalhes da implementação devem ser ocultados com o uso do modificador `private`, `protected` ou padrão. Normalmente getters e setters são usados para acessar os dados ocultos. Um getter é um método simples que retorna uma variável de instância e um setter é um método que configura uma variável de instância com o valor passado para ele como argumento.

O capítulo terminou com exemplos de código. É importante que você os entenda porque o exame OCA terá perguntas baseadas em um segmento de código específico.

✓ REVISÃO RÁPIDA

Implementar e usar herança e tipos de classe

- A herança é usada para inserir código comum em uma classe base.
- A herança moduláriza o código e facilita sua manutenção.
- A palavra-chave extends é usada para uma classe estender ou herdar outra classe ou para uma interface estender ou herdar outra interface.
- Quando uma classe herda outra, ela pode ganhar acesso a todos os seus métodos e variáveis de instância public e protected. Se as duas classes estiverem no mesmo pacote, ela também ganhará acesso a qualquer método ou variável de instância que tenha acesso padrão, ou package-private.
- A classe que está sendo herdada é chamada de classe base ou superclasse.
- A classe que ganha a funcionalidade é chamada de subclasse.
- Um método de uma superclasse pode ser sobrescrito pela subclasse que tiver um método com assinatura idêntica.
- A palavra-chave super pode ser usada para acessar o método sobrescrito.
- Uma classe só pode estender uma única classe.
- Uma classe concreta pode ser instanciada. Todos os seus métodos precisam ser implementados.
- Uma classe abstrata não pode ser instanciada. Ela deve ser estendida e pode ou não conter métodos abstratos.
- Quando uma classe concreta estende uma classe abstrata, todos os métodos abstratos devem ser implementados.
- Uma interface é usada para definir um acesso público fornecido por uma classe.
- A palavra-chave implements é usada para implementar uma interface.
- Uma classe pode implementar várias interfaces usando uma lista delimitada por vírgulas.
- Uma classe que implemente uma interface deve implementar todos os métodos contidos na interface que não tenham uma implementação padrão definida.

Compreender princípios do encapsulamento

- Os modificadores de acesso podem ser usados para restringir o acesso a métodos e variáveis de instância.
- O modificador de acesso public permite que qualquer classe acesse a variável de instância ou o método público.
- O modificador de acesso protected permite que classes que estejam no mesmo pacote ou sejam subclasses tenham acesso ao método ou à variável de instância.

- O acesso padrão, ou package-private, permite que classes que estejam no mesmo pacote acessem o método ou a variável de instância.
- O modificador de acesso private só permite que métodos da mesma classe acessem a variável de instância ou o método privado.
- Ocultação de informações é o conceito que preconiza o uso de modificadores de acesso restritivos para a ocultação dos detalhes de implementação de uma classe.
- Tanto getters quanto setters devem seguir a convenção de nomenclatura JavaBeans. Eles devem começar com a palavra get, set ou is, seguida pelo nome da variável começando com letra maiúscula.

Uso avançado de classes com herança e encapsulamento
- Na criação de métodos ou variáveis de instância, o modificador de acesso mais restritivo possível deve ser usado.
- Um getter é usado para acessar variáveis de instância privadas.
- Um setter é usado para configurar variáveis de instância privadas.

Teste

Implementar e usar herança e tipos de classe

1. Que elemento contém métodos e variáveis de instância e pode ser instanciado?
   A. Classe concreta
   B. Classe abstrata
   C. Classe Java
   D. Interface

2. Que elemento é usado para definir uma interface pública?
   A. Classe concreta
   B. Classe abstrata
   C. Classe Java
   D. Interface

3. Que elemento contém métodos e variáveis de instância não implementados e não pode ser instanciado?
   A. Classe concreta
   B. Classe abstrata
   C. Classe Java

4. A herança fornece quais dos recursos a seguir? Selecione todos que forem aplicáveis.
   A. Permite tempos de execução mais rápidos já que os métodos podem herdar tempo de processador das superclasses
   B. Permite que os desenvolvedores insiram em uma classe códigos genéricos dos quais classes mais especializadas possam se beneficiar por intermédio da herança
   C. Promove a reutilização de código
   D. É um processo automatizado para transferir código antigo para a versão mais recente de Java

5. Uma classe que é herdada é conhecida por que nomes? Selecione todos que forem aplicáveis.
   A. Subclasse
   B. Superclasse
   C. Classe base
   D. Classe soberba

6. Uma classe abstrata deve implementar todos os métodos abstratos herdados de outra classe abstrata?
   A. Sim
   B. Não, mas deve implementar pelo menos um método.

C. Não; ela não precisa implementar nenhum método.

D. Não, mas deve implementar qualquer método que seja definido em sua superclasse imediata.

7. Que palavra-chave pode ser usada no acesso a métodos sobrescritos?

   A. `super`

   B. `transient`

   C. `top`

   D. `upper`

8. Se a classe A estende a classe B, que termos podem ser usados para descrevê-la? Selecione todos que forem aplicáveis.

   A. Subclasse

   B. Superclasse

   C. Classe base

   D. Classe pai

   E. Classe filha

Compreender princípios do encapsulamento

Essa classe deve ser usada nas duas perguntas a seguir.

```
public class Account {
  private int money;

  public int getMoney() {
    return this.money;
  }

  public void setMoney(int money) {
    this.money = money;
  }
}
```

9. No segmento de código, o que o método `getMoney()` é considerado?

   A. Método get

   B. Método de acesso

   C. Método getter

   D. Método de variável de instância

10. No segmento de código, o que o método `setMoney(int money)` é considerado?

    A. Método set

    B. Método de acesso

    C. Método setter

    D. Método de variável de instância

11. Qual das opções a seguir define a ocultação de informações?

   A. Ocultação de informações é a ocultação do maior número possível de detalhes da classe para que outras pessoas não possam roubá-los.

   B. Ocultação de informações é a ocultação de detalhes da implementação e a proteção das variáveis para que não sejam usadas da maneira errada.

   C. A ocultação de informações é usada para obscurecer a interoperabilidade da classe para que as classes externas tenham que usar a interface pública.

12. Que modificador de acesso é usado para tornar a variável de instância ou o método disponível apenas para a classe em que ele foi definido?

   A. `public`

   B. `private`

   C. `protected`

   D. package-private (padrão)

13. Que modificador de acesso é usado para métodos que foram definidos em uma interface?

   A. `public`

   B. `private`

   C. `protected`

   D. package-private (padrão)

14. A menos que haja uma razão específica para não o usar, que modificador de acesso, se houver um, deve ser usado em todas as variáveis de instância?

   A. `public`

   B. `private`

   C. `protected`

   D. package-private (padrão)

15. Os modificadores de acesso `private` e `protected` podem ser usados com que entidades? Selecione todas que forem aplicáveis.

   A. Classes

   B. Interfaces

   C. Construtores

   D. Métodos

   E. Membros de dados

Uso avançado de classes com herança e encapsulamento

16. Qual é a assinatura apropriada para a classe X se ela herdar a classe Z?

   A. `public class X inherits Z{ ... }`

   B. `public class X extends Z{ ... }`

   C. `public class X implements Z{ ... }`

17. Quantas classes uma classe pode estender diretamente?
   A. Zero
   B. Uma
   C. Duas
   D. Quantas ela precisar

18. Quantas interfaces uma classe pode implementar diretamente?
   A. Zero
   B. Uma
   C. Duas
   D. Quantas ela precisar

19. Considere a ilustração UML a seguir para resolver essa questão:

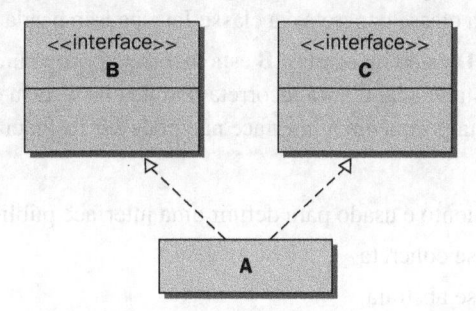

Qual é a assinatura apropriada para a classe A se ela implementar as interfaces B e C?
   A. `public class A implements B, implements C{ ... }`
   B. `public class A implements B, C{ ... }`
   C. `public class A interface B, interface C{ ... }`
   D. `public class A interface B, C{ ... }`
   E. `public class A extends B, C{ ... }`

20. Considere a ilustração UML a seguir para resolver essa questão:

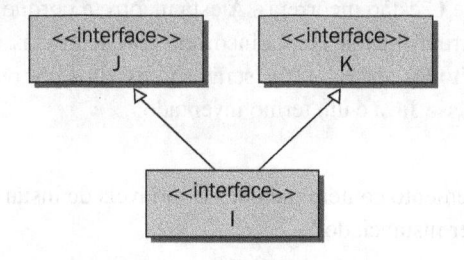

Qual é a assinatura apropriada para a interface I herdar as interfaces J e K?
   A. `public interface I extends J, K{ ... }<0>`
   B. `public interface I implements J, K{ ... }`
   C. `public interface I implements J, implements K{ ... }<0>`
   D. `public interface I interface J, K{ ... }<0>`

✓ Respostas do teste

Implementar e usar herança e tipos de classe

1. Que elemento contém métodos e variáveis de instância e pode ser instanciado?
    A. Classe concreta
    B. Classe abstrata
    C. Classe Java
    D. Interface

> Resposta:
> ⦿ **A.** Uma classe concreta é a classe Java padrão usada na criação de objetos.
> ○ **B, C e D** estão incorretas. **B** está incorreta porque uma classe abstrata não pode ser instanciada. **C** está incorreta porque classe Java é um termo inventado. **D** está incorreta porque uma interface não pode ser instanciada.

2. Que elemento é usado para definir uma interface pública?
    A. Classe concreta
    B. Classe abstrata
    C. Classe Java
    D. Interface

> Resposta:
> ⦿ **D.** Uma interface é usada para definir uma lista pública de métodos que devem ser implementados pela classe. Essa é a representação de uma interface pública.
> ○ **A, B e C** estão incorretas. **A** está incorreta porque uma classe concreta é usada para construir objetos. **B** está incorreta porque as classes abstratas são usadas para definir métodos abstratos que serão sobrescritos por outras classes. **C** está incorreta porque classe Java é um termo inventado.

3. Que elemento contém métodos e variáveis de instância não implementados e não pode ser instanciado?
    A. Classe concreta
    B. Classe abstrata
    C. Classe Java

Resposta:

◉ **B.** Uma classe abstrata deve ser sempre estendida; não pode ser instanciada para criar um objeto. Ela pode conter métodos implementados e não implementados.

○ **A e C** estão incorretas. **A** está incorreta porque uma classe concreta não pode ter métodos não implementados. **C** está incorreta porque classe Java é um termo inventado.

4. A herança fornece quais dos recursos a seguir? Selecione todos que forem aplicáveis.
   A. Permite tempos de execução mais rápidos já que os métodos podem herdar tempo de processador das superclasses
   B. Permite que os desenvolvedores insiram em uma classe códigos genéricos dos quais classes mais especializadas possam se beneficiar por intermédio da herança
   C. Promove a reutilização de código
   D. É um processo automatizado para transferir código antigo para a versão mais recente de Java

Resposta:

◉ **B e C.** As duas afirmações são verdadeiras no que diz respeito à herança.

○ **A e D** estão incorretas. **A** está incorreta porque a herança não tem efeito sobre o agendamento do processador. **D** está incorreta porque a herança não está relacionada à versão de Java.

5. Uma classe que é herdada é conhecida por que nomes? Selecione todos que forem aplicáveis.
   A. Subclasse
   B. Superclasse
   C. Classe base
   D. Classe soberba

Resposta:

◉ **B e C.** A classe que é herdada é a superclasse ou a classe base da classe que a está estendendo.

○ **A e D** estão incorretas. **A** está incorreta porque a subclasse é a classe que herda elementos de outra classe. **D** está incorreta porque esse é um termo inventado.

6. Uma classe abstrata deve implementar todos os métodos abstratos herdados de outra classe abstrata?

A. Sim

B. Não, mas deve implementar pelo menos um método.

C. Não; ela não precisa implementar nenhum método.

D. Não, mas deve implementar qualquer método que seja definido em sua superclasse imediata.

Resposta:

◉ **C.** Uma classe abstrata não precisa implementar todos os métodos abstratos herdados de outra classe abstrata porque também é abstrata.

○ **A, B** e **D** estão incorretas. Uma classe concreta é que deve implementar todos os métodos.

7. Que palavra-chave pode ser usada no acesso a métodos sobrescritos?

A. `super`

B. `transient`

C. `top`

D. `upper`

Resposta:

◉ **A.** A palavra-chave `super` pode ser usada para acessar métodos sobrescritos.

○ **B, C** e **D** estão incorretas. **B** está incorreta porque a palavra-chave `transient` é usada na serialização de objetos. **C** está incorreta porque não há palavra-chave `top`. **D** está incorreta porque não há palavra-chave `upper`.

8. Se a classe A estende a classe B, que termos podem ser usados para descrevê-la? Selecione todos que forem aplicáveis.

A. Subclasse

B. Superclasse

C. Classe base

D. Classe pai

E. Classe filha

Capítulo 7 Herança de classes 295

> Resposta:
>
> ◉ **A e E.** Uma classe que ganha a funcionalidade de outras classes é chamada de subclasse ou classe filha.
>
> ○ **B, C e D** estão incorretas. Superclasse, classe base e classe pai são termos que descrevem a classe que está sendo herdada.

Compreender princípios do encapsulamento

Essa classe deve ser usada nas duas perguntas a seguir.

```
public class Account {
  private int money;

  public int getMoney() {
    return this.money;
  }

  public void setMoney(int money) {
    this.money = money;
  }
}
```

9. No segmento de código, o que o método `getMoney()` é considerado?

   A. Método get
   B. Método de acesso
   C. Método getter
   D. Método de variável de instância

> Resposta:
>
> ◉ **C.** Esse é um getter. Os getters são usados para recuperar uma variável de instância `private`. O nome de um método getter usa sempre a palavra `get` seguida pelo nome da variável com letra inicial maiúscula. Quando a variável é um `boolean`, a palavra `get` é substituída por `is`.
>
> ○ **A, B e D** estão incorretas. Nenhuma dessas respostas é um termo Java típico.

10. No segmento de código, o que o método `setMoney(int money)` é considerado?

    A. Método set
    B. Método de acesso
    C. Método setter
    D. Método de variável de instância

Resposta:

◉ **C.** Esse é um setter. Os setters são usados para configurar uma variável de instância `private`. O nome de um método setter usa sempre a palavra `set` seguida pelo nome da variável com letra inicial maiúscula. Eles recebem um único argumento e o usam para configurar a variável.

○ **A, B** e **D** estão incorretas. Nenhuma dessas respostas é um termo Java típico.

11. Qual das opções a seguir define a ocultação de informações?

    A. Ocultação de informações é a ocultação do maior número possível de detalhes da classe para que outras pessoas não possam roubá-los.

    B. Ocultação de informações é a ocultação de detalhes da implementação e a proteção das variáveis para que não sejam usadas da maneira errada.

    C. A ocultação de informações é usada para obscurecer a interoperabilidade da classe para que as classes externas tenham que usar a interface pública.

Resposta:

◉ **B.** Um design de classe apropriado oculta o maior número possível de métodos e variáveis de instância. Isso é feito com o uso do modificador de acesso `private`. É feito dessa forma para que objetos externos não tentem interagir com o objeto de maneiras que o desenvolvedor não tenha planejado. A ocultação de informações facilita a manutenção do código e o torna mais modular.

○ **A** e **C** estão incorretas. **A** está incorreta porque a ocultação de informações não tem nada a ver com proteger o código contra outras pessoas. **C** está incorreta porque modificadores de acesso devem ser usados para forçar classes externas a usarem a interface pública apropriada.

12. Que modificador de acesso é usado para tornar a variável de instância ou o método disponível apenas para a classe em que ele foi definido?

    A. `public`

    B. `private`

    C. `protected`

    D. `package-private` (padrão)

Resposta:

⦿ **B.** Com o modificador de acesso `private`, apenas métodos da classe podem acessar o método ou a variável de instância.

○ **A, C e D** estão incorretas. **A** está incorreta porque `public` disponibilizaria a variável de instância para todas as classes. **C** está incorreta porque `protected` disponibilizaria a variável de instância para qualquer subclasse ou classe do mesmo pacote. **D** está incorreta porque o nível de acesso package-private, ou padrão, disponibilizaria a variável de instância para qualquer classe do mesmo pacote.

13. Que modificador de acesso é usado para métodos que foram definidos em uma interface?

    A. `public`

    B. `private`

    C. `protected`

    D. package-private (padrão)

Resposta:

⦿ **A.** O modificador de acesso `public` é usado na implementação de métodos a partir de uma interface. A especificação da linguagem Java também define que é permitido, mas desencorajado por uma questão de estilo, especificar redundantemente o modificador `public` e/ou `abstract` para um método declarado em uma interface.

○ **B, C e D** estão incorretas. Todas essas três respostas estão incorretas porque limitam a acessibilidade do método e, portanto, não seriam apropriadas para uma interface.

14. A menos que haja uma razão específica para não o usar, que modificador de acesso, se houver um, deve ser usado em todas as variáveis de instância?

    A. `public`

    B. `private`

    C. `protected`

    D. package-private (padrão)

Resposta:

◉ **B.** As variáveis de instância devem ter o modificador mais restritivo compatível como o uso desejado para elas. O modificador `private` é o mais restritivo e, portanto, é a resposta correta.

○ **A, C e D** estão incorretas. Todos esses modificadores de acesso, inclusive o nível de acesso padrão, são menos restritivos do que `private`.

15. Os modificadores de acesso `private` e `protected` podem ser usados com que entidades? Selecione todas que forem aplicáveis.

   A. Classes
   B. Interfaces
   C. Construtores
   D. Métodos
   E. Membros de dados

Resposta:

◉ **C, D e E.** Os modificadores de acesso `private` e `protected` podem ser usados com construtores, métodos, membros de dados e classes internas.

○ **A e B** estão incorretas. Os modificadores de acesso `private` e `protected` não podem ser usados com classes e interfaces.

Uso avançado de classes com herança e encapsulamento

16. Qual é a assinatura apropriada para a classe X se ela herdar a classe Z?

   A. `public class X inherits Z{ ... }`
   B. `public class X extends Z{ ... }`
   C. `public class X implements Z{ ... }`

Resposta:

◉ **B.** A palavra-chave `extends` é usada para herdar uma classe.

○ **A e C** estão incorretas. **A** está incorreta porque `inherits` não é uma palavra-chave Java válida. **C** está incorreta porque a palavra-chave `implements` é usada para interfaces e não classes.

17. Quantas classes uma classe pode estender diretamente?

   A. Zero
   B. Uma
   C. Duas
   D. Quantas ela precisar

Resposta:
- ◉ **B**. Uma classe só pode estender uma única classe. No entanto, é possível uma classe estender outra classe que estenda outra classe e assim por diante.
- ○ **A, C** e **D** estão incorretas.

18. Quantas interfaces uma classe pode implementar diretamente?
  A. Zero
  B. Uma
  C. Duas
  D. Quantas ela precisar

Resposta:
- ◉ **D**. Uma classe pode implementar quantas interfaces ela precisar.
- ○ **A, B** e **C** estão incorretas.

19. Considere a ilustração UML a seguir para resolver essa questão:

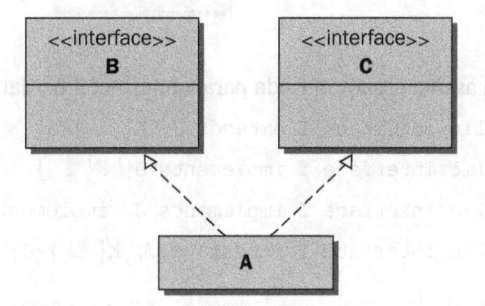

Qual é a assinatura apropriada para a classe A se ela implementar as interfaces B e C?
  A. `public class A implements B, implements C{ ... }`
  B. `public class A implements B, C{ ... }`
  C. `public class A interface B, interface C{ ... }`
  D. `public class A interface B, C{ ... }`
  E. `public class A extends B, C{ ... }`

Resposta:

◉ **B**. Uma classe usa a palavra-chave `implements` para implementar uma interface. Para a implementação de várias interfaces, seus nomes devem ser incluídos em uma lista delimitada por vírgulas após a palavra-chave `implements`.

○ **A, C, D** e **E** estão incorretas. **A** está incorreta porque a palavra-chave `implements` não deve ser incluída mais de uma vez. **C** está incorreta porque a palavra-chave `implements` deve ser usada em vez de `interface` e só deve ser usada uma vez. **D** está incorreta porque `implements` deve ser usada em vez de `interface`. **E** está incorreta porque `extends` é usada para classes e não para interfaces, `implements` é que deve ser usada.*

20. Considere a ilustração UML a seguir para resolver essa questão:

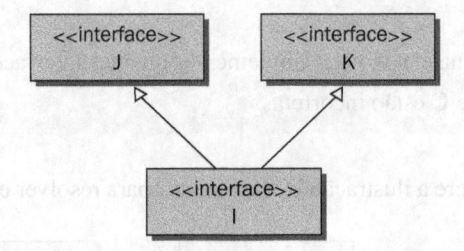

```
  <<interface>>       <<interface>>
       J                   K
        ▲                 ▲
         \               /
          \             /
           <<interface>>
                I
```

Qual é a assinatura apropriada para a interface I herdar as interfaces J e K?

A. `public interface I extends J, K{ ... }<0}`
B. `public interface I implements J, K{ ... }`
C. `public interface I implements J, implements K{ ... }<0}`
D. `public interface I interface J, K{ ... }<0}`

Resposta:

◉ **A**. Uma interface também pode herdar outras interfaces. Ao contrário das classes, as interfaces podem herdar ou estender quantas interfaces forem necessárias. Uma interface usa a palavra-chave `extends`, seguida por uma lista delimitada por vírgulas com todas as interfaces que ela quiser herdar.

○ **B, C** e **D** estão incorretas. **B** está incorreta porque só classes implementam interfaces. Uma interface estende outras interfaces. **C** está incorreta porque `extends` deve ser usada, e apenas uma vez. **D** está incorreta porque a palavra-chave `interface` não está sendo usada corretamente.

---

*Nota de RT.: Tecnicamente também é possível usar `extends` para interfaces. Pode-se, por exemplo, definir uma nova interface a partir de uma já existente, acrescentando outras definições de métodos.

Capítulo 8
Polimorfismo e coerções

OBJETIVOS DA CERTIFICAÇÃO

- Compreender polimorfismo
- Compreender coerção
- Revisão rápida
- Teste

O exame OCA exigirá de você um conhecimento sólido do que é polimorfismo e de quando ele deve ser usado. Ele apresentará cenários que farão uso do polimorfismo de maneiras corretas e incorretas.

A coerção (*casting*) também será abordada no exame OCA. Superficialmente, ela parece semelhante ao polimorfismo, no entanto, é muito diferente. O exame OCA deve fazer perguntas que demandarão de você um entendimento claro de quando e como a coerção deve ser usada.

No fim deste capítulo, você terá que saber como tratar o tipo de um objeto usando o polimorfismo ou a coerção. Também terá que saber quando um ou o outro é ou não necessário. Esses são conceitos básicos que lhe serão exigidos diretamente no exame OCA.

OBJETIVO DA CERTIFICAÇÃO

Compreender polimorfismo

Objetivo do exame: Desenvolver código que demonstre o uso do polimorfismo, incluindo a sobrescrita e tipo objeto versus tipo referência

O polimorfismo é um aspecto fundamental das linguagens orientadas a objetos, inclusive Java. Ele permite que o desenvolvedor escreva códigos genéricos que sejam mais flexíveis e facilitem sua reutilização, outro princípio essencial da orientação a objetos.

Conceitos do polimorfismo

A palavra *polimorfismo* vem do grego e significa algo como "muitas formas". Em Java, polimorfismo significa que um objeto pode assumir a forma ou o lugar de um objeto de tipo diferente. O polimorfismo pode existir quando uma classe herda outra. Ele também pode existir quando uma classe implementa uma interface. Esta seção descreverá como o polimorfismo é aplicável nos dois casos. Para concluir, a seção demonstrará como o polimorfismo ocorre em código Java.

Os tópicos a seguir serão discutidos:

- Polimorfismo via herança de classes
- Polimorfismo via implementação de interfaces
- Polimorfismo em código

Polimorfismo via herança de classes

Um objeto mais específico pode assumir polimorficamente o lugar de um objeto mais geral. Você deve se lembrar de que é possível estender um objeto para criar outro mais específico que herde a funcionalidade do objeto original além de oferecer uma nova funcionalidade. Por exemplo, suponhamos que um método precisasse de um objeto Humano. Quando as classes Criança e Adulto estenderem a classe Humano, elas herdarão todas as funcionalidades de Humano, além de terem a funcionalidade mais específica de suas próprias classes. Os objetos instanciados de Criança e Adulto certamente herdarão todo os métodos do objeto Humano. Logo, ambos serão satisfatórios em qualquer operação que precise desse objeto. Para dar continuidade ao exemplo, suponhamos que as classes Shannon e Colleen estendessem a classe Adulto. Os objetos criados a partir das classes Shannon e Colleen herdariam a funcionalidade das classes mais gerais Adulto e Humano e poderiam, portanto, ser usados em qualquer local em que um objeto Humano ou Adulto fosse necessário.

O polimorfismo utiliza o relacionamento *é-um*. Na Figura 8-1, o objeto Criança *é-um* objeto Humano, e o objeto Adulto também *é-um* objeto Humano. Tanto Criança quanto Adulto são tipos específicos de um objeto Humano. Além disso, o objeto Shannon *é-um* objeto Adulto e *é-um* objeto Humano. Isso também ocorre com o objeto Colleen.

Além de o objeto Shannon ser um tipo mais específico de objeto Adulto, ele também é um tipo mais específico de objeto Humano. Qualquer objeto de uma subclasse é um tipo mais específico de seu objeto pai. O relacionamento *é-um* é criado quando um objeto herda, ou estende, outro. Qualquer objeto que estenda outro objeto pode ser considerado como tendo um relacionamento *é-um* com o objeto que ele estende. Qualquer objeto que tenha um relacionamento *é-um* com outro objeto pode ser usado polimorficamente como esse objeto.

Quando um objeto está agindo polimorficamente como outro objeto, o objeto mais específico fica restrito a usar apenas a interface pública do objeto mais geral. No exemplo anterior, quando o objeto Adulto é usado como um objeto Humano, só os métodos que estão disponíveis na classe Humano podem ser usados. Isso ocorre porque o código Java que está usando o objeto Adulto como um objeto Humano não sabe que esse objeto Humano é na verdade um objeto Adulto. Essa é a vantagem do polimorfismo. Nem sempre o código Java tem que estar ciente da especificidade de um objeto. Se um objeto mais geral atender as necessidades de um método, Java não se preocupará se o objeto é

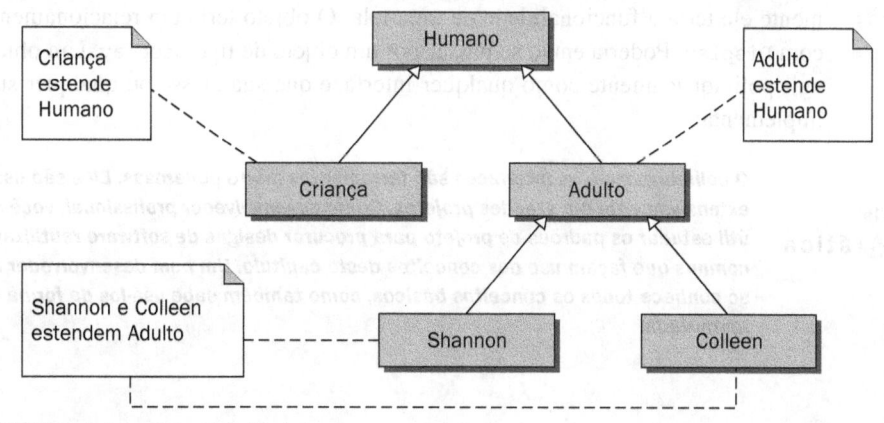

FIGURA 8-1 Objetos polimórficos.

geral ou específico. O único requisito é que o objeto tenha um relacionamento *é-um* com o objeto do qual o método precisa.

Esse relacionamento é unidirecional, logo, o objeto mais específico pode assumir o lugar de um objeto geral, mas não vice-versa. Por exemplo, se um objeto Adulto fosse necessário, um objeto Humano mais geral não poderia fornecer toda a funcionalidade de um objeto Adulto.

> **Fique @tento**
>
> As classes abstratas e as classes concretas se comportam da mesma maneira com o polimorfismo. Já que uma classe abstrata não pode ser instanciada, a única maneira de atribuir um objeto a um tipo de dado abstrato é usando o polimorfismo. Preste bastante atenção em como as classes abstratas são inicializadas.

Polimorfismo via implementação de interfaces

A aplicação do polimorfismo não está restrita à herança de classes. O polimorfismo também pode ser aplicado aos objetos de classes que implementem interfaces. Quando uma classe implementa uma interface, ela tem que implementar todos os métodos que essa interface contém. Ao fazê-lo, certamente a classe terá a funcionalidade que a interface define. Isso permite que os objetos criados a partir dessas classes sejam tratados como instâncias da interface.

Por exemplo, uma interface chamada Display poderia ser usada para classes que tivessem a funcionalidade de exibir texto em uma tela. Essa interface conteria dois métodos: um seria usado para exibir texto, e o segundo método seria usado para acessar o texto exibido atualmente. Qualquer classe que implementasse essa interface estaria declarando para outros objetos que ela tem a funcionalidade de Display. Ao implementar a interface, a classe teria que implementar todos os métodos que ela contém. Já que o objeto seria criado a partir de uma classe que implementa a interface Display, certamente ele teria a funcionalidade de uma tela. O objeto teria um relacionamento *é-um* com Display. Poderia então se passar por um objeto de tipo Display. Um objeto pode agir polimorficamente como qualquer interface que sua classe ou qualquer subclasse implementar.

> **Na @rática**
>
> O polimorfismo e as interfaces são ferramentas muito poderosas. Eles são usados extensivamente em grandes projetos. Como desenvolvedor profissional, você achará útil estudar os padrões de projeto para procurar designs de software reutilizáveis comuns que façam uso dos conceitos deste capítulo. Um bom desenvolvedor não só conhece todos os conceitos básicos, como também sabe usá-los da forma mais apropriada.

Polimorfismo em código

Quando um objeto específico pode ser usado como outro objeto geral polimorficamente, ele pode ser usado no lugar do objeto mais geral sem ser convertido. Por exemplo, como pode ser visto na Figura 8-2, se a classe TypeC estende TypeB, e TypeB estende TypeA, a qualquer momento que o tipo de objeto TypeA ou TypeB for necessário, TypeC poderá ser usado. O segmento de código a seguir mostra um exemplo disso:

```
TypeA var1 = new TypeA();
TypeA var2 = new TypeB();
TypeA var3 = new TypeC();

TypeB var4 = new TypeB();
TypeB var5 = new TypeC();

TypeC var6 = new TypeC();
```

Nesse exemplo, qualquer subclasse pode ser usada de maneira intercambiável com sua superclasse. A variável var3 é declarada como um objeto TypeA, mas é inicializada com um novo objeto TypeC. Ainda que na verdade var3 seja um objeto TypeC, ela será tratada como um objeto TypeA em qualquer local que for referenciada. Isso não cria problemas porque o objeto TypeC herdou toda a funcionalidade dos objetos TypeA e TypeB. No entanto, já que var3 foi declarada como TypeA, agora ela só pode ser tratada como um objeto desse tipo. Se os objetos TypeC tiverem métodos adicionais que não façam parte da classe TypeA, esses métodos não ficarão disponíveis.

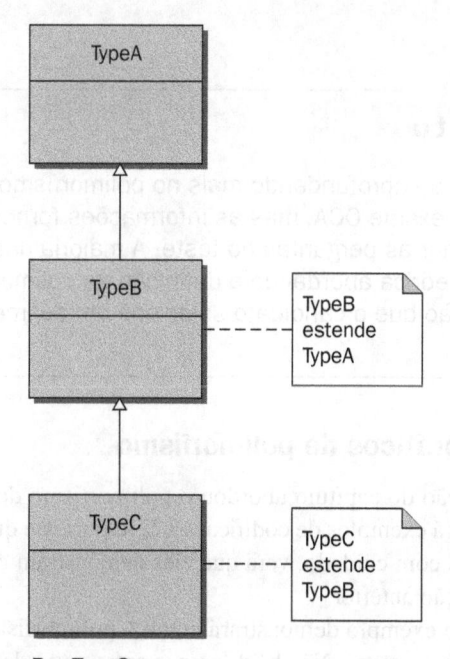

FIGURA 8-2 TypeA, TypeB e TypeC.

O polimorfismo é mais usado em argumentos de métodos. Ele permite que um método seja criado de maneira mais abstrata e, portanto, seja mais flexível. Por exemplo, um método poderia ser projetado para aceitar um objeto de tipo animal como seu argumento e usá-lo para determinar se o animal está faminto. Nesse cenário, não há benefícios na criação de um método que aceite um objeto Pinguim e outro que aceite um objeto UrsoPolar. Em vez disso, seria um design melhor criar um único método que aceitasse uma classe Animal. O estado de fome é comum à classe Animal. A classe Animal é superclasse tanto da classe Pinguim quanto da classe UrsoPolar.

Esses exemplos básicos estão sendo fornecidos para ajudá-lo a entender os conceitos do polimorfismo. Eles estão sendo descritos em um nível bem mais geral aqui. Posteriormente este capítulo oferecerá mais exemplos que mostrarão o polimorfismo com mais detalhes.

Programando para uma Interface

"Programar para uma interface" é o conceito segundo o qual o código deve interagir de acordo com um conjunto definido de funcionalidades e não com um tipo de objeto definido explicitamente. Em outras palavras, é melhor as interfaces públicas dos objetos usarem tipos de dados que sejam definidos como interfaces e não como uma classe específica quando possível. Quando um objeto está implementando uma interface, ele está declarando que tem um determinado conjunto de funcionalidades. Muitas classes diferentes podem implementar a mesma interface e fornecer sua funcionalidade. Quando um método usa uma interface como o tipo de seu argumento, ele permite que qualquer objeto, não importando seu tipo, seja usado contanto que implemente a interface. Isso permite que o código seja mais abstrato e flexível e também promove a sua reutilização. A programação para uma interface também é conhecida como "design por contrato".

Fique @tento

Este capítulo está se aprofundando mais no polimorfismo do que seria necessário para o exame OCA, mas as informações fornecidas aqui devem ajudá-lo a entender melhor as perguntas do teste. A maioria das perguntas do teste será de natureza teórica abordando a definição de polimorfismo ou cenários simples que pedirão que o candidato selecione um segmento de código que esteja correto.

Exemplos práticos de polimorfismo

A primeira seção do capítulo abordou o polimorfismo do ponto de vista teórico. Esta seção examinará exemplos de codificação. É importante que você entenda os exemplos: se examiná-los com cuidado, verá que eles demonstram claramente os conceitos apresentados na seção anterior.

O primeiro exemplo demonstrará como o polimorfismo pode ser aplicado quando uma classe estende outra. Não há diferença entre o uso de classes concretas e abstratas.

O exemplo seguinte demonstra o uso do polimorfismo quando interfaces são usadas. Esses exemplos ajudarão a reforçar os conceitos abordados neste capítulo. O exame OCA demandará que você saiba como usar o polimorfismo. Entender os exemplos o ajudará nas questões do teste sobre o assunto.

Exemplos de polimorfismo via herança de classes

O exemplo a seguir tem como objetivo demonstrar o uso do polimorfismo com a herança de classes. Ele tem três classes. Duas são usadas para representar telefones. A classe Phone foi projetada para ser uma representação simples de um telefone padrão. Essa classe tem um método que disca um número e retorna se o telefone está ou não chamando. A segunda classe representa um smartphone e foi apropriadamente chamada de SmartPhone. A classe SmartPhone estende a classe Phone. Essa classe adiciona a funcionalidade de poder enviar e receber e-mails. A classe final chama-se Tester e é usada como driver de testes das duas classes de telefone e para demonstrar o polimorfismo em ação. As classes de telefone são representações simples e a maioria de suas funcionalidades não é implementada. Em vez disso, comentários descrevem sua finalidade. Essa é a classe Phone:

```java
public class Phone {

  public void callNumber(long number) {
    System.out.println("Phone: Calling number " + number);
    /* Lógica para discar número e manter conexão. */
  }

  public boolean isRinging() {
    System.out.println("Phone: Checking if phone is ringing");
    boolean ringing = false;
    /* Verifica se o telefone está chamando e configura a variável ringing */
    return ringing;
  }
}
```

A classe Phone é uma classe simples usada para um telefone comum com recursos básicos. Ela tem um método callNumber() que é usado para chamar o número que é passado como argumento. O método isRinging() é usado para determinar se o telefone está chamando atualmente. Essa classe exibe na saída padrão seu nome e que ação ela está executando ao entrar em cada método. A classe Phone é a classe base da classe SmartPhone. A classe SmartPhone é listada a seguir:

```java
public class SmartPhone extends Phone {

  public void sendEmail(String message, String address) {
    System.out.println("SmartPhone: Sending Email");
    /* Lógica para enviar e-mail */
  }
```

```java
public String retrieveEmail() {
  System.out.println("SmartPhone: Retrieving Email");
  String messages = new String();
  /* Retorna uma String contendo todas as mensagens*/
  return messages;
}

public boolean isRinging() {
  System.out.println("SmartPhone: Checking if phone is ringing");
  boolean ringing = false;
  /* Procura atividade de e-mail e só continua quando ela não existe. */
  /* Verifica se o telefone está chamando e configura a variável ringing */
  return ringing;
}
}
```

A classe `SmartPhone` representa um smartphone. Essa classe estende a classe `Phone` e, portanto, herda sua funcionalidade. Ela tem um método `sendEmail()` que é usado para enviar um e-mail. Há um método `retrieveEmail()` que retorna uma `String` com qualquer mensagem que ainda não tiver sido recuperada. Também há um método `isRinging()` que sobrescreve o método `isRinging()` da superclasse `Phone`. Como ocorre com a classe `Phone`, a classe `SmartPhone` exibe na saída padrão seu nome e a função executada sempre que ela entra em um método.

A última classe chama-se `Tester`. Ela tem o método `main()` do programa de demonstração. Essa classe executa todos os métodos das classes `Phone` e `SmartPhone`.

```java
public class Tester {
  public static void main(String[] args) {
    new Tester();
  }

  public Tester() {
    Phone landLinePhone = new Phone();
    SmartPhone smartPhone = new SmartPhone();
    System.out.println("About to test a land line phone " +
      "as a phone...");
    testPhone(landLinePhone);
    System.out.println("\nAbout to test a smart phone " +
      "as a phone...");
    testPhone(smartPhone);
    System.out.println("\nAbout to test a smart phone " +
      "as a smart phone...");
    testSmartPhone(smartPhone);
  }

  private void testPhone(Phone phone) {
    phone.callNumber(5559869447L);
```

```
        phone.isRinging();
    }

    private void testSmartPhone(SmartPhone phone) {
        phone.sendEmail("Hi","edward@ocajexam.com");
        phone.retrieveEmail();
    }
}
```

O método `main()` inicia o programa criando um objeto `Tester` e, portanto, chamando o construtor de `Tester()`. O construtor é usado para chamar cada método de teste. Entre cada chamada de método, ele exibe uma linha na saída padrão que indica o que o programa está fazendo. O método `testPhone()` é usado para testar cada método da classe `Phone`. Ele aceita um objeto `Phone` como argumento. O último método é `testSmartPhone()`. Esse método testa cada método da classe `SmartPhone`.

O construtor `Tester()` começa criando duas variáveis locais. A primeira chama-se `landLinePhone` e é um objeto `Phone`. A segunda chama-se `smartPhone` e é um objeto `SmartPhone`. O construtor exibe então uma mensagem e chama o método `testPhone()` com a variável `landLinePhone` como argumento.

Em seguida, o construtor exibe outra mensagem e chama novamente o método `testPhone()`. A variável `smartPhone` é usada como argumento. O método `testPhone()` requer um objeto `Phone` como seu argumento, mas o exemplo usou um objeto `SmartPhone`. É o polimorfismo em ação. Um smartphone é um tipo mais específico de telefone. Ele pode fazer qualquer coisa que um telefone fixo pode fazer e algo mais. Isso é representado na classe `SmartPhone` pelo fato dela estender `Phone`. Observe que o método `testPhone()` está esperando um objeto `Phone` como argumento. É perfeitamente aceitável ele receber um tipo de telefone mais específico. No entanto, qualquer método adicional da classe mais específica não pode ser utilizado. Já que esse método foi projetado para ter um objeto `Phone` como argumento, ele só pode usar métodos declarados pela classe `Phone`.

Para concluir, o construtor exibe outra mensagem de status e chama o método `testSmartPhone()`. Esse método executa os métodos declarados pelo objeto `SmartPhone`. Já que o polimorfismo é unidirecional, o método `testSmartPhone()` não pode ser chamado com um objeto `Phone` como seu argumento. A saída a seguir seria gerada por esse programa:

```
About to test a land line phone as a phone...
Phone: Calling number 5559869447
Phone: Checking if phone is ringing

About to test a smart phone as a phone...
Phone: Calling number 5559869447
SmartPhone: Checking if phone is ringing

About to test a smart phone as a smart phone...
SmartPhone: Sending Email
SmartPhone: Retrieving Email
```

Quando a variável `landLinePhone` é usada com o método `testPhone()`, a saída é simplesmente gerada a partir da classe `Phone` já que trata-se de um objeto `Phone`. Quando a variável `smartPhone` é usada, o fluxo de execução é mais complexo. Como a classe `SmartPhone` estende a classe `Phone`, ela herda os métodos `callNumber()` e `isRinging()`. No entanto, a classe `SmartPhone` sobrescreve o método `isRinging()` com sua própria versão. Quando o método `callNumber()` é chamado em um objeto `SmartPhone`, o método da classe `Phone` é usado já que ele não foi sobrescrito. Porém, quando o método `isRinging()` é chamado, o método da classe `SmartPhone` é usado. Isso segue a regra básica da herança e da sobrescrita de métodos.

Exemplos de polimorfismo via implementação de Interfaces

Esse exemplo enfocará a possibilidade de um objeto se comportar como uma interface que sua classe implemente. Isso permite que objetos radicalmente diferentes, mas que compartilhem funcionalidades comuns, sejam tratados de maneira semelhante. As funcionalidades comuns estão definidas em uma interface que cada classe deve implementar.

O exemplo é composto por três classes e uma interface. Há uma classe `Tester` para testar o programa. As outras duas classes são objetos representando um bode e sua casa (isto é, seu abrigo). Tanto nesse programa quanto conceitualmente, os objetos são muito diferentes. Um bode é um animal vivo e seu abrigo é um item inanimado. No entanto, ambos compartilham uma funcionalidade. A classe `Goat` e a classe `GoatShelter` podem descrever a si próprias. Essa funcionalidade pode ser percebida no fato de ambas implementarem a interface `Describable`. Classes que implementam essa interface são obrigadas a implementar o método `getDescription()`. Essa é a interface `Describable`:

```
public interface Describable {
   public String getDescription();
}
```

Essa interface tem apenas um método. O método `getDescription()` é usado para retornar uma descrição sobre o objeto. Qualquer classe que implementar essa interface estará declarando que tem um método que pode ser usado para obter sua descrição. A classe `Goat` é mostrada a seguir.

```
public class Goat implements Describable {

   private String description;

   public Goat(String name){
      description = "A goat named " + name;
   }

   public String getDescription() {
      return description;
   }
   /*
```

```
     * Implementa outros métodos relacionados a um bode
     */
}
```

A classe Goat é uma classe simples que pode ser usada para representar um bode. Essa classe implementa a interface Describable e, portanto, precisa implementar o método getDescription(). O construtor da classe Goat tem um único parâmetro que ele usa para inserir o nome do bode na string de descrição. A próxima classe desse exemplo é GoatShelter. Ela é listada a seguir:

```
public class GoatShelter implements Describable {

  private String description;
  private int height;
  private int width;
  private int length;

  public GoatShelter (int height, int width, int length) {
    this.height = height;
    this.width = width;
    this.length = length;
    this.description = "A goat shelter that is " + height + " high, "
      + length + " long and " + width + " wide ";
  }

  public String getDescription() {
    return description;
  }
  /*
   * Implementa outros métodos relacionados ao abrigo de um bode
   */
}
```

A classe GoatShelter é usada para modelar uma caixa. Seu construtor requer que as dimensões da caixa sejam usadas como argumentos. O construtor também cria o texto de descrição que é retornado no método getDescription(). Como ocorre com a classe Goat, a classe GoatShelter implementa a interface Describable. A última classe é Tester. Essa classe é usada para demonstrar o conceito de polimorfismo com interfaces.

```
public class Tester {

  public static void main(String[] args) {
    new Tester();
  }

  public Tester() {
    Goat goat = new Goat("Bob");
```

```
            GoatShelter goatShelter = new GoatShelter (4, 4, 6);
            System.out.println(description(goat));
            System.out.println(description(goatShelter));
        }

        private String description(Describable d){
            return d.getDescription();
        }
    }
```

A classe Tester contém o método main() que inicia a execução do programa. Isso chama o construtor Tester(), em que tanto um objeto Goat quanto um objeto GoatShelter são criados. O método description() é então usado para exibir na saída padrão a descrição de cada objeto. Esse método requer um objeto Describable. É impossível que haja um objeto Describable já que trata-se de uma interface. No entanto, as classes que implementam essa interface estão declarando que têm a funcionalidade de Describable. Logo, esses objetos podem agir polimorficamente como se fossem do tipo Describable. Aqui está a saída do programa:

```
A goat named Bob
A goat shelter that is 4 high, 4 long and 6 wide
```

NO EXAME

Polimorfismo unidirecional

O exame OCA pode tentar apresentar ao candidato uma pergunta sobre polimorfismo em que o objeto mais geral se comporte como o mais específico. Lembre-se de que o polimorfismo funciona somente em uma direção. Só os objetos específicos podem se comportar como os mais gerais.

EXERCÍCIO 8-1

Adicione funcionalidade ao exemplo de Describable

Esse exercício usará o exemplo anterior. O objetivo do exercício é compilar e executar o exemplo e adicionar uma classe que implemente a interface Describable.

1. Copie o exemplo no editor de texto ou no IDE de sua escolha.

2. Compile e execute o exemplo para verificar se o código foi copiado corretamente.

3. Adicione uma nova classe que implemente a interface Describable.

4. Compile e execute o aplicativo.

Exemplos de programação para uma Interface

O exemplo que veremos demonstrará o conceito de programar para uma interface. Esse conceito permite que um desenvolvedor defina a funcionalidade que é requerida em vez de definir um tipo de objeto real. Isso cria um código mais flexível que adota o princípio de design orientado a objetos de criação de código reutilizável.

Suponhamos que um desenvolvedor criasse uma classe que fosse usada para a criação de arquivos de log. Essa classe é responsável por criar e gerenciar o arquivo de log do sistema de arquivos e acrescentar as mensagens de log a ele. A classe chama-se Logger. A classe Logger tem um método chamado appendToLog() que aceita um único objeto como argumento e acrescenta uma mensagem sobre ele no log.

O desenvolvedor poderia sobrecarregar esse método com os tipos de dados que o programa pode usar. Esse esquema funcionaria, mas seria muito ineficiente. Suponhamos que o conceito de programar para uma interface fosse então usado e o desenvolvedor criasse uma interface que definisse o método requerido para uma classe gravável em log. Essa interface chama-se Logable. O método appendToLog usaria a interface Logable como seu argumento. Qualquer classe que precisasse da funcionalidade de logging poderia implementar a interface e então ser usada polimorficamente com o método appendToLog().

A seguir temos a interface Logable:

```java
public interface Logable {
  public String getInitInfo();
  public String getLogableEvent();
}
```

A interface Logable é uma interface básica que define os métodos requeridos para o trabalho com o método appendToLog() na classe Logger. O método appendToLog() não precisa saber dos detalhes de um objeto a não ser dos referentes ao logging. Ao usar essa interface, o desenvolvedor definiu um requisito de funcionalidade em vez de definir apenas um tipo de dado de objeto. É isso que significa o termo "programar para uma interface".

A classe Logger é exibida a seguir:

```java
import java.io.BufferedWriter;
import java.io.FileWriter;
import java.io.IOException;

public class Logger {

  private BufferedWriter out;

  public Logger() throws IOException {
    out = new BufferedWriter(new FileWriter("logfile.txt"));
  }

  public void appendToLog(Logable logable) throws IOException {
    out.write("Object history: " + logable.getInitInfo());
```

```
        out.newLine();
        out.write("Object log event: " + logable.getLogableEvent());
        out.newLine();
    }

    public void close() throws IOException {
        out.flush();
        out.close();
    }
}
```

A classe `Logger` cria um `BufferedWriter`, que é uma maneira de gravar em um arquivo. Isso, porém, não faz parte do escopo deste capítulo e, portanto, não será discutido. O método `appendToLog()` é usado para gravar no arquivo de log. A classe usa a interface `Logable` para permanecer flexível. O método funcionará com qualquer classe que implementar essa interface; ele segue o conceito de programar para uma interface.

A próxima classe é `NetworkConnection`. Essa classe implementa a interface `Logable`.

```
public class NetworkConnection implements Logable {

    private long createdTimestamp;
    private String currentLogMessage;

    public NetworkConnection() {
        createdTimestamp = System.currentTimeMillis();
        currentLogMessage = "Initialized";
    }

    public void connect(){
        /*
         * Conexão estabelecida
         */
        currentLogMessage = "Connected at " + System.currentTimeMillis();
    }

    public String getInitInfo() {
        return "NetworkConnection object created " + createdTimestamp;
    }

    public String getLogableEvent() {
        return currentLogMessage;
    }
}
```

Essa classe implementa a interface Logable e todos os métodos que essa ação exige. Quando ela está se comportando polimorficamente como o tipo de dado Logable, o código usado não precisa saber detalhes de sua implementação. Contanto que a classe implemente a interface Logable, ela pode implementar os métodos da forma que melhor lhe atender.

SystemStatus é a outra classe que usa a interface Logable.

```java
public class SystemStatus implements Logable {

  private long createdTimestamp;

  public SystemStatus() {
    createdTimestamp = System.currentTimeMillis();
  }

  private int getStatus(){
    if(System.currentTimeMillis() - createdTimestamp > 1000){
      return 1;
    }
    else{
      return -1;
    }
  }

  public String getInitInfo() {
    return "SystemStatus object created " + createdTimestamp;
  }

  public String getLogableEvent() {
    return String.valueOf("Status: "+getStatus());
  }
}
```

A única semelhança entre a classe SystemStatus e a classe NetworkConnection é que as duas implementam a interface Logable. SystemStatus implementa os métodos obrigatórios getInitInfo() e getLogableEvent() de uma maneira diferente da classe NetworkConnection.

A última classe é Tester. Trata-se de uma classe simples que demonstra todas as classes e a interface anteriores em ação.

```java
public class Tester {

  public static void main(String[] args) throws Exception {
    new Tester();
  }

  public Tester() throws Exception {
```

```
        Logger logger = new Logger();
        SystemStatus systemStatus = new SystemStatus();
        NetworkConnection networkConnection = new NetworkConnection();
        logger.appendToLog(systemStatus);
        logger.appendToLog(networkConnection);
        networkConnection.connect();
        Thread.sleep(2000);
        logger.appendToLog(systemStatus);
        logger.appendToLog(networkConnection);
        logger.close();
    }
}
```

A classe `Tester` faz todo o seu trabalho no construtor. Ela cria um novo objeto `Logger` chamado `logger`. Em seguida, cria um objeto `SystemStatus` chamado `systemStatus` e um objeto `NetworkConnection` chamado `networkConnection`. Depois a classe usa o método `appendToLog()` a partir do objeto `Logger`. Esse método utiliza o objeto `Logable` como parâmetro. Já que tanto `SystemStatus` quanto `NetworkConnection` implementam essa interface, seus objetos podem ser usados polimorficamente com esse método. O texto a seguir é gravado no arquivo de log:

```
Object history: SystemStatus object created 1238811437373
Object log event: Status: -1
Object history: NetworkConnection object created 1238811437374
Object log event: Initialized
Object history: SystemStatus object created 1238811437373
Object log event: Status: 1
Object history: NetworkConnection object created 1238811437374
Object log event: Connected at 1238811437374
```

OBJETIVO DA CERTIFICAÇÃO

Compreender coerção

Objetivo do exame: Determinar quando a coerção é necessária

Até agora, este capítulo discutiu como usar um objeto mais específico no lugar de um mais genérico. O polimorfismo permite que qualquer subclasse seja usada no lugar de sua superclasse. Vimos que não precisamos de nenhuma conversão especial para fazer isso. Agora examinaremos a situação oposta. Como pegar um objeto geral e torná-lo mais específico? A *coerção* (*casting*) nos permite converter um objeto de volta ao seu tipo de tempo de execução original ou a qualquer uma de suas superclasses.

Quando a coerção é necessária

O polimorfismo permite que um objeto seja usado como um objeto mais geral sem precisarmos adicionar uma nova sintaxe. No entanto, a coerção deve ser usada quando um objeto tiver que ser empregado como um tipo mais detalhado ou na conversão de um primitivo em um tipo que faça dados serem perdidos. O polimorfismo pode ocorrer sem interação porque não há a possibilidade de existirem dados incompatíveis. Se puderem ocorrer tipos de dados incompatíveis, o compilador Java exigirá que o desenvolvedor declare formalmente sua intenção para usar uma variável como um tipo diferente.

Uma coerção deve ocorrer quando o primitivo `double` for usado como um `float` ou um objeto `HashMap` for usado como um objeto `LinkedHashMap`. Esta seção examinará cada caso e explicará quando é possível converter o objeto ou o primitivo e por que você pode ter que fazê-lo.

A sintaxe Java para a coerção de um objeto ou primitivo é relativamente simples. Para fazer a coerção de um objeto ou primitivo, insira o tipo antes dele em parênteses. No próximo exemplo, `detailedScore` é declarada como um `double`. Em seguida, é atribuída a um `float`. Para esse código ser válido e compilado, devemos fazer a coerção de `detailedScore` para um `float`. A coerção é executada pela inserção de `(float)` na frente do `double`, `detailedScore`. Isso instruirá ao compilador que trate `detailedScore` como um `float` e permita que seu valor seja atribuído à variável `score`, que foi declarada como um `float`.

```
double detailedScore = 1.2;
float score = (float)detailedScore;
```

Fazendo a coerção de primitivos

Os primitivos têm que ser submetidos a uma coerção explícita quando a conversão puder resultar na perda de precisão. Se não houver possibilidade de perda de precisão, o compilador fará a coerção automática do primitivo. A precisão é perdida quando um primitivo maior sofre coerção para um primitivo menor. A precisão também pode ser perdida quando um primitivo com um decimal de ponto flutuante sofre coerção para um tipo primitivo de número inteiro. Por exemplo, um `int` é um inteiro em complemento de dois de 32 bits com sinal e tem um valor mínimo de –2.147.483.648 e um valor máximo de 2.147.483.647 (inclusive). Um byte é um inteiro em complemento de dois de 8 bits com sinal e tem um valor mínimo de –128 e um valor máximo de 127 (inclusive). Se um `int` que estivesse armazenando o valor 1236 sofresse coerção para um byte, haveria perda de precisão, porque um byte não pode armazenar um valor tão grande quanto 1236.

Logo, se um byte não puder armazenar um `int` grande, mas o compilador permitir que você faça a coerção do `int` em um byte, o que ocorrerá em tempo de execução? A máquina virtual Java (JVM) truncará os bits do `int`. Na coerção de um `int` de valor 1236, a JVM o truncaria para um byte com o valor –44. O código a seguir exibirá `Byte: –44`:

```
int i = 1236;
byte b = (byte) i;
System.out.println("Byte: "+b);
```

Para entender de onde vem o valor –44, você precisa examinar a representação binária dos números. No exemplo a seguir, o número *1236* é exibido como um número binário de 32 bits. O número *–44* é exibido como um número binário de 8 bits. Lembre-se de que o bit mais significativo é usado como bit de sinal.

```
1236 = 0000 0000 0000 0000 0000 0100 1101 0100
-44  =                                1101 0100
```

É fácil ver que os 24 bits mais significativos do int estão sendo truncados. O valor de sinal negativo está ocorrendo porque o bit mais significativo do byte é 1.

Uma coerção também é requerida na conversão de um número decimal de ponto flutuante como um float ou double em um número inteiro primitivo. O valor decimal do número é truncado. Por exemplo, o valor 5,7 seria truncado para 5. O arredondamento

TABELA 8-1 Coerção de primitivos

		Tipo primitivo final						
		byte	short	char	int	long	float	double
Tipo primitivo inicial	byte		Conversão segura	Coerção explícita	Conversão segura	Conversão segura	Conversão segura	Conversão segura
	short	Coerção explícita Precisão perdida		Coerção explícita Sinal perdido	Conversão segura	Conversão segura	Conversão segura	Conversão segura
	char	Coerção explícita Precisão perdida	Coerção explícita Sinal adicionado		Conversão segura	Conversão segura	Conversão segura	Conversão segura
	int	Coerção explícita Precisão perdida	Coerção explícita Precisão perdida	Coerção explícita Precisão perdida		Conversão segura	Conversão segura	Conversão segura
	long	Coerção explícita Precisão perdida	Coerção explícita Precisão perdida	Coerção explícita Precisão perdida	Coerção explícita Precisão perdida		Coerção explícita Precisão perdida	Conversão segura
	float	Coerção explícita Precisão perdida	Coerção explícita Precisão perdida	Coerção explícita Precisão perdida	Coerção explícita Precisão perdida	Coerção explícita Precisão perdida		Conversão segura
	double	Coerção explícita Precisão perdida	Coerção explícita Precisão perdida	Coerção explícita Precisão perdida	Coerção explícita Precisão perdida	Coerção explícita Precisão perdida	Coerção explícita Precisão perdida	

do número não é considerado. Uma vez que o valor decimal é removido, os bits são truncados do bit mais significativo para a frente até o novo tamanho apropriado ser atingido.

Coerção entre primitivos e objetos

Desde a introdução do Java 5.0, é possível fazer a coerção de primitivos de e para suas classes wrapper. Java não só facilita a execução das conversões básicas como também faz automaticamente a coerção com o autoboxing e o auto unboxing. O autoboxing e unboxing permitem que um primitivo seja usado de maneira intercambiável como sua classe wrapper. A conversão apropriada é feita automaticamente. O segmento de código a seguir demonstra diferentes maneiras de criar um objeto Integer a partir de um int:

```
int i = 8;
Integer obj1 = new Integer(i);
Integer obj2 = (Integer)i;
Integer obj3 = i;
Float obj4 = 5.7f;
//A situação a seguir não é válida
Integer obj5 = obj4;
```

Nesse segmento de código, um primitivo int, nomeado i, é criado e configurado com 8. Essa variável é então usada na criação de três objetos Integer. O objeto obj1 é criado com o uso do método que era utilizado antes do lançamento do Java 5.0. Ele emprega o construtor da classe Integer para instanciar um novo objeto. Essa linha de código demonstra a maneira básica de instanciar um objeto e não demonstra a coerção. Em seguida, a variável obj2 é definida pela coerção de um primitivo int para um objeto Integer. Embora essa sintaxe seja válida, raramente ela é usada. O objeto obj3 é definido com o uso somente do primitivo i. Nenhuma coerção é usada nesse caso. No entanto, o recurso de autoboxing de Java executa a coerção automaticamente. A maioria dos desenvolvedores usa o método de autoboxing e unboxing para fazer a passagem entre os primitivos e sua classe wrapper. Um objeto Float também é criado. O autoboxing é usado para converter o valor 5,7f para um objeto Float. Para concluir, um exemplo inválido é mostrado. Ao contrário do que ocorre com um primitivo, em que um float é truncado automaticamente para caber em um int, um objeto Float não é truncado automaticamente para caber em um objeto Integer. Essa linha de código produziria avisos do compilador e lançaria uma exceção em tempo de execução. É importante lembrar-se de que você não precisa fazer a coerção explicitamente ao escrever o código, porque ela será feita automaticamente.

NO EXAME

Coerção oculta

Não se esqueça da coerção oculta. O compilador Java não requer que a coerção entre um primitivo e sua classe wrapper seja feita explicitamente. Mesmo assim, uma coerção estará ocorrendo automaticamente por conveniência.

Fazendo a coerção de objetos

Um objeto pode tornar-se polimorficamente qualquer objeto que seja sua superclasse. Uma vez que um objeto receber um tipo mais geral, ele não poderá mais acessar seus recursos mais específicos. Terá que ser convertido novamente para seu tipo original em tempo de execução para usar esses métodos. É importante assegurar que o objeto alvo da coerção tenha sido instanciado como esse objeto ou como um objeto que dele herdou. Uma exceção em tempo de execução será lançada se um objeto sofrer uma coerção incorreta. A seguir temos três exemplos de classes:

```
public class ClassA {

  public String whoAmI(){
    return "ClassA";
  }

  public String specialClassAMethod(){
    return "ClassA only method";
  }
}
public class ClassB extends ClassA{

  public String whoAmI(){
    return "ClassB";
  }

  public String specialClassBMethod(){
    return "ClassB only method";
  }
}
```

No exemplo, `ClassA` é uma classe básica com dois métodos: um retorna uma string com o nome de sua classe e o outro representa um método exclusivo que só `ClassA` contém. `ClassB` estende `ClassA`. Ela sobrescreve o método `whoAmI` com sua própria funcionalidade. Também contém um método exclusivo, chamado `specialClassBMethod`.

O segmento de código a seguir cria um objeto `ClassB` chamado `obj1`. Em seguida, ele cria um objeto `ClassA`, chamado `obj2`. Esse objeto é inicializado com um novo objeto `ClassB`. Isso é válido porque um objeto `ClassB` pode agir polimorficamente como um objeto `ClassA` já que `ClassB` estende `ClassA`. Por fim, um segundo objeto `ClassA` é criado e inicializado com um novo objeto `ClassA`.

```
ClassB obj1 = new ClassB();
ClassA obj2 = new ClassB();
ClassA obj3 = new ClassA();

System.out.println("obj1: " + obj1.whoAmI());
System.out.println("obj2: " + obj2.whoAmI());
System.out.println("obj3: " + obj3.whoAmI());
```

Essa é a saída quando o código anterior é executado:

```
obj1: ClassB
obj2: ClassB
obj3: ClassA
```

A variável `obj2` é do tipo `ClassA`, mas foi inicializada com um objeto `ClassB`. Esse objeto retém toda a funcionalidade de um objeto `ClassB`. Isso pode ser visto quando a string resultante do método `obj2.whoAmI()` é exibida. No entanto, já que a variável é do tipo `ClassA`, o objeto só pode ser tratado como um objeto desse tipo. Por exemplo, a linha de código a seguir não seria compilada:

```
System.out.println("obj2: " + obj2.specialClassBMethod());
```

Ainda que a variável `obj2` tenha sido criada como um objeto `ClassB`, ela é do tipo `ClassA` e, portanto, só pode ser tratada como um objeto `ClassA`. Para poder acessar a funcionalidade que `ClassB` fornece, o objeto teria que sofrer coerção para o tipo `ClassB`. O próximo exemplo demonstra `obj2` sendo convertido para um objeto `ClassB`:

```
ClassB obj4 = (ClassB)obj2;
System.out.println("obj4: " + obj4.specialClassBMethod());
```

Também é possível fazer a coerção do objeto de forma *inline*. Essa sintaxe encurtada seria como a mostrada a seguir:

```
System.out.println("obj2: " + ((ClassB)obj2).specialClassBMethod());
```

É importante que você entenda que `obj3` não pode ser convertido para um objeto `ClassB`. A coerção para um tipo de objeto só será bem-sucedida se o objeto tiver sido instanciado como ele próprio ou como uma de suas subclasses. Se ele fosse convertido para `ClassB`, uma exceção em tempo de execução seria lançada.

Fique @tento

Quando estiver fazendo o exame OCA, lembre-se de que você só pode fazer a coerção de objetos quando estiver descendo a cadeia de herança – isto é, da superclasse para a subclasse. Também é importante lembrar-se de que em um determinado momento o objeto precisa ter sido aquele para o qual a coerção está ocorrendo, ou uma subclasse dele.

> **Na prática**
>
> *Ao fazer a coerção de um objeto, você deve sempre verificar se ele pode ser convertido sem gerar uma exceção. Para verificar se um objeto tem o tipo apropriado, use o operador Java* `instanceof`. *Esse operador pode ser utilizado em uma instrução* `if` *para determinar se o objeto A é instância da classe B.*

```
if(obj2 instanceof ClassB){
    /*Faz a coerção*/
}
```

Resumo para a certificação

O polimorfismo é um conceito essencial de qualquer linguagem de programação orientada a objetos. Este capítulo discutiu os conceitos básicos do polimorfismo e demonstrou-os em exemplos.

A primeira parte do capítulo definiu o polimorfismo. Trata-se de uma ferramenta que pode ser usada para criar código mais legível e produzi-lo com mais rapidez. Ele permite tratar um objeto específico como se fosse um objeto mais geral. Em outras palavras, um objeto de uma classe pode passar por qualquer objeto que a classe use para derivar a si própria. O benefício é que os aplicativos podem ser escritos de maneira mais abstrata. Um tipo comum de polimorfismo ocorre entre classes que estendem outras classes. O objeto de uma classe pode ser tratado como qualquer objeto que ela estenda e isso inclui classes concretas e abstratas. O polimorfismo também permite que um objeto seja tratado como qualquer interface que ele implemente.

O polimorfismo é mais usado em argumentos de métodos. Com frequência, um método requer um objeto geral apenas. No entanto, um objeto mais específico pode ser usado, já que ele fornecerá toda a funcionalidade do objeto geral. O relacionamento *é-um* pode nos ajudar a entender o polimorfismo. Um objeto específico como, por exemplo, `Azul` *é-uma* `Cor`. Logo, `Azul` é um objeto específico e estende o objeto `Cor`.

Em seguida, o capítulo abordou os benefícios de programar para uma interface. A programação para uma interface permite que o desenvolvedor especifique os recursos ou comportamentos que são esperados, em vez de definir estritamente um tipo de objeto esperado. Isso permite que o código seja mais abstrato e flexível. É um exemplo do uso do polimorfismo. Programar para uma interface requer que um objeto aja polimorficamente como a interface que ele implementa.

O capítulo usou então exemplos de codificação para explicar o polimorfismo e a programação para uma interface. Os exemplos realçaram os conceitos importantes discutidos em teoria no capítulo.

Para concluir, a coerção foi examinada. A coerção costuma ser usada com o polimorfismo para retornar um objeto ao seu nível original de detalhe. É importante que você aprenda como usar a coerção corretamente. O uso inapropriado pode levar a um código instável e difícil de editar que trave com frequência.

✓ REVISÃO RÁPIDA

Compreender polimorfismo

- O polimorfismo é um conceito fundamental das linguagens orientadas a objetos, inclusive Java.
- O polimorfismo estimula a reutilização de código.
- O polimorfismo permite que um objeto aja como uma de suas superclasses ou como uma interface que ele implemente.
- Em um relacionamento *é-um*, o objeto da subclasse (mais específico) "é-um" objeto da superclasse (mais geral).
- O polimorfismo é unidirecional. Objetos mais específicos só podem agir polimorficamente como objetos mais gerais.
- Ao implementar uma interface, um objeto está declarando que tem a funcionalidade definida nela. Isso permite que o objeto aja polimorficamente como a interface.
- Programar para uma interface é o conceito em que o desenvolvedor define a funcionalidade requerida em vez de definir estritamente tipos de dados de objeto. Isso permite que outros desenvolvedores interajam com o código usando o objeto que quiserem contanto que ele implemente as interfaces necessárias.
- Um objeto pode ser usado de maneira intercambiável com qualquer uma de suas superclasses sem precisar ser submetido à coerção.
- Um objeto pode ser usado de maneira intercambiável com qualquer interface que ele implemente sem precisar ser submetido à coerção.
- Quando um objeto mais específico é usado polimorficamente como um objeto geral, a funcionalidade mais específica não está disponível.
- O polimorfismo é mais usado em argumentos de métodos.

Compreender coerção

- A coerção é necessária para convertermos um objeto novamente para um nível mais detalhado em sua cadeia de herança.
- Se você fizer a coerção de um objeto para um tipo inválido, uma exceção será lançada em de tempo de execução.
- Para fazer a coerção de um objeto, devemos inserir na frente dele o nome da classe entre parênteses.
- Você deve fazer a coerção de um primitivo para outro primitivo se houver a possibilidade da precisão ser perdida.
- A coerção não é necessária na passagem de um primitivo para sua classe wrapper. O recurso Java de autoboxing/unboxing a executa automaticamente.

○ Os objetos precisam ser submetidos à coerção quando descem na cadeia de herança, isto é, passam de uma superclasse para uma subclasse. O polimorfismo permite que os objetos tornem-se mais gerais.

Teste

Compreender polimorfismo

1. Que afirmação é verdadeira sobre o termo *polimorfismo*?
    A. É uma palavra latina que significa algo como "intercambiável".
    B. É uma palavra grega que significa algo como "muitas formas".
    C. É uma palavra do inglês arcaico que significa algo como "insetiforme".
    D. É um novo termo técnico que significa "objeto Java".

2. Que tipo de objeto pode comportar-se polimorficamente como outro?
    A. Um objeto pode agir como qualquer subclasse da classe a partir da qual ele foi criado.
    B. Um objeto pode agir como qualquer superclasse da classe a partir da qual ele foi criado.
    C. Um objeto pode agir como qualquer classe abstrata.

3. O polimorfismo ajuda a promover qual dos itens a seguir? Selecione todos que forem aplicáveis.
    A. Código altamente otimizado
    B. Reutilização de código
    C. Obscurecimento do código
    D. Código que seja genérico e flexível

4. Qual desses é um relacionamento *é-um* correto?
    A. Um objeto específico *é-um* objeto mais genérico.
    B. Um objeto genérico *é-um* objeto mais específico.
    C. Uma referência nula *é-um* objeto.

5. Qual das afirmações a seguir explica por que um objeto pode comportar-se polimorficamente como uma interface?
    A. Ao implementar a interface, o objeto é obrigado a ter todas as funcionalidades que ela representa.
    B. Ao implementar a interface, o objeto herda todos os métodos requeridos que ela define.
    C. Um objeto pode comportar-se como uma interface porque as interfaces não têm um comportamento específico esperado e, portanto, qualquer objeto pode agir como uma interface.

6. O que significa dizermos que um desenvolvedor está programando para uma interface?
    A. O desenvolvedor está implementando uma interface para a classe em que está trabalhando.
    B. O desenvolvedor recebeu um conjunto de interfaces que ele deve implementar.

C. O desenvolvedor está definindo o máximo possível a funcionalidade em vez de tipos de objeto estritos.

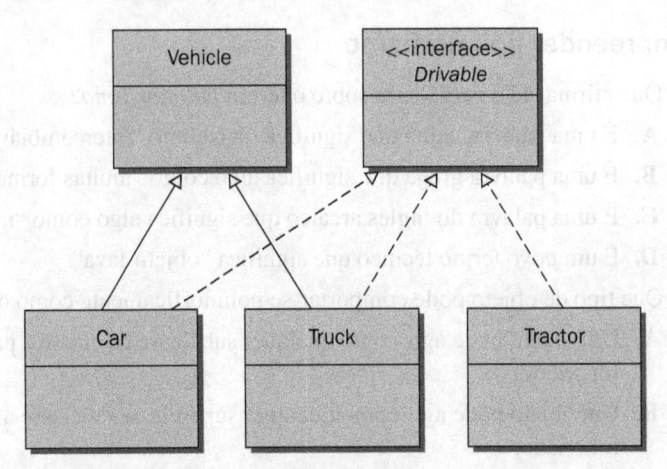

FIGURA 8-3 Diagrama UML para as perguntas 7-12.

O exemplo de código a seguir será referenciado nas perguntas 7 a 12. Depois, consulte a Figura 8-3.

A interface Drivable:

```
public interface Drivable {
/*
 * Definições de Drivable
 */
}
```

A classe Tractor:

```
public class Tractor implements Drivable{
/*
 * Funcionalidade de Tractor
 */
}
```

A classe Vehicle:

```
public class Vehicle {
/*
 * Funcionalidade de Vehicle */
}
```

A classe Car:

```
public class Car extends Vehicle implements Drivable{
/*
 * Funcionalidade de Car
 */
}
```

A classe Truck:

```
public class Truck extends Vehicle implements Drivable{
/*
Funcionalidade de Truck
 */
}
```

7. Dadas as classes e a interface anteriores, o segmento de código a seguir produziria erros quando compilado?

   ```
   Car car = new Car();
   Vehicle vehicle = car;
   ```

   A. Não seriam produzidos erros.

   B. Esse código resultaria em erros de compilação.

8. Dadas as classes e a interface anteriores, o segmento de código a seguir produziria erros quando compilado?

   ```
   Truck truck = new Truck();
   Drivable drivable = truck;
   ```

   A. Não seriam produzidos erros.

   B. Esse código resultaria em erros de compilação.

9. Dadas as classes e a interface anteriores, o segmento de código a seguir produziria erros quando compilado?

   ```
   Tractor tractor = new Tractor();
   Vehicle vehicle = tractor;
   ```

   A. Não seriam produzidos erros.

   B. Esse código resultaria em erros de compilação.

10. Dadas as classes e a interface anteriores, o segmento de código a seguir produziria erros quando compilado?

    ```
    Drivable drivable = new Drivable();
    Truck truck = drivable;
    ```

    A. Não seriam produzidos erros.

    B. Esse código resultaria em erros de compilação.

11. Dadas as classes e a interface anteriores, o segmento de código a seguir produziria erros quando compilado?

```
Vehicle vehicle = new Vehicle();
Object o = vehicle;
```

   A. Não seriam produzidos erros.

   B. Esse código resultaria em erros de compilação.

12. Dadas as classes e a interface anteriores, o segmento de código a seguir produziria erros quando compilado?

```
Truck truck = new Truck();
Object o = truck; Truck truck = new Truck();
Object o = truck;
```

   A. Não seriam produzidos erros.

   B. Esse código resultaria em erros de compilação.

Compreender coerção

13. Em que casos a coerção é necessária? Selecione todos que forem aplicáveis.

   A. Na passagem de uma superclasse para a subclasse

   B. Na passagem de uma subclasse para a superclasse

   C. No uso de um int como double

   D. No uso de um float como long

14. Por que a variável a deve sofrer coerção?

   A. Para que futuros desenvolvedores entendam o uso pretendido para ela

   B. Para informar ao compilador que é seguro fazer a conversão de dados

   C. Porque antes ela foi usada polimorficamente

15. O que faria uma exceção ser lançada por uma coerção?

   A. A precisão ser perdida devido à coerção.

   B. O objeto ser convertido para uma superclasse de seu tipo atual

   C. O objeto não ter sido instanciado como aquele para o qual a coerção está ocorrendo ou para uma de suas subclasses

   D. O objeto alvo da coerção ser nulo

Capítulo 8   Polimorfismo e coerções   329

✓ Respostas do teste

Compreender polimorfismo

1. Que afirmação é verdadeira sobre o termo *polimorfismo*?

    A. É uma palavra latina que significa algo como "intercambiável".
    B. É uma palavra grega que significa algo como "muitas formas".
    C. É uma palavra do inglês arcaico que significa algo como "insetiforme".
    D. É um novo termo técnico que significa "objeto Java".

> Resposta:
>
> ◉ B. A palavra *polimorfismo* vem dos gregos e significa "muitas formas".
>
> ○ A, C e D estão incorretas.

2. Que tipo de objeto pode comportar-se polimorficamente como outro?

    A. Um objeto pode agir como qualquer subclasse da classe a partir da qual ele foi criado.
    B. Um objeto pode agir como qualquer superclasse da classe a partir da qual ele foi criado.
    C. Um objeto pode agir como qualquer classe abstrata.

> Resposta:
>
> ◉ B. Um objeto herda toda a funcionalidade de suas superclasses e, portanto, pode comportar-se polimorficamente como elas.
>
> ○ A e C estão incorretas. A está incorreta porque um objeto não pode comportar-se como sua subclasse já que essa classe é mais específica e contém funcionalidades que não estão presentes na superclasse. C está incorreta porque é preciso haver um relacionamento *é-um* entre as classes. Essa resposta não menciona qual é o relacionamento.

3. O polimorfismo ajuda a promover qual dos itens a seguir? Selecione todos que forem aplicáveis.

    A. Código altamente otimizado
    B. Reutilização de código
    C. Obscurecimento do código
    D. Código que seja genérico e flexível

Resposta:

◉ **B e D.** O polimorfismo ajuda a criar código reutilizável porque permite que ele seja escrito de maneira mais abstrata, logo, a resposta **B** está correta. Como no exposto em **B**, o polimorfismo permite que o código seja mais geral com o uso de tipos de dados genéricos que qualquer objeto mais específico possa personificar. Portanto, **D** também está correta.

○ **A e C** estão incorretas. **A** está incorreta porque o polimorfismo não tem efeito sobre o nível de otimização do código. **C** está incorreta porque o obscurecimento de código (isto é, código intencionalmente difícil de ler) não tem relação com o polimorfismo.

4. Qual desses é um relacionamento *é-um* correto?
    A. Um objeto específico *é-um* objeto mais genérico.
    B. Um objeto genérico *é-um* objeto mais específico.
    C. Uma referência nula *é-um* objeto.

Resposta:

◉ **A.** Um objeto mais específico pode ser considerado como um objeto mais genérico. Esse é o princípio básico do polimorfismo.

○ **B e C** estão incorretas. **B** está incorreta porque objetos genéricos não têm todas as funcionalidades dos objetos mais específicos e, portanto, não possuem um relacionamento *é-um* com os objetos específicos. **C** está incorreta porque uma referência nula não tem efeito sobre seu relacionamento com outros objetos.

5. Qual das afirmações a seguir explica por que um objeto pode comportar-se polimorficamente como uma interface?
    A. Ao implementar a interface, o objeto é obrigado a ter todas as funcionalidades que ela representa.
    B. Ao implementar a interface, o objeto herda todos os métodos requeridos que ela define.
    C. Um objeto pode comportar-se como uma interface porque as interfaces não têm um comportamento específico esperado e, portanto, qualquer objeto pode agir como uma interface.

Resposta:

◉ **A.** Quando uma classe implementa uma interface, ela tem que implementar todos os métodos que essa interface contém. Isso dá à classe a funcionalidade definida na interface e, portanto, permite que ela se comporte como a interface.

○ **B e C** estão incorretas. **B** está incorreta porque nada é herdado quando uma interface é implementada. **C** está incorreta porque cada interface tem um comportamento exclusivo que é esperado dela. Isso é representado pelos métodos que devem ser implementados.

6. O que significa dizermos que um desenvolvedor está programando para uma interface?

    A. O desenvolvedor está implementando uma interface para a classe em que está trabalhando.

    B. O desenvolvedor recebeu um conjunto de interfaces que ele deve implementar.

    C. O desenvolvedor está definindo o máximo possível a funcionalidade em vez de tipos de objeto estritos.

Resposta:

◉ **C.** Programar para uma interface significa que um desenvolvedor está definindo funcionalidades em vez de tipos de dados de objeto. Qualquer objeto poderá então implementar a interface requerida e ser usado. Se uma interface não fosse utilizada, só objetos do tipo de dado definido seriam usáveis.

○ **A e B** estão incorretas. **A** está incorreta porque programar para uma interface é um conceito maior do que apenas implementar uma interface em uma classe. **B** está incorreta porque nessa situação o desenvolvedor está apenas implementando um grupo de interfaces predeterminadas.

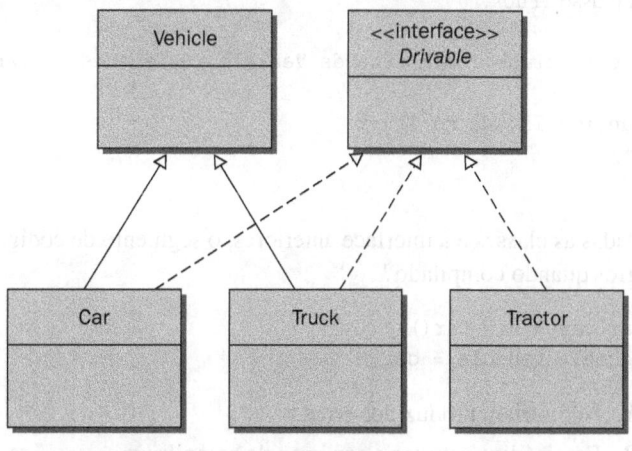

FIGURA 8-3 Diagrama UML para as perguntas 7-12.

O exemplo de código a seguir será referenciado nas perguntas 7 a 12. Depois, consulte a Figura 8-3.

A interface Drivable:

```
public interface Drivable {
/*
 * Definições de Drivable
 */
}
```

A classe Tractor:

```
public class Tractor implements Drivable{
/*
 * Funcionalidade de Tractor
 */
}
```

A classe Vehicle:

```
public class Vehicle {
/*
 * Funcionalidade de Vehicle */
}
```

A classe Car:

```
public class Car extends Vehicle implements Drivable{
/*
 * Funcionalidade de Car
 */
}
```

A classe Truck:

```
public class Truck extends Vehicle implements Drivable{
/*
Funcionalidade de Truck
 */
}
```

7. Dadas as classes e a interface anteriores, o segmento de código a seguir produziria erros quando compilado?

```
Car car = new Car();
Vehicle vehicle = car;
```

   A. Não seriam produzidos erros.
   B. Esse código resultaria em erros de compilação.

Capítulo 8   Polimorfismo e coerções   333

Resposta:

◉ **A.** Não seriam produzidos erros porque a classe `Car` estende a classe `Vehicle` e, portanto, pode ser usada como um objeto `Vehicle`.

○ **B** está incorreta.

8. Dadas as classes e a interface anteriores, o segmento de código a seguir produziria erros quando compilado?

```
Truck truck = new Truck();
Drivable drivable = truck;
```

A. Não seriam produzidos erros.

B. Esse código resultaria em erros de compilação.

Resposta:

◉ **A.** Não seriam produzidos erros porque a classe `Truck` implementa a interface `Drivable` e, portanto, pode ser usada como um objeto `Drivable`.

○ **B** está incorreta.

9. Dadas as classes e a interface anteriores, o segmento de código a seguir produziria erros quando compilado?

```
Tractor tractor = new Tractor();
Vehicle vehicle = tractor;
```

A. Não seriam produzidos erros.

B. Esse código resultaria em erros de compilação.

Resposta:

◉ **B.** Esse código resultaria em erros de compilação porque a classe `Vehicle` não é superclasse da classe `Tractor`.

○ **A** está incorreta.

10. Dadas as classes e a interface anteriores, o segmento de código a seguir produziria erros quando compilado?

```
Drivable drivable = new Drivable();
Truck truck = drivable;
```

A. Não seriam produzidos erros.

B. Esse código resultaria em erros de compilação.

Resposta:
◉ **B.** Esse código resultaria em erros de compilação porque a interface `Drivable` não pode ser instanciada já que é uma interface.
○ **A** está incorreta.

11. Dadas as classes e a interface anteriores, o segmento de código a seguir produziria erros quando compilado?

```
Vehicle vehicle = new Vehicle();
Object o = vehicle;
```

A. Não seriam produzidos erros.

B. Esse código resultaria em erros de compilação.

Resposta:
◉ **A.** Não seriam produzidos erros porque a classe `Vehicle` é concreta e a classe `Object` é a superclasse de todos os objetos Java.
○ **B** está incorreta.

12. Dadas as classes e a interface anteriores, o segmento de código a seguir produziria erros quando compilado?

```
Truck truck = new Truck();
Object o = truck; Truck truck = new Truck();
Object o = truck;
```

A. Não seriam produzidos erros.

B. Esse código resultaria em erros de compilação.

Resposta:

⦿ **A.** Não seriam produzidos erros porque a classe Object é a superclasse de todos os objetos Java.

○ **B** está incorreta.

Compreender coerção

13. Em que casos a coerção é necessária? Selecione todos que forem aplicáveis.

   A. Na passagem de uma superclasse para a subclasse
   B. Na passagem de uma subclasse para a superclasse
   C. No uso de um int como double
   D. No uso de um float como long

Resposta:

⦿ **A e D. A** está correta porque uma coerção é sempre necessária quando descemos na cadeia da herança. **D** está correta porque um long não é um número de ponto flutuante. A precisão será perdida e, portanto, isso requer uma coerção.

○ **B e C** estão incorretas. **B** está incorreta porque o polimorfismo ocorre de uma subclasse para uma superclasse. **C** está incorreta porque não há perda de precisão no uso de um int como um double, logo, a coerção não é necessária.

14. Por que a variável a deve sofrer coerção?

   A. Para que futuros desenvolvedores entendam o uso pretendido para ela
   B. Para informar ao compilador que é seguro fazer a conversão de dados
   C. Porque antes ela foi usada polimorficamente

Resposta:

⦿ **B.** Se houver a possibilidade de ocorrerem dados incompatíveis, uma coerção deve ser usada.

○ **A e C** estão incorretas. **A** está incorreta, ainda que seja útil para os desenvolvedores – porém, não é sua única finalidade. **C** está incorreta porque o polimorfismo não altera quando uma variável precisa sofrer coerção.

15. O que faria uma exceção ser lançada por uma coerção?

A. A precisão ser perdida devido à coerção.

B. O objeto ser convertido para uma superclasse de seu tipo atual

C. O objeto não ter sido instanciado como aquele para o qual a coerção está ocorrendo ou para uma de suas subclasses

D. O objeto alvo da coerção ser nulo

Resposta:

◉ **C**. Se o objeto não foi instanciado com o nível de detalhe para o qual ele está sendo convertido, isso causará uma exceção em tempo de execução.

○ **A, B e D** estão incorretas. **A** está incorreta porque se a precisão for perdida entre tipos primitivos, não haverá exceção. **B** é um exemplo de polimorfismo. Uma coerção pode ser feita, mas não é necessária. **D** está incorreta porque uma referência nula pode sofrer coerção. Isso não causará uma exceção. No entanto, se a coerção ocorrer para um tipo inválido, o compilador produzirá um erro.

Capítulo 9

Tratamento de exceções

OBJETIVOS DA CERTIFICAÇÃO

- Compreender a base lógica e os tipos de exceções
- Compreender a natureza das exceções
- Alterar o fluxo do programa
- Reconhecer exceções comuns
- Revisão rápida
- Teste

"Lance e capture". No momento em que essa expressão começar a fazer sentido, você saberá que entendeu o tratamento de exceções em Java. No decorrer deste capítulo, examinaremos o enfoque principal do tratamento de exceções em Java lançando exceções e tratando-as onde apropriado. Discutiremos os diferentes tipos de exceções, quando e como tratá-las, e como reconhecer exceções verificadas comuns, exceções não verificadas e erros. No fim do capítulo, você saberá o suficiente sobre o tratamento de exceções em Java para se sair bem nas perguntas relacionadas a exceções quando fizer o exame. Boa sorte!

OBJETIVO DA CERTIFICAÇÃO

Compreender a base lógica e os tipos de exceções

Objetivo do exame: Descrever as vantagens do tratamento de exceções

Objetivo do exame: Diferenciar exceções verificadas, exceções não verificadas e erros

A Especificação da Linguagem Java fornece a seguinte definição para uma exceção de software: "Quando um programa viola as restrições semânticas da linguagem de programação Java, a máquina virtual Java sinaliza esse erro para ele com uma exceção".

As exceções são usadas em Java para tratar eventos que afetem o fluxo normal de execução do aplicativo. Esses eventos podem resultar de erros na codificação ou de problemas nos recursos usados. A título de portabilidade e robustez, Java tenta gerenciar as exceções de uma maneira previsível, lançando e capturando exceções que foram ou que serão agrupadas de maneiras lógicas e sensatas. Examinaremos a hierarquia de exceções em Java e os diferentes tipos de exceções.

Os tópicos a seguir serão abordados:

- Vantagens das exceções
- Hierarquia das exceções em Java
- Exceções verificadas
- Exceções não verificadas
- Erros

Vantagens das exceções

As exceções Java fornecem três grandes vantagens para a criação e a manutenção de código. A primeira vantagem é a separação entre o código de tratamento de erros e o código principal de um programa. O uso de blocos try-catch permite que um bloco de código seja executado sem precisar procurar erros em cada instrução. Em vez disso, as instruções podem ser agrupadas e qualquer erro gerará uma exceção que poderá ser capturada em uma seção de código diferente. Esse esquema facilita muito a leitura e a manutenção do código.

As exceções fornecem uma maneira de propagarmos os erros para cima na pilha de chamadas – e essa é a segunda vantagem. Muitas vezes ocorre do código que poderia ser o mais adequado para tratar a condição de erro ser um método localizado mais acima na pilha de chamadas. Java permite que as exceções sejam lançadas para cima na cadeia. As exceções permitem que isso ocorra de maneira coerente e organizada.

Outra vantagem do tratamento de exceções em Java é a possibilidade de agruparmos exceções semelhantes. Já que as exceções são objetos Java, o agrupamento é feito via hierarquia de classes. Por exemplo, IOException é uma das exceções mais comuns que um desenvolvedor encontrará. Exceções mais específicas a estenderão. FileNotFoundException é subclasse de IOException. Ao tratar exceções, um desenvolvedor pode capturar a exceção IOException que é mais genérica ou se concentrar em exceções específicas como FileNotFoundException.

Hierarquia das exceções em Java

Uma exceção em Java é definida por uma instância da classe Throwable. As classes de exceção são a classe Throwable e todas as suas subclasses. A Figura 9-1 mostra a hierarquia das classes de exceção.

Na hierarquia, as duas subclasses diretas de Throwable são Exception e Error. Outra subclasse importante é RuntimeException, que é subclasse direta da classe

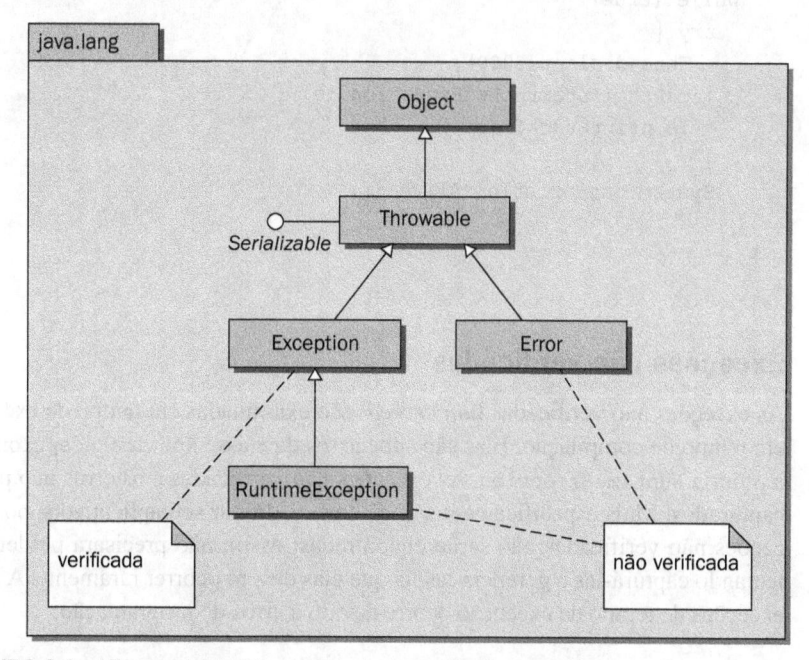

FIGURA 9-1 Hierarquia de classes de tratamento de exceções.

Exception. As exceções de tempo de execução e os erros não são verificados. Todas as outras exceções são verificadas. Examinaremos cada categoria.

Exceções verificadas

As exceções verificadas (*checked*) são examinadas pelo compilador em tempo de compilação. Elas devem ser capturadas por um bloco catch ou a thread será encerrada, e o mesmo ocorrerá com o aplicativo se só houver uma thread. O aplicativo não será encerrado se você iniciar threads que não sejam do tipo daemon. Na verdade, um tratador de exceções pode ser registrado para capturar a exceção em um aplicativo multithread. O código a seguir demonstra um aplicativo lançando uma exceção não capturada, mas continuando a ser executado devido à existência de outras threads.

```java
public class CEExample implements Runnable {
  public static void main(String args[]) throws IOException {
    Thread thrd = new Thread(new CEExample());
    thrd.start();
    try {
      Thread.sleep(5000);
    } catch (InterruptedException ie) {
      ie.printStackTrace();
    }
    throw new IOException("Oops");
  }
  public void run() {
    while (true) {
      try {
        Thread.sleep(5000);
      } catch (InterruptedException ie) {
        ie.printStackTrace();
      }
      System.out.println("Alive!");
    }
  }
}
```

Exceções não verificadas

As exceções não verificadas (*unchecked*) são examinadas em tempo de execução e não em tempo de compilação. Elas são subclasses da classe RuntimeException, e incluem a própria RuntimeException. As exceções não verificadas e os erros não precisam ser capturados. Mais especificamente, você deve codificar seu aplicativo supondo que exceções não verificadas não serão encontradas; assim não precisará perder seu tempo tentando capturá-las e gerenciá-las, já que elas devem ocorrer raramente. A maioria das exceções de tempo de execução ocorre devido a erros de programação.

Na prática

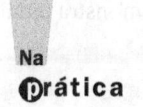

A Oracle fornece uma ótima abordagem online das exceções por intermédio do Tutorial Java "Lesson: Exceptions". A seção "Unchecked Exceptions – The Controversy" é muito interessante e vale a pena ler.

Erros (não verificados)

Os erros são exceções não verificadas que representam condições extremas e normalmente fazem o aplicativo falhar. A maioria deles provém de erros externos irrecuperáveis. Os erros não devem ser tratados, mas podem sê-lo.

EXERCÍCIO 9-1

Determinando quando usar asserções em vez de exceções

Este capítulo não aborda as asserções porque elas não caem no exame. Porém é preciso saber quando usá-las. Faça uma pesquisa e determine quando as asserções devem ser usadas no lugar do tradicional tratamento de exceções.

OBJETIVO DA CERTIFICAÇÃO

Compreender a natureza das exceções

Objetivo do exame: Criar e chamar um método que lance uma exceção

Criar, lançar e propagar exceções é mais fácil do que parece. Nesta seção, examinaremos brevemente o lançamento de exceções; na seção seguinte, nos aprofundaremos na sua captura.

Os tópicos a seguir serão abordados:
- Definindo exceções
- Lançando exceções
- Propagando exceções

Definindo exceções

As exceções em Java devem ter um construtor sem argumentos e um construtor com um único argumento do tipo `String`, como mostrado no exemplo de código a seguir. Essas diretrizes fazem parte de uma convenção e devem ser seguidas. Para reforçar esse ponto e fornecer uma referência à convenção, em *Murach's Java Programming, 4th Edition*, de Joel Murach (Mike Murach & Associates, 2011) é dito o seguinte: "Por convenção, todas as classes de exceção devem ter um construtor padrão que não aceite argumentos e outro construtor que aceite um argumento do tipo string". Esse exemplo demonstra uma exceção personalizada chamada `RecordException`:

```
public class RecordException extends Exception {
    public RecordException() {
        super();
    }
    public RecordException(String s) {
        super(s);
    }
}
```

O exemplo demonstra a criação de uma exceção verificada já que ela é herdada diretamente da classe `Exception`. Essa classe `Exception` poderia facilmente ser uma exceção não verificada se fosse herdada da classe `RuntimeException`.

Os nomes de todas as subclasses de `Exception` devem terminar com `Exception` – por exemplo, `SQLException` e `NumberFormatException`. Os nomes de todas as subclasses de `Error` devem terminar com `Error` – por exemplo, `VirtualMachineError` e `OutOfMemoryError`.

Lançando exceções

Os métodos usam a instrução `throw` para lançar exceções em Java. Só objetos que tenham o tipo ou sejam de um subtipo da classe `Throwable` podem ser lançados. Aqui está uma instrução `throw` válida:

```
throw new IllegalStateException();
```

Um erro ocorrerá se o aplicativo tentar lançar um objeto que não seja uma instância de `Throwable`:

```
throw new String(); // Deve ser um subtipo de Throwable
```

Essa instrução causará um erro de compilação e também resultará na mensagem de erro a seguir se executada:

```
$ Exception in thread "main" java.lang.RuntimeException:

Uncompilable source code - incompatible types
required: java.lang.Throwable
found:    java.lang.String
    at thrower.Thrower.main(Thrower.java:10)
```

> **Fique @tento**
>
> Lembre-se de que exceções verificadas, exceções não verificadas ou erros podem ser lançados.

Propagando exceções

As exceções podem ser propagadas para cima até o método main. Se o método main não tratar a exceção, ela será lançada para a máquina virtual Java (JVM) e o aplicativo pode ser encerrado. Quando um aplicativo lança uma exceção, o método que a contém deve capturá-la ou enviá-la para o método chamador, caso contrário o aplicativo será encerrado. Para enviar uma exceção para o método chamador, você deve incluir a palavra-chave throws na declaração do método junto com o nome da exceção a ser lançada. Isso é demonstrado no código a seguir:

```java
import java.io.IOException;
public class Thrower {
  public static void main(String[] args) {
    Thrower t = new Thrower();
      try {
        t.throw1();
      } catch (IOException ex) {
        System.out.println("An IOException has occurred");
      }
  }
  public void throw1() throws IOException {
    throw2();
  }
  public void throw2() throws IOException {
    throw3();
  }
  public void throw3() throws IOException {
    throw4();
  }
  public void throw4() throws IOException {
    throw new IOException();
  }
}
```

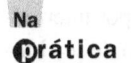

> **Na prática**
> *Uma prática recomendada é combinar uma API de log com a captura dos itens em suas instruções catch. Examine seus projetos atuais. Se eles estiverem cheios de instruções print (direcionadas à saída padrão), principalmente nas cláusulas catch, considere fazer uma refatoração para se beneficiar das APIs de log.*

EXERCÍCIO 9-2

Criando uma classe Exception personalizada

Nesse exercício, você criará uma classe de exceção verificada personalizada.

1. Determine um nome e uma finalidade para sua classe de exceção verificada.

2. Crie uma nova classe que herde da classe Exception.

3. Crie um construtor sem argumentos que chame `super()`.
4. Crie um construtor com um único argumento do tipo string que chame `super(s)`.
5. Desenvolva o código que lançará a exceção.
6. Desenvolva o código que capturará a exceção.

OBJETIVO DA CERTIFICAÇÃO

Alterar o fluxo do programa

Objetivo do exame: Criar um bloco try-catch e determinar como as exceções alterarão o fluxo normal do programa

Quando um código que faz parte do escopo de uma cláusula `try` lança uma exceção, ela é avaliada pelas cláusulas `catch` associadas. Várias instruções operam em conjunto com a cláusula `try`. Examinaremos cada uma.

Os tópicos a seguir serão abordados nestas páginas:

- A instrução `try-catch`
- A instrução `try-finally`
- A instrução `try-catch-finally`
- A instrução `try-with-resources`
- A cláusula `multi-catch`

A instrução try-catch

A instrução `try-catch` contém o código que captura (em inglês, "catch") exceções lançadas de dentro do bloco `try`, explicitamente ou pela propagação para cima por intermédio de chamadas de método. Em uma cláusula `try`, o código existente dentro de seu bloco está tentando (em inglês, "trying") terminar sem encontrar exceções. Se uma exceção for lançada, as instruções existentes depois dela no bloco `try` não serão executadas. Isso é demonstrado no código a seguir:

```
try {
  System.out.print("What's up!");
  throw new ArithmeticException();
  System.out.print(", Hello!"); // código que nunca será alcançado
  System.out.print(", Hi there! "); // código que nunca será alcançado
} catch (ArithmeticException ae) {
```

```
    System.out.print(", Howdy! ");
    ae.printStackTrace();
}
$ What's up!, Howdy!
```

Comece sempre com as subclasses ao ordenar as cláusulas catch para capturar exceções. Esse design, implementação da codificação, necessário é ilustrado no próximo exemplo:

```
public void demonstrateTryCatch() {
  try {
    throw new NumberFormatException();
  } catch (NumberFormatException nfe) {  // A exceção é capturada aqui
    nfe.printStackTrace();
  } catch (IllegalArgumentException iae) {
    iae.printStackTrace();
  } catch (RuntimeException re) {
    re.printStackTrace();
  } catch (Exception e) {
    e.printStackTrace();
  }
}
```

NumberFormatException fica na base da hierarquia e é subclasse de IllegalArgumentException. IllegalArgumentException é subclasse de RuntimeException, e RuntimeException é subclasse de Exception. Logo, o posicionamento das cláusulas catch é relativo a essa ordem: NumberFormatException, IllegalArgumentException, RuntimeException e Exception.

> **Na Prática**
> No mundo real, não é uma prática recomendada capturar as classes RuntimeException ou Exception. Isto é, você deve capturar suas subclasses conforme apropriado para o código.

Temos várias opções para exibir dados relacionados a uma exceção que está sendo capturada, como com os métodos getMessage, toString e printStackTrace. O método getMessage retorna uma mensagem detalhada sobre a exceção. O método toString retorna mensagens detalhadas sobre a exceção e um nome de classe. O método printStackTrace exibe uma mensagem detalhada, o nome da classe e um rastreamento de pilha. Esses métodos são demonstrados no código a seguir:

```
public void demonstrateTryCatch() {
  try {
    int result = (3 / 0); // lança ArithmeticException
  } catch (ArithmeticException ae) {
    System.out.println(ae.getMessage());
    System.out.println(ae.toString());
    ae.printStackTrace();
```

        }
    }

    Eles resultam nessa saída:

```
$ / by zero (divide by zero)
$ java.lang.ArithmeticException: / by zero
$ java.lang.ArithmeticException: / by zero
$     at com.ocajexam.exceptions_tester.TryStatements.demonstrateTryCatch
  (TryStatements.java:20)
       at com.ocajexam.exceptions_tester.Main.main(Main.java:26)
```

A cláusula `catch` nunca deve estar vazia. Isso é considerado *silenciar* uma exceção e não é uma boa prática. Uma cláusula `catch` deve registrar em log uma mensagem, exibir o rastreamento de pilha ou fornecer algum tipo de notificação para o consumidor (desenvolvedor, usuário e assim por diante) do aplicativo informando que um erro ocorreu. Aqui está um exemplo:

```
public void demonstrateTryCatch() {
  try {
    throw new NumberFormatException();
  } catch (NumberFormatException nfe) {
    // Essa cláusula catch não deve estar vazia.
  }
}
```

Quando exceções estiverem sendo capturadas, se a classe de exceção não for encontrada, o sistema procurará a superclasse da exceção lançada. No exemplo a seguir, `IllegalArgumentException` é superclasse de `NumberFormatException`, logo, ele capturará a exceção que está sendo lançada.

```
public void demonstrateTryCatch() {
  try {
    throw new NumberFormatException();
  } catch (IllegalArgumentException iae) {
    iae.printStackTrace();
  }
}
```

No exemplo anterior, você deve ter notado uma convenção de nomenclatura comum para os parâmetros de exceção. É corriqueiro usar a primeira letra de cada palavra da classe de exceção como nome do parâmetro. Por exemplo, para `ClassCastException`, o nome do parâmetro seria `cce`.

A instrução try-finally

Na instrução `try-finally`, a cláusula `finally` sempre é executada após a cláusula `try` ser concluída, a menos, claro, que o aplicativo seja encerrado antes da cláusula `try` terminar.

O exemplo a seguir demonstra a instrução `try-finally`:

```
public void demonstrateTryFinally() {
  try {
    System.out.print("Jab");
  } finally {
    System.out.println(" and Roundhouse ");
  }
}
```

A saída resultante da execução do método `demonstrateTryFinally` é:

```
$ Jab and Roundhouse
```

O próximo exemplo demonstra uma instrução `try-finally` em que a cláusula `try` termina prematuramente com uma chamada a `System.exit`:

```
public void demonstrateTryFinally() {
  try {
    System.out.print("Jab");
    System.exit(0);
  } finally {
    System.out.println(" and Roundhouse ");
  }
}
```

A saída resultante da execução do método `demonstrateTryFinally` nesse cenário é:

```
$ Jab
```

Observe que se uma exceção não verificada for lançada em um bloco `try`, o método que está no `finally` será chamado, como mostrado a seguir. Já que a exceção não verificada não é capturada, o aplicativo é encerrado, mas somente *após* a instrução `finally` ser concluída.

```
public class Example {
  public static void main(String[] args) {
    System.out.print("Bread");
    try {
      throw new NumberFormatException(); //exceção não verificada
    } finally {
```

```
            System.out.print(" and "); // essa instrução é executada!
    }
        System.out.println(" butter"); // essa instrução não é alcançada
    }
}
```

Devido ao encerramento do aplicativo após a conclusão da instrução `finally`, mas antes do fim do programa, a palavra "butter" não é exibida:

```
$ Bread and
```

A instrução try-catch-finally

A instrução `try-catch-finally` é exatamente o que parece – uma instrução `try-catch` com uma cláusula `finally` anexada. A cláusula `finally` será executada após a parte `try-catch` da instrução, a menos que o aplicativo seja encerrado antes de chegar ao ponto de entrada da cláusula.

A instrução try-with-resources

A instrução `try-with-resources` nos permite declarar recursos que devem ser fechados quando não forem mais necessários. Esses recursos precisam implementar a interface `AutoCloseable`. Antes do Java SE 7, normalmente os recursos eram fechados na cláusula `finally`. Com a versão 7, eles são fechados automaticamente no fim da instrução `try-with-resources` – isto é, se uma exceção for lançada ou se o bloco de código alcançar seu fim, o recurso será fechado.

A documentação Javadoc de `AutoCloseable` (http://docs.oracle.com/javase/8/docs/api/java/lang/AutoCloseable.html) lista todas as classes que podem ser usadas com a instrução `try-with-resources`. As classes a seguir implementam `AutoCloseable`. Elas fornecem o cenário geral dos amplos e possíveis usos de recursos para a instrução `try-with-resources`:

AbstractInterruptibleChannel	AbstractSelectableChannel	AbstractSelector
AsynchronousFileChannel	AsynchronousServerSocketChannel	AsynchronousSocketChannel
AudioInputStream	BufferedInputStream	BufferedOutputStream
BufferedReader	BufferedWriter	ByteArrayInputStream
ByteArrayOutputStream	CharArrayReader	CharArrayWriter
CheckedInputStream	CheckedOutputStream	CipherInputStream
CipherOutputStream	DatagramChannel	DatagramSocket
DataInputStream	DataOutputStream	DeflaterInputStream

(continua)

DeflaterOutputStream	DigestInputStream	DigestOutputStream
FileCacheImageInputStream	FileCacheImageOutputStream	FileChannel
FileImageInputStream	FileImageOutputStream	FileInputStream
FileLock	FileOutputStream	FileReader
FileSystem	FileWriter	FilterInputStream
FilterOutputStream	FilterReader	FilterWriter
Formatter	ForwardingJavaFileManager	GZIPInputStream
GZIPOutputStream	ImageInputStreamImpl	ImageOutputStreamImpl
InflaterInputStream	InflaterOutputStream	InputStream
InputStream	InputStream	InputStreamReader
JarFile	JarInputStream	JarOutputStream
LineNumberInputStream	LineNumberReader	LogStream
MemoryCacheImageInputStream	MemoryCacheImageOutputStream	MLet
MulticastSocket	ObjectInputStream	ObjectOutputStream
OutputStream	OutputStream	OutputStream
OutputStreamWriter	Pipe.SinkChannel	Pipe.SourceChannel
PipedInputStream	PipedOutputStream	PipedReader
PipedWriter	PrintStream	PrintWriter
PrivateMLet	ProgressMonitorInputStream	PushbackInputStream
PushbackReader	RandomAccessFile	Reader
RMIConnectionImpl	RMIConnectionImpl_Stub	RMIConnector
RMIIIOPServerImpl	RMIJRMPServerImpl	RMIServerImpl
Scanner	SelectableChannel	Selector
SequenceInputStream	ServerSocket	ServerSocketChannel
Socket	SocketChannel	SSLServerSocket

(continua)

SSLSocket	StringBufferInputStream	StringReader
StringWriter	URLClassLoader	Writer
XMLDecoder	XMLEncoder	ZipFile
ZipInputStream	ZipOutputStream	

Agora, comparemos alguns segmentos de código. Esse é o código `try-cacth-finally` legado que executa o método `close` explicitamente na instrução `finally`:

```java
public void demonstrateTryWithResources() {
  Scanner sc = new Scanner(System.in);
  try {
    System.out.print("Number of apples: ");
    int apples = sc.nextInt();
    System.out.print("Number of oranges: ");
    int oranges = sc.nextInt();
    System.out.println("Pieces of Fruit: " + (apples + oranges));
  } catch (InputMismatchException ime) {
    ime.printStackTrace();
  } finally {
    sc.close();
  }
}
```

Refatoraremos esse código usando uma instrução `try-with-resources`, em que o método `close` será chamado implicitamente. Observe duas mudanças: a primeira é a declaração de `Scanner` como argumento na cláusula `try` e a segunda é a remoção da cláusula `finally`.

```java
public void demonstrateTryWithResources() {
  try (Scanner sc = new Scanner(System.in)) {
    System.out.print("Number of apples: ");
    int apples = sc.nextInt();
    System.out.print("Number of oranges: ");
    int oranges = sc.nextInt();
    System.out.println("Pieces of Fruit: " + (apples + oranges));
  } catch (InputMismatchException ime) {
    ime.printStackTrace();
  }
}
```

A cláusula multi-catch

A cláusula `multi-catch` permite que existam vários argumentos de exceção na mesma cláusula `catch`. Examine o segmento de código a seguir:

```
...
} catch (ArrayIndexOutOfBoundsException aioobe) {
} catch (NullPointerException npe) {}
...
```

Essas duas cláusulas `catch` podem ser convertidas em uma única cláusula `multi-catch` com o uso da sintaxe apropriada:

```
catch (exceçãoTipoA | exceçãoTipoB [| ExceçãoTipoX] ... e ) { }
```

Um exemplo de `multi-catch` é mostrado no método `demonstrateMultiCatch`:

```
public void demonstrateMultiCatch2() {
  try {
    Random random = new Random();
    int i = random.nextInt(2);
    if (i == 0) {
      throw new ArrayIndexOutOfBoundsException();
    } else {
      throw new NullPointerException();
    }
  } catch (ArrayIndexOutOfBoundsException | NullPointerException e) {
    e.printStackTrace();
  }
}
```

> **Na prática**
>
> A margem esquerda do editor de código-fonte do NetBeans fornece dicas que encorajam a refatoração automatizada de várias instruções `catch` relacionadas para uma instrução `multi-catch`. Você pode procurar "Seven NetBeans Hints for Modernizing Java Code" na Web para encontrar mais informações.

EXERCÍCIO 9-3

Usando modelos de código do NetBeans para elementos de tratamento de exceções

O ambiente de desenvolvimento integrado (IDE) NetBeans inclui um recurso interessante chamado *modelos de código* ou *code templates*. Os modelos de código são strings abreviadas que se expandem para strings ou blocos de código mais completos. Atualmente há seis modelos de código relacionados para o tratamento de exceções. Nesse exercício você usará todos:

1. Use o modelo de código ca.

2. Use o modelo de código fy.

3. Use o modelo de código th.

4. Use o modelo de código tw.

5. Use o modelo de código twn.

6. Use o modelo de código trycatch.

OBJETIVO DA CERTIFICAÇÃO

Reconhecer exceções comuns

Objetivo do exame: Reconhecer classes de exceção comuns (como NullPointerException, ArithmeticException, ArrayIndexOutOfBoundsException, ClassCastException)

Na verdade, esse objetivo é uma revisão, porque já discutimos as diferenças entre os tipos de exceção. Para ajudá-lo a entender as particularidades das exceções mais comuns, examinaremos as hierarquias de classes em diagramas e produziremos algumas exceções não verificadas.

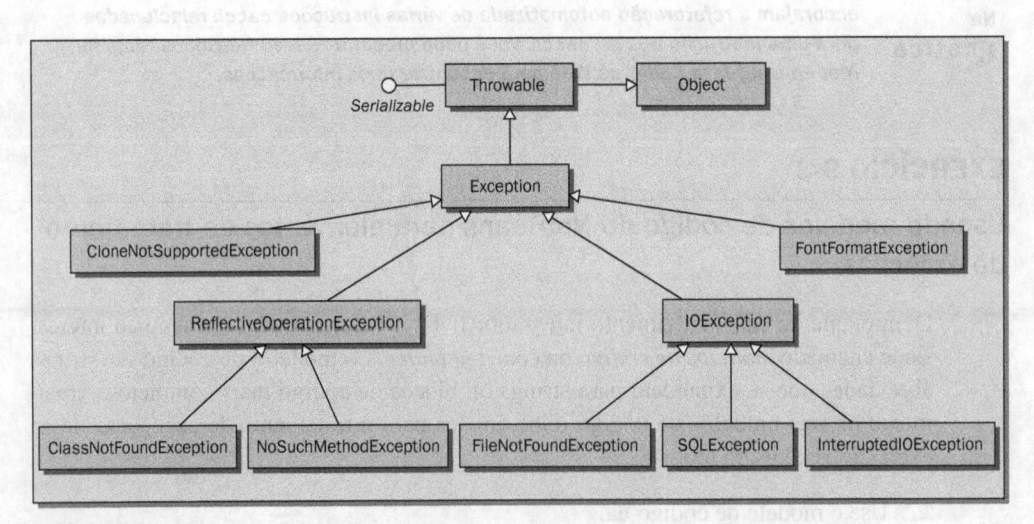

FIGURA 9-2 Exceções verificadas comuns.

Exceções verificadas comuns

As exceções verificadas comuns são as seguintes:

CloneNotSupportedException	ClassNotFoundException
NoSuchMethodException	IOException
FileNotFoundException	SQLException
InterruptedIOException	FontFormatException

Essas exceções são mostradas na Figura 9-2 e serão detalhadas nas próximas seções.

CloneNotSupportedException

CloneNotSupportedException é lançada quando o método clone é chamado por um objeto que não pode ser clonado. A cópia profunda não pode ser gerada. Uma cópia profunda, como uma clonagem profunda, ocorre quando um objeto clonado faz uma duplicata exata de um estado do objeto. Para aprender mais sobre cópias profundas (e cópias rasas) leia "Deep Copy and Shallow Copy" no site JusForTechies (www.jusfortechies.com/ java/ core-java/deepcopy_and_shallowcopy.php).

ClassNotFoundException

ClassNotFoundException é lançada quando uma classe não pode ser carregada devido a uma falha na localização de sua definição.

NoSuchMethodException

NoSuchMethodException é lançada quando um método chamado não pode ser localizado. Por exemplo, essa exceção ocorreria se você tentasse usar reflexão e chamasse um método que não existe.

FileNotFoundException

FileNotFoundException é lançada quando há a tentativa de abrir um arquivo que não pode ser encontrado.

IOException

IOException é lançada quando ocorre uma falha em uma operação de entrada/saída.

SQLException

SQLException é lançada quando ocorre um erro de banco de dados ou de instrução SQL.

InterruptedIOException

InterruptedIOException é lançada quando uma thread é interrompida. Essa classe tem um campo bytesTransferred que fornece informações sobre quantos bytes foram transferidos com sucesso antes da interrupção ocorrer.

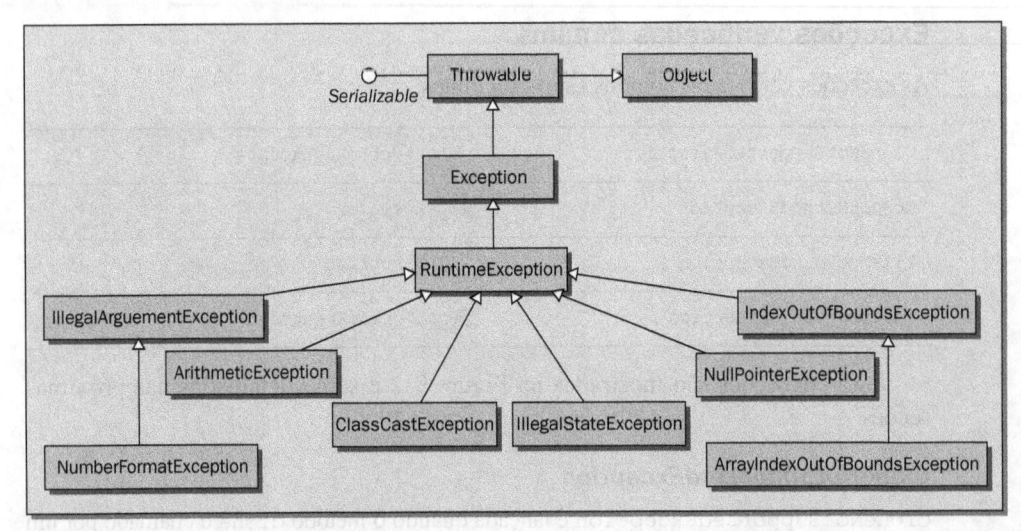

FIGURA 9-3 Exceções não verificadas comuns.

Exceções não verificadas comuns

As exceções não verificadas comuns são as seguintes:

IllegalArgumentException	NumberFormatException
ArrayIndexOutOfBoundsException	IndexOutOfBoundsException
NullPointerException	IllegalStateException
IllegalStateException	ClassCastException
ArithmeticException	

Essas exceções podem ser vistas na Figura 9-3 e serão detalhadas nas próximas seções com exemplos.

A classe IllegalArgumentException

A exceção IllegalArgumentException do pacote java.nio.file é lançada quando um método recebe um argumento inválido ou inapropriado.

Aqui está um exemplo:

```
public void forceIllegalArgumentException() {
  PageFormat  path = new PageFormat();
  path.setOrientation(3); // IllegalArgumentException
}
```

A classe NumberFormatException

A exceção `NumberFormatException` é lançada quando o aplicativo tenta converter uma string em um dos tipos numéricos com o formato errado.

A seguir temos um exemplo:

```
public void forceNumberFormatException() {
  Double.parseDouble("2.1");
  Double.parseDouble("INVALID");  // NumberFormatException
}
```

A classe ArrayIndexOutOfBoundsException

A exceção `ArrayIndexOutOfBoundsException` é lançada quando um array é acessado com um índice inválido que é menor que, igual a, ou maior que o tamanho do array.

Um exemplo seria:

```
public void forceArrayIndexOutOfBoundsException() {
  Float[][] num = new Float[3][3];
  num[2][0] = (float)1.0;
  num[2][1] = (float)2.0;
  System.out.println(num[2][2]);
  System.out.println(num[3][3]);  // ArrayIndexOutOfBoundsException
}
```

A classe IndexOutOfBoundsException

A exceção `IndexOutOfBoundsException` é lançada quando um índice está fora do intervalo.

Como exemplo teríamos:

```
public void forceIndexOutOfBoundsException() {
  List<String> gorillaSpecies = new LinkedList<>();
  gorillaSpecies.add("Eastern");
  gorillaSpecies.add("Western");
  System.out.println(gorillaSpecies.get(1));
  System.out.println(gorillaSpecies.get(2));  // IndexOutOfBoundsException
}
```

A classe NullPointerException

A exceção `NullPointerException` é lançada quando um aplicativo tem que usar um objeto, mas, em vez dele, encontra `null`.

Aqui está um exemplo:

```
public void forceNullPointerException() {
  String iceCreamFlavor = "vanilla";
  iceCreamFlavor = null;
  System.out.println(iceCreamFlavor.length());  // NullPointerException
}
```

A classe IllegalStateException

A exceção `IllegalStateException` é lançada quando um método é chamado em um momento inválido ou inapropriado devido a encontrar-se em um estado inadequado.

A seguir temos um exemplo:

```
public void forceIllegalStateException() {
  List<String> chord = new ArrayList<>();
  chord.add("D");
  chord.add("G");
  chord.add("B");
  chord.add("G");
  Iterator it = chord.iterator();
  while (it.hasNext()) {
    it.next();
    it.remove();
    it.remove(); // IllegalStateException (remove depende de next)
  }
}
```

A classe ClassCastException

A exceção `ClassCastException` é lançada quando o código tenta converter um objeto para uma subclasse da qual ele não é uma instância.

Um exemplo seria:

```
public void forceClassCastException() {
  Object x = new Float("1.0");
  System.out.println((Double) x);
  System.out.println((String) x); // ClassCastException
}
```

A classe ArithmeticException

A exceção `ArithmeticException` é lançada quando ocorre uma condição aritmética excepcional.

Como exemplo teríamos:

```
public void forceArithmeticException() {
  int apple;
  apple = (4 / 2);
  apple = (4 / 0); // ArithmeticException
}
```

Erros comuns

Os erros (não verificados) comuns são os seguintes: `AssertionError`, `ExceptionInInitializerError`, `VirtualMachineError`, `OutOfMemoryError` e `NoClassDefFoundError`. Esses erros, assim como muitos outros, das classes de erro do JDK 8 podem ser vistos na Figura 9-4. Os cinco erros comuns serão detalhados nas próximas seções.

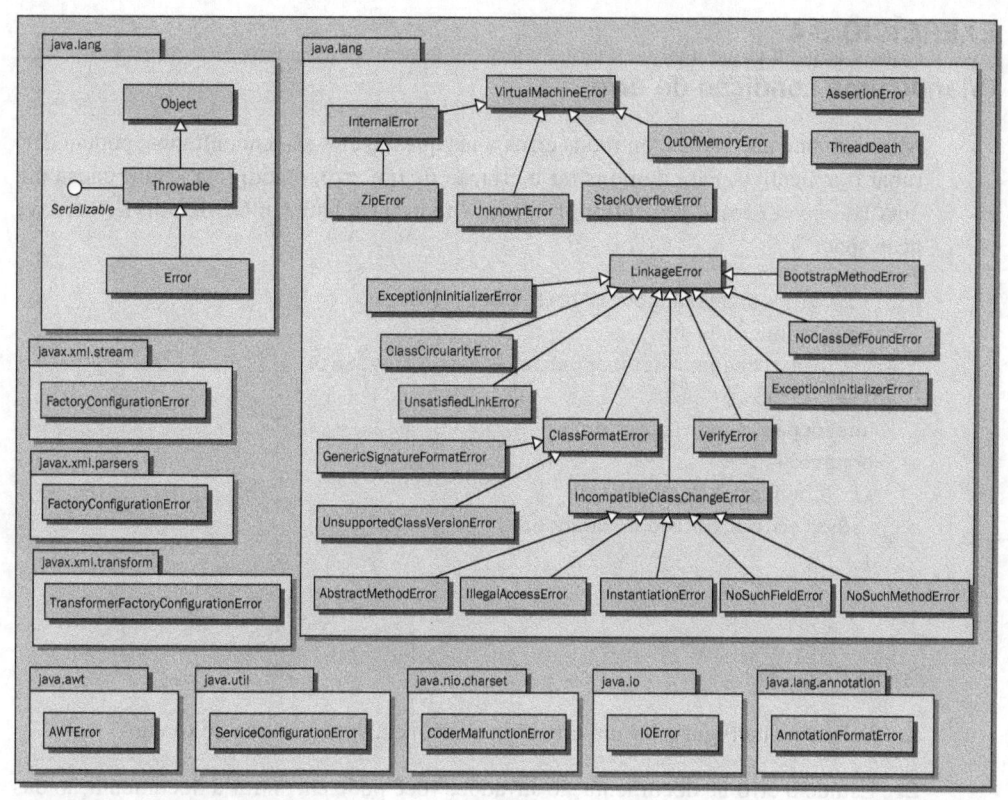

FIGURA 9-4 Erros comuns.

A classe AssertionError

AssertionError é lançado quando uma asserção falha.

A classe ExceptionInInitializerError

ExceptionInInitializerError é lançado quando uma exceção inesperada ocorre em um inicializador estático.

A classe VirtualMachineError

VirtualMachineError é lançado quando ocorre um erro na JVM.

A classe OutOfMemoryError

OutOfMemoryError é lançado quando a coleta de lixo é executada, mas não consegue liberar espaço.

A classe NoClassDefFoundError

NoClassDefFoundError é lançado quando a JVM não consegue encontrar uma definição de classe que foi encontrada no tempo de compilação.

EXERCÍCIO 9-4

Criando uma condição de erro

Normalmente não são encontrados erros, mas quando eles são encontrados, podem derrubar o aplicativo. Para demonstrar a criação de um erro, o código a seguir causa um OutOfMemoryError ("Exception in thread 'main' java.lang.OutOfMemoryError: Java heap space"):

```java
public void forceStackOverFlowError() {
 Integer counter = 0;
  ArrayList<Integer> unstoppable = new ArrayList<>();
  while (true) {
    unstoppable.add(counter);
    counter++;
    if (counter % 10000 == 0) {
      System.out.println(counter);
    }
  }
}
```

Agora é sua vez.

1. Selecione na Figura 9-4 um erro cuja ocorrência você gostaria de forçar.
2. Estude o erro na documentação Javadoc. Você pode encontrar a documentação das subclasses da classe Error aqui: http://docs.oracle.com/javase/8/docs/api/.
3. Desenvolva e execute um aplicativo simples.
4. Faça o que for necessário para que o erro que você selecionou ocorra no aplicativo.
5. Compartilhe o que fez na página do JavaRanch nessa thread "Various examples of having errors thrown relative to the Error class" que pode ser acessada em www.coderanch.com/t/583633/java-SCJA/certification/Various-examples-having-errors-thrown#2656332.

Resumo para a certificação

Este capítulo discutiu a hierarquia de tratamento de exceções em Java. Examinamos os diferentes tipos/categorias de exceções da linguagem. Também discutimos as instruções do bloco try e como lançar, capturar e tratar exceções. Como último tópico, percorremos os diversos tipos de exceções e erros comuns que você verá ao trabalhar com a linguagem de programação Java.

Quando você prestar o exame OCA, verá várias perguntas sobre tratamento de exceções, a maioria delas lidando com exemplos de código. Seu conhecimento do trabalho com exceções deve ser sólido ou você se sentirá frustrado mesmo antes de terminar o exame. Se após ler este capítulo ainda achar que seu conhecimento de exceções é fraco, leia-o novamente, certificando-se de fazer todos os exercícios. Além disso, neste capítulo assim como nos outros, se precisar não deixe de ir diretamente à Especificação da Linguagem Java para obter esclarecimentos ou informações: http://docs.oracle.com/javase/specs/jls/se8/jls8.pdf.

Para concluir, dominar o tratamento de exceções não é importante apenas para fazer o exame; você o usará muito em seus próprios códigos, em projetos no trabalho, em casa e onde quer que seja.

✓ REVISÃO RÁPIDA

Compreender a base lógica e os tipos de exceções

- Todas as exceções e erros herdam da classe `Throwable`.
- Os tipos existentes são as exceções verificadas, as exceções não verificadas e os erros.
- As exceções verificadas são examinadas pelo compilador em tempo de compilação.
- Todas as exceções verificadas são subclasses da classe `Exception`. No entanto, `RuntimeException` e suas subclasses não fazem parte da classe `Exception`.
- As exceções não verificadas são examinadas em tempo de execução e não em tempo de compilação.
- Elas são subclasses da classe `RuntimeException`, e incluem a própria `RuntimeException`.
- As exceções não verificadas e os erros não precisam ser capturados.
- Os erros representam condições extremas e normalmente fazem o aplicativo falhar.

Compreender a natureza das exceções

- Não podemos inserir código entre os blocos `try` e `catch`, entre os blocos `try` e `finally` ou entre os blocos `catch` e `finally` – isto é, código adicional não pode ser inserido imediatamente antes ou depois das chaves que separam os blocos dessas instruções.
- A convenção de nomenclatura comum para argumentos da cláusula `catch` é a representação de uma string contendo a primeira letra de cada palavra da exceção que está sendo passada.
- As exceções são lançadas com a palavra-chave `throw`.
- A palavra-chave `throws` é usada em definições de métodos que lançam uma exceção.
- Os métodos da classe `Throwable` dão suporte à coleta de informações sobre uma exceção lançada. Normalmente são usados os métodos `getMessage`, `toString` e `printStackTrace`.
- As exceções lançadas sobem a pilha de chamadas até serem capturadas. Se elas não forem capturadas e alcançarem o método `main`, o aplicativo será encerrado.

Alterar o fluxo do programa

- O bloco `try` deve conter código que possa lançar uma exceção.
- O bloco `try` deve ter um único bloco `catch` ou `finally`.
- A instrução `try-with-resources` declara recursos que podem ser fechados automaticamente. Os objetos devem implementar `AutoCloseable`.
- O bloco `catch` deve ser ordenado primeiro pelos subtipos.

o O recurso `multi-catch` permite que vários tipos de exceções sejam capturados em um único bloco `catch`.
o A instrução `try-catch` é uma instrução válida que não inclui uma cláusula `finally`.
o O bloco `finally` das instruções `try-catch-finally` e `try-finally` é sempre chamado, a não ser quando a JVM é encerrada antes.
o Normalmente o bloco `finally` é usado para a liberação de recursos.

Reconhecer exceções comuns
o As exceções verificadas comuns são `CloneNotSupportedException`, `ClassNotFoundException`, `NoSuchMethodException`, `IOException`, `FileNotFoundException`, `SQLException`, `InterruptedIOException` e `FontFormatException`.
o As exceções não verificadas comuns são `IllegalArgumentException`, `NumberFormatException`, `ArrayIndexOutOfBoundsException`, `IndexOutOfBoundsException`, `NullPointerException`, `IllegalStateException`, `IllegalStateException`, `ClassCastException` e `ArithmeticException`.
o Os erros (não verificados) comuns são `AssertionError`, `ExceptionInInitializerError`, `VirtualMachineError`, `OutOfMemoryError` e `NoClassDefFoundError`.

Teste

Compreender a base lógica e os tipos de exceções

1. Que classe tem menos subclasses: Exception, RuntimeException ou Error? Selecione a afirmação correta.

   A. A classe Exception tem menos subclasses do que as classes RuntimeException e Error.

   B. A classe RuntimeException tem menos subclasses do que as classes Exception e Error.

   C. A classe Error tem menos subclasses do que as classes Exception e RuntimeException.

2. Dos tipos de exceções a seguir, qual um IDE ajudaria a capturar, se ela não fosse tratada em seu código?

   A. Exceções verificadas.

   B. Exceções não verificadas.

3. Que afirmação sobre a classe Throwable não está correta?

   A. A classe Throwable estende a classe Object.

   B. A classe Throwable implementa a interface Serializable.

   C. As classes RuntimeException e Error são subclasses diretas da classe Throwable.

   D. A classe Throwable faz parte do pacote java.lang.

4. As exceções são divididas em três categorias. Qual dessas não é uma categoria das exceções?

   A. Exceções Verificadas

   B. Exceções Não Verificadas

   C. Asserções

   D. Erros

5. Que classes são subclasses da classe IOException? Selecione três.

   A. FileNotFoundException

   B. SQLException

   C. ClassNotFoundException

   D. InterruptedIOException

6. Qual dos fragmentos de código a seguir lançará uma NumberFormatException?

   A. Integer.parseInt("INVALID");

   B. int e = (2 / 0);

   C. Object x = new Float("1.0"); Double d = (Double) x;

   D. String s = null; int i = s.length();

Compreender a natureza das exceções

7. Quais das classes a seguir podem ser lançadas? Selecione todas que forem aplicáveis.

   A. `throw new Error();`

   B. `throw new RuntimeException();`

   C. `throw new Exception();`

   D. `throw new Assertion();`

   E. `throw new Throwable();`

8. Dado o código:

   ```
   public static void testMethod1() {
     try {
       testMethod2();
     } catch (ArithmeticException ae) {
       System.out.println("Dock");
     }
   }

   public static void testMethod2() throws ArithmeticException {
     try {
       testMethod3();
     } catch (ArithmeticException ae) {
       System.out.println("Dickory");
     }
   }

   public static void testMethod3() throws ArithmeticException {
     throw new ArithmeticException();
     System.out.println("Hickory");
   }
   ```

   O que será exibido quando `testMethod1` for chamado (após permitirmos que o código seja executado com avisos de compilação)?

   A. "Hickory Dickory Dock" será exibido.

   B. "Dickory" será exibido.

   C. "Dock" será exibido.

9. Dado o código:

   ```
   public static void test() throws FileNotFoundException {
     try {
       throw FileNotFoundException();
     } finally {
     }
   }
   ```

Determine por que ele não será compilado. Que afirmação está correta?

A. O código não será compilado sem uma cláusula `catch`.

B. O código precisa da palavra-chave `new` depois da palavra-chave `throw`.

C. A cláusula `finally` deveria ser a cláusula `final`.

D. Não há uma classe chamada `FileNotFoundException`.

10. Um método pode lançar mais de uma exceção?

    A. Sim, um método pode lançar mais de uma exceção.

    B. Não, um método não pode lançar mais de uma exceção.

11. Se seguirmos a convenção comum de nomeação do parâmetro da cláusula `catch`, qual será o parâmetro da exceção `EnumConstantNotPresentException`?

    A. e

    B. ex

    C. ee

    D. ecnpe

Alterar o fluxo do programa

12. Que recursos novos vêm com Java 7 para melhorar as funcionalidades de tratamento de exceções? Selecione todos que forem aplicáveis.

    A. O recurso `multi-catch`

    B. O recurso `boomerang`

    C. O recurso `try-with-resources`

    D. O recurso `try-with-riches`

13. Dado o código:

    ```
    try {
      throw new IIOException();
    } catch (IIOException iioe) {
    } catch (IOException ioe) {
    } catch (Exception e) {
    } finally {
    }
    ```

    Ele não será compilado. Por que?

    A. Embora seja boa prática as classes `Exception` terem um construtor sem argumentos, nem sempre isso é seguido, como no caso da classe `IIOException` que não tem um construtor sem argumentos.

    B. As exceções listadas nos blocos `catch` deveriam estar na ordem inversa. Os blocos `catch` deveriam ser ordenados assim: `Exception`, `IOException` e `IIOException`.

    C. O bloco `finally` deve incluir instruções.

    D. A palavra-chave `throws` deve ser usada em vez da palavra-chave `throw`.

Reconhecer exceções comuns

14. O que as classes `InternalError`, `OutOfMemoryError`, `StackOverflowError` e `UnknownError` têm em comum? Selecione todas as afirmações que forem aplicáveis.

   A. Todas são subclasses da classe `VirtualMachineError`.
   B. Todas têm um construtor sem argumentos.
   C. Todas têm um construtor que aceita um único argumento `String`.
   D. Todas são subclasses da classe `RuntimeException`.
   E. Todos os itens anteriores

15. O campo `bytesTrasferred` de qual exceção verificada fornece informações de quantos bytes foram transferidos com sucesso antes de ocorrer uma interrupção?

   A. `IOException`
   B. `InterruptedIOException`
   C. `IntrospectionException`
   D. `TimeoutException`

16. Dado o código:

```
String typeOfDog = "Mini Australian Shepherd";
typeOfDog = null;
System.out.println(typeOfDog.length);
```

Qual das opções é verdadeira?

   A. Uma `NullPointerException` será lançada.
   B. Uma `IllegalStateException` será lançada.
   C. Uma `IllegalArgumentException` será lançada.
   D. Ocorrerá um erro de compilação.

17. Qual dos itens a seguir não é uma exceção Java válida?

   A. `IOException`
   B. `InterruptedIOException`
   C. `CPUProcessException`
   D. `CloneNotSupportedException`
   E. `ClassNotFoundException`

✓ Respostas do teste

Compreender a base lógica e os tipos de exceções

1. Que classe tem menos subclasses: `Exception`, `RuntimeException` ou `Error`? Selecione a afirmação correta.

   A. A classe `Exception` tem menos subclasses do que as classes `RuntimeException` e `Error`.

   B. A classe `RuntimeException` tem menos subclasses do que as classes `Exception` e `Error`.

   C. A classe `Error` tem menos subclasses do que as classes `Exception` e `RuntimeException`.

   > Resposta:
   >
   > ⦿ **C.** A classe `Error` tem menos subclasses do que as classes `Exception` e `RuntimeException`.
   >
   > ○ **A e B** estão incorretas. **A** está incorreta porque a classe `Exception` é a que tem mais subclasses se comparada com a classe `RuntimeException` e a classe `Error`. Lembre-se de que `RuntimeException` é subclasse da classe `Exception`. **B** está incorreta porque a classe `RuntimeException` tem mais subclasses do que as classes `Error`.

2. Dos tipos de exceções a seguir, qual um IDE ajudaria a capturar, se ela não fosse tratada em seu código?

   A. Exceções verificadas.

   B. Exceções não verificadas.

   > Resposta:
   >
   > ⦿ **A.** Um IDE fornecerá dicas para ajudá-lo a capturar exceções verificadas que não estejam sendo tratadas em seu código.
   >
   > ○ **B** está incorreta. Um IDE não fornecerá dicas para a captura de exceções não verificadas que não estejam sendo tradadas em seu código, já que as exceções não verificadas não precisam ser capturadas.

3. Que afirmação sobre a classe `Throwable` não está correta?

   A. A classe `Throwable` estende a classe `Object`.

   B. A classe `Throwable` implementa a interface `Serializable`.

   C. As classes `RuntimeException` e `Error` são subclasses diretas da classe `Throwable`.

   D. A classe `Throwable` faz parte do pacote `java.lang`.

Resposta:

◉ **C.** As subclasses diretas de `Throwable` incluem `Exception` e `Error`. A classe `RuntimeException` é uma subclasse, mas não uma subclasse *direta*.

○ **A, B** e **D** estão incorretas. **A** está incorreta porque a afirmação está correta. A classe `Throwable` estende a classe `Object`. **B** está incorreta porque a afirmação está correta. A classe `Throwable` implementa a interface `Serializable`. **D** está incorreta porque a afirmação está correta. A classe `Throwable` faz parte do pacote `java.lang`.

4. As exceções são divididas em três categorias. Qual dessas não é uma categoria das exceções?

   A. Exceções Verificadas

   B. Exceções Não Verificadas

   C. Asserções

   D. Erros

Resposta:

◉ **C.** `Asserções` não são uma categoria de exceção.

○ **A, B** e **D** estão incorretas. `Exceções Verificadas`, `Exceções Não Verificadas` e `Erros` são categorias de exceção em Java.

5. Que classes são subclasses da classe `IOException`? Selecione três.

   A. `FileNotFoundException`

   B. `SQLException`

   C. `ClassNotFoundException`

   D. `InterruptedIOException`

Resposta:

◉ **A, B** e **D**. `FileNotFoundException`, `SQLException` e `InterruptedIOException` são subclasses de `IOException`.

○ **C** está incorreta. `ClassNotFoundException` não é subclasse de `IOException`, é subclasse de `ReflectiveOperationException`.

6. Qual dos fragmentos de código a seguir lançará uma `NumberFormatException`?

   A. `Integer.parseInt("INVALID");`

   B. `int e = (2 / 0);`

   C. `Object x = new Float("1.0"); Double d = (Double) x;`

   D. `String s = null; int i = s.length();`

> Resposta:
>
> ⦿ **A.** A avaliação da instrução fará uma `NumberFormatException` ser lançada.
>
> ○ **B, C** e **D** estão incorretas. **B** está incorreta porque a avaliação da instrução fará uma `ArithmeticException` ser lançada. **C** está incorreta porque a avaliação da instrução fará uma `ClassCastException` ser lançada. **D** está incorreta porque a avaliação da instrução causará uma exceção de ponteiro nulo.

Compreender a natureza das exceções

7. Quais das classes a seguir podem ser lançadas? Selecione todas que forem aplicáveis.

    A. `throw new Error();`

    B. `throw new RuntimeException();`

    C. `throw new Exception();`

    D. `throw new Assertion();`

    E. `throw new Throwable();`

> Resposta:
>
> ⦿ **A, B, C** e **E.** As classes `Error`, `RuntimeException`, `Exception` e `Throwable` podem ser lançadas.
>
> ○ **D** está incorreta. Não há uma classe `Assertion` em Java. Há, no entanto, uma classe `AssertionError` em Java que pode ser lançada.

8. Dado o código:

    ```java
    public static void testMethod1() {
      try {
        testMethod2();
      } catch (ArithmeticException ae) {
        System.out.println("Dock");
      }
    }

    public static void testMethod2() throws ArithmeticException {
      try {
        testMethod3();
      } catch (ArithmeticException ae) {
        System.out.println("Dickory");
      }
    }

    public static void testMethod3() throws ArithmeticException {
      throw new ArithmeticException();
    ```

```
        System.out.println("Hickory");
    }
```

O que será exibido quando `testMethod1` for chamado (após permitirmos que o código seja executado com avisos de compilação)?

A. "Hickory Dickory Dock" será exibido.

B. "Dickory" será exibido.

C. "Dock" será exibido.

> Resposta:
>
> ◉ **B.** "Dickory" será exibido.
>
> ○ **A** e **C** estão incorretas. **A** está incorreta porque a instrução que contém "Hickory" nunca será alcançada e uma exceção não é lançada para a chamada de `testMethod2`. **C** está incorreta porque uma exceção não será lançada para a chamada de `testMethod2`, o que teria sido necessário para a exibição de "Dock".

9. Dado o código:

```
public static void test() throws FileNotFoundException {
    try {
        throw FileNotFoundException();
    } finally {
    }
}
```

Determine por que ele não será compilado. Que afirmação está correta?

A. O código não será compilado sem uma cláusula `catch`.

B. O código precisa da palavra-chave `new` depois da palavra-chave `throw`.

C. A cláusula `finally` deveria ser a cláusula `final`.

D. Não há uma classe chamada `FileNotFoundException`.

> Resposta:
>
> ◉ **B.** O código precisa da palavra-chave `new` depois da palavra-chave `throw` nesse exemplo.
>
> ○ **A**, **C** e **D** estão incorretas. **A** está incorreta porque uma cláusula `catch` não é necessária quando uma cláusula `finally` é fornecida. **C** está incorreta porque o correto é usar `finally` em vez de `final`. **D** está incorreta porque há uma classe `Exception` chamada `FileNotFoundException`.

10. Um método pode lançar mais de uma exceção?

   A. Sim, um método pode lançar mais de uma exceção.

   B. Não, um método não pode lançar mais de uma exceção.

> Resposta:
>
> ● **A.** Não há restrições para quantos tipos de exceções diferentes um método pode lançar.
>
> ○ **B** está incorreta porque os métodos podem lançar uma ou mais exceções.

11. Se seguirmos a convenção comum de nomeação do parâmetro da cláusula `catch`, qual será o parâmetro da exceção `EnumConstantNotPresentException`?

   A. e

   B. ex

   C. ee

   D. ecnpe

> Resposta:
>
> ● **D.** ecnpe seria o nome do parâmetro de `EnumConstantNotPresentException` na cláusula `catch`, com cada letra representando uma das palavras da exceção.
>
> ○ **A, B e C** estão incorretas. A está incorreta porque e não segue a convenção para o nome do parâmetro de `EnumConstantNotPresentException` na cláusula `catch`. B está incorreta porque ex não segue a convenção para o nome do parâmetro de `EnumConstantNotPresentException` na cláusula `catch`. C está incorreta porque ee não segue a convenção para o nome do parâmetro de `EnumConstantNotPresentException` na cláusula `catch`.

Alterar o fluxo do programa

12. Que recursos novos vêm com Java 7 para melhorar as funcionalidades de tratamento de exceções? Selecione todos que forem aplicáveis.

   A. O recurso `multi-catch`

   B. O recurso `boomerang`

   C. O recurso `try-with-resources`

   D. O recurso `try-with-riches`

> Resposta:
>
> ● **A e C.** Java 7 introduziu os recursos `multi-catch` e `try-with-resources`.
>
> ○ **B e D** estão incorretas. B está incorreta porque não há um recurso `boomerang`. D está incorreta porque não há um recurso `try-with-riches`.

13. Dado o código:

```
try {
  throw new IIOException();
} catch (IIOException iioe) {
} catch (IOException ioe) {
} catch (Exception e) {
} finally {
}
```

Ele não será compilado. Por que?

A. Embora seja boa prática as classes Exception terem um construtor sem argumentos, nem sempre isso é seguido, como no caso da classe IIOException que não tem um construtor sem argumentos.

B. As exceções listadas nos blocos catch deveriam estar na ordem inversa. Os blocos catch deveriam ser ordenados assim: Exception, IOException e IIOException.

C. O bloco finally deve incluir instruções.

D. A palavra-chave throws deve ser usada em vez da palavra-chave throw.

Resposta:
◉ A. Embora seja boa prática as classes Exception terem um construtor sem argumentos, nem sempre isso é seguido. Nesse caso, a classe IIOException não tem um construtor sem argumentos e não será compilada.

○ B, C e D estão incorretas. B está incorreta porque os blocos catch estão ordenados apropriadamente, com a subclasse listada primeiro conforme a convenção hierárquica adequada. C está incorreta porque o bloco finally não tem que incluir instruções – isto é, ele pode permanecer vazio. D está incorreta porque a palavra-chave throw está sendo usada apropriadamente.

Reconhecer exceções comuns

14. O que as classes InternalError, OutOfMemoryError, StackOverflowError e UnknownError têm em comum? Selecione todas as afirmações que forem aplicáveis.

A. Todas são subclasses da classe VirtualMachineError.

B. Todas têm um construtor sem argumentos.

C. Todas têm um construtor que aceita um único argumento String.

D. Todas são subclasses da classe RuntimeException.

E. Todos os itens anteriores

> **Resposta:**
>
> ⦿ **A, B e C. A** está correta porque `InternalError`, `OutOfMemoryError`, `StackOverflowError` e `UnknownError` são subclasses da classe `VirtualMachineError`. **B** está correta porque `InternalError`, `OutOfMemoryError`, `StackOverflowError` e `UnknownError` têm um construtor sem argumentos. **C** está correta porque `InternalError`, `OutOfMemoryError`, `StackOverflowError` e `UnknownError` têm um construtor que aceita um único argumento `String`.
>
> ○ **D e E** estão incorretas. **D** está incorreta porque `InternalError`, `OutOfMemoryError`, `StackOverflowError` e `UnknownError` não são subclasses da classe `RuntimeException`. **E** está incorreta porque nem todas as respostas estão certas.

15. O campo `bytesTrasferred` de qual exceção verificada fornece informações de quantos bytes foram transferidos com sucesso antes de ocorrer uma interrupção?

    A. `IOException`

    B. `InterruptedIOException`

    C. `IntrospectionException`

    D. `TimeoutException`

> **Resposta:**
>
> ⦿ **B.** A classe `InterruptedIOException` inclui um campo `bytesTransferred` que fornece informações de quantos bytes foram transferidos com sucesso antes da interrupção ocorrer.
>
> ○ **A, C e D** estão incorretas. **A** está incorreta porque `IOException` não tem um campo `bytesTransferred`. **C** está incorreta porque `InstropectionException` não tem um campo `bytesTransferred`. **D** está incorreta porque `TimeoutException` não tem um campo `bytesTransferred`.

16. Dado o código:

    ```
    String typeOfDog = "Mini Australian Shepherd";
    typeOfDog = null;
    System.out.println(typeOfDog.length);
    ```

    Qual das opções é verdadeira?

    A. Uma `NullPointerException` será lançada.

    B. Uma `IllegalStateException` será lançada.

    C. Uma `IllegalArgumentException` será lançada.

D. Ocorrerá um erro de compilação.

> Resposta:
>
> ⦿ **D.** Ocorrerá um erro de compilação. Para que o método `length` da classe `String` seja usado, parênteses devem ser incluídos. A instrução deveria conter `System.out.println (typeOfDog.length())` e não `System.out.println(typeOfDog.length);`.
>
> ○ **A, B** e **C** estão incorretas. **A** está incorreta porque não será lançada uma `NullPointerException`. Observe que a instrução não estaria incorreta se o método `length` fosse usado apropriadamente. **B** está incorreta porque não será lançada uma `IllegalStateException`. **C** está incorreta porque não será lançada uma `IllegalArgumentException`.

17. Qual dos itens a seguir não é uma exceção Java válida?
   - **A.** `IOException`
   - **B.** `InterruptedIOException`
   - **C.** `CPUProcessException`
   - **D.** `CloneNotSupportedException`
   - **E.** `ClassNotFoundException`

> Resposta:
>
> ⦿ **C.** `CPUProcessException` não é uma exceção Java válida.
>
> ○ **A, B, D** e **E** estão incorretas. São todas exceções Java válidas.

Capítulo 10

Programação com a API de data e hora

OBJETIVOS DA CERTIFICAÇÃO

- Trabalhar com a API de data e hora
- Revisão rápida
- Teste

Os tópicos do exame da Oracle incluem o trabalho com classes selecionadas provenientes da API do Java SE. Neste capítulo e no próximo, abordaremos os objetivos relacionados aos novos recursos do Java SE 8. A nova API de data e hora será abordada neste capítulo e as novas expressões lambda no Capítulo 11.

Já que quase todos os aplicativos dependem pesadamente de dados de calendário, é preciso que as pessoas conheçam essa API. Estejam os dados de calendário sendo apresentados em uma página web, em persistência em um banco de dados, ou presentes em registros de log ou nomes de arquivo, eles podem ser vistos em todos os locais quando se trata de aplicativos de software. A rica, robusta e fluente API de data e hora do Java SE 8 torna fácil aos desenvolvedores o trabalho com dados de calendário.

Os objetivos relacionados a APIs com origem em versões de Java anteriores a Java 8 foram abordados nos capítulos antecedentes. Essa abordagem externa adicional inclui o seguinte:

- Criando e manipualndo strings (consulte o Capítulo 3)
- Manipulando dados usando a classe `StringBuilder` e seus métodos (consulte o Capítulo 3)
- Declarando e usando um `ArrayList` de um determinado tipo (consulte o Capítulo 6)

OBJETIVO DA CERTIFICAÇÃO

Trabalhar com a API de data e hora

Objetivo do exame: Criar e manipular dados de calendário usando as classes java.time.LocalDateTime, java.time.LocalDate, java.time.LocalTime, java.time.format.DateTimeFormatter, java.time.Period

Cálculos de data, hora e calendário são suportados pela API de data e hora (Java Special Request [JSR] 310), que é fornecida pelo Projeto ThreeTen (www.threeten.org) como sua implementação de referência (RI, reference implementation). O JSR 310 está disponível no Java 8. A API de data e hora inclui cinco pacotes relacionados a calendário: `java.time`, `java.time.chrono`, `java.time.format`, `java.time.temporal` e `java.time.zone`. Para o exame OCA 8, você só precisa conhecer algumas classes do pacote `java.time` – `LocalTime`, `LocalDate`, `LocalDateTime`, `DateTimeFormatter` e `Period` – que serão abordadas neste capítulo.

O modo de intercâmbio de dados de data e hora da Organização Internacional para Padronização (ISO 8601) é usado pela API de data e hora. A ISO 8601 foi apropriadamente chamada de "Elementos de dados e formatos de intercâmbio – Intercâmbio de informações – Representação de datas e horas" ("Data elements and interchange formats – Information interchange – Representation of dates and times"). O calendário gregoriano é a base da ISO 8601 e da API de data e hora.

Este capítulo examinará a API de data e hora por intermédio da criação de dados de calendário, de sua manipulação, do suporte a períodos e do suporte à formatação de dados de calendário. Cada área de cobertura será fornecida em sua própria seção.

Criação de dados de calendário

Antes do Java 8, a criação de dados de calendário era suportada pelas classes `Date`, `Calendar` e `GregorianCalendar`. Seguiremos em frente, deixando essas classes no passado e criando nossos dados de calendário com um novo conjunto de classes. Para se sair bem no exame, você terá que dominar três classes de criação de dados de calendário: `LocalDate`, `LocalTime` e `LocalDateTime`.

Antes de olhar essas classes uma a uma, examinaremos as principais classes da API usadas em associação com a criação de dados de calendário. Elas são mostradas na Tabela 10-1.

TABELA 10-1 Classes relacionadas à criação de calendário

Classes	Descrição
`LocalDate`, `LocalTime` e `LocalDateTime`.	Fornecem um objeto de data-hora imutável representado como ano-mês-dia, hora-minuto-segundo e ano-mês-dia-hora-minuto-segundo.
`OffsetTime`	Fornece um objeto de data-hora imutável representando um horário como hora-minuto-segundo-ajuste
`OffSetDateTime`	Fornece uma data-hora imutável com ajuste para Greenwich/UTC.
`ZonedDateTime`	Fornece um objeto de data-hora imutável representado com um ajuste de fuso horário.
`ZonedOffset`	Fornece a diferença de tempo entre um fuso horário e o padrão Greenwich/UTC
`Year`, `YearMonth` e `MonthDay`	Fornecem objetos de data-hora imutáveis representados como Ano, AnoMês e MêsDia.
`DayOfWeek` e `Month`	Fornecem enumerações para dias da semana e meses
`Period` e `Duration`	Fornecem um período de tempo baseado em data na forma de anos, meses e dias e um período baseado em espaço de tempo na forma de dias, horas, minutos, segundos e nanossegundos.
`Instant`	Fornece um ponto instantâneo (timestamp) da linha de tempo medido a partir da era Java 1970-0101T00:00:00Z
`Clock`	Dá acesso ao instante, à data e à hora atuais usando um fuso horário
`DateTimeException`	Classe de exceção que é lançada quando ocorre um erro em cálculos de calendário

Muitas pessoas dizem que Java pode ser lida como um livro, e também achamos isso. A API de data e hora faz uso de um design fluente que afeta sua implementação. Uma API fluente, também chamada de interface fluente, torna o código mais legível e fácil de editar. Os objetivos de usabilidade das APIs fluentes são atingidos com o uso do *encadeamento de métodos*, que permite que objetos sejam enfileirados. Aqui está um exemplo:

```
// Encadeamento de métodos
LocalDateTime ldt =
    LocalDateTime.now().plusYears(14).plusMonths(2).plusDays(10);
```

Os prefixos de métodos da Tabela 10-2 são vistos em toda a API na criação, manipulação e formatação de dados de calendário e no trabalho com a classe Period.

Na criação de datas, normalmente os métodos of, parse e now são usados para as classes LocalTime, LocalDate e LocalDateTime.

TABELA 10-2 Prefixos de métodos da API de data e hora

Prefixo	Uso	Exemplo
of	Usado com métodos factory estáticos	LocalDate.of(2015, Month.JANUARY, 1);
parse	Usado para realizar parsing sobre a representação de um período no formato texto	Period.parse("P3M"); // Três meses
get	Usado na obtenção de um valor	Duration d = Duration.ofSeconds(2); System.out.println(d.getSeconds());
is	Usado na verificação verdadeiro ou falso	LocalTime lt1 = LocalTime .parse("11:30"); LocalTime lt2 = LocalTime .NOON; System.out.println(lt1.isAfter(lt2));
with	Usado como o equivalente imutável de um setter	LocalDateTime.now().withYear(2001);
plus	Usado para adicionar um valor a um objeto	Period period = Period.of(5, 2, 1); period = period.plusDays(1);
minus	Usado para subtrair um valor de um objeto	Period period = Period.of(5, 2, 1); period = period.minusDays(1);
to	Usado para converter um objeto para outro tipo	LocalTime lt1 = LocalTime.MAX; System.out.println(lt1.toSecondOfDay());
at	Usado para combinar um objeto com outro	LocalTime lt1 = LocalTime.MIDNIGHT; LocalDateTime ldt = lt1.atDate(LocalDate.now());

Classe LocalTime

A classe LocalTime inclui várias declarações de métodos que dão suporte à criação de um horário (sem data ou fuso horário).

Aqui estão algumas declarações de métodos da classe LocalTime:

```
public static LocalTime now() {…}
public static LocalTime of(int hour, int minute) {…}
public static LocalTime of(int hour, int minute, int second) {…}
public static LocalTime parse(CharSequence text) {…}
public static LocalTime parse(CharSequence text, DateTimeFormatter formatter) {…}
```

A seguir temos alguns exemplos:

```
LocalTime lt1 = LocalTime.now();
LocalTime lt2 = LocalTime.parse("12:00");   // Hora
LocalTime lt3 = LocalTime.of(12,0); // Hora, minutos
LocalTime lt4 = LocalTime.of(12,0,1); // Hora, minutos, segundos
LocalTime lt5 = LocalTime.NOON;   // Também poderia ser MIN, MAX, MIDNIGHT
LocalTime lt6 = LocalTime.of(12,0,0,1); // Hora, minutos, segundos, nanossegundos
LocalTime lt7 = LocalTime.now(ZoneId.of("Asia/Tokyo")); // Região
LocalTime lt8 = LocalTime.parse("12:00", DateTimeFormatter.ISO_TIME);
```

Classe LocalDate

A classe LocalDate inclui várias declarações de métodos que dão suporte à criação de um momento no tempo sem hora ou fuso horário.

Aqui estão algumas declarações de métodos da classe LocalDate:

```
public static LocalDate now() {…}
public static LocalDate of(int year, Month month, int dayOfMonth) {…}
public static LocalDate of(int year, int month, int dayOfMonth) {…}
public static LocalDate parse(CharSequence text) {…}
public static LocalDate parse(CharSequence text, DateTimeFormatter formatter) {…}
```

A seguir temos alguns exemplos:

```
LocalDate ld1 = LocalDate.now();
LocalDate ld2 = LocalDate.parse("2015-01-01"); // Data
LocalDate ld3 = LocalDate.of(2015, 1, 1); // Ano, mês, dia
LocalDate ld4 = LocalDate.of(2015, Month.JANUARY, 1); // Ano, mês, dia
LocalDate ld5 = LocalDate.now(ZoneId.of("Asia/Tokyo"));   // Região
LocalDate ld6 = LocalDate.parse("2015-01-01", DateTimeFormatter.ISO_DATE);
```

Classe LocalDateTime

A classe LocalDateTime inclui várias declarações de métodos que dão suporte à criação da data-hora sem fuso horário.

Aqui estão algumas declarações de métodos da classe `LocalDateTime`:

```
public static LocalDateTime now() {…}
public static LocalDateTime of(int year, Month month, int dayOfMonth,
   int hour, int minute) {…}
public static LocalDateTime of(int year, Month month, int dayOfMonth,
   int hour, int minute, int second) {…}
public static LocalDateTime of(int year, int month, int dayOfMonth,
   int hour, int minute, int second) {…}
public static LocalDateTime of(int year, int month, int dayOfMonth,
   int hour, int minute, int second, int nanoOfSecond) {…}
public static LocalDateTime parse(CharSequence text) {…}
public static LocalDateTime parse(CharSequence text, DateTimeFormatter
formatter) {…}
```

A seguir temos alguns exemplos:

```
LocalDateTime ldt1 = LocalDateTime.now();
LocalDateTime ldt2 = LocalDateTime.parse("2015-01-01T12:00:00");
LocalDateTime ldt3 = LocalDateTime.of(2015, 1, 1, 12, 0);
LocalDateTime ldt4 = LocalDateTime.of(2015, Month.JANUARY, 1, 12, 0);
LocalDateTime ldt5 = LocalDateTime.of(2015, 1, 1, 12, 0, 1);
LocalDateTime ldt6 = LocalDateTime.now(ZoneId.of("Asia/Tokyo"));
LocalDateTime ldt7 = LocalDateTime.parse("2015-01-01 12:00",
   DateTimeFormatter.ofPattern("yyyy-MM-dd HH:mm"));
```

Suporte às classes legadas de data/hora

Os novos métodos dão suporte às classes de calendário legadas para promover a integração com a JSR 310. Essas alterações incluem atualizações para `java.util.Calendar`, `java.util.DateFormat`, `java.util.GregorianCalendar`, `java.util.TimeZone` e `java.util.Date`. O código a seguir demonstra a integração das classes mais antigas (como `Calendar` e `Date`) com as novas classes da JSR 310 (como `Instant` e `LocalDateTime`). Essa interoperabilidade não cai no exame, mas é útil conhecê-la.

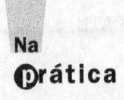

```
Calendar calendar = Calendar.getInstance();
Instant instance = calendar.toInstant();
Date date = Date.from(instance);
LocalDateTime ldt
   = LocalDateTime.ofInstant(date.toInstant(), ZoneId.systemDefault());
```

> **Na prática**
> Quatro calendários regionais foram empacotados no Java SE 8: Hijrah, Japanese imperial, Minguo e Thai Buddhist A API é suficientemente flexível para permitir a criação de calendários adicionais. Para o fornecimento de novos calendários, as interfaces `Era`, `Chronology` e `ChronoLocalDate` precisam ser implementadas.

Manipulação de dados de calendário

Provavelmente as perguntas sobre manipulação de dados de calendário serão a parte mais fácil do exame. Esta seção enfocará a adição ou a subtração de unidades de tempo em instâncias de `LocalTime`, `LocalDate` e `LocalDateTime`. Você precisa conhecer todos os 16 métodos plus/minus aplicáveis a `LocalDateTime`, os oito métodos aplicáveis a `LocalDate` e os oito métodos aplicáveis a `LocalTime`. Examinaremos todos começando por `LocalDateTime`.

```
LocalDateTime ldt = LocalDateTime.now();
// Todos os métodos plus
ldt = ldt.plusYears(1).plusMonths(12).plusWeeks(52).plusDays(365)
  .plusHours(8765).plusMinutes(525949).plusSeconds(0).plusNanos(0);

// Todos os métodos minus
ldt = ldt.minusYears(1).minusMonths(12).minusWeeks(52).minusDays(365)
  .minusHours(8765).minusMinutes(525949).minusSeconds(0).minusNanos(0);

// Demonstração da combinação de métodos
ldt = ldt.plusYears(1).minusMonths(12).plusWeeks(52).minusDays(365)
  .plusHours(8765).minusMinutes(525949).plusSeconds(0).minusNanos(0);
```

Trabalhando com a classe `LocaDate`, você pode adicionar e subtrair unidades de anos, meses, semanas e dias. Nesse contexto, não é possível adicionar ou subtrair unidades de horas, minutos, segundos ou nanossegundos.

```
LocalDate ld = LocalDate.now();
// Todos os métodos plus
ld = ld.plusYears(1).plusMonths(12).plusWeeks(52).plusDays(365);
// Todos os métodos minus
ld = ld.minusYears(1).minusMonths(12).minusWeeks(52).minusDays(365);
```

Trabalhando com a classe `LocalTime`, você pode adicionar e subtrair unidades de horas, minutos, segundos ou nanossegundos. Nesse contexto, não é possível adicionar ou subtrair unidades de anos, meses, semanas ou dias.

```
LocalTime lt = LocalTime.now();
// Todos os métodos plus
lt = lt.plusHours(18765).plusMinutes(525949).plusSeconds(0).plusNanos(0);
// Todos os métodos minus
lt = lt.minusHours(1).plusMinutes(1).plusSeconds(1).plusNanos(1);
```

Cuidado porque o exame tentará enganá-lo usando métodos em locais a que eles não pertencem. No segmento de código a seguir, `plusYears` não é um método da classe `LocalTime` e `plusHours` não é um método da classe `LocalDate`. O compilador informará apropriadamente – mas ele não estará presente no exame.

```
LocalTime lt = LocalTime.now();
lt = lt.plusYears(1); // ERRO DE COMPILAÇÃO
LocalDate ld = LocalDate.now();
ld = ld.plusHours(1); // ERRO DE COMPILAÇÃO
```

TABELA 10-3 Mapeamento entre os tipos JSR 310, SQL e XSD na API de Java SE

Tipo JSR 310	Tipo SQL ANSI	Tipo XSD
LocalDate	DATE	xs:time
LocalTime	TIME	xs:time
LocalDateTime	TIMESTAMP WITHOUT TIMEZONE	xs:dateTime
OffsetTime	TIME WITH TIMEZONE	xs:time
OffsetDateTime	TIMESTAMP WITH TIMEZONE	xs:dateTime
Period	INTERVAL	

Na prática

Existe interoperabilidade entre os tipos de calendário dentro dos pacotes `java.time` e `java.sql` da API do Java. A Tabela 10-3 fornece os relacionamentos entre os tipos JSR 310 e SQL, assim como com os tipos XML Schema (XSD). É bom ressaltar que não foram feitas alterações na API do JDBC. Em vez disso, é preciso usar `setObject/getObject` para empregar essa nova API com o JDBC.

Períodos de calendário

Um período de calendário em Java é um valor baseado em data composto por anos, meses e dias. Uma duração no calendário (classe Duration) é um valor baseado em unidades de tempo composto por dias, horas, minutos, segundos e nannossegundos. A classe Period cai no exame, mas a (classe Duration) não. As duas classes implementam a interface ChronoPeriod. Vários métodos da classe Period são muito usados, como os seguintes: of[interval], parse, get[interval], with[interval], plus[interval], minus[interval], is[state] e between. Esses métodos e outros serão detalhados na próxima seção com descrições, declarações e exemplos.

O método of[interval]

O método of[interval] da classe Period retorna um período a partir de um inteiro representando anos, meses, semanas ou dias.

Há cinco declarações do método of[interval]:

```
public static Period ofYears(int years) {…}
public static Period ofMonths(int months) {…}
public static Period ofWeeks(int weeks) {…}
public static Period ofDays(int days) {…}
public static Period of(int years, int months, int days) {…}
```

Aqui estão alguns exemplos:

```
final Period P1 = Period.ofYears(1);      // 1 ano
final Period P2 = Period.ofMonths(12);    // 1 ano
final Period P3 = Period.ofWeeks(52);     // 1 ano
final Period P4 = Period.ofDays(366);     // 1 ano (bissexto)
```

```
final Period P5 = Period.of(1, 12, 366); // 3 anos

LocalDate ldt1 = LocalDate.of(2000, Month.JANUARY, 1);
LocalDate ldt2 = null;
ldt2 = ldt1.plus(P1).plus(P2).plus(P3).plus(P4).plus(P5);
System.out.println("Before: " + ldt1 + " After: " + ldt2);
$ Before: 2000-01-01 After: 2007-01-02
```

O método parse

O método estático parse da classe Period retorna um período a partir de uma string no formato PnYnMnD, em que P é período, Y os anos, M os meses e D os dias. Um Period também é retornado a partir de uma string PnW, em que P é período e W as semanas.

Há uma única declaração para o método parse:

```
public static Period parse(CharSequence text) {...}
```

Aqui está um exemplo:

```
/* Cria um período de 41 anos, 2 meses e 3 dias*/
Period period1 = Period.parse("P41Y2M3D");
System.out.println(period1);
$ P41Y2M3D

// Cria um período de 4 semanas
Period period2 = Period.parse("P4W");
System.out.println(period2.getDays()+ " days");
$ 28 days
```

O método get[interval]

O método get[interval] da classe Period retorna um valor relacionado ao tipo descrito em seu nome.

Há seis declarações do método get[interval]:

```
public long get(TemporalUnit unit) {...}
public List<TemporalUnit> getUnits() {...}
public IsoChronology getChronology() {...}
public int getYears() {...}
public int getMonths() {...}
public int getDays() {...}
```

Aqui estão alguns exemplos:

```
Period period = Period.of(5, 1, 14);
int years = period.getYears();
int months = period.getMonths();
long days = period.get(ChronoUnit.DAYS);
System.out.println(years + " years, " + months + " months, " + days + " days");

$ 5 years, 1 months, 14 days
```

O método with[interval]

O método with[interval] da classe Period retorna uma cópia do objeto Period a partir de um int especificado para identificar o valor de anos, meses ou dias a ser alterado.

Há três declarações do método with[interval]:

```
public Period withYears(int years) {…}
public Period withMonths(int months) {…}
public Period withDays(int days) {…}
```

Aqui estão alguns exemplos:

```
Period p1 = Period.of(1, 1, 1); // 1 ano, 1 mês, 1 dia
p1 = p1.withYears(5); // Altera somente os anos
System.out.println(p1); // 5 anos, 1 mês, 1 dia
$ P5Y1M1D

Period p2 = Period.of(1, 1, 1); // 1 ano, 1 mês, 1 dia
p2 = p2.withMonths(5); // Altera somente os meses
System.out.println(p2); // 1 ano, 5 meses, 1 dia
$ P1Y5M1D

Period p3 = Period.of(1, 1, 1); // 1 ano, 1 mês, 1 dia
p3 = p3.withDays(5); // Altera somente os dias
System.out.println(p3); // 1 ano, 1 mês, 5 dias
$ P1Y1M5D
```

O método plus[interval]

O método plus[interval] da classe Period retorna uma cópia do objeto Period a partir de um período de tempo (TemporalAmount) ou índice long especificado com o valor que se deseja adicionar.

Há quatro declarações do método plus[interval]:

```
public Period plus(TemporalAmount amountToAdd) {…}
public Period plusYears(long yearsToAdd) {…}
public Period plusMonths(long monthsToAdd) {…}
public Period plusDays(long daysToAdd) {…}
```

Aqui estão alguns exemplos:

```
Period period = Period.of(5, 2, 1);
period = period.plusYears(10);
period = period.plusMonths(10);
period = period.plusDays(15);
period = period.plus(Period.ofDays(15));
// Mais um total de 10 anos, 10 meses e 30 dias
System.out.println("Period value: " + period);
$ Period value: P15Y12M31D
```

O método minus[interval]

O método `minus[interval]` da classe `Period` retorna uma cópia do objeto `Period` a partir de um `TemporalAmount` ou índice `long` com o valor desejado adicionado.

Há quatro declarações do método `minus[interval]`:

```
public Period minus(TemporalAmount amountToSubtract) {…}
public Period minusYears(long yearsToSubtract) {…}
public Period minusMonths(long monthsToSubtract) {…}
public Period minusDays(long daysToSubtract) {…}
```

Aqui estão alguns exemplos:

```
Period period = Period.of(15, 12, 31);
period = period.minusYears(10);
period = period.minusMonths(10);
period = period.minusDays(15);
period = period.minus(Period.ofDays(15));
// Menos um total de 10 anos, 10 meses e 30 dias
System.out.println("Period value: " + period);
$ Period value: P5Y2M1D
```

O método is[state]

O método `is[state]` da classe `Period` retorna um boolean a partir de uma string no formato `PnYnMnD`, em que `P` é período, `Y` os anos, `M` os meses e `D` os dias.

Há duas declarações do método `is[state]`:

```
public boolean isZero() {return (this == ZERO);}
public boolean isNegative() { return years < 0 || months < 0 || days < 0; }
```

A seguir temos um exemplo:

```
Period p1 = Period.parse("P10D").minusDays(10);
System.out.println("Is zero: " + p1.isZero());
$ Is zero: true.

// O período é igual a um valor negativo
Period p2 = Period.parse("P2015M");
p2 = p2.minusMonths(2016); // 2015-2016 é igual a -1 mês
System.out.println("Is negative: " + p2.isNegative());
$ Is negative: true
```

O método between

O método `between` da classe `Period` retorna um `Period` a partir de dois argumentos `LocalDate`.

Há uma única declaração para o método `between`:

```
public static Period between(LocalDate startDateInclusive, LocalDate endDateExclusive) {…}
```

A seguir temos um exemplo:

```
final String WAR_OF_1812_START_DATE =  "1812-06-18";
final String WAR_OF_1812_END_DATE =  "1815-02-18";
LocalDate warBegins = LocalDate.parse(WAR_OF_1812_START_DATE);
LocalDate warEnds = LocalDate.parse(WAR_OF_1812_END_DATE);
Period period = Period.between (warBegins, warEnds);
System.out.println("WAR OF 1812 TIMEFRAME: " + period);
$ WAR OF 1812 TIMEFRAME: P2Y8M
```

EXERCÍCIO 10-1
Usando o método normalized da classe Period

Nesse exercício, você examinará o método normalized da classe Period. Esse método não cai no exame, mas o exercício o ajudará a conhecer melhor a classe Period. O método normalized ajusta os meses paralelamente com os anos para que nunca haja menos do que zero e mais do que onze meses, como podemos ver nessa demonstração:

```
Period p1 = Period.parse("P0Y13M");
System.out.println("Original: " + p1 + " Normalized: " + p1.normalized());
Original: P13M400D After: P1Y1M

Period p2 = Period.parse("P2Y-1M");
System.out.println("Original: " + p2 + " Normalized: " + p2.normalized());
Original: P2Y-1M Normalized: P1Y11M
```

Tanto a classe Period quanto a classe Duration implementam a interface TemporalAmount.

1. Use um IDE (como o NetBeans) para visualizar o conteúdo do arquivo src.zip que é distribuído no JDK 1.8 em C:\Program Files\Java\jdk1.8.0_40\src.zip.

2. Abra o nó do pacote java.util e clique duas vezes na classe Period.java.

3. Examine o cabeçalho Javadoc e o corpo do método normalized para ter uma ideia melhor de como ele funciona.

4. Agora responda a essas perguntas:
   a. Já que a classe Period tem um método normalized, a classe Duration também o tem?
   b. Se a classe Duration tem um método normalized, o que ele normaliza?
   c. Se a classe Duration não tem um método normalized, por que ela não o tem?

5. Visite o Javadoc da classe Duration para verificar sua hipótese.

Formatação de dados de calendário

A formatação de dados de calendário é suportada pela classe DateTimeFormatter. A API fornece formatadores predefinidos, formatação localizada com suporte do tipo enumerado (enum) FormatStyle e formatação especializada (sua própria personalização). As próximas seções examinarão todas as três.

Formatadores predefinidos

Vários formatadores predefinidos foram incluídos na classe DateTimeFormatter. As variáveis estáticas constantes associadas a cada formatador podem ser usadas diretamente com o nome da classe ou a importação estática pode ser usada para remover o nome da classe do uso na forma *inline*, como mostrado aqui. Ou seja, DateTimeFormatter. ISO_WEEK_ DATE e ISO_WEEK_DATE (com import static java.time.format.DateTimeFormatter.*;) são essencialmente a mesma coisa.

```
import static java.time.format.DateTimeFormatter.*;
...
LocalDate ld = LocalDate.now();

System.out.println("RESULT 1: " + ld.format( DateTimeFormatter.ISO_WEEK_DATE));
System.out.println("RESULT 2: " + ld.format( ISO_WEEK_DATE));));
$ RESULT 1: 2015-W16-7
$ RESULT 2: 2015-W16-7
```

Muitos formatadores predefinidos funcionam com diferentes classes, como as classes OffsetDateTime e ZonedDateTime.

```
OffsetDateTime odt = OffsetDateTime.now();
System.out.println(odt.format(ISO_DATE));
System.out.println(odt.format(ISO_OFFSET_DATE));
System.out.println(odt.format(ISO_OFFSET_DATE_TIME));

$ 2015-04-19-04:00
$ 2015-04-19-04:00
$ 2015-04-19T08:38:48.09-04:00

ZonedDateTime zdt = ZonedDateTime.now();
System.out.println(zdt.format(ISO_DATE_TIME));
System.out.println(zdt.format(ISO_ZONED_DATE_TIME));
System.out.println(zdt.format(DateTimeFormatter.RFC_1123_DATE_TIME));

$ 2015-04-19T08:38:48.09-04:00[America/New_York]
$ 2015-04-19T08:38:48.09-04:00[America/New_York]
$ Sun, 19 Apr 2015 08:38:48 -0400
```

Formatadores localizados

Com os métodos estáticos ofLocalizedTime, ofLocalizedDate e ofLocalizedDate-Time, os formatadores localizados da classe DateTimeFormatter usam os valores de enumeração FormatStyle.SHORT, FormatStyle.MEDIUM, FormatStyle.LONG e FormatStyle.FULL do enum FormatStyle para dar suporte a formatos localizados. FormatStyle.LONG e FormatStyle.FULL não caem no exame.

```
// Formatação localizada para LocalDate
LocalDate ld = LocalDate.now();
System.out.println("SHORT: " + ld.format
   (DateTimeFormatter.ofLocalizedDate(FormatStyle.SHORT)));
System.out.println("MEDIUM: " + ld.format
   (DateTimeFormatter.ofLocalizedDate(FormatStyle.MEDIUM)));
```

Fique @tento

Para seguir o escopo do exame, você deve se familiarizar com os formatadores que são mais usados com a classe LocalDateTime e com os resultados obtidos com a formatação.

```
ArrayList<DateTimeFormatter> ldtFormattersList = new ArrayList<>();
ldtFormattersList.add(DateTimeFormatter.BASIC_ISO_DATE);
ldtFormattersList.add(DateTimeFormatter.ISO_LOCAL_TIME);
ldtFormattersList.add(DateTimeFormatter.ISO_LOCAL_DATE);
ldtFormattersList.add(DateTimeFormatter.ISO_LOCAL_DATE_TIME);
ldtFormattersList.add(DateTimeFormatter.ISO_TIME);
ldtFormattersList.add(DateTimeFormatter.ISO_DATE);
ldtFormattersList.add(DateTimeFormatter.ISO_DATE_TIME);
ldtFormattersList.add(DateTimeFormatter.ISO_ORDINAL_DATE);

LocalDateTime ldt = LocalDateTime.now();
   ldtFormattersList.forEach(c -> {
     System.out.println(ldt.format(c));
   });

$ 2015-W16-7
$ 20150419
$ 08:40:05.934
$ 2015-04-19
$ 2015-04-19T08:40:05.934
$ 08:40:05.934
$ 2015-04-19
$ 2015-04-19T08:40:05.934
$ 2015-109
```

```
System.out.println("LONG: " + ld.format
   (DateTimeFormatter.ofLocalizedDate(FormatStyle.LONG)));
System.out.println ("FULL: " + ld.format
   (DateTimeFormatter.ofLocalizedDate(FormatStyle.FULL)));
SHORT: 4/19/15
MEDIUM: Apr 19, 2015
LONG: April 19, 2015
FULL: Sunday, April 19, 2015
```

Além da obtenção do valor formatado pela passagem do formatador localizado para o método format das classes de calendário, os formatadores têm um método format que aceita a instância de calendário para obter como resultado a mesma string formatada.

```
// Passando Formatter para o método format de LocalTime
LocalTime lt = LocalTime.now();
System.out.print("SHORT: " + lt.format
   (DateTimeFormatter.ofLocalizedTime(FormatStyle.SHORT)));
System.out.println(", MEDIUM: " + lt.format
   (DateTimeFormatter.ofLocalizedTime(FormatStyle.MEDIUM)));

// Passando a instância de LocalTime para o método format de Formatter
System.out.print("SHORT: " +
DateTimeFormatter.ofLocalizedTime(FormatStyle.SHORT).format(lt));
System.out.println(", MEDIUM: " +
DateTimeFormatter.ofLocalizedTime(FormatStyle.MEDIUM).format(lt));

$ SHORT: 10:44 AM, MEDIUM: 10:44:03 AM
$ SHORT: 10:44 AM, MEDIUM: 10:44:03 AM
```

Os três métodos localizados só podem ser usados com as classes de calendário apropriadas; caso contrário uma UnsupportedTemporalTypeException será lançada. Além disso, o uso de FormatStyle.LONG e FormatStyle.FULL onde eles não forem aceitos resultará no lançamento de exceções java.time.DateTimeException.

```
// Passando Formatters para o método format de LocalDateTime
LocalDateTime ldt = LocalDateTime.now();
System.out.println(ldt.format
   (DateTimeFormatter.ofLocalizedDateTime(FormatStyle.SHORT)));
System.out.println(ldt.format
   (DateTimeFormatter.ofLocalizedTime(FormatStyle.SHORT)));
System.out.println(ldt.format
   (DateTimeFormatter.ofLocalizedDate(FormatStyle.SHORT)));

$ 4/19/15 10:56 AM
$ 10:56 AM
$ 4/19/15

LocalDate ld = LocalDate.now();
```

```
System.out.println(ld.format
   (DateTimeFormatter.ofLocalizedTime(FormatStyle.SHORT)));
$ java.time.temporal.UnsupportedTemporalTypeException:
   Unsupported field: ClockHourOfAmPm
```

Formatadores especializados

Os formatadores especializados permitem o uso de sequências de letras e símbolos para produzir como saída a formatação personalizada desejada.

```
LocalDateTime ldt = LocalDateTime.now();
String dateTime = ldt.format(DateTimeFormatter.ofPattern("yyyyMMdd"));
Path target = Paths.get("\\opt\\ocaexam\\" + "app_props_"
   + dateTime + ".properties");
// Arquivo criado com nome personalizado contendo a data embutida
System.out.println(Files.createFile(target).getFileName());
$ app_props_20150419.properties
```

A sintaxe da formatação pode ser encontrada na documentação de DateTimeFormatter no Javadoc do Java 8 (https://docs.oracle.com/javase/8/docs/api/java/time/format/DateTimeFormatter.html). No entanto, para o exame, o exemplo de código a seguir demonstra a extensão do que você precisa saber, que engloba m, mm, h, hh, d, dd, M, MM, MMM, MMMM, MMMMM, y, yy, yyy e yyyy.

```
String [] minutes = {"m", "mm"};
String [] hours = {"h", "hh"};
String [] days = {"d", "dd"};
String [] months = {"M","MM","MMM","MMMM", "MMMMM"};
String [] years = {"y", "yy", "yyyy"};
String converts = "\u2192"; // Seta para a direita

LocalDateTime ldt = LocalDateTime.parse("2015-01-01T01:01:01");
System.out.print("Hours:       ");
Arrays.asList(hours).forEach(p -> {

System.out.print(p + converts + ldt.format
   (DateTimeFormatter.ofPattern(p)) + "   ");});
System.out.print("\nMinutes:   ");
Arrays.asList(minutes).forEach(p -> {
System.out.print(p + converts + ldt.format
   (DateTimeFormatter.ofPattern(p)) + "   ");});
System.out.print("\nMonths:    ");
Arrays.asList(months).forEach(p -> {
System.out.print(p + converts + ldt.format
   (DateTimeFormatter.ofPattern(p)) + "   ");     });
System.out.print("\nDays:      ");
Arrays.asList(days).forEach(p -> {
System.out.print(p + converts + ldt.format(DateTimeFormatter.
```

```
    ofPattern(p)) + "  ");
});
System.out.print("\nYears:      ");
Arrays.asList(years).forEach(p -> {
System.out.print(p + converts + ldt.format
  (DateTimeFormatter.ofPattern(p)) + "  ");
});

// SAÍDA FORMATADA DE "2015-01-01T01:01:01"
Hours:     h->1   hh->01
Minutes:   m->1   mm->01
Months:    M->1   MM->01   MMM->Jan   MMMM->January   MMMMM->J
Days:      d->1   dd->01
Years:     y->2015   yy->15   yyyy->2015
```

Resumo para a certificação

Este capítulo abordou o que você precisa saber sobre a API de data e hora. Discutimos a criação de dados de calendário com as classes `LocalDate`, `LocalTime` e `LocalDateTime`. Também abordamos a manipulação de dados de calendário com os métodos plus/minus e examinamos o trabalho com a classe `Period` e seus métodos como uma maneira de usar um valor baseado em período de tempo composto por dias, horas, minutos, segundos e nanossegundos. Para concluir, estudamos a formatação de dados de calendário com a classe `DateTimeFormatter`, utilizando formatadores localizados e especializados.

Uma vez que você se sentir confortável codificando com essas classes e seus métodos de suporte, certamente se sairá bem ao se deparar com perguntas do exame sobre a API de data e hora.

✓ REVISÃO RÁPIDA

Trabalhar com a API de data e hora

- A API de data e hora pertence à JSR 310 e possui os pacotes `java.time`, `java.time.chrono`, `java.time.format`, `java.time.temporal` e `java.time.zone`.
- A JSR 310 é baseada na ISO 8601 ("Data elements and interchange formats – Information interchange – Representation of dates and times").
- Os dados de calendário são criados com o uso das classes `LocalTime`, `LocalDate` e `LocalDateTime`.
- Os dados de calendário são suportados por uma API fluente e por métodos que iniciam com `of`, `parse`, `get`, `is`, `with`, `plus`, `minus`, `to` e `at`.
- A classe `Period` fornece vários métodos para dar suporte a períodos de tempo: períodos baseados em data compostos por anos, meses e dias. Os métodos são `of[interval]`, `parse`, `get[interval]`, `is[interval]`, `with[interval]`, `plus[interval]`, `minus[interval]` e `between`.
- O método estático `parse` da classe `Period` retorna um período a partir de uma string no formato `PnYnMnD`, em que `P` é período, `Y` os anos, `M` os meses e `D` os dias.
- O método estático `parse` da classe `Period` retorna um período a partir de uma string `PnW`, em que `P` é período e `W` as semanas.
- A classe `DateTimeFormatter` dá suporte à formatação com formatadores predefinidos, formatadores localizados e formatadores especializados.
- Os formatadores predefinidos são usados com as classes de calendário (como `LocalDateTime` e `ZonedDateTime`) para fornecer as formatações mais usadas.
- Os formatadores localizados usam os métodos estáticos `ofLocalizedTime`, `ofLocalizedDate` e `ofLocalizedDateTime`, junto com as enumerações `FormatStyle` para dar suporte a formatos localizados.
- Os formatadores especializados usam os caracteres `m`, `mm`, `h`, `hh`, `d`, `dd`, `M`, `MM`, `MMM`, `MMMM`, `MMMMM`, `y`, `yy`, `yyy` e `yyyy` para fornecer formatação personalizada de datas e horas.

TESTE

Trabalhar com a API de data e hora

1. Dado o código a seguir, qual será o resultado?

   ```
   Period p = Period.parse("P1Y");
   System.out.println(p.getMonths());
   ```

   A. 12 será exibido na saída padrão.
   B. 1 será exibido na saída padrão.
   C. 0 será exibido na saída padrão.
   D. Esse código não será compilado.

2. Dado o código a seguir, em que linha uma exceção UnsupportedTemporalTypeException é lançada em tempo de execução?

   ```
   LocalDateTime.now().format(DateTimeFormatter.BASIC_ISO_DATE);      // LINHA 1
   LocalDateTime.now().format(DateTimeFormatter.ISO_LOCAL_DATE);      // LINHA 2
   LocalDateTime.now().format(DateTimeFormatter.ISO_DATE);            // LINHA 3
   LocalDateTime.now().format(DateTimeFormatter.ISO_LOCAL_DATE_TIME); // LINHA 4
   LocalDateTime.now().format(DateTimeFormatter.ISO_ZONED_DATE_TIME); // LINHA 5
   ```

   A. Linha 1
   B. Linhas 2 e 3
   C. Linhas 4 e 5
   D. Linha 5

3. Dado o código a seguir, qual será o resultado?

   ```
   LocalDate ld = LocalDate.of (1940, Month.JANUARY, 3 );
   ld = ld.minusYears(3).plusMonths(10).plusDays(15);
   ld.minusYears(10);
   System.out.println(ld.getMonth() + " " + ld.getYear());
   ```

   A. NOVEMBER 1937 será exibido na saída padrão.
   B. NOVEMBER 1927 será exibido na saída padrão.
   C. JANUARY 1940 será exibido na saída padrão.
   D. JANUARY 18 1940 será exibido na saída padrão.

4. Dado o código a seguir, que alteração pode ser feita para que ele não lance uma exceção em tempo de execução?

```
String date1 = "2011-12-03";
DateTimeFormatter formatter1 = DateTimeFormatter.ofPattern("yyyy-MM-dd");
LocalDate localDate1 = LocalDate.parse(date1, formatter1);
System.out.print(localDate1.toString() + " ");
String date2 = "2011-12-03 00:00:00";
DateTimeFormatter formatter2 =
  DateTimeFormatter.ISO_LOCAL_DATE_TIME;
LocalDateTime localDate2 =
  LocalDateTime.parse(date2, formatter2);
System.out.println(date2.toString());
```

- **A.** Alterar `LocalDate.parse(date1, formatter1)` para `LocalDate.parse(formatter1, date1)` e alterar `LocalDate.parse(date2, formatter2)` para `LocalDate.parse(formatter2, date2)`.
- **B.** Alterar `DateTimeFormatter.ofPattern("yyyy-MM-dd");` para `DateTimeFormatter.ofPattern("YYYY-MM-DD");`.
- **C.** Alterar `String date2 = "2011-12-03 00:00:00";` para `String date2 = "2011-12-03T00:00:00";`.
- **D.** Não são necessárias alterações.

5. Dado o código a seguir, que linha de código poderia substituir a linha 1 com o resultado final `2002-02-02T01:01:00` sendo exibido na saída padrão?

```
LocalDateTime ldt;
ldt = LocalDateTime.of(2001, Month.JANUARY, 1, 1, 1); // Linha 2
Period period = Period.parse("P1Y1M1D");
ldt = ldt.plus(period);
DateTimeFormatter formatter =
  DateTimeFormatter.ISO_LOCAL_DATE_TIME;
System.out.println(ldt.format(formatter)); LocalDateTime ldt;
ldt = LocalDateTime.of(2001, Month.JANUARY, 1, 1, 1); // Linha 2
Period period = Period.parse("P1Y1M1D");
ldt = ldt.plus(period);
DateTimeFormatter formatter =
  DateTimeFormatter.ISO_LOCAL_DATE_TIME;
System.out.println(ldt.format(formatter));
```

- **A.** `ldt = LocalDateTime.parse("2001-01-00T01:01:01");`
- **B.** `ldt = LocalDateTime.parse("2001-01-01T01:01:00");`
- **C.** `ldt = LocalDateTime.parse("01-01-2001 01:01:01");`
- **D.** `ldt = LocalDateTime.parse("01-01-2001T01:01:00");`

6. Dado o código a seguir, que afirmação está correta?

```
LocalDateTime currentTime = LocalDateTime.now();
LocalTime meetingTime = LocalTime.of(16, 0);
if (meetingTime.isBefore(currentTime.toLocalTime())) {
  System.out.println("You're late!");
} else {
  System.out.print("There is a meeting later today ");
  // SEGMENTO DE CÓDIGO 1
  {
  Period p = Period.between (currentTime.toLocalTime(), meetingTime);
  System.out.print("in less than: "+ ++p.getHours() +
    ((a == 1) ? " hour." : " hours."));
  }
  // SEGMENTO DE CÓDIGO 2
  {
  long a = ChronoUnit.HOURS.between(currentTime.toLocalTime(), meetingTime);
  System.out.print("in less than " + ++a + ((a == 1) ? " hour." :
" hours."));
  }
}
```

    A. Os segmentos de código 1 e 2 fornecerão o mesmo resultado.

    B. O segmento 1 não será compilado.

    C. O segmento 2 não será compilado.

    D. Os segmentos 1 e 2 não serão compilados.

✓ Respostas do teste

Trabalhar com a API de data e hora

1. Dado o código a seguir, qual será o resultado?

   ```
   Period p = Period.parse("P1Y");
   System.out.println(p.getMonths());
   ```

   A. 12 será exibido na saída padrão.
   B. 1 será exibido na saída padrão.
   C. 0 será exibido na saída padrão.
   D. Esse código não será compilado.

   Resposta:
   ⦿ **C.** 0 será exibido na saída padrão.
   ○ **A, B** e **D** estão incorretas. **A** está incorreta porque 12 não será exibido na saída padrão. **B** está incorreta porque 1 não será exibido na saída padrão. **D** está incorreta porque o código será compilado sem problemas.

2. Dado o código a seguir, em que linha uma exceção UnsupportedTemporalTypeException é lançada em tempo de execução?

   ```
   LocalDateTime.now().format(DateTimeFormatter.BASIC_ISO_DATE);      // LINHA 1
   LocalDateTime.now().format(DateTimeFormatter.ISO_LOCAL_DATE);      // LINHA 2
   LocalDateTime.now().format(DateTimeFormatter.ISO_DATE);            // LINHA 3
   LocalDateTime.now().format(DateTimeFormatter.ISO_LOCAL_DATE_TIME); // LINHA 4
   LocalDateTime.now().format(DateTimeFormatter.ISO_ZONED_DATE_TIME); // LINHA 5
   ```

   A. Linha 1
   B. Linhas 2 e 3
   C. Linhas 4 e 5
   D. Linha 5

   Resposta:
   ⦿ **D.** A exceção java.time.temporal.UnsupportedTemporalTypeException é lançada em tempo de execução devido a um campo não suportado: OffsetSeconds que ocorre na linha 5.
   ○ **A, B** e **C** estão incorretas. **A** está incorreta porque nenhuma exceção é lançada na linha 1. **B** está incorreta porque nenhuma exceção é lançada nas linhas 2 e 3. **C** está incorreta porque nenhuma exceção é lançada nas linhas 4 e 5.

3. Dado o código a seguir, qual será o resultado?

   ```
   LocalDate ld = LocalDate.of (1940, Month.JANUARY, 3 );
   ld = ld.minusYears(3).plusMonths(10).plusDays(15);
   ld.minusYears(10);
   System.out.println(ld.getMonth() + " " + ld.getYear());
   ```

   A. NOVEMBER 1937 será exibido na saída padrão.

   B. NOVEMBER 1927 será exibido na saída padrão.

   C. JANUARY 1940 será exibido na saída padrão.

   D. JANUARY 18 1940 será exibido na saída padrão.

Resposta:

◉ A. NOVEMBER 1937 será exibido na saída padrão.

○ B, C e D estão incorretas. B está incorreta porque NOVEMBER 1927 não será exibido na saída padrão. C está incorreta porque JANUARY 1940 não será exibido na saída padrão. D está incorreta porque JANUARY 18 1940 não será exibido na saída padrão.

---

4. Dado o código a seguir, que alteração pode ser feita para que ele não lance uma exceção em tempo de execução?

```
String date1 = "2011-12-03";
DateTimeFormatter formatter1 = DateTimeFormatter.ofPattern("yyyy-MM-dd");
LocalDate localDate1 = LocalDate.parse(date1, formatter1);
System.out.print(localDate1.toString() + " ");
String date2 = "2011-12-03 00:00:00";
DateTimeFormatter formatter2 =
  DateTimeFormatter.ISO_LOCAL_DATE_TIME;
LocalDateTime localDate2 =
  LocalDateTime.parse(date2, formatter2);
System.out.println(date2.toString());
```

   A. Alterar LocalDate.parse(date1, formatter1) para LocalDate.parse(formatter1, date1) e alterar LocalDate.parse(date2, formatter2) para LocalDate.parse(formatter2, date2)

   B. Alterar DateTimeFormatter.ofPattern("yyyy-MM-dd"); para DateTimeFormatter.ofPattern("YYYY-MM-DD");

   C. Alterar String date2 = "2011-12-03 00:00:00"; para String date2 = "2011-12-03T00:00:00";

   D. Não são necessárias alterações.

Resposta:

◉ **C.** A mudança de String date2 = "2011-12-03 00:00:00"; para String date2 = "2011-12-03T00:00:00"; evitará que uma DateTimeParseException seja lançada em tempo de execução pelo método LocalDateTime.parse() relacionado. Isto é, a letra T é necessária na string após a data e antes da hora.

○ **A, B e D** estão incorretas. **A** está incorreta porque o código estava certo da maneira em que se encontrava. **B** está incorreta porque o código estava certo da maneira em que se encontrava. **D** está incorreta porque uma alteração é necessária para que não seja lançada uma DateTimeParseException.

5. Dado o código a seguir, que linha de código poderia substituir a linha 1 com o resultado final 2002-02-02T01:01:00 sendo exibido na saída padrão?

```
LocalDateTime ldt;
ldt = LocalDateTime.of(2001, Month.JANUARY, 1, 1, 1); // Linha 2
Period period = Period.parse("P1Y1M1D");
ldt = ldt.plus(period);
DateTimeFormatter formatter =
  DateTimeFormatter.ISO_LOCAL_DATE_TIME;
System.out.println(ldt.format(formatter)); LocalDateTime ldt;
ldt = LocalDateTime.of(2001, Month.JANUARY, 1, 1, 1); // Linha 2
Period period = Period.parse("P1Y1M1D");
ldt = ldt.plus(period);
DateTimeFormatter formatter =
  DateTimeFormatter.ISO_LOCAL_DATE_TIME;
System.out.println(ldt.format(formatter));
```

A. ldt = LocalDateTime.parse("2001-01-00T01:01:01");

B. ldt = LocalDateTime.parse("2001-01-01T01:01:00");

C. ldt = LocalDateTime.parse("01-01-2001 01:01:01");

D. ldt = LocalDateTime.parse("01-01-2001T01:01:00");

Resposta:

◉ **B.** ldt = LocalDateTime.parse("2001-01-01T01:01:00"); produzirá na saída padrão o mesmo resultado da linha 2.

○ **A, C e D** estão incorretas. **A** está incorreta porque ldt = LocalDateTime.parse("2001-01-00T01:01:01"); não produzirá o resultado desejado, lançando uma DateTimeParseException. **C** está incorreta porque ldt = LocalDateTime.parse("01-01-2001 01:01:01"); não produzirá o resultado desejado, lançando uma DateTimeParseException. **D** está incorreta porque ldt = LocalDateTime.parse("01-01-2001 01:01:00"); lançará uma DateTimeParseException.

6. Dado o código a seguir, que afirmação está correta?

```
LocalDateTime currentTime = LocalDateTime.now();
LocalTime meetingTime = LocalTime.of(16, 0);
if (meetingTime.isBefore(currentTime.toLocalTime())) {
  System.out.println("You're late!");
} else {
  System.out.print("There is a meeting later today ");
  // SEGMENTO DE CÓDIGO 1
  {
  Period p = Period.between (currentTime.toLocalTime(), meetingTime);
  System.out.print("in less than: "+ ++p.getHours() +
    ((a == 1) ? " hour." : " hours."));
  }
  // SEGMENTO DE CÓDIGO 2
  {
  long a = ChronoUnit.HOURS.between(currentTime.toLocalTime(), meetingTime);
  System.out.print("in less than " + ++a + ((a == 1) ? " hour." :
" hours."));
  }
}
```

A. Os segmentos de código 1 e 2 fornecerão o mesmo resultado.

B. O segmento 1 não será compilado.

C. O segmento 2 não será compilado.

D. Os segmentos 1 e 2 não serão compilados.

Resposta:

◉ **B.** O segmento 1 não será compilado porque o método between da classe Period só aceita argumentos LocalDate.

○ **A, C** e **D** estão incorretas. **A** está incorreta porque o segmento 1 não será compilado, mas o segmento 2 será, logo, os resultados dos segmentos 1 e 2 não serão iguais. **C** está incorreta porque o segmento 2 será compilado adequadamente. **D** está incorreta porque o segmento 1 não será compilado mas o segmento 2 será.

Capítulo 11

Expressões lambda

OBJETIVOS DA CERTIFICAÇÃO

- Escrever expressões lambda
- Revisão rápida
- Teste

O recurso de expressões lambda é uma novidade do Java 8. Este capítulo mostrará como escrever uma expressão lambda simples que use a interface funcional (FI, *functional interface*) Predicate. Para basear o estudo, informações sobre a sintaxe das FIs e das expressões lambda serão fornecidas e explicadas. O objetivo do capítulo é assegurar que você tenha um conhecimento funcional dos recursos de expressões lambda que podem cair no exame. Lembre-se de que no estudo para um exame de certificação, é colocado à prova o conhecimento de um conjunto de habilidades específico, como o uso de lambdas. Logo, antes de ler o capítulo, é preciso já ter um conhecimento básico das expressões lambda. Conforme o escopo do exame, é preciso preparar-se para perguntas sobre a sintaxe das expressões lambda, a passagem de expressões lambda em argumentos de métodos e o uso típico da interface Predicate.

As expressões lambda são consideradas uma estrutura semelhante a um closure. Esses tipos de estruturas também são apresentados em outras linguagens, mas com nomes diferentes e usos variados: C tem callbacks e blocos, C++ tem blocos e objetos de função, Objective-C 2.0 tem blocos, C# e D têm delegates, Eiffel tem agentes inline. Tente conhecer essas estruturas dotipo closure das outras linguagens de programação para ter uma ideia melhor do conceito de closures.

Observe que o conceito geral de closure, que inclui as expressões lambda, envolve a possibilidade de usar uma função que possa ser armazenada como uma variável, por exemplo, um método de primeira classe. Esse recurso nos dá a oportunidade de passar adiante o método (um bloco de código).

OBJETIVO DA CERTIFICAÇÃO

Escrever expressões lambda

Objetivo do exame: Escrever uma expressão lambda simples que use uma expressão Predicate

As expressões lambda fornecem um meio de representar métodos anônimos usando expressões. Elas dão nos desenvolvedores acesso a recursos de programação funcional no mundo orientado a objetos de Java. As expressões lambda são suportadas pelo Projeto Lambda (http://openjdk.java.net/projects/lambda) e por sua especificação como apresentada na JSR 335 (http://jcp.org/en/jsr/detail?id=335). A descrição da JSR 335 inclui nove partes, e se quiser dominar realmente as expressões lambda, você deve ler todas elas. A Parte I foi excluída da especificação.

- Parte A: Interfaces funcionais
- Parte B: Expressões lambda
- Parte C: Referências de método
- Parte D: Poliexpressões
- Parte E: Digitação e avaliação
- Parte F: Resolução de sobrecarga
- Parte G: Inferência de tipo
- Parte H: Métodos padrão
- Parte J: Máquina virtual Java

Neste capítulo, os recursos das duas primeiras partes da especificação – Parte A: Interfaces funcionais e Parte B: Expressões lambda – serão examinados, já que seu conteúdo cai no exame. Após o estudo das Partes A e B da especificação, um exemplo funcional das expressões lambda e da FI `Predicate` será apresentado.

Programação funcional

A programação funcional encontra-se integrada à linguagem Java na versão SE 8. As expressões lambda dão suporte à programação funcional em Java e adicionam várias vantagens das quais os desenvolvedores de software podem se beneficiar, inclusive a facilidade de uso, um dos recursos mais importantes. Há muito tempo as lambdas são esperadas e sua ausência em Java é criticada. Elas constituem uma alternativa perfeita às ineficazes e difíceis de entender classes internas anônimas que rotineiramente desafiam os novos desenvolvedores. Além da facilidade de uso, as expressões lambda oferecem outros valores provenientes da introdução da programação funcional:

- Uma maneira clara e concisa de representar uma interface de método com o uso de uma expressão
- Redução de código, normalmente para uma única linha
- Melhorias na biblioteca de coleções (é mais fácil iterar, filtrar, classificar, contar, extrair dados e assim por diante)
- Melhorias na biblioteca de concorrência (melhor desempenho em ambientes multi-core)
- Suporte à avaliação preguiçosa (*lazy evaluation*) por intermédio de fluxos (*streams*)

No entanto, há uma desvantagem na implementação de código com expressões lambda. O processo de depuração é mais complexo porque as pilhas de chamadas podem ser consideravelmente mais longas. Quando você preferir níveis de depuração mais refinados, talvez seja melhor abster-se de usar expressões lambda.

A seguir temos um exemplo de código que usa uma expressão lambda e uma FI:

```java
public class Guitar {
  public static void main(String[] args) {
    // Inclui expressão lambda
    Strummable instrument = () -> {System.out.println("strummed!");};
    instrument.strum();
  }
  @FunctionalInterface
  interface Strummable {
    void strum();
  }
}
```

Para entender o que está acontecendo aqui, precisamos visitar as interfaces funcionais.

Interfaces funcionais

As expressões lambda precisam ter uma interface funcional, também chamada de método abstrato único (SAM, *single abstract method*). As FIs fornecem tipos-alvo para as expressões lambda assim como referências de método. Elas também devem ter um único método abstrato. Já que o nome do método é conhecido, ele é excluído da expressão lambda real. Esse conceito será examinado nas próximas seções de sintaxe e exemplos.

Uma FI pode ter um ou mais métodos padrão e um ou mais métodos estáticos. Os métodos padrão permitem a inclusão de novo código na interface, assegurando a compatibilidade regressiva. Isso garante que códigos legados que implementem a interface não travem se os novos métodos padrão não forem usados. É bom ressaltar que os métodos padrão e estáticos do contexto das FIs não caem no exame. Um exemplo de uma FI que também inclui métodos padrão é a FI `Predicate` de Java:

```java
// Copyright (c) 2010, 2013, Oracle e/ou suas afiliadas. Todos os direitos
reservados
// Propriedade particular da Oracle. O uso está sujeito aos termos da licença.

@FunctionalInterface
public interface Predicate<T> {
  // Método abstrato
  boolean test(T t);   // Avalia esse predicado sobre o argumento fornecido.

  // Métodos padrão
  default Predicate<T> and(Predicate<? super T> other) {
      Objects.requireNonNull(other);
      return (t) -> test(t) && other.test(t);
  }
  default Predicate<T> or(Predicate<? super T> other) {
    Objects.requireNonNull(other);
      return (t) -> test(t) || other.test(t);
```

```
}
default Predicate<T> negate() {
   return (t) -> !test(t);
}
}
```

A FI Predicate é uma das muitas FIs de uso geral que foram incluídas no pacote java.util.function para o uso primário de recursos do JDK. As FIs de uso geral estão listadas na Tabela H-2 do Apêndice H. A FI Predicate será visitada posteriormente no capítulo, porque você a verá no exame.

A API do Java SE 8 também tem muitas interfaces funcionais de uso específico e o número continuará a crescer se ela for estendida e refinada. Várias FIs de uso específico estão listadas na Tabela H-1 do Apêndice H.

Instâncias de interfaces funcionais podem ser criadas com referências de método, referências de construtor e expressões lambda.

As FIs devem ser marcadas com a anotação @FunctionalInterface para ajudar o compilador a verificar a conformidade com a especificação e o IDE no suporte aos recursos. Um exemplo de suporte a recursos do IDE seria a refatoração de classes internas anônimas para expressões lambda.

Expressões lambda

As expressões lambda permitem a criação e o uso de classes de método único. Esses métodos têm uma sintaxe básica que sustenta a omissão de modificadores, o tipo de retorno, e parâmetros opcionais. A sintaxe completa inclui uma lista de parâmetros com tipos-alvo explícitos ou implícitos, o operador seta e o corpo com instruções. Um tipo-alvo é o tipo do objeto ao qual uma lambda está vinculada. Múltiplos tipos-alvo devem ser incluídos em parênteses. Um corpo com várias instruções deve ser incluído em chaves. Logo, a sintaxe das expressões lambda pode ser representada de uma das formas a seguir:

```
(lista de parâmetros) -> expressão
   ou (lista de parâmetros) -> { instruções; }
```

Vários exemplos da sintaxe das expressões lambda são mostrados na Tabela 11-1.

A expressões lambda podem aparecer nos seguintes contextos: atribuições, inicializadores de arrays, expressões de coerção, argumentos de construtores, corpos de lambdas, argumentos de métodos, instruções de retorno, expressões ternárias e declarações de variáveis.

O corpo de expressões lambda que retornam um valor é considerado "compatível com valores", e os que não retornam são considerados "compatíveis com void".

TABELA 11-1 Exemplos de sintaxe de expressões lambda

Expressão lambda	Notas
`(Float f1, Float f2) -> {return f1*f2;}`	A sintaxe completa foi incluída.
`(Float f1, Float f2) -> f1*f2`	As chaves e a palavra-chave return são opcionais para instruções simples no corpo.
`(f1, f2) -> {return f1*f2;}`	Tipos-alvo implícitos podem omitir os nomes das classes
`(String s) -> {return s.length();}`	Parênteses são requeridos para um tipo-alvo explícito.
`s -> {return s.length();}`	Parênteses são opcionais para um tipo-alvo implícito.

`(x, y) -> {`
`   String msg1 = "leaking";`
`   String msg2 = "sealed";`
`   if (x > y) return msg1;`
`   else {`
`      return msg2;`
`   }`
`}`
	O corpo pode incluir várias instruções.

`() -> 12`	As FIs `Runnable` e `Callable` têm métodos abstratos sem parâmetros, logo, não são incluídos tipos-alvo.

Pipelines e fluxos (streams) não caem no exame, embora operem lado a lado com as expressões lambda. Um pipeline é uma sequência de operações agregadas, conectadas pelo encadeamento de métodos. Os fluxos são vistos com classes que dão suporte a operações de estilo funcional envolvendo fluxos de elementos. O código a seguir demonstra uma refatoração do laço for melhorado para o uso da interface implícita Stream e de uma expressão lambda. Um fluxo é uma sequência de elementos que dá suporte a operações agregadas sucessivas e paralelas.

```
// Exibe preços de calçados de marcas famosas no varejo
for (Shoe s : shoeList) {
    if (s.isBranded()) {
        System.out.println(s.getRetailPrice());
    }
}


// Refatorado com fluxos e expressões lambda
shoeList.stream().filter(s -> s.isBranded())
    .forEach(s -> System.out.print(s.getRetailPrice()));
```

Exemplo de expressões lambda e de uma FI

Nesta seção, demonstraremos o uso de uma expressão lambda com uma interface funcional. Examinaremos a refatoração de uma classe interna anônima para uma expressão lambda. O exemplo usará a FI Comparator. Para nos prepararmos para usar a FI Comparator, a examinaremos em três contextos:

- Interface Comparator implementada a partir de uma classe
- Interface Comparator usada com uma classe interna anônima
- Interface funcional Comparator usada com uma expressão lambda

Já que com frequência objetos precisam ser comparados, os métodos da classe Collections assuem que os objetos de uma coleção são comparáveis – que é o que ocorre, por exemplo, quando você está ordenando um ArrayList. No entanto, se não houver uma ordem natural, a interface Comparator pode ser usada para especificar a ordem desejada para os objetos.

Interface Comparator implementada a partir de uma classe

Se quiséssemos comparar a água proveniente de várias fontes, teríamos que implementar uma classe auxiliar para especificar que condição seria usada na ordenação – nesse caso, a condição seria a fonte (source).

A classe auxiliar seria WaterSort, que implementa a interface Comparator.

```java
import java.util.Comparator;
// Classe com algoritmo de ordenação
public class WaterSort implements Comparator <Water> {
  @Override
  public int compare (Water w1, Water w2) {
    return w1.getSource().compareTo(w2.getSource());
  }
}
```

A classe Water representa o Java bean de valor/transferência

```java
// Classe Water
public class Water {
  private String source;
  public Water (String source) {
    this.source = source;
  }
  public String getSource() {
    return source;
  }
  public void setSource(String source) {
    this.source = source;
```

```
   }
   public String toString() {
     return this.source;
   }
}
```

Examinaremos um programa simples que põe em prática a ordenação e o uso do objeto de transferência Water. Aqui, construiremos uma ArrayList de objetos Water e executaremos sua ordenação alfabética instanciando a classe WaterSort que implementa a interface Comparator.

```
import java.util.ArrayList;
import java.util.Collections;
import java.util.List;
public class WaterApp {
  public static void main(String[] args) {
    Water hardWater = new Water ("Hard");
    Water softWater = new Water ("Soft");
    Water boiledWater = new Water ("Boiled");
    Water rawWater = new Water ("Raw");
    Water rainWater = new Water ("Rain");
    Water snowWater = new Water ("Snow");
    Water filteredWater = new Water ("Filtered");
    Water reverseOsmosisWater = new Water ("Reverse Osmosis");
    Water deionizedWater = new Water ("Deionized");
    Water distilledWater = new Water ("Distilled");
    // Lista de tipos de água
    List <Water> waterList = new ArrayList<> ();
    waterList.add(hardWater);
    waterList.add(softWater);
    waterList.add(boiledWater);
    waterList.add(rawWater);
    waterList.add(rainWater);
    waterList.add(snowWater);
    waterList.add(filteredWater);
    waterList.add(reverseOsmosisWater);
    waterList.add(deionizedWater);
    waterList.add(distilledWater);
    // antes de ordenar
    System.out.println("Not Sorted: " + waterList);
    // depois de ordenar
    WaterSort waterSort = new WaterSort();
    Collections.sort(waterList, waterSort);
    System.out.println("Sorted: " + waterList);
  }
```

}

```
$ Not Sorted: [Hard, Soft, Boiled, Raw, Rain, Snow, Filtered,
Reverse Osmosis, Deionized, Distilled]
$ Sorted: [Boiled, Deionized, Distilled, Filtered, Hard, Rain,
Raw, Reverse Osmosis, Snow, Soft]
```

Interface Comparator usada com uma classe interna anônima

Se você for usar um código somente uma vez sem reutilizá-lo, não haverá uma razão prática para mantê-lo (por exemplo, a classe WaterSort) como um fragmento de código independente. Isso pode ser visto nesse exemplo, em que seria mais interessante substituir a classe WaterSort por uma classe interna anônima na forma *inline*. Ou seja, você pode remover a classe WaterSort e substituir o código do método principal, de WaterSort waterSort = new WaterSort();, para o descrito a seguir:

```
Comparator <Water> waterSort = new Comparator <Water> () {
  @Override
  public int compare (Water w1, Water w2) {
    return w1.getSource().compareTo(w2.getSource());
  }
};
```

Interface funcional Comparator usada com uma expressão lambda

Comparator não é apenas uma interface; é uma FI. Lembre-se de que as FIs têm um único método abstrato originado dentro de sua interface. No entanto, as FIs também incluem declarações de métodos públicos abstratos de java.lang.Object. Recapitulando, opcionalmente elas podem ter um ou mais métodos padrão e um ou mais métodos estáticos, mas normalmente não os têm.

A próxima listagem de código apresenta os seguintes itens existentes na FI Comparator de Java:

- A interface está anotada com @FunctionalInterface
- Um único método abstrato: int compare(T o1, T o2);
- Inclusão da declaração de método abstrato boolean equals(Object obj); de java.lang.Object
- Métodos padrão sobrecarregados: thenComparing
- Métodos estáticos: naturalOrder(), sobrecarregados, comparing(), comparingInt(), comparingLong(), comparingDouble()

Nenhum desses detalhes específicos da FI Comparator cairá no exame, mas é útil ver como uma FI pode ser construída e saber que ela segue as regras, como mostrado na listagem de código a seguir. Se alguma regra for violada na codificação da interface, erros de compilação serão lançados, graças à inclusão da anotação @FunctionalInterface.

```java
// Copyright (c) 2010, 2013, Oracle e/ou suas afiliadas. Todos os direitos
reservados
// Propriedade particular da Oracle. O uso está sujeito aos termos da licença.

@FunctionalInterface
public interface Comparator<T> {
  int compare(T o1, T o2);  // método abstrato
  boolean equals(Object obj); // método abstrato herdado
  default Comparator<T> reversed() {
    return Collections.reverseOrder(this);
  }
  default Comparator<T> thenComparing(Comparator<? super T> other) {
    Objects.requireNonNull(other);
    return (Comparator<T> & Serializable) (c1, c2) -> {
      int res = compare(c1, c2);
      return (res != 0) ? res : other.compare(c1, c2);
    };
  }
   default <U extends Comparable<? super U>> Comparator<T> thenComparing(
       Function<? super T, ? extends U> keyExtractor,
       Comparator<? super U> keyComparator)
  {
    return thenComparing(comparing(keyExtractor, keyComparator));
  }
  default <U extends Comparable<? super U>> Comparator<T> thenComparing(
      Function<? super T, ? extends U> keyExtractor)  {
    return thenComparing(comparing(keyExtractor));
  }
   default Comparator<T> thenComparingInt(ToIntFunction<? super T> keyExtractor) {
     return thenComparing(comparingInt(keyExtractor));
  }
   default Comparator<T> thenComparingLong
      (ToLongFunction<? super T> keyExtractor) {
     return thenComparing(comparingLong(keyExtractor));
  }
   default Comparator<T> thenComparingDouble
      (ToDoubleFunction<? super T> keyExtractor) {
     return thenComparing(comparingDouble(keyExtractor));
  }
   public static <T extends Comparable<? super T>> Comparator<T> reverseOrder() {
     return Collections.reverseOrder();
  }
   @SuppressWarnings("unchecked")
   public static <T extends Comparable<? super T>> Comparator<T> naturalOrder() {
     return (Comparator<T>) Comparators.NaturalOrderComparator.INSTANCE;
```

```java
  }
  public static <T> Comparator<T> nullsFirst(Comparator<? super T> comparator) {
    return new Comparators.NullComparator<>(true, comparator);
  }
  public static <T> Comparator<T> nullsLast(Comparator<? super T> comparator) {
    return new Comparators.NullComparator<>(false, comparator);
  }
  public static <T, U> Comparator<T> comparing(
      Function<? super T, ? extends U> keyExtractor,
      Comparator<? super U> keyComparator) {
    Objects.requireNonNull(keyExtractor);
    Objects.requireNonNull(keyComparator);
    return (Comparator<T> & Serializable)
      (c1, c2) -> keyComparator.compare(keyExtractor.apply(c1),
                 keyExtractor.apply(c2));
  }
   public static <T, U extends Comparable<? super U>> Comparator<T> comparing(
      Function<? super T, ? extends U> keyExtractor) {
    Objects.requireNonNull(keyExtractor);
    return (Comparator<T> & Serializable)
      (c1, c2) -> keyExtractor.apply(c1).compareTo(keyExtractor.apply(c2));
  }
  public static <T> Comparator<T> comparingInt(ToIntFunction<? super T> keyExtractor) {
    Objects.requireNonNull(keyExtractor);
    return (Comparator<T> & Serializable)
      (c1, c2) -> Integer.compare(keyExtractor.applyAsInt(c1),
keyExtractor.applyAsInt(c2));
  }
   public static <T> Comparator<T> comparingLong
      (ToLongFunction<? super T> keyExtractor) {
    Objects.requireNonNull(keyExtractor);
    return (Comparator<T> & Serializable)
      (c1, c2) -> Long.compare(keyExtractor.applyAsLong(c1),
keyExtractor.applyAsLong(c2));
  }
   public static<T> Comparator<T> comparingDouble
      (ToDoubleFunction<? super T> keyExtractor) {
    Objects.requireNonNull(keyExtractor);
    return (Comparator<T> & Serializable)
      (c1, c2) -> Double.compare(keyExtractor.applyAsDouble(c1),
keyExtractor.applyAsDouble(c2));
  }
}
```

Java SE 8 tenta resolver o problema "vertical" das diversas linhas de código com um meio expressivo mais simples usando expressões lambda. Logo, as seis linhas de código mostradas no exemplo da classe interna anônima podem ser substituídas pela instrução abreviada a seguir com o uso da FI Comparator no contexto de uma expressão lambda:

```
// Classe interna anônima comentada para usar a expressão lambda
// Comparator <Water> waterSort = new Comparator <Water> () {
//    @Override
//    public int compare (Water w1, Water w2) {
//      return w1.getSource().compareTo(w2.getSource());
//    }
// };
Comparator <Water> waterSort = (Water w1, Water w2) ->
   w1.getSource().compareTo(w2.getSource());
Collections.sort (waterList, waterSort);
System.out.println("Sorted: " + waterList);

$ Sorted: [Boiled, Deionized, Distilled, Filtered, Hard, Rain,
Raw, Reverse Osmosis, Snow, Soft]
```

A fim de reduzir ainda mais as SLOC (linhas de código-fonte), podemos empregar `Collections.sort()` para diminuir o uso de duas linhas de código (ou instruções) para apenas uma.

```
Collections.sort (waterList, (Water w1, Water w2) ->
   w1.getSource().compareTo(w2.getSource()));
System.out.println("Sorted: " + waterList);

$ Sorted: [Boiled, Deionized, Distilled, Filtered, Hard, Rain,
Raw, Reverse Osmosis, Snow, Soft]
```

E já que os tipos-alvo são conhecidos, podemos simplificar a expressão removendo os nomes de classe, alterando `(Water w1, Water w2)` para `(w1, w2)`.

```
Collections.sort (waterList, (w1, w2) ->
   w1.getSource().compareTo(w2.getSource()));
System.out.println("Sorted: " + waterList);

$ Sorted: [Boiled, Deionized, Distilled, Filtered, Hard, Rain,
Raw, Reverse Osmosis, Snow, Soft]
```

Para facilitar ainda mais, a classe Comparator fornece um método do tipo comparingWith que aceita uma expressão lambda (e você pode pôr isso em prática imediatamente). O valor de retorno desse método pode ser usado com o método `sort` de vários tipos de coleção (como com `ArrayList`):

```
waterList.sort(Comparator.comparing(w -> w.getSource()));
System.out.println("Sorted: " + waterList);

$ Sorted: [Boiled, Deionized, Distilled, Filtered, Hard, Rain,
Raw, Reverse Osmosis, Snow, Soft]
```

A interface funcional Predicate

Como discutido anteriormente, a FI `Predicate` cai no exame. Sua definição geral é muito simples, com um genérico como tipo-alvo e `test` como método abstrato. O método `test` retorna um valor `Boolean`.

```
Public interface Predicate <T>
 Boolean test (T t);
}
```

Forneceremos três classes que coletivamente ajudarão a demonstrar o uso de expressões lambda em cinco cenários semelhantes:

- `PlanetApp`   Aplicativo que cria objetos planeta e consulta listas de planetas filtradas usando a FI `Predicate`
- `Planet`   Um objeto de valor/transferência que representa planetas como Java Beans básicos
- `PlanetPredicates`   Uma classe auxiliar que faz uso de predicados

Listaremos a classe `Planet` primeiro, porque ela é um bean simples que exibe um objeto `Planet` contendo um estado que representa seu nome, cor primária, número de luas e se o planeta tem ou não anéis.

```
import javafx.scene.paint.Color;
public class Planet {
  private String name = "Unknown";
  private Color primaryColor = Color.WHITE;
  private Integer numberOfMoons = 0;
  private Boolean ringed = false;
  public Planet(String name, Color primaryColor, Integer numberOfMoons,
Boolean ringed) {
    this.name = name;
    this.primaryColor = primaryColor;
    this.numberOfMoons = numberOfMoons;
    this.ringed = ringed;
  }
  public String getName() {
    return name;
```

```java
      public void setName(String name) {
        this.name = name;
      }
      public Color getPrimaryColor() {
        return primaryColor;
      }
      public void setPrimaryColor(Color primaryColor) {
        this.primaryColor = primaryColor;
      }
      public Integer getNumberOfMoons() {
        return numberOfMoons;
      }
      public void setNumberOfMoons(Integer numberOfMoons) {
        this.numberOfMoons = numberOfMoons;
      }
      public Boolean isRinged() {
        return ringed;
      }
      public void setRinged(Boolean ringed) {
        this.ringed = ringed;
      }
      public String toString() {
        return this.name;
      }
    }
```

A seguir, estamos fornecendo a listagem da classe PlanetPredicates. Essa classe demonstra diferentes recursos, como o uso de predicados na instrução return dos métodos. Os recursos serão examinados com mais detalhes nos cenários associados.

```java
import javafx.scene.paint.Color;
import java.util.List;
import java.util.function.Predicate;
import java.util.stream.Collectors;

public class PlanetPredicates {
  public static Predicate<Planet> hasMoonsMoreThan(Integer moons) {
    return p -> p.getNumberOfMoons() > moons;
  }
  public static Predicate<Planet> hasAColor() {
    return p -> p.getPrimaryColor() != Color.BLACK;
  }
  public static List<Planet> filterPlanets(List<Planet> planetList,
Predicate<Planet> predicate) {
    return planetList.stream().filter(predicate).collect(Collectors.<Planet>
toList());
```

```
    }

    public static StringBuilder listFilteredPlanets(List<Planet> planetList,
Predicate<Planet> predicate) {
        StringBuilder planets = new StringBuilder();
        planetList.stream().filter((planet) -> (predicate.test(planet))).
forEach((planet) -> {
            planets.append(planet).append(" ");
        });

        // Abordagem alternativa
        // for (Planet planet : planetList) {
        //    if (predicate.test(planet)) {
        //        planets.append(planet).append(" ");
        //    }
        // }
        return planets;
    }
}
```

Agora, examinemos o código-fonte do aplicativo. Percorreremos cada cenário que usa expressões lambda, um de cada vez. Observe que os cenários fornecem listagens na saída padrão onde a FI Predicate foi usada para ajudar na tarefa. Os cinco cenários serão listados a partir da perspectiva de objetivos do usuário geral, em seguida com o código-fonte inteiro e então com uma descrição geral de cada cenário.

- Cenário 1: Que planetas têm anéis?
- Cenário 2: Que planetas são azuis e têm luas?
- Cenário 3: Que planetas têm mais de vinte luas?
- Cenário 4: Que planeta tem uma cor (que não seja a cor preta)?
- Cenário 5: Que planetas têm luas?

```
import java.util.ArrayList;
import java.util.List;
import javafx.scene.paint.Color;
import static com.ocajexam.planets.PlanetPredicates.*;

public class PlanetApp {
    public static void main(String[] args) {
        Planet mercury = new Planet("Mercury", Color.GRAY, 0, false);
        Planet venus = new Planet("Venus", Color.YELLOW, 0, false);
        Planet earth = new Planet("Earth", Color.BLUE, 1, false);
        Planet mars = new Planet("Mars", Color.RED, 2, false);
        Planet jupiter = new Planet("Jupiter", Color.YELLOW, 67, true);
        Planet saturn = new Planet("Saturn", Color.ORANGE, 62, true);
        Planet uranus = new Planet("Uranus", Color.TEAL, 27, true);
```

```java
    Planet neptune = new Planet("Neptune", Color.BLUE, 14, true);

    List<Planet> planetList = new ArrayList<>();
    planetList.add(mercury);
    planetList.add(venus);
    planetList.add(earth);
    planetList.add(mars);
    planetList.add(jupiter);
    planetList.add(saturn);
    planetList.add(uranus);
    planetList.add(neptune);

    // CENÁRIO 1 - Que planetas têm anéis?
    System.out.println("Has one or more rings: " + listFilteredPlanets
      (planetList, (Planet p) -> p.isRinged()));

    // CENÁRIO 2 - Que planetas são azuis e têm luas?
    System.out.print("Has moons and is blue: ");
    planetList.stream().filter(p -> p.getNumberOfMoons() > 0 &
      (p.getPrimaryColor() == Color.BLUE)).forEach
      (s -> System.out.print(s + " "));

    // CENÁRIO 3 - Que planetas têm mais de vinte luas?
    System.out.println("\nHas over twenty moons: " + filterPlanets
      (planetList, hasMoonsMoreThan(20)));

    // CENÁRIO 4 - Que planeta tem uma cor (que não seja a cor preta)?
    System.out.print("Has a color not black: ");
    planetList.stream().filter(hasAColor()).forEach(s -> System.out.print(s +
 " "));

     // CENÁRIO 5 - Que planetas têm luas?
    planetList.removeIf((Planet p) -> {
      return (p.getNumberOfMoons() == 0);
    });
    System.out.println("\nHas one or more moons: " + planetList);
  }
}

$ Has one or more rings: Jupiter Saturn Uranus Neptune
$ Has moons and is blue: Earth Neptune
$ Has over twenty moons: [Jupiter, Saturn, Uranus]
$ Has a color not black: Mercury Venus Earth Mars Jupiter Saturn Uranus
Neptune
$ Has one or more moons: [Earth, Mars, Jupiter, Saturn, Uranus, Neptune]
```

Cenário 1: Que planetas têm anéis?

Nesse cenário, uma expressão lambda é passada para uma chamada de método como argumento. Usando um laço `for` melhorado, podemos ver o tipo-alvo `Planet` e o método `test` que pertencem à FI `Predicate`.

```
public static StringBuilder listFilteredPlanets(List<Planet>
   planetList, Predicate<Planet> predicate) {
      StringBuilder planets = new StringBuilder();
      for (Planet planet : planetList) {
      if (predicate.test(planet)) {
         planets.append(planet).append(" ");
      }
   }
   return planets;
}
```

Aqui o método é chamado, aceitando o tipo `Predicate` no segundo argumento:

```
System.out.println("Has one or more rings: " + listFilteredPlanets
   (planetList, (Planet p) -> p.isRinged()));
$ Has one or more rings: Jupiter Saturn Uranus Neptune
```

Observe que a substituição do laço `for` melhorado por um pipeline é benéfica, e na maioria dos casos, o IDE pode fazer isso automaticamente.

```
// Substitui o laço for no método listFilteredPlanets
planetList.stream().filter((planet) ->
   (predicate.test(planet))).forEach((planet) ->
   { planets.append(planet).append(" "); });
```

Cenário 2: Que planetas são azuis e têm luas?

Para determinar que planetas são azuis e têm luas, usamos fluxos, filtros e o método `forEach`. Nenhum desses elementos cai no exame, mas com certeza você os usará em seu trabalho – isto é, se decidir usar a programação funcional em seu uso de Java.

```
System.out.print("Has moons and is blue: ");
planetList.stream().filter(p -> p.getNumberOfMoons() > 0 &
   (p.getPrimaryColor() == Color.BLUE)).forEach
   (s -> System.out.print(s + " "));
$ Has moons and is blue: Earth Neptune
```

Cenário 3: Que planetas têm mais de vinte luas?

Passar expressões lambda ainda pode ser muito implícito, logo, se achar benéfico crie classes auxiliares que operem com as expressões em segundo plano, como no exemplo da classe `PlanetPredicates`. No método principal, um método muito simples é chamado, fornecendo dois argumentos para produzir nossa lista.

```
System.out.println("\nHas over twenty moons: " + filterPlanets
    (planetList, hasMoonsMoreThan(20)));
```

Aqui, os métodos `filterPlanets()` e `hasMoonsMoreThan()` fazem o trabalho para nós, se beneficiando do uso da expressão lambda:

```
public class PlanetPredicates {
  ...
    public static Predicate<Planet> hasMoonsMoreThan(Integer moons) {
     return p -> p.getNumberOfMoons() > moons;
  }
    public static List<Planet> filterPlanets
      (List<Planet> planetList, Predicate<Planet> predicate) {
      return planetList.stream().filter(predicate).collect
         (Collectors.<Planet>toList());
  }
  ...
}
```

Cenário 4: Que planeta tem uma cor (que não seja a cor preta)?

Esse cenário é muito semelhante ao cenário 3, exceto pelo método usado para retornar expressões lambda por intermédio de um parâmetro `Predicate` fazer isso em um pipeline em vez de em uma chamada de método simples.

```
System.out.print("Has a color not black: ");
planetList.stream().filter(hasAColor()).forEach(s -> System.out.print(s + " "));
$ Has a color not black: Mercury Venus Earth Mars Jupiter Saturn Uranus Neptune
```

Cenário 5: Que planetas têm luas?

Para determinar que planetas têm luas, modificaremos o `ArrayList` para remover todos os elementos que não têm luas. Podemos fazer isso porque a classe `ArrayList` fornece um método `removeIf` que aceita um `Predicate`.

```
removeIf(Predicate<? Super E> filter)
```

A lista é modificada em nosso cenário para simplesmente remover elementos em que `numberOfMoons` seja igual a zero:

```
planetList.removeIf((Planet p) -> {
    return (p.getNumberOfMoons() == 0);
});
    System.out.println("\nHas one or more moons: " + planetList);
$ Has one or more moons: [Earth, Mars, Jupiter, Saturn, Uranus, Neptune]
```

Como você já deve conhecer bem a sintaxe, sabe que a lambda poderia ter sido abreviada ainda mais:

```
planetList.removeIf( p -> p.getNumberOfMoons() == 0);
```

EXERCÍCIO 11-1

Refatoração para expressões lambda via IDE

Nesse exercício, você usará um IDE para refatorar uma classe interna anônima para uma expressão lambda.

1. Instale a última versão do IDE NetBeans.

2. Crie um novo projeto JavaFX (selecione File | New Project, depois selecione JavaFX, selecione JavaFXApplication, clique em Next e em Finish). Um aplicativo JavaFX será criado contendo uma classe interna anônima.

3. No painel Projects, expanda os nós JavaFXApplication, Source Packages e javafxapplication. Clique no nome de arquivo JavaFXApplication.java para que o arquivo seja aberto no editor de código-fonte. Role para baixo até a linha 26, que começa com `btn.setOnAction`.

4. Clique na lâmpada da margem de símbolos na linha 26. Repare que se você passar o mouse por cima da lâmpada, verá essa mensagem: "This anonymous inner class creation can be turned into a lambda expression" ("A criação desta classe interna anônima pode ser convertida em uma expressão lambda").

5. Clique em Use Lambda Expression. A conversão será automática. Examine a conversão para entender o que fez.

Resumo para a certificação

O objetivo deste capítulo era solidificar seu conhecimento do uso de expressões lambda. O capítulo examinou a sintaxe e quando e por que as expressões lambda são usadas. Interfaces funcionais de uso geral e específico foram incluídas para guiá-lo com uma visão geral das interfaces suportadas pelo JDK. A interface Predicate foi discutida com detalhes e é a única FI que você verá no exame. As expressões lambda são entendidas mais facilmente com exercícios de codificação. Se ainda não o fez, por intermédio de nossa orientação, escreva um exemplo de programa que use a interface Predicate e expressões lambda, aproveitando para praticar as diversas sintaxes permitidas. Quando conseguir fazê-lo confortavelmente, com certeza se sairá bem nas perguntas do exame relacionadas às expressões lambda.

✓ REVISÃO RÁPIDA

Escrever expressões lambda

- As expressões lambda fornecem um meio de representar métodos anônimos usando uma expressão.
- As expressões lambda permitem a criação e o uso de classes de método único – isto é, só é permitido um único método abstrato.
- As expressões lambda devem ter uma interface funcional (FI), preferivelmente anotada com @FunctionalInterface.
- Uma FI tem exatamente um único método abstrato.
- Opcionalmente uma FI pode ter um ou mais métodos padrão.
- Opcionalmente uma FI pode ter um ou mais métodos estáticos.
- As FIs fornecem tipos-alvo para expressões lambda e referências de método.
- Normalmente as expressões lambda incluem uma lista de parâmetros de tipos-alvo, um tipo de retorno e um corpo. Os tipos dos parâmetros são opcionais. Chaves e a palavra-chave return só são necessárias quando há várias instruções no corpo.
- Os contextos aceitáveis para as expressões lambda são os seguintes: atribuições, inicializadores de arrays, expressões de coerção, argumentos de construtores, corpos de lambda, argumentos de métodos, instruções de retorno, expressões ternárias e declarações de variáveis.
- Interfaces de uso específico foram incluídas em vários pacotes da API do Java SE 8.
- Interfaces de uso geral foram incluídas no pacote java.util.function da API do Java SE 8.
- A FI de uso geral Predicate representa um predicado (função de resultado boolean) de um único argumento, cujo método funcional é test.

Teste

Escrever expressões lambda

1. Dado o código a seguir, qual é o meio sintático correto de refatorar com uma expressão lambda?

    ```
    new Thread ( new Runnable () {
      @Override
      public void run () { processDNA(); }
    }).start();
    ```

    A. `new Thread ( () -> processDNA() ).start();`

    B. `new Thread ( {} -> processDNA() ).start();`

    C. `new Thread ( () => processDNA() ).start();`

    D. `new Thread ( processDNA() ).start();`

2. Dado o código a seguir, que afirmações sobre ele são válidas?

    ```
    PathMatcher matcher1 = (Path p) -> { return (p.toString().
    contains("DNA")); };
    PathMatcher matcher2 = p -> { return
      (p.toString().equals("DNA")); };
    PathMatcher matcher3 = (Path p) ->
      p.toString().startsWith("DNA");
    PathMatcher matcher4 = p ->
      p.toString().endsWith("DNA");
    Path path = FileSystems.getDefault().getPath("\\dna_data\\DNA_
    results.txt");
    System.out.print(matcher1.matches (path));
    System.out.print(" " + matcher2.matches (path));
    System.out.print(" " + matcher3.matches (path));
    System.out.print(" " + matcher4.matches (path));
    ```

    A. Quando ele for executado, `true false false false` será exibido na saída padrão.

    B. O código não será compilado devido a um problema sintático com uma das expressões lambda.

    C. O código lançará uma exceção em tempo de execução.

    D. `Path` não é o tipo-alvo para a interface funcional `PathMatcher`.

3. O que as interfaces funcionais de uso específico `Runnable` e `Callable` têm em comum?

    A. `Runnable` e `Callable` não contêm métodos abstratos.

    B. `Runnable` e `Callable` contêm vários métodos padrão.

    C. `Runnable` e `Callable` não têm tipos-alvo.

    D. `Runnable` e `Callable` têm vários tipos-alvo.

4. Dado o código a seguir, o que será exibido quando ele for executado?

```
List <String> yHaplogroupList = new ArrayList <> ();
yHaplogroupList.add("I2");
yHaplogroupList.add("L126");
yHaplogroupList.add("R1b");
yHaplogroupList.stream().filter(s -> !s.startsWith("R"))
   .forEach(s -> System.out.print(s + " "));
yHaplogroupList.forEach(s -> System.out.print(s + " "));
yHaplogroupList.removeIf(s -> s.startsWith("R"));
yHaplogroupList.forEach(s -> System.out.print(s + " "));
```

A. I2 L126 I2 L126 R1b I2 L126 R1b

B. I2 L126 I2 L126 I2 L126

C. I2 L126 I2 L126 R1b I2 L126

D. I2 L126 I2 L126 I2 L126 R1b

E. Ocorrerá um erro de compilação.

5. Dado o código a seguir, que aviso (*warning*) o compilador exibirá?

```
@FunctionalInterface
public interface Sequenceable <T> {
    public void sequence (T t);
    public boolean test (T t);
}
```

A. "one or more default methods required" ("são necessários um ou mais métodos padrão")

B. "multiple non-overriding abstract methods found in interface Sequenceable" ("vários métodos abstratos sem sobrescrita encontrados na interface Sequenceable")

C. "cannot find symbol class T" ("não é possível encontrar símbolo classe T")

D. "abstract keyword missing for multiple methods" ("palavra-chave abstract ausente para vários métodos")

6. Qual dos itens a seguir não é um método padrão da interface funcional Predicate?

A. and(Predicate<? super T> other)

B. or(Predicate<? super T> other)

C. xor(Predicate<? super T> other)

D. negate()

7. Que segmento de código pode substituir a seção "MISSING-CODE" para permitir que o código-fonte a seguir seja compilado?

```
String [] birdArray = {"bluebird", "scarlet macaw", "bluejay"};
List <String> birdList = Arrays.asList (birdArray);
list.forEach( MISSING-CODE System.out.println(p.toString().
contains("blue")));
```

A. (p1, p2) ->

B. () ->

C. String p ->

D. (String p) ->

8. O corpo de uma expressão lambda pode ser incluído em chaves (por exemplo, uma instrução de bloco). Que representação de uma expressão lambda que usa uma instrução de bloco não é válida?

A. (p -> {})

B. (p -> {{;}})

C. (p -> {;})

D. (p -> {;;})

E. Todas as instruções são válidas.

✓ Respostas do teste

Escrever expressões lambda

1. Dado o código a seguir, qual é o meio sintático correto de refatorar com uma expressão lambda?

   ```
   new Thread ( new Runnable () {
     @Override
     public void run () { processDNA(); }
   }).start();
   ```

   A. `new Thread ( () -> processDNA() ).start();`
   B. `new Thread ( {} -> processDNA() ).start();`
   C. `new Thread ( () => processDNA() ).start();`
   D. `new Thread ( processDNA() ).start();`

   > Resposta:
   > ⦿ **A.** Parênteses para um tipo-alvo de argumento ausente, seguidos pelo operador seta e pelo nome do método, é o formato aceitável para expressões lambda.
   >
   > ○ **B, C** e **D** estão incorretas. **B** está incorreta porque parênteses são necessários no lugar das chaves. **C** está incorreta porque -> é necessário em vez de =>. **D** está incorreta porque a expressão lambda está incompleta.

2. Dado o código a seguir, que afirmações sobre ele são válidas?

   ```
   PathMatcher matcher1 = (Path p) -> { return (p.toString().
   contains("DNA")); };
   PathMatcher matcher2 = p -> { return
     (p.toString().equals("DNA")); };
   PathMatcher matcher3 = (Path p) ->
     p.toString().startsWith("DNA");
   PathMatcher matcher4 = p ->
     p.toString().endsWith("DNA");
   Path path = FileSystems.getDefault().getPath("\\dna_data\\DNA_
   results.txt");
   System.out.print(matcher1.matches (path));
   System.out.print(" " + matcher2.matches (path));
   System.out.print(" " + matcher3.matches (path));
   System.out.print(" " + matcher4.matches (path));
   ```

A. Quando ele for executado, `true false false false` será exibido na saída padrão.

B. O código não será compilado devido a um problema sintático com uma das expressões lambda.

C. O código lançará uma exceção em tempo de execução.

D. `Path` não é o tipo-alvo para a interface funcional `PathMatcher`.

> **Resposta:**
>
> ⦿ **A.** Quando ele for executado, `true false false false` será exibido na saída padrão.
>
> ○ **B, C e D** estão incorretas. **B** está incorreta porque não há erros sintáticos no código. **C** está incorreta porque não será lançada uma exceção em tempo de execução. **D** está incorreta porque `Path` é o tipo-alvo para a interface funcional `PathMatcher`.

3. O que as interfaces funcionais de uso específico `Runnable` e `Callable` têm em comum?

    A. `Runnable` e `Callable` não contêm métodos abstratos.

    B. `Runnable` e `Callable` contêm vários métodos padrão.

    C. `Runnable` e `Callable` não têm tipos-alvo.

    D. `Runnable` e `Callable` têm vários tipos-alvo.

> **Resposta:**
>
> ⦿ **C.** As interfaces funcionais `Runnable` e `Callable` não têm tipos-alvo.
>
> ○ **A, B e D** estão incorretas. **A** está incorreta porque tanto `Runnable` quanto `Callable` contêm um único método abstrato. **B** está incorreta porque `Runnable` e `Callable` não contêm métodos padrão. **D** está incorreta porque `Runnable` e `Callable` não têm vários tipos-alvo.

4. Dado o código a seguir, o que será exibido quando ele for executado?

    ```
    List <String> yHaplogroupList = new ArrayList <> ();
    yHaplogroupList.add("I2");
    yHaplogroupList.add("L126");
    yHaplogroupList.add("R1b");
    yHaplogroupList.stream().filter(s -> !s.startsWith("R"))
      .forEach(s -> System.out.print(s + " "));
    yHaplogroupList.forEach(s -> System.out.print(s + " "));
    yHaplogroupList.removeIf(s -> s.startsWith("R"));
    yHaplogroupList.forEach(s -> System.out.print(s + " "));
    ```

A. I2 L126 I2 L126 R1b I2 L126 R1b

B. I2 L126 I2 L126 I2 L126

C. I2 L126 I2 L126 R1b I2 L126

D. I2 L126 I2 L126 I2 L126 R1b

E. Ocorrerá um erro de compilação.

> Resposta:
>
> ◉ **C.** I2 L126 I2 L126 R1b I2 L126 será exibido na saída padrão.
>
> ○ **A, B, D** e **E** estão incorretas. **A** está incorreta porque não representa o que será exibido na saída padrão. **B** está incorreta porque não representa o que será exibido na saída padrão. **D** está incorreta porque não representa o que será exibido na saída padrão. **E** está incorreta porque não ocorrerá um erro de compilação.

5. Dado o código a seguir, que aviso (*warning*) o compilador exibirá?

```
@FunctionalInterface
public interface Sequenceable <T> {
    public void sequence (T t);
    public boolean test (T t);
}
```

A. "one or more default methods required" ("são necessários um ou mais métodos padrão")

B. "multiple non-overriding abstract methods found in interface Sequenceable" ("vários métodos abstratos sem sobrescrita encontrados na interface Sequenceable")

C. "cannot find symbol class T" ("não é possível encontrar símbolo classe T")

D. "abstract keyword missing for multiple methods" ("palavra-chave abstract ausente para vários métodos")

> Resposta:
>
> ◉ **B.** O aviso de compilador "multiple non-overriding abstract methods found in interface Sequenceable" será exibido.
>
> ○ **A, C** e **D** estão incorretas. **A** está incorreta porque métodos padrão são opcionais. **C** está incorreta porque o símbolo classe T pode ser encontrado. **D** está incorreta porque a palavra-chave abstract não precisa ser fornecida explicitamente.

6. Qual dos itens a seguir não é um método padrão da interface funcional `Predicate`?

　A. `and(Predicate<? super T> other)`

　B. `or(Predicate<? super T> other)`

　C. `xor(Predicate<? super T> other)`

　D. `negate()`

> Resposta:
>
> ◉ **C.** `xor()` não é um método padrão da interface funcional `Predicate`.
>
> ○ **A, B** e **D** estão incorretas. **A** está incorreta porque `and()` é um método padrão da interface funcional `Predicate`. **B** está incorreta porque `or()` é um método padrão da interface funcional `Predicate`. **D** está incorreta porque `negate()` é um método padrão da interface funcional `Predicate`.

7. Que segmento de código pode substituir a seção "MISSING-CODE" para permitir que o código-fonte a seguir seja compilado?

```
String [] birdArray = {"bluebird", "scarlet macaw", "bluejay"};
List <String> birdList = Arrays.asList (birdArray);
list.forEach( MISSING-CODE System.out.println(p.toString().
contains("blue")));
```

　A. `(p1, p2) ->`

　B. `() ->`

　C. `String p ->`

　D. `(String p) ->`

> Resposta:
>
> ◉ **D.** `(String p) ->`, como fornecido com o tipo-alvo explícito e parênteses, permitirá que o código seja compilado.
>
> ○ **A, B** e **C** estão incorretas. **A** está incorreta porque só é esperado um único tipo-alvo nesse contexto. **B** está incorreta porque o tipo-alvo `String` é esperado nesse contexto. **C** está incorreta porque tipos-alvo explícitos devem ser incluídos em parênteses.

8. O corpo de uma expressão lambda pode ser incluído em chaves (por exemplo, uma instrução de bloco). Que representação de uma expressão lambda que usa uma instrução de bloco não é válida?

A. `(p -> {})`
B. `(p -> {{;}})`
C. `(p -> {;})`
D. `(p -> {;;})`
E. Todas as instruções são válidas.

Resposta:

◉ E. Todas as instruções são válidas.

○ A, B, C e D estão incorretas. A está incorreta porque a instrução `(p -> {})` representa uma expressão lambda válida. B está incorreta porque a instrução `(p -> {{;}})` representa uma expressão lambda válida. C está incorreta porque a instrução `(p -> {;})` representa uma expressão lambda válida. D está incorreta porque a instrução `(p -> {;;})` representa uma expressão lambda válida.

Apêndice A

Relacionamentos entre classes

Com frequência, os relacionamentos entre objetos são descritos em termos de *composição* e *associação*. O exame SCJA (predecessor do exame OCA) incluía perguntas que exigiam conhecimento sobre o relacionamento entre objetos e a diferença entre um relacionamento de composição e um de associação. O exame OCA não inclui objetivos específicos sobre esse conjunto de habilidades, mas é preciso conhecer as composições e associações de classes. Logo, estamos fornecendo esse material como um bônus para ajudar em sua preparação para o exame.

Compreendendo composições e associações de classes

A composição e a associação são duas descrições gerais para os relacionamentos entre objetos. Elas englobam quatro tipos de descritores de relacionamento específicos: associação direta, associação por composição, associação por agregação e associação temporária. Esses descritores serão abordados neste apêndice. Estudando os quatro tipos específicos de relacionamento, você conseguirá entender melhor a diferença entre composição e associação. As multiplicidades também serão discutidas. Todo relacionamento entre objetos tem uma multiplicidade.

Os tópicos a seguir serão abordados no apêndice:

- Composições e associações de classes
- Relacionamentos entre classes
- Multiplicidades
- Navegação da associação

Composições e associações de classes

Composição e *associação* são os termos gerais usados para descrever um relacionamento entre classes. Um relacionamento de associação ou composição é formado entre dois objetos quando um contém uma referência ao outro. A referência costuma ser armazenada como uma variável de instância. Ela pode ser unidirecional ou bidirecional.

Um relacionamento de associação é aquele que ocorre entre dois objetos quando um não depende diretamente do outro para ganhar seu significado lógico. Por exemplo, suponhamos que o objeto A tivesse um relacionamento de associação com o objeto B. Se esse relacionamento fosse perdido, os dois objetos continuariam retendo o mesmo significado que tinham antes dele. Tais relacionamentos são considerados fracos. Os objetos de um relacionamento de associação não dependem um do outro para o gerenciamento de seu ciclo de vida. Em outras palavras, a existência de um objeto não depende da existência do outro no relacionamento. Outro exemplo seria um objeto `FábricaDeCarros` e um objeto `ChassiDoCarro`. O objeto `FábricaDeCarros` e o objeto `ChassiDoCarro` têm um relacionamento de associação. Se esse relacionamento não existisse mais, cada objeto continuaria fazendo sentido logicamente e reteria seu significado original.

Um relacionamento de composição é mais forte que o de associação. Composição significa um objeto ser composto por outro. Um objeto pode ser composto por um ou vários objetos. Se, por exemplo, o objeto A for composto pelo objeto B, ele dependerá de B. No entanto, essa afirmação não implica que o objeto A seja composto somente pelo objeto B. Na verdade, ele também pode ser composto por outros objetos. Se o relacionamento entre o objeto A e o objeto B deixasse de existir, o significado lógico dos dois objetos seria perdido ou mudaria substancialmente. Nesse exemplo, o objeto B – o objeto interno do qual o objeto A é composto – dependeria do objeto A para gerenciar seu ciclo de vida. A existência do objeto B está diretamente ligada à do objeto A, logo, quando este não existir mais, o objeto B deixará de existir. O objeto B também deixaria de existir se o relacionamento entre os dois objetos fosse perdido. Exemplos de objetos que têm um relacionamento de composição tendem a ser mais abstratos que os dos relacionamentos de associação. Considere um objeto Carro e um objeto StatusDoCarro. O objeto Carro é composto pelo objeto StatusDoCarro e os dois objetos dependem desse relacionamento para definir seus significados. O objeto StatusDoCarro também depende do objeto Carro para manter seu ciclo de vida. Quando o objeto Carro não existir mais, o objeto StatusDoCarro deixará de existir.

Cenário e solução

Você tem um objeto que controla o ciclo de vida de outro objeto. Que termo pode ser usado para descrever esse cenário?	Composição
Você tem um objeto que apresenta um relacionamento fraco com outro objeto. Que termo pode ser usado para descrever esse cenário?	Associação
Você tem um objeto que apresenta um relacionamento forte com outro objeto. Que termo pode ser usado para descrever esse cenário?	Composição

Em muitos casos, não é tão fácil determinar o relacionamento entre dois objetos como nos exemplos anteriores. Alguma interpretação é necessária para determinar o relacionamento. Um relacionamento de composição será sempre responsável pelo ciclo de vida de um objeto. Os relacionamentos de composição também representam uma ligação mais forte se comparados com uma associação. Os objetos pertencentes a um relacionamento de associação fazem mais sentido individualmente do que os objetos de um relacionamento de composição.

Relacionamentos entre classes

Esta seção esmiuçará os quatro relacionamentos que podem existir entre as classes. Cada um representa uma maneira diferente dos objetos poderem ter relacionamentos. Os relacionamentos de associação e composição não são mutuamente exclusivos. Na verdade, a associação por composição é um dos tipos de relacionamentos que serão detalhados, sendo às vezes chamado apenas de composição. Os outros três tipos de relacionamentos a serem detalhados, a associação direta, a associação por agregação e a associação temporária, são com frequência chamados simplesmente de associação.

Os tópicos a seguir serão abordados nas próximas seções:

- Associação direta
- Associação por composição
- Associação por agregação
- Associação temporária

Associação direta

A associação direta descreve um relacionamento "tem um". Trata-se de uma associação básica que representa navegabilidade. A associação direta é um relacionamento fraco e, portanto, pode ser generalizada para uma associação. Não há responsabilidade pelo ciclo de vida e cada objeto do relacionamento pode ser conceitualmente independente. Essa tende a ser a associação padrão quando nada mais consegue descrever com precisão o relacionamento.

Se um veículo de carga fosse modelado como um objeto para criarmos um objeto Caminhão, ele poderia ter um objeto Trailer por associação direta. O objeto Caminhão e o objeto Trailer estariam fracamente associados, porque um pode ser usado sem o outro e ainda manter a finalidade pretendida. Um objeto Caminhão não precisa ter um objeto Trailer e um objeto Trailer não é obrigatório para a construção do objeto Caminhão. Esse relacionamento de associação direta é demonstrado no diagrama Unified Modeling Language (UML) na Figura A-1.

Associação por composição

As associações por composição são usadas para descrever um relacionamento em que um objeto é composto por um ou mais objetos. Uma associação por composição é um relacionamento forte e pode ser generalizado apenas como uma composição. O objeto interno só faz sentido conceitualmente enquanto está armazenado no objeto externo. Esse relacionamento representa propriedade. Em uma associação por composição, o objeto A é "composto pelo" objeto B. Por exemplo, um objeto Pneu seria composto por um objeto TirasDeBorracha. O objeto Pneu precisa de um objeto TirasDeBorracha. O objeto TirasDeBorracha não é muito útil individualmente.

O objeto externo também é responsável pelo gerenciamento do ciclo de vida do objeto interno. É possível esse objeto passar o gerenciamento do ciclo de vida para outro objeto. Gerenciamento de ciclo de vida significa que o objeto composto pelo segundo objeto, ou o objeto externo, deve manter uma referência ao objeto interno, caso contrário, a máquina virtual Java o destruirá. Se o objeto externo for destruído, qualquer objeto que o compuser também o será. O relacionamento de associação por composição é mostrado no diagrama UML da Figura A-2.

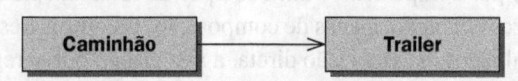

| Caminhão | → | Trailer |

FIGURA A-1 Associação direta.

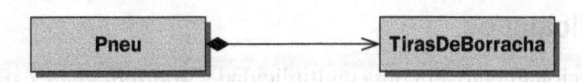

```
    Pneu  ◆────────▶  TirasDeBorracha
```

FIGURA A-2 Associação por composição.

Associação por agregação

Uma associação por agregação é um relacionamento que representa um objeto fazendo parte de outro objeto. Ela representa uma "parte de" um relacionamento inteiro. Nesse relacionamento, ainda que um objeto faça parte de outro, cada objeto pode manter seu próprio significado mesmo se o relacionamento for perdido. Nenhum dos objetos depende do outro para existir. O relacionamento de agregação não requer que o objeto execute o gerenciamento do ciclo de vida do objeto que ele referencia. A associação por agregação é um relacionamento fraco. Pode ser generalizada como uma associação.

Um objeto Motocicleta teria uma associação por agregação com um objeto Parabrisa. O objeto Motocicleta e o objeto Parabrisa estariam fracamente associados, porque um pode ser usado sem o outro e ainda manter a finalidade pretendida. O objeto Parabrisa tem um relacionamento "parte de" com o objeto Motocicleta. Esse relacionamento de associação por agregação é mostrado no diagrama UML da Figura A-3.

Associação temporária

A associação temporária também é conhecida como dependência. Normalmente, uma associação temporária ocorre quando um objeto é usado como variável local, valor de retorno ou parâmetro de método. Ela é considerada uma dependência porque o objeto A depende do objeto B como argumento, como valor de retorno, ou em algum momento, como variável local. Uma associação temporária é a forma mais fraca de associação. Esse relacionamento não persistirá pelo ciclo de vida inteiro do objeto.

Por exemplo, um objeto Carro poderia ter um método chamado ligarMotor que tivesse um objeto Chave como parâmetro. O objeto Chave como parâmetro representaria uma associação temporária. Esse relacionamento de associação temporária é mostrado no diagrama UML da Figura A-4.

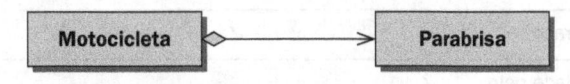

```
    Motocicleta  ◇────────▶  Parabrisa
```

FIGURA A-3 Associação por agregação.

```
┌─────────────────────────┐          ┌─────────┐
│         Carro           │          │  Chave  │
├─────────────────────────┤- - - - ▶ ├─────────┤
│ + ligarMotor(Chave) : void │       │         │
└─────────────────────────┘          └─────────┘
```

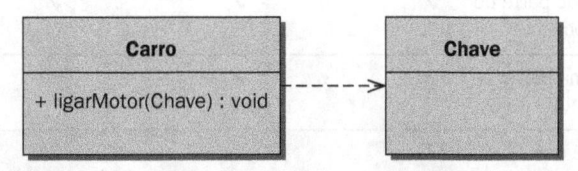

FIGURA A-4 Associação temporária.

Multiplicidades

Todo relacionamento tem uma multiplicidade. *Multiplicidade* é o número de objetos que fazem parte de um relacionamento. As três classificações gerais de multiplicidade que você precisa conhecer são um para um, um para muitos e muitos para muitos.

Os tópicos a seguir serão abordados nas próximas seções:

- Multiplicidade um para um
- Multiplicidade um para muitos
- Multiplicidade muitos para muitos

> **Na prática**
> *Os desenvolvedores costumam usar os termos "composição" ou "associação". Quando eles falam em "composição", estão se referindo à associação por composição e a um relacionamento forte. Geralmente o termo "associação" é usado para fazer referência a qualquer um dos outros três relacionamentos mais fracos: associação por agregação, direta ou temporária.*

A Tabela A-1 mostra como cada um dos quatro tipos de relacionamento específicos estão ligados à composição e à associação.

Multiplicidade um para um

Uma associação um para um é um relacionamento básico em que um objeto contém uma referência a outro objeto. Todos os quatro tipos de relacionamento podem ter multiplicidade um para um. Um exemplo de um relacionamento um para um seria o objeto Motocicleta que tem um relacionamento com um único objeto Motor.

TABELA A-1 Características dos relacionamentos entre objetos

	Associação por composição	Associação por agregação	Associação direta	Associação temporária
O termo geral é associação		✓	✓	✓
O termo geral é composição	✓			
Relacionamento forte	✓			
Relacionamento fraco		✓	✓	✓
Tem responsabilidade pelo ciclo de vida	✓			
Persiste por grande parte do ciclo de vida do objeto	✓	✓	✓	
É usada como uma parte crítica de um objeto	✓	✓		
Com frequência é uma variável local, uma variável de retorno ou um parâmetro de método				✓

Multiplicidade um para muitos

Os relacionamentos um para-muitos são criados quando um objeto contém uma referência a um grupo de objetos semelhantes. Normalmente as várias referências de objeto são armazenadas em um array ou em uma coleção. Todos os quatro tipos de relacionamento podem ser do tipo um para muitos. O objeto Carro pode conter quatro objetos Pneu. Essa seria uma associação por agregação já que os objetos Carro e Pneu têm um relacionamento do tipo "parte de" um com o outro. Os objetos Pneu podem ser armazenados em um array ou coleção. Como o nome sugere, um relacionamento um para muitos pode ter muito mais do que quatro objetos. Um relacionamento muitos para um também é possível.

Multiplicidade muitos para muitos

Os relacionamentos muitos para muitos só são possíveis para associações por agregação, associações diretas e associações temporárias. A associação por composição é um relacionamento forte que implica a responsabilidade pelo ciclo de vida do objeto que a compõe. Se muitos objetos tiverem um relacionamento com outro objeto, será impossível qualquer objeto individual controlar o ciclo de vida do outro objeto no relacionamento. Se o exemplo do carro fosse ampliado para um aplicativo simulador de tráfego, ele incluiria muitos objetos Carro. Cada um desses objetos Carro conteria referências a muitos objetos Semáforo. Isso representa uma associação direta, já que não seria um único objeto Carro que manteria o ciclo de vida dos objetos Semáforo. Cada objeto Carro tem um objeto Semáforo. O relacionamento entre um objeto Carro e o objeto Semáforo é fraco. Todos os objetos Semáforo são compartilhados entre todos os objetos Carro. Uma associação muitos para muitos não precisa incluir um número igual de objetos em cada lado do relacionamento.

> **Na prática**
> *Os relacionamentos (por exemplo, a agregação e a composição) e as multiplicidades podem ser facilmente demonstrados com UML. Desenhar relacionamentos entre classes pode ajudá-lo a transmitir conceitos de design para seus colegas. Os diagramas UML serão abordados no Apêndice G.*

Navegação da associação

Navegação da associação é um termo usado para descrever a direção em que um relacionamento pode ser percorrido. Diz-se que um objeto que esteja contido em outro é navegável quando o objeto externo tem métodos de acesso ao objeto interno. A maioria dos relacionamentos é navegável em uma única direção, mas se os dois objetos tiverem referências um ao outro, é possível haver um relacionamento navegável bidirecional. Os métodos de acesso aos objetos internos costumam ser chamados de *getters* e *setters*. Um getter é um método simples que apenas retorna uma variável de instância. Um setter é um método que aceita um argumento e o usa para configurar uma variável de instância.

Composições e associações de classes na prática

Esta seção examinará exemplos práticos de relacionamentos de associação e composição. Os exemplos e as explicações a seguir devem ajudar a fornecer um conhecimento sólido sobre esses conceitos.

Os seguintes tópicos serão abordados nas próximas seções:

- Exemplos de relacionamentos de associação de classes
- Exemplos de relacionamentos de composição de classes
- Exemplos de navegação da associação

Exemplos de relacionamentos de associação de classes

Esta seção é sobre as associações. Os três exemplos que veremos demonstram as multiplicidades possíveis em uma associação por agregação. Uma explicação virá em seguida para realçar os pontos importantes do exemplo.

Os tópicos abordados serão:

- Associação de classes um para um
- Associação de classes um para muitos
- Associação de classes muitos para muitos

Associação de classes um para um

O exemplo a seguir mostra um objeto Truck (Caminhão) e um objeto Trailer. Trata-se de um exemplo de uma associação direta um para um.

```
public class Truck {
/* Esse é um exemplo de uma associação direta
um para um. */
   Trailer trailer;
   void setTrailer(Trailer t){
      trailer = t;
   }
   /*
    * O resto da classe Truck entraria aqui
    */
}
```

Nesse exemplo de uma associação um para um, o objeto Truck contém uma referência ao objeto Trailer. Essa é uma associação um para um porque a variável trailer é uma variável singular. Ela não faz parte de um array ou coleção. Esse exemplo é uma associação direta, porque o objeto Truck não é responsável pelo ciclo de vida da variável trailer. Outra indicação de que essa é uma associação direta é que, logicamente, o objeto Truck "tem um" objeto Trailer.

No exemplo, e na maioria das situações do mundo real, nem sempre é fácil ou mesmo possível determinar se um objeto controla o ciclo de vida de outro objeto. Muitas vezes, temos que tentar deduzir da melhor forma possível de acordo com as informações disponíveis. No exemplo em questão, a variável trailer está sendo configurada pelo método setTrailer. Já que esse método é usado para configurar a variável, podemos presumir que outros objetos contêm uma referência ao objeto trailer e, portanto, nenhum objeto é individualmente responsável pelo ciclo de vida do outro objeto. Para concluir, como essa foi determinada para ser uma associação direta, o relacionamento pode ser generalizado como de associação.

Associação de classes um para muitos

O próximo exemplo demonstra uma associação por agregação. Ele mostra um relacionamento um para muitos. Aqui, os objetos Wheels (Rodas) fazem "parte de" um objeto Car.

```
public class Car {
  Wheel[] wheel = new Wheel[4];
  void setWheels(Wheel w) {
    wheel[0] = w;
    wheel[1] = w;
    wheel[2] = w;
    wheel[3] = w;
  }
  // O resto da classe Car entraria aqui
}
```

Esse exemplo tem um array de quatro objetos Wheel. Já que há um único objeto Car que contém quatro objetos Wheel, o relacionamento é um para muitos. Em um relacionamento um para muitos, normalmente os diversos objetos são armazenados em um array ou em uma coleção, como em um objeto Vector. O exemplo é uma associação por agregação, porque o objeto Wheel faz "parte do" objeto Car. Como esse é um relacionamento fraco e não há responsabilidades pelo ciclo de vida, podemos generalizá-lo como uma associação.

Associação de classes muitos para muitos

O relacionamento muitos para muitos é mais complexo do que os relacionamentos um para um e um para muitos. Nesse exemplo, o relacionamento se dá entre um grupo de objetos Car e um grupo de objetos TrafficLights (Semáforo). A seguir temos o segmento de código dos dois objetos:

```
// Classe TrafficLight
public class TrafficLight {
  int lightID;
    TrafficLight(int ID) {
       lightID = ID;
    }
}

// Classe Car
public class Car {
  TrafficLight[] allTrafficLights;
  Car(TrafficLight[] trafficLights) {
    allTrafficLights=trafficLights;
  }
}
```

O próximo segmento é o código que cria os dois objetos. É um segmento importante porque mostra como os relacionamentos são formados entre os objetos.

```
public class TrafficSimulator {
  Car[] cars = new Car[3];
  TrafficLight[] trafficLights = new TrafficLight[8];
  public static void main(String[] args) {
    new TrafficSimulator();
  }

  TrafficSimulator() {
    for (int i = 0; i < trafficLights.length; i++) {
      trafficLights[i] = new TrafficLight(i);
    }
    cars[0] = new Car(trafficLights);
    cars[1] = new Car(trafficLights);
    cars[2] = new Car(trafficLights);
  }
}
```

Esse segmento contém um método main. A única função de main é criar um novo objeto TrafficSimulator. O objeto TrafficSimulator contém um array de objetos Car e um array de objetos TrafficLight. Primeiro, os objetos TraficLight são criados. Cada objeto TrafficLight armazena um ID exclusivo. Em seguida, os objetos Car são criados. Cada objeto Car contém um array com todos os objetos TrafficLight. Esse exemplo é muitos para muitos, porque cada objeto Car contém o mesmo grupo com vários objetos TrafficLight. O relacionamento pode ser classificado como uma associação direta porque os objetos Car têm um array de objetos TrafficLight.

Exemplos de relacionamentos de composição de classes

Esta seção é semelhante à última, exceto pelo fato de aqui serem demonstradas associações por composição. As associações por composição só podem ter dois tipos de multiplicidades. A seção mostrará um exemplo de cada um seguido por uma explicação.

Composição de classes um para um

Esse exemplo demonstra um relacionamento de composição um para um. Trata-se de uma associação por composição porque esse é o único tipo de associação que pode criar um relacionamento de composição.

```
public class Tire {
    TireAirPressure tireAirPressure;
      Tire(){
         tireAirPressure = new TireAirPressure();
      }
}
```

Nesse exemplo, o objeto `Tire` (Pneu) e o objeto `TireAirPressure` têm um relacionamento um para um. O objeto `Tire` é "composto pelo" objeto `TireAirPressure`. Isso representa uma associação por composição. O relacionamento entre os dois objetos é forte. O objeto `Tire` tem responsabilidade pelo gerenciamento do ciclo de vida do objeto `TireAirPressute`. Se objeto `Tire` for destruído, o objeto `TireAirPressure` também o será.

Composição de classes um para muitos

Esse último exemplo demonstra um relacionamento de composição com multiplicidade um para muitos. O segmento de código a seguir é de uma classe `SensorStatus`.

```
public class SensorStatus {
  int status;
  public SensorStatus(int newStatus) {
    status = newStatus;
  }
}
```

O próximo segmento demonstra um objeto `CarComputer` que é "composto por" um array de cinco objetos `SensorStatus`.

```
public class CarComputer {
SensorStatus[] sensorStatus = new SensorStatus[5];
  public CarComputer() {
    sensorStatus[0] = new SensorStatus(1);
    sensorStatus[1] = new SensorStatus(1);
    sensorStatus[2] = new SensorStatus(1);
    sensorStatus[3] = new SensorStatus(1);
    sensorStatus[4] = new SensorStatus(1);
  }
}
```

Já que há um único objeto `CarComputer` e cinco objetos `SensorStatus`, esse caso representa um relacionamento um para muitos. O relacionamento é de associação por composição. Novamente, observe que o relacionamento é forte e que o array `SensorStatus` depende do objeto `CarComputer` para o gerenciamento de seu ciclo de vida.

Exemplos de navegação da associação

Navegação da associação é a habilidade de navegarmos em um relacionamento. O exemplo a seguir demonstra um objeto PinStripe que é "composto por" um objeto `Color`:

```
public class PinStripe {
  Color color = new Color(Color.blue);
  Color getColor(){
    return color;
  }
}
```

Nesse exemplo, qualquer objeto que tiver acesso ao objeto `PinStripe` poderá usar seu método `getColor`, que é considerado um getter, para navegar para o objeto `Color`. Aqui, a navegação ocorre em apenas uma direção.

Resumo do apêndice

Este apêndice discutiu os diferentes relacionamentos que podem ocorrer entre os objetos. Associação e composição são os temas gerais de descrição dos relacionamentos e é importante que você os conheça.

Associação é o termo usado para descrever uma referência de objeto para objeto. Esse tipo de referência significa que o objeto A tem uma referência ao objeto B e pode acessar métodos públicos e variáveis membro do objeto B. O objeto B pode ou não ter uma referência que faça o caminho inverso para o objeto A. Um relacionamento de associação significa que os dois objetos são independentes e um não precisa do outro para manter sua existência. A associação direta, a associação por agregação e a associação temporária são formas mais detalhadas de associação.

Os relacionamentos de composição são uma forma mais forte de relacionamentos de associação. Um relacionamento de composição é um tipo de associação em que um objeto que é composto por outro também é responsável pelo gerenciamento do ciclo de vida desse objeto. Esse tipo de relacionamento pode ter multiplicidade um para um ou um para muitos. A associação por composição é um exemplo de composição.

Em seguida, o apêndice abordou cada um dos quatro relacionamentos possíveis com detalhes. A associação direta, a associação por agregação e a associação temporária são três dos quatro tipos de relacionamento. Todos pertencem à categoria geral da associação. Não lhes é imputada responsabilidade pelo ciclo de vida. A associação por composição pertence à categoria da composição geral. Nesse relacionamento há responsabilidade pelo ciclo de vida.

Podem ocorrer três tipos de multiplicidades nos relacionamentos. Em um relacionamento um para um, um único objeto contém uma referência a outro objeto de um tipo específico. Em um relacionamento um para muitos, um objeto contém um array de referências de objeto, ou uma coleção como um `ArrayList` ou `Vector`. O último relacionamento é o muitos para muitos. Nesse relacionamento, muitos objetos contêm uma referência à mesma coleção ou array de objetos. O relacionamento muitos para muitos só ocorre na associação e não pode existir para um relacionamento de composição.

Este apêndice foi concluído com exemplos de cada multiplicidade para relacionamentos de associação e composição. É importante que você os tenha entendido. No Apêndice G deste livro, esses relacionamentos serão revisitados quando a modelagem UML for discutida.

Apêndice B

Pacotes Java SE 8

Já que Java é uma linguagem de programação, o exame OCA enfoca muitos dos pacotes e classes existentes dentro das distribuições básicas do Java SE. Uma abordagem mais superficial do Java EE costumava cair no exame antecessor, o SCJA, mas foi removida nas versões subsequentes do exame denominadas OCA. As tabelas fornecidas neste apêndice detalham o conjunto completo de pacotes do Java SE 8.

Você não precisa saber informações de nível mais detalhado dos pacotes Java para se sair bem no exame OCA. De um modo geral, saber apenas para que os pacotes foram projetados e que tipo de funcionalidade eles contêm o ajudará a obter uma pontuação alta.

Java SE 8 fornece pacotes para as áreas a seguir:

- **Pacotes principais** Pacotes da linguagem, pacotes utilitários e pacotes básicos
- **Pacotes de integração** Pacotes para o Java Database Connectivity (JDBC), para o Java Naming and Directory Interface (JNDI), para o Remote Method Invocation (RMI)/RMI-Internet Inter-Orb Protocol (IIOP) e para scripts
- **Pacotes de interface de usuário** Pacotes para JavaFX, API Swing, API Abstract Window Toolkit (AWT), som, I/O de imagem, impressão, acessibilidade
- **Pacotes de segurança** Pacotes de segurança e criptografia
- **Pacotes baseados em XML** Pacotes baseados em XML, Web services
- **Pacotes temporais** Pacotes de calendário, data e hora

A documentação dos pacotes OMG que fazem parte da distribuição do Java SE 8 não será listada neste apêndice, mas pode ser vista na documentação da API: http://docs.oracle.com/javase/8/docs/api/.

Pacotes principais

As tabelas a seguir detalham os pacotes principais de Java, isto é, os pacotes da linguagem, os pacotes utilitários e os pacotes básicos. As definições fornecidas nessas tabelas, assim como nas outras tabelas apresentadas neste apêndice, são principalmente as usadas na documentação da API do Java SE 8.

TABELA B-1 Pacotes da linguagem

Pacotes da linguagem	Descrição
java.lang	Fornece classes que são fundamentais para o design da linguagem de programação Java.
java.lang.annotation	Dá suporte de bibliotecas para o recurso de anotação da linguagem de programação Java.
java.lang.instrument	Fornece serviços que permitem que os agentes da linguagem de programação Java façam a instrumentação de programas executados na JVM.
java.lang.invoke	Contém suporte dinâmico da linguagem fornecido diretamente pelas bibliotecas de classes básicas de Java e pela máquina virtual.
java.lang.management	Fornece as interfaces de gerenciamento para o monitoramento e controle da JVM e outros componentes do runtime de Java.
java.lang.ref	Fornece classes de referência de objetos, que dão suporte a um grau limitado de interação com o coletor de lixo.
java.lang.reflect	Fornece classes e interfaces para a obtenção de informações reflexivas sobre classes e objetos.
javax.lang.model	Fornece classes e hierarquias de pacotes usados para modelar a linguagem de programação Java.
javax.lang.model.element	Fornece interfaces usadas para modelar elementos da linguagem de programação Java.
javax.lang.model.type	Fornece interfaces usadas para modelar tipos da linguagem de programação Java.
javax.lang.model.util	Fornece utilitários que ajudam no processamento dos elementos e tipos existentes nos programas.

TABELA B-2 Pacotes utilitários

Pacotes utilitários	Descrição
java.util	Contém o framework de coleções, as classes de coleção legadas, o modelo de eventos, os recursos de data e hora, a internacionalização e várias classes utilitárias (um tokenizador de strings, um gerador de números aleatórios e um array de bits).
java.util.concurrent	Contém classes utilitárias que costumam ser úteis em programação concorrente.
java.util.concurrent.atomic	Contém um pequeno toolkit de classes que dão suporte à programação não bloqueante e thread-safe de variáveis individuais

(continua)

TABELA B-2 Pacotes utilitários (*continuação*)

Pacotes utilitários	Descrição
java.util.concurrent.locks	Fornece interfaces e classes para serem usadas como um framework de bloqueio e de espera de condições que são distintas da sincronização e dos monitores internos.
java.util.function	Fornece interfaces funcionais que disponibilizam tipos-alvo para expressões lambda e referências de método.
java.util.jar	Fornece classes para a leitura e agravação do formato de arquivo Java Archive (JAR), baseado no formato ZIP padrão com um arquivo de manifesto opcional.
java.util.logging	Fornece classes e interfaces dos recursos básicos de log da plataforma Java 2.
java.util.prefs	Permite que os aplicativos armazenem e recuperem dados de preferências e de configurações do sistema e do usuário.
java.util.regex	Fornece classes para a comparação entre sequências de caracteres e padrões especificados por expressões regulares.
java.util.spi	Fornece classes provedoras de serviços para as classes do pacote java.util.
java.util.stream	Dá suporte a operações de estilo funcional com fluxos de elementos.
java.util.zip	Fornece classes para leitura e gravação dos formatos de arquivo padrão ZIP e GZIP.

TABELA B-3 Pacotes básicos

Pacotes básicos	Descrição
java.beans	Contém classes relacionadas ao desenvolvimento de *beans* – componentes baseados na arquitetura JavaBeans.
java.beans.beancontext	Fornece classes e interfaces relacionadas ao contexto dos beans.
java.applet	Fornece as classes necessárias para a criação de um applet e as classes que um applet usa para se comunicar com seu contexto.
java.io	Fornece entrada e saída do sistema por intermédio de fluxos de dados, serialização e do sistema de arquivos.
java.nio	Define buffers (contêineres de dados) e fornece uma visão geral dos outros pacotes NIO (New I/O).

(*continua*)

TABELA B-3 Pacotes básicos (*continuação*)

Pacotes básicos	Descrição
java.nio.channels	Define canais, que representam conexões com entidades capazes de executar operações de I/O, como arquivos e sockets. Define seletores para operações de I/O multiplexado não bloqueante.
java.nio.charset	Define conjuntos de caracteres, decodificadores e codificadores para a conversão entre bytes e caracteres Unicode.
java.nio.channels.spi	Fornece classes provedoras de serviços para o pacote java.nio.channels.
java.nio.file	Define interfaces e classes para a JVM acessar arquivos, atributos de arquivo e sistemas de arquivos.
java.nio.file.attribute	Fornece interfaces e classes que permitem o acesso a atributos de arquivos e sistemas de arquivos.
java.nio.file.spi	Inclui classes provedoras de serviços para o pacote java.nio.file.
java.nio.charset.spi	Inclui classes provedoras de serviços para o pacote java.nio.charset.
java.math	Fornece classes para aritmética de inteiros de precisão arbitrária (BigInteger) e para a aritmética de decimais de precisão arbitrária (BigDecimal).
java.net e javax.net	Fornece classes para a implementação de aplicativos de rede.
javax.net	Fornece classes para aplicativos de rede.
javax.net.ssl	Fornece classes do pacote de sockets seguros.
java.text	Fornece classes e interfaces para o tratamento de texto, datas, números e mensagens de uma maneira independente das linguagens naturais.
java.text.spi	Fornece classes provedoras de serviços para as classes do pacote java.text.
javax.management	Fornece as classes básicas do Java Management Extensions.
javax.management.loading	Fornece as classes que implementam a carga dinâmica avançada.
javax.management.modelmbean	Fornece a definição das classes de ModelMBeans.
javax.management.monitor	Fornece a definição das classes de monitoramento.

(*continua*)

TABELA B-3 Pacotes básicos (*continuação*)

Pacotes básicos	Descrição
javax.management.openmbean	Fornece as classes de descritores dos tipos de dados abertos e de Open MBeans.
javax.management.relation	Fornece a definição do Relation Service.
javax.management.remote	Fornece interfaces para o acesso remoto aos servidores de MBeans do Java Management Extensions (JMX).
javax.management.remote.rmi	Fornece o conector RMI usando um conector da API JMX Remote que utiliza Chamada de Método Remota (RMI, Remote Method Invocation) para transmitir solicitações de clientes para um servidor de MBeans remoto.
javax.management.timer	Fornece a definição do Timer MBean.
javax.annotation	Dá suporte ao recurso de tipos de anotação.
javax.annotation.processing	Fornece recursos para a declaração de processadores de anotação e para permitir que esses se comuniquem com um ambiente de ferramenta de processamento de anotações.
javax.tools	Fornece interfaces para ferramentas que possam ser chamadas por um programa – por exemplo, compiladores.
javax.activation	Fornece interfaces e classes usadas pela API JavaMail para o gerenciamento de dados MIME.
javax.activity	Contém exceções relacionadas à atividade de serviços lançadas pelo Object Request Broker (ORB) durante o desempacotamento (*unmarshalling*).

Pacotes de integração

As tabelas a seguir detalham os pacotes Java de integração (pacotes do JDBC, JNDI, RMI/RMI-IIOP, de scripts, e de transações).

TABELA B-4 Pacotes do Java Database Connectivity (JDBC)

Pacotes do Java Database Connectivity (JDBC)	Descrição
java.sql	Fornece a API de acesso e processamento de dados armazenados em uma fonte de dados (geralmente um banco de dados relacional) via linguagem de programação Java.

(*continua*)

TABELA B-4 Pacotes do Java Database Connectivity (JDBC) (*continuação*)

Pacotes do Java Database Connectivity (JDBC)	Descrição
javax.sql	Fornece a API de acesso e processamento da fonte de dados do lado do servidor a partir da linguagem de programação Java.
javax.sql.rowset	Fornece interfaces padrão e classes base para implementações do JDBC RowSet.
javax.sql.rowset.serial	Fornece classes utilitárias para permitir mapeamentos serializáveis entre tipos SQL e tipos de dados da linguagem de programação Java.
javax.sql.rowset.spi	Fornece as classes e interfaces padrão que um fornecedor terá que usar em sua implementação de um provedor de sincronização.

TABELA B-5 Pacotes do Java Naming and Directory Interface (JNDI)

Pacotes do Java Naming and Directory Interface (JNDI)	Descrição
javax.naming	Fornece classes e interfaces para o acesso a serviços de nomes.
javax.naming.ldap	Dá suporte a operações e controles estendidos do Lightweight Directory Access Protocol (LDAPv3).
javax.naming.event	Dá suporte à notificação de eventos no acesso a serviços de nomes e diretórios.
javax.naming.directory	Estende o pacote javax.naming para fornecer a funcionalidade de acesso a serviços de diretórios.
javax.naming.spi	Fornece interfaces e classes adicionais para o suporte a serviços de nomes.

TABELA B-6 Pacotes do Remote Method Invocation (RMI)

Pacotes do Remote Method Invocation (RMI)	Descrição
java.rmi	Fornece o pacote RMI.
java.rmi.activation	Dá suporte à ativação de objetos RMI.
java.rmi.dgc	Fornece classes e interfaces para a coleta de lixo distribuída (DGC, distributed garbage collection) do RMI.

(*continua*)

TABELA B-6 Pacotes do Remote Method Invocation (RMI) (*continuação*)

Pacotes do Remote Method Invocation (RMI)	Descrição
java.rmi.registry	Fornece uma classe e duas interfaces para o registro RMI.
java.rmi.server	Fornece classes e interfaces para dar suporte ao lado do servidor do RMI.
javax.rmi	Contém APIs do usuário para o RMI-IIOP.
javax.rmi.CORBA	Contém APIs de portabilidade para o RMI-IIOP.
javax.rmi.ssl	Fornece implementações de RMIClientSocketFactory e RMIServerSocketFactory pelos protocolos Secure Sockets Layer (SSL) ou Transport Layer Security (TLS).

TABELA B-7 Pacotes de scripts

Pacotes de scripts	Descrição
javax.script	Fornece a API de scripts que inclui interfaces e classes para a definição de Java Scripting Engines e o fornecimento de um framework para seu uso em aplicativos Java.

TABELA B-8 Pacotes de transações

Pacotes de transações	Descrição
javax.transactions.xa	Fornece a API que define o contrato entre o gerenciador de transações e o gerenciador de recursos, permitindo que o gerenciador de transações inclua e exclua objetos de recursos (fornecidos pelo driver do gerenciador de recursos) nas transações da Java Transaction API (JTA).
javax.transactions	Contém três exceções lançadas pelo mecanismo ORB durante o processo de unmarshalling.

Pacotes de interface de usuário

As tabelas a seguir detalham os pacotes Java de interface de usuário (pacotes da API JavaFX, da API Swing, da API Abstract Window Toolkit [AWT], de I/O de imagem, de som, de impressão e de acessibilidade).

TABELA B-9 Pacotes da API JavaFX

Pacotes da API JavaFX	Descrição
javafx.animation	Fornece o conjunto de classes que facilita o uso de animações baseadas em transição.
javafx.application	Fornece as classes do ciclo de vida de aplicativos.
javafx.beans	Fornece as interfaces que definem a forma mais genérica de observabilidade.
javafx.beans.binding	Fornece características de vinculações (*bindings*).
javafx.beans.property	Fornece a definição de propriedades somente de leitura e propriedades graváveis e várias implementações.
javafx.beans.property.adapter	Fornece o adaptador de propriedades.
javafx.beans.value	Fornece as duas interfaces básicas ObservableValue e WritableValue e todas as suas subinterfaces.
javafx.collections	Fornece as coleções e os utilitários de coleções do JavaFX.
javafx.collections.transformation	Dá suporte a transformações.
javafx.concurrent	Fornece o conjunto de classes de javafx.task.
javafx.css	Fornece a API de propriedades de estilização via CSS e de suporte ao estado de pseudoclasse.
javafx.embed.swing	Fornece o conjunto de classes para o uso do JavaFX dentro de aplicativos Swing.
javafx.embed.swt	Fornece o conjunto de classes para o uso do JavaFX dentro de aplicativos SWT.
javafx.event javafx.event	Fornece o framework básico para eventos FX, sua distribuição e tratamento.
javafx.fxml javafx.fxml	Fornece classes para o carregamento de uma hierarquia de objetos a partir de marcação.
javafx.geometry javafx.geometry	Fornece o conjunto de classes 2D para a definição e a execução de operações com objetos relacionados à geometria bidimensional.
javafx.print javafx.print	Fornece classes públicas para a API JavaFX de impressão.
javafx.scene javafx.scene	Fornece um conjunto de classes base para a API JavaFX de gráficos de cena.

(continua)

TABELA B-9 Pacotes da API JavaFX (*continuação*)

Pacotes da API JavaFX	Descrição
javafx.scene.canvas	Fornece um conjunto de classes para canvas, em um estilo de renderização de API de modo imediato.
javafx.scene.chart	Fornece um conjunto de componentes de gráfico, que são uma maneira muito conveniente de visualizar dados.
javafx.scene.control	Fornece nodos especializados no gráfico de cena JavaFX que são adequados principalmente para reutilização em muitos contextos de aplicativos diferentes.
javafx.scene.control.cell	Fornece classes relacionadas a células.
javafx.scene.effect	Fornece classes para a anexação de efeitos de filtragem gráfica a nodos de gráficos de cena do JavaFX.
javafx.scene.image	Fornece classes para o carregamento e a exibição de imagens.
javafx.scene.input	Fornece classes para o tratamento de eventos de entrada do mouse e do teclado.
javafx.scene.layout	Fornece classes que dão suporte ao layout da interface de usuário.
javafx.scene.media	Fornece classes para a integração de áudio e vídeo em aplicativos JavaFX.
javafx.scene.paint	Fornece classes para cores e gradientes usados no preenchimento de formas e planos de fundo quando da renderização do gráfico de cena.
javafx.scene.shape	Fornece um conjunto de classes 2D para a definição e a execução de operações com objetos relacionados à geometria bidimensional.
javafx.scene.text	Fornece classes para fontes e nodos de texto renderizáveis.
javafx.scene.transform	Fornece um conjunto de classes convenientes para a execução de transformações de rotação, escalonamento, corte e translação de objetos afins.
javafx.scene.web	Fornece um meio de carregar e exibir conteúdo web.
javafx.stage	Fornece as classes de contêiner de nível superior para conteúdo JavaFX.
javafx.util	Fornece utilitários e classes auxiliares.
javafx.util.converter	Fornece conversores de string padrão para o JavaFX.

TABELA B-10 Pacotes da API Swing

Pacotes da API Swing	Descrição
javax.swing	Fornece um conjunto de componentes "leves" (todos da linguagem Java) que, até onde possível, funcionam igualmente em todas as plataformas.
javax.swing.border	Fornece classes e interfaces para o desenho de bordas especializadas ao redor de um componente Swing.
javax.swing.colorchooser	Contém classes e interfaces usadas pelo componente JColorChooser.
javax.swing.event	Fornece eventos acionados por componentes Swing.
javax.swing.filechooser	Contém classes e interfaces usadas pelo componente JFileChooser.
javax.swing.plaf	Fornece uma única interface e muitas classes abstratas que o Swing usa para disponibilizar seus recursos interativos.
javax.swing.plaf.basic	Fornece objetos de interface de usuário construídos de acordo com a aparência básica.
javax.swing.plaf.metal	Fornece objetos de interface de usuário construídos de acordo com a aparência Java padrão (antes chamada de *Metal*).
javax.swing.plaf.multi	Fornece objetos de interface de usuário que combinam duas ou mais aparências.
javax.swing.plaf.nimbus	Fornece objetos de interface de usuário construídos de acordo com a aparência multiplataforma Nimbus.
javax.swing.plaf.synth	Fornece uma aparência personalizável, em que toda a renderização é delegada.
javax.swing.table	Fornece classes e interfaces para o tratamento de javax.swing.JTable.
javax.swing.text	Fornece classes e interfaces que lidam com componentes de texto editáveis e não editáveis.
javax.swing.text.html	Fornece a classe HTMLEditorKit e as classes de suporte para a criação de editores de texto HTML.
javax.swing.text.html.parser	Fornece o parser de HTML padrão, junto com as classes de suporte.
javax.swing.text.rtf	Fornece uma classe (RTFEditorKit) para a criação de editores de texto Rich Text Format (RTF).
javax.swing.tree	Fornece classes e interfaces para o tratamento de javax.swing.JTree.
javax.swing.undo	Permite que os desenvolvedores deem suporte às operações desfazer/refazer em aplicativos como os editores de texto.

TABELA B-11 Pacotes da API AWT

Pacotes da API AWT	Descrição
java.awt	Contém todas as classes de criação de interfaces de usuário e geração de elementos gráficos e imagens.
java.awt.color	Fornece classes para espaços de cores.
java.awt.datatransfer	Fornece interfaces e classes para a transferência de dados entre e dentro de aplicativos.
java.awt.dnd	Fornece um mecanismo para a transferência de informações via arrastar e soltar na interface de usuário.
java.awt.event	Fornece interfaces e classes para o tratamento dos diferentes tipos de eventos acionados por componentes AWT.
java.awt.font	Fornece classes e interfaces relacionadas a fontes.
java.awt.geom	Fornece as classes 2D de Java para a definição e a execução de operações com objetos relacionados à geometria bidimensional.
java.awt.im	Fornece classes e interfaces para o framework de métodos de entrada.
java.awt.im.spi	Fornece interfaces que permitem o desenvolvimento de métodos de entrada que possam ser usados com qualquer ambiente de runtime Java.
java.awt.image	Fornece classes para a criação e a modificação de imagens.
java.awt.image.renderable	Fornece classes e interfaces para a produção de imagens independentes de renderização.
java.awt.print	Fornece classes e interfaces para uma API geral de impressão.

TABELA B-12 Pacotes Java de I/O de imagem

Pacotes Java de I/O de imagem	Descrição
javax.imageio	Fornece o pacote principal da API Java de I/O de imagem.
javax.imageio.event	Lida com a notificação síncrona de eventos durante a leitura e a gravação de imagens.
javax.imageio.metadata	Lida com a leitura e a gravação de metadados.
javax.imageio.plugins.bmp	Contém as classes públicas usadas pelo plugin interno Bean-Managed Persistence (BMP).

(continua)

TABELA B-12 Pacotes Java de I/O de imagem (*continuação*)

Pacotes Java de I/O de imagem	Descrição
javax.imageio.plugins.jpeg	Fornece classes que dão suporte ao plugin interno de JPEG.
javax.imageio.spi	Contém as interfaces de plugin para leitores, gravadores, transcoders e fluxos, e um registro de runtime.
javax.imageio.stream	Lida com I/O de baixo nível de arquivos e fluxos.

TABELA B-13 Pacotes da API de sons

Pacotes da API de sons	Descrição
javax.sound.midi	Fornece interfaces e classes para I/O, sequenciamento e síntese de dados MIDI (Musical Instrument Digital Interface).
javax.sound.midi.spi	Fornece interfaces para provedores de serviços implementarem ao oferecer novos dispositivos MIDI, leitores e gravadores de arquivos MIDI ou leitores de banco de sons.
javax.sound.sampled	Fornece interfaces e classes para a captura, o processamento e a reprodução de dados de áudio sampleados.
javax.sound.sampled.spi	Fornece classes abstratas para provedores de serviços implementarem ao oferecer novos dispositivos de áudio, leitores e gravadores de arquivos de som e conversores de formato de áudio.

TABELA B-14 Pacotes da API Java de serviços de impressão

Pacotes da API Java de serviços de impressão	Descrição
javax.print	Fornece as principais classes e interfaces da API Java de serviços de impressão.
javax.print.attribute	Fornece classes e interfaces que descrevem os tipos de atributos Java de serviços de impressão e como eles podem ser reunidos em conjuntos de atributos.
javax.print.attribute.standard	Contém classes para atributos de impressão específicos.
javax.print.event	Contém interfaces de ouvintes (*listeners*) e classes de eventos.

TABELA B-15 Pacote de acessibilidade

Pacote de acessibilidade	Descrição
javax.accessibility	Define um contrato entre componentes de UI e a tecnologia assistiva que dá acesso a esses componentes.

Pacotes de segurança

As tabelas a seguir detalham os pacotes Java relacionados à segurança (como pacotes de criptografia).

TABELA B-16 Pacotes de segurança

Pacotes de segurança	Descrição
java.security	Fornece as classes e interfaces para o framework de segurança.
java.security.acl	As classes e interfaces desse pacote foram substituídas pelas classes do pacote java.security.
java.security.cert	Fornece classes e interfaces para a análise e o gerenciamento de certificados, listas de revogação de certificados (CRLs, certificate revocations lists) e caminhos de certificado.
java.security.interfaces	Fornece interfaces para a geração de chaves RSA (algoritmo de codificação assimétrica de Rivest, Shamir e Adleman) como definido na Nota Técnica PKCS#1 do RSA Laboratory, e chaves DSA (Digital Signature Algorithm) como definido no FIPS-186 do NIST.
java.security.spec	Fornece classes e interfaces para especificações de chaves e especificações de parâmetros de algoritmo.
javax.security.auth	Fornece um framework para autenticação e autorização.
javax.security.auth.callback	Fornece as classes necessárias para que os serviços interajam com os aplicativos para recuperar informações (por exemplo, dados de autenticação incluindo nomes de usuário e senhas) ou para exibir informações (como mensagens de erro e aviso).
javax.security.auth.kerberos	Contém classes utilitárias relacionadas ao protocolo de autenticação de rede Kerberos.
javax.security.auth.login	Fornece um framework de autenticação interativo.
javax.security.auth.X500	Contém as classes que devem ser usadas para o armazenamento de credenciais X500 Principal e X500 Private em um *Subject*.
javax.security.auth.spi	Fornece a interface a ser usada na implementação de módulos de autenticação interativos.

(continua)

TABELA B-16 Pacotes de segurança (*continuação*)

Pacotes de segurança	Descrição
javax.security.sasl	Contém classes e interfaces que dão suporte ao Simple Authentication and Security Layer (SASL).
javax.security.cert	Fornece classes para certificados de chave pública.
org.ietf.jgss	Apresenta um framework que faz uso de serviços de segurança como autenticação, integridade de dados e confidencialidade de dados a partir de vários mecanismos de segurança subjacentes como o Kerberos, usando uma API unificada.

TABELA B-17 Pacotes de criptografia

Pacote	Descrição
javax.crypto	Fornece as classes e interfaces para operações criptográficas.
javax.crypto.interfaces	Fornece interfaces para chaves de Diffie-Hellman como definido no PKCS #3 dos RSA Laboratories.
javax.crypto.spec	Fornece classes e interfaces para especificações de chaves e especificações de parâmetros de algoritmo.

Pacotes baseados em XML

A tabela a seguir detalha os pacotes Java relacionados a XML.

TABELA B-18 Pacotes baseados em XML

Pacotes baseados em XML	Descrição
javax.xml	Fornece suporte e constantes da Extensible Markup Language (XML)
javax.xml.bind	Fornece um framework de vinculações em tempo de execução para aplicativos clientes, incluindo recursos de desempacotamento, empacotamento e validação.
javax.xml.bind.annotation	Define anotações de personalização em elementos de programas Java para mapeamento (*marshalling*) de XML Schema.
javax.xml.bind.annotation.adapters	Fornece a classe XmlAdapter e suas subclasses definidas em especificação para permitir que classes Java arbitrárias sejam usadas com o Java Architecture for XML Binding (JAXB).

(continua)

TABELA B-18 Pacotes baseados em XML (*continuação*)

Pacotes baseados em XML	Descrição
javax.xml.bind.attachment	Permite a interpretação e a criação de dados binários otimizados em um formato de pacotes baseado em MIME, implementado por um processador de pacotes baseado em MIME.
javax.xml.bind.helpers	Fornece implementações padrão parciais de algumas das interfaces de javax.xml.bind (usado somente pelo provedor JAXB).
javax.xml.bind.util	Fornece classes de utilitários de clientes úteis.
javax.xml.crypto	Fornece classes comuns para criptografia XML.
javax.xml.crypto.dom	Fornece classes específicas do DOM para o pacote javax.xml.crypto.
javax.xml.crypto.dsig	Fornece classes para geração e validação de assinaturas digitais XML.
javax.xml.crypto.disg.dom	Fornece classes específicas do DOM para o pacote javax.xml.crypto.
javax.xml.crypto.dsig.keyinfo	Fornece classes para análise e processamento de elementos e estruturas KeyInfo.
javax.xml.crypto.dsig.spec	Fornece classes de parâmetros para assinaturas digitais XML.
javax.xml.datatype	Fornece mapeamentos XML/Tipo Java.
javax.xml.namespace	Fornece processamento de espaços de nome XML
javax.xml.parsers	Fornece classes que permitem o processamento de documentos XML.
javax.xml.soap	Fornece a API de criação e construção de mensagens SOAP.
javax.xml.stream	Fornece interfaces e classes que dão suporte a fluxos XML.
javax.xml.stream.events	Fornece interfaces que dão suporte a eventos de fluxos XML.
javax.xml.stream.util	Fornece interfaces e classes que dão suporte a eventos de fluxo.

(continua)

TABELA B-18 Pacotes baseados em XML (*continuação*)

Pacotes baseados em XML	Descrição
javax.xml.transform	Define as APIs genéricas de processamento de instruções de transformação e para a execução de uma transformação da origem para o resultado.
javax.xml.transform.dom	Implementa APIs de transformação específicas do Document Object Model (DOM).
javax.xml.transform.sax	Implementa APIs de transformação específicas do SAX2.
javax.xml.transform.stax	Fornece APIs de transformação específicas do Streaming API for XML (StAX).
javax.xml.transform.stream	Implementa APIs de transformação específicas de fluxos e URIs.
javax.xml.validation	Fornece uma API para validação de documentos XML.
javax.xml.ws	Contém as APIs básicas do Java API for XML Web Services (JAX-WS).
javax.xml.ws.handler	Define APIs para tratadores de mensagens.
javax.xml.ws.handler.soap	Define APIs para tratadores de mensagens SOAP.
javax.xml.ws.http	Define APIs específicas para a HTTP binding.
javax.xml.ws.soap	Define APIs específicas para a SOAP binding.
javax.xml.ws.spi	Define interfaces provedoras de serviços para o JAX-WS.
javax.xml.spi.http	Fornece interfaces provedoras de serviços HTTP para a implantação portável de Web services do JAX-WS em contêineres.
javax.xml.ws.wsaddressing	Define APIs relacionadas ao WS-Addressing.
javax.xml.xpath	Fornece uma API neutra do modelo de objetos para a avaliação de expressões XPath e acesso ao ambiente de avaliação.
org.w3c.dom	Fornece as interfaces do DOM, que é uma API de componentes da API Java de processamento de XML.
org.w3c.dom.bootstrap	Contém uma classe factory que permite que os aplicativos obtenham instâncias da implementação do DOM.
org.w3c.dom.events	Fornece interfaces e classes que dão suporte a eventos do DOM.

(*continua*)

TABELA B-18 Pacotes baseados em XML (*continuação*)

Pacotes baseados em XML	Descrição
org.w3c.dom.ls	Dá suporte a interfaces e exceções de métodos factory do DOM para a criação de objetos de carregamento e salvamento.
org.w3c.dom.views	Fornece views abstratas e de documentos.
org.xml.sax	Fornece as APIs básicas do SAX.
org.xml.sax.ext	Contém interfaces para recursos do SAX2 aos quais drivers compatíveis do SAX não dão necessariamente suporte.
org.xml.sax.helpers	Contém classes auxiliares, que incluem o suporte ao bootstrap de aplicativos baseados no SAX.
javax.jws.soap	Dá suporte a SOAP bindings.
javax.jws	Fornece tipos de anotação em suporte aos Java Web Services.

Pacotes temporais

A tabela a seguir detalha os pacotes temporais da linguagem Java relativos à nova API de data e hora de Java 8.

TABELA B-19 Pacotes baseados em informações temporais

Pacotes temporais	Descrição
java.time	Fornece a principal API de datas, horas, instantes e durações.
java.time.chrono	Fornece a API genérica para sistemas de calendário diferentes do padrão ISO.
java.time.format	Fornece classes de exibição e análise de datas e horas.
java.time.temporal	Dá acesso a data e hora usando campos e unidades, e ajustadores de data e hora
java.time.zone java.time.zone	Dá suporte aos fusos horários e suas regras.

Apêndice C

Palavras-chave Java

abstract	continue	for	new	switch
assert	default	goto	package	synchronized
boolean	do	if	private	this
break	double	implements	protected	throw
byte	else	import	public	throws
case	enum	instanceof	return	transient
catch	extends	int	short	try
char	final	interface	static	void
class	finally	long	strictfp	volatile
const	float	native	super	while

A tabela acima representa todas as palavras-chave Java válidas.

Algumas observações:

- As palavras-chave Java não podem ser usadas como identificadores.
- A palavra-chave enum foi introduzida no J2SE 5.0 (Tiger).
- A palavra-chave assert foi introduzida no J2SE 1.4 (Merlin).
- Os literais reservados true, false e null não são palavras-chave.

Os termos const e goto são palavras-chave Java reservadas que não são usadas funcionalmente. Já que são muito usadas na linguagem C, defini-las como palavras-chave permite que os IDEs e compiladores exibam mensagens de erro melhores quando esses termos são encontrados em um programa Java.

Apêndice D

Convenções de parênteses

Convenções Java para tipos de parênteses

A linguagem de programação Java, como muitas linguagens de programação, faz uso intenso de parênteses. O exame OCA exige o conhecimento dos diferentes tipos de parênteses. A tabela a seguir contém cada tipo de parênteses que aparece no decorrer deste livro e no exame. Ela detalha os nomes dos parênteses como eles são usados na Java Language Specification (JLS) e também nomes comuns alternativos.

Parênteses	Nomenclatura na JLS	Nomenclatura alternativa	Uso
( )	Parênteses	Parênteses arredondados, parênteses curvos, parênteses ovais	Cercam conjuntos de argumentos de um método, envolvem tipos de dados para coerção, ajustam a precedência em expressões aritméticas
{ }	Chaves	Parênteses ondulados	Incluem blocos de código, inicializam arrays
[ ]	Colchetes	Parênteses quadrados, parênteses fechados	Usados com arrays, inicializam arrays
< >	Colchetes angulares	Parênteses de losango	Envolvem tipos genéricos

Convenções variadas para tipos de parênteses

Os caracteres de aspas francesas, como representados na próxima tabela, são usados na Universal Modeling Language (UML). A UML era abordada no exame SCJA, mas não cai no exame OCA. Essa informação está sendo fornecida aqui porque você pode usar UML em algum momento em sua carreira.

Parênteses	Nomenclatura	Nomenclatura alternativa	Uso
« »	Aspas francesas	Aspas angulares	Especificam estereótipos UML

Apêndice E

Padrão Unicode

O Padrão Unicode é um sistema de codificação de caracteres projetado para formar um conjunto de caracteres universal. Esse padrão é mantido pela organização de padrões Unicode Consortium. Os caracteres do conjunto são conhecidos tecnicamente como valores escalares Unicode, em outras palavras, números hexadecimais. Normalmente conhecidos como caracteres Unicode, eles foram organizados principalmente em caracteres de símbolos e de pontuação e em caracteres de escrita, por exemplo, caracteres da linguagem falada.

Em Java, os valores literais podem ser escritos com o uso de Unicode, como mostrado nos exemplos a seguir:

```
int i = '\u0043' + '\u0021'; // 100 (67 + 33)
char[] cArray = {'\u004F','\u0043','\u0041'}; // OCA
```

Tabelas de códigos do padrão Unicode são mantidas pelo consórcio para facilitar a consulta. Você pode acessar as tabelas de códigos de símbolos e pontuação (Code Charts for Symbols and Punctuation) em http://unicode.org/charts/#symbols. As tabelas de códigos de caracteres Unicode de escrita encontram-se em http://unicode.org/charts/index.html.

A documentação atual da Oracle informa que Java SE 8 dá suporte ao Padrão Unicode 6.2.0. O Unicode 6.2.0 adicionou o suporte a mais caracteres, símbolos de escrita e blocos. Java SE 7 introduziu o suporte ao Unicode versão 6.0.0. As informações de caracteres da API de Java SE 6 e J2SE 5.0 são baseadas no padrão Unicode, versão 4.0. As da API de J2SE 1.4 são baseadas no padrão Unicode, versão 3.0. Essas informações de compatibilidade do Unicode podem ser encontradas na documentação da classe Character.

Existem muitos agrupamentos de caracteres do padrão Unicode, como caracteres de linguagem, símbolos de moeda, padrões de Braille, setas e operadores matemáticos. Os caracteres mais usados são os caracteres de pontuação ASCII.

Caracteres de pontuação ASCII

Os primeiros 128 caracteres são os mesmos do conjunto de caracteres American Standard Code for Information Interchange (ASCII). O Unicode Consortium os chama de caracteres de pontuação ASCII. A Tabela E-1 representa esses caracteres. Os valores \u0000 a \u001F e \u007F representam caracteres ASCII não imprimíveis. Os valores \u0020 a \u007E representam caracteres ASCII imprimíveis. O caractere \u0020 representa um espaço em branco. Como exemplo, o espaço também poderia ser referenciado por seu equivalente em decimais (isto é, 32), seu equivalente em octais (040), seu equivalente em HTML ( ) ou diretamente por seu caractere imprimível, como em char c = ' ';.

TABELA E-1 Caracteres ASCII imprimíveis e não imprimíveis

	000	001	002	003	004	005	006	007
0	NUL	DLE	SP	0	@	P	`	p
1	SOH	DC1	!	1	A	Q	a	q
2	STX	DC2	"	2	B	R	b	r
3	ETX	DC3	#	3	C	S	c	s
4	EOT	DC4	$	4	D	T	d	t
5	ENQ	NAK	%	5	E	U	e	u
6	ACK	SYN	&	6	F	V	f	v
7	BEL	ETB	'	7	G	W	g	w
8	BS	CAN	(	8	H	X	h	x
9	HT	EM	)	9	I	Y	i	y
A	LF	SUB	*	:	J	Z	j	z
B	VT	ESC	+	;	K	[	k	{
C	FF	FS	,	<	L	\	l	|
D	CR	GS	-	=	M	]	m	}
E	SO	RS	.	>	N	^	n	~
F	SI	US	/	?	O	_	o	DEL

Os tutoriais Java online fornecem mais informações sobre o padrão Unicode da indústria: http://docs.oracle.com/javase/tutorial/i18n/text/unicode.html.

Apêndice F

Algoritmos em pseudocódigo

Os algoritmos em pseudocódigo foram abordados na versão anterior do exame. A abordagem foi removida do atual exame OCA. Logo, incluímos esse conteúdo como complemento. Na vida real é importante ter familiaridade com os algoritmos em pseudocódigo e isso o ajudará se você estiver examinando materiais de teste antigos.

> *Nota   Já que você não precisa conhecer algoritmos em pseudocódigo para fazer o exame OCA, o estudo deste apêndice é opcional.*

Implementando algoritmos relacionados a instruções a partir de pseudocódigo

O pseudocódigo é uma maneira estruturada de permitir que projetistas representem algoritmos de programação de computadores em um formato legível por humanos. Ele é escrito informalmente e tem natureza compacta e de alto nível. Ainda que o pseudocódigo não precise estar ligado a nenhuma linguagem de software específica, normalmente o projetista cria os algoritmos de acordo com convenções estruturais da linguagem.

Você deve estar pensando, "Ei, parece ótimo trabalhar com pseudocódigo! Como posso começar a escrever algoritmos de alta qualidade em pseudocódigo?". Bem, não fique tão empolgado. Não existe um padrão para a criação de pseudocódigo, já que seu principal objetivo é ajudar os projetistas a construir algoritmos em sua própria linguagem. Com tantas linguagens distintas com diferenças e paradigmas estruturais variados, seria impossível criar um padrão de pseudocódigo aplicável a todas elas. Basicamente, a criação de pseudocódigo permite a produção rápida e objetiva de algoritmos de acordo com a lógica e não com a sintaxe da linguagem.

Nas próximas seções serão discutidos os tópicos a seguir apresentados, discorrendo sobre o trabalho com pseudocódigo básico e a conversão em algoritmos em pseudocódigo em código Java com ênfase nas instruções:

- Algoritmos em pseudocódigo
- Algoritmos em pseudocódigo e Java

Algoritmos em pseudocódigo

O exame anterior apresentava algoritmos em pseudocódigo. O candidato tinha que decidir qual segmento de código Java implementava corretamente os algoritmos. Isso foi complicado, já que os algoritmos em pseudocódigo não precisavam representar a sintaxe Java, mas os segmentos de código Java tinham que estar estruturalmente e sintaticamente exatos para estar corretos.

Vejamos um algoritmo em pseudocódigo:

```
valor := 20
IF valor >= 1
  exibir o valor
ELSEIF valor = 0
  exibir o valor
ELSE
  exibir "menor do que zero"
ENDIF
```

Navegando na Internet, você chegará à conclusão de que não há uma convenção universalmente aceita para representar pseudocódigo. Para fins de demonstração, a Ta-

TABELA F-1 Convenções de pseudocódigo

Elemento de pseudocódigo	Convenção de pseudocódigo	Exemplo Java
Atribuição	variável := valor	wreckYear = 1511;

Instrução if	IF condição THEN
	  //sequência de instruções
	ELSEIF
	  //sequência de instruções
	ELSE
	  //sequência de instruções
	ENDIF
		if (wreckYear == 1502)
		  wreck = "Santa Ana";
		else if (wreckYear == 1503)
		  wreck = "Magdalena";
		else
		  wreck = "Unknown";

Instrução switch	CASE expressão da
	  Condição A:
	sequência de instruções
	  Condição B:
	sequência de instruções
	  Default:
	sequência de instruções
	ENDCASE
		switch (wreckYear) {
		case 1502:
		  wreck = "Santa Ana";
		  break;
		case 1503:
		  wreck = "Magdalena";
		  break;
		default:
		  Wreck = "Unknown"
		}

Instrução while	WHILE condição
	  //sequência de instruções
	ENDWHILE
		while (n < 4) {
		  System.out.println(i);
		  n++;
		}

Instrução for	FOR limites da iteração
	  //sequência de instruções
	ENDFOR
		for (int i=0; i<j; i++) {
		  System.out.println(i);
		}

bela F-1 fornece uma ideia geral de como uma forma típica de representar pseudocódigo pode ser convertida em Java.*

Algoritmos em pseudocódigo e Java

O pseudocódigo pode ser um fragmento de um arquivo-fonte completo e ele não estará errado se faltarem algumas declarações de primitivos. No entanto, instruções condicionais e de iteração são sempre representadas inteiramente.

Vejamos alguns exemplos. Aqui está um algoritmo em pseudocódigo:

```
fishingRods := 5
fishingReels := 4
IF fishingRods does not equal fishingReels THEN
  print "We are missing fishing equipment"
ELSE
  print "The fishing equipment is all here"
ENDIF
```

E essa é uma implementação em Java:

```
int fishingRods = 5;
int fishingReels = 4;
if (fishingRods != fishingReels)
  System.out.print("We are missing fishing equipment");
else
  System.out.print("The fishing equipment is all here");
```

Este apêndice fez uso da página "PSEUDOCODE STANDARD" do site da Cal Poly State University. Os autores fizeram um ótimo trabalho na proposta de um padrão: http://users.csc.calpoly.edu/~jdalbey/SWE/pdl_std.html.

---

*N. de RT.: Pseudocódigo geralmente é escrito no idioma da cultura dos projetistas; portanto, é possível escrever "algoritmos em português" usando, por exemplo, as palavras-chave SE, ENTÃO, ENQUANTO, PARA, CADA etc.

Apêndice G
Unified Modeling Language

A especificação da Unified Modeling Language (UML) define uma linguagem de modelagem para a especificação, apresentação, construção e documentação de elementos de sistemas orientados a objetos. A UML será abordada aqui para fornecer uma visão geral que complemente os diagramas UML que aparecem neste livro.

O padrão UML resultou dos trabalhos de técnica de modelagem de objetos de James Rumbaugh, do "método Booch" de Grady Booch e do método de engenharia de software orientada a objetos de Ivar Jacobson. O esforço colaborativo desse trio os fez ganhar o nome "The Three Amigos". As origens de seus esforços, que culminaram no padrão UML, estão detalhadas na Tabela G-1.

A especificação UML moderna, mantida pelo Object Management Group (OMG), passou por várias revisões, como representado na Tabela G-2. A especificação formal mais recente (UML 2.4.1) é composta por quatro partes. As duas primeiras partes são a "OMG UML Infrastructure Specification version 2.4.1" e a "OMG UML Superstructure Specification version 2.4.1". A especificação da infraestrutura tem um enfoque mais restrito voltado a estruturas baseadas em classes e contém todas as informações essenciais que você precisa conhecer. A especificação da superestrutura detalha estruturas de nível de usuário e interage com a especificação da infraestrutura para que as duas partes possam ser integradas em um único volume no futuro. As partes restantes são a "Object Constraint Language (OCL)" para a definição de regras de elementos do modelo e a "UML Diagram Interchange" usada para a definição do intercâmbio de layouts de diagramas UML 2. As versões atuais das especificações podem ser obtidas no OMG em www.omg.org/spec/UML/Current. Em resumo, este apêndice o ensinará a reconhecer os principais elementos dos diagramas e os relacionamentos usados pela UML.

TABELA G-1 Metodologias de orientação a objetos anteriores à UML

Criadores do método	Método	Ênfase	Ano
James Rumbaugh, Michael Blaha, William Premerlani, Frederick Eddy, William Lorensen	Técnica de Modelagem de Objetos (OMT, Object Modeling Technique)	Análise orientada a objetos (OOA, Object-oriented analysis)	1991
Ivar Jacobson	Método Objectory, engenharia de software orientada a objetos (OOSE, object-oriented software engineering)	Engenharia de software orientada a objetos (OOSE)	1992
Grady Booch	Método Booch	Design orientado a objetos (OOD, Object-oriented design)	1993

TABELA G-2 Evolução das especificações UML

Especificações UML formais do OMG	Data de lançamento	Alterações significativas da versão
UML 2.5 – Beta 2	Setembro de 2013	Versão beta, com dois conjuntos de erros sintáticos que serão corrigidos na UML 2.6
UML 2.4.1	Agosto de 2011	Atributo de pacote URI adicionado, ações e eventos atualizados, estereótipos refinados, várias revisões referentes à versão 2.3
UML 2.3	Maio de 2010	Classificador final adicionado, diagramas de componentes atualizados, estruturas compostas, associações esclarecidas, várias revisões na versão 2.2.
UML 2.2	Fevereiro de 2009	Adoção do diagrama de perfis, várias revisões
UML 2.1.2	Novembro de 2007	Várias revisões menores. Correções de bugs foram resolvidas
UML 2.1.1	Agosto de 2007	Atualizações menores incluindo a implementação de redefinição e associação bidirecional
UML 2.0	Julho de 2005	Várias alterações, melhorias e acréscimos, incluindo um melhor suporte aos modelos estrutural e comportamental
UML 1.3, UML 1.4.X, UML 1.5	Várias	Muitas revisões menores e correções de bugs resolvidas
UML 1.1	Novembro de 1997	O OMG adotou formalmente a UML

O conjunto completo de 14 diagramas do padrão UML 2.4 é mostrado na Tabela G-3.

Duas áreas focais intimamente relacionadas da linguagem UML serão abordadas neste apêndice. Uma versa sobre o reconhecimento de artefatos simples de estruturas de classes e os princípios básicos da orientação a objetos. A outra está relacionada à apresentação de recursos UML de relacionamentos entre classes.

Como nosso primeiro elemento UML – nesse caso, o chamaremos de ícone - analisaremos os ícones de pacote do Java SE representados na Figura G-1. Normalmente os ícones de pacote são representados por uma pasta com o nome do pacote localizado no compartimento superior esquerdo, também conhecido como aba. Opcionalmente, o nome do pacote também pode ser inserido no compartimento maior, como mostrado na Figura G-1, como costuma ser feito quando não há outros elementos UML no ícone. O ícone de pacote não cai no teste, mas o incluímos em vários diagramas para exibir pacotes que contêm representações de classes

TABELA G-3 Tipos de diagramas UML

Diagramas de estrutura	Diagramas de comportamento	Diagramas de interação
Diagrama de classes	Diagrama de atividades	Diagrama de comunicação
Diagrama de componentes	Diagrama de máquina de estados	Diagrama de visão geral de interação
Diagrama de estrutura composta	Diagrama de casos de uso	Diagrama de sequência
Diagrama de implantação		Diagrama de tempo
Diagrama de objetos		
Diagrama de pacotes		
Diagrama de perfis		

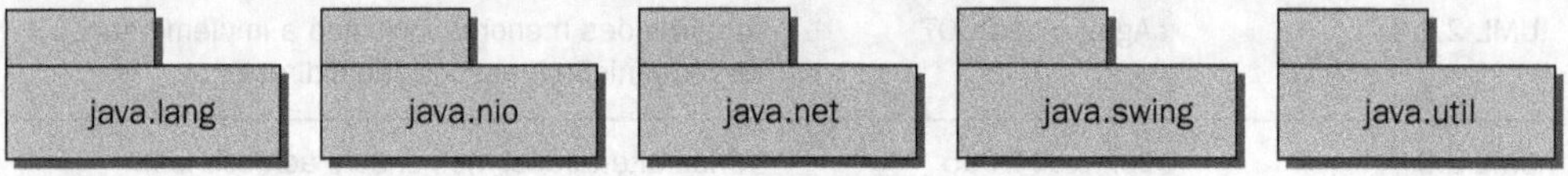

FIGURA G-1 Ícones de pacote da UML

Esse é um bom momento para examinarmos as informações básicas sobre UML que você precisa conhecer. Este apêndice está repleto de detalhes sobre a representação desses elementos UML. Após lê-lo, você conseguirá reconhecer todos os principais elementos da UML, assim como os relacionamentos entre eles.

Reconhecendo representações de elementos UML significativos

Pode ser muito divertido conhecer os diferentes elementos da UML, e a sensação de destreza que você terá quando dominar a arte de ler e escrever diagramas de relacionamentos de classes com UML será igualmente gratificante.

Nossa abordagem inicial enfocará os diagramas de classes. Os compartimentos de atributos e operações e os modificares de visibilidade também serão abordados. Quando terminar de ler esta seção, você saberá como reconhecer os elementos de classe básicos da UML. Esses tópicos serão abordados nas seguintes subseções:

- Diagramas de classes concretas, classes abstratas e interfaces
- Atributos e operações
- Modificadores de visibilidade

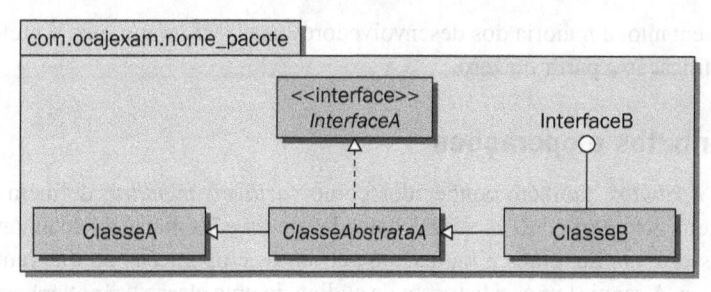

FIGURA G-2 Diagrama de classes.

Diagramas de classes concretas, classes abstratas e interfaces

Uma das maneiras mais simples de representar classes e interfaces em UML é exibindo os diagramas de classes só com seus compartimentos de nome. Isso também é verdade na representação de implementações de interface e heranças de classe. A Figura G-2 mostra duas interfaces, duas classes, uma classe abstrata e seus relacionamentos de generalização e realização. As classes abstratas, as classes concretas e as interfaces são representadas em um retângulo com seus nomes em negrito. As classes abstratas usam itálico. As interfaces são prefaciadas pela palavra "interface" entre caracteres de aspas francesas, dessa forma: <<interface>>. Opcionalmente, uma interface pode ser exibida com seu nome ao lado do "elemento pirulito", como em InterfaceB na figura.

Os relacionamentos de generalização e realização entre as classes da Figura G-2 serão explicados com mais detalhes nas próximas seções.

Generalização

A *generalização* é expressa como um relacionamento *é-um*, em que uma classe permite que seus atributos e operações mais gerais sejam herdados. Na Figura G-2, ClasseB herda de *ClasseAbstrataA* e também de ClasseA. *ClasseAbstrataA* herda de ClasseA. Também podemos dizer que ClasseB *é-uma ClasseAbstrataA*, ClasseB *é-uma* ClasseA e *ClasseAbstrataA é-uma* ClasseA. E que ClasseA e *ClasseAbstrataA* são superclasses de ClasseB, e, apropriadamente, ClasseB seria sua subclasse. O relacionamento de generalização é mostrado na figura com uma linha sólida e uma ponta de seta branca fechada.

Realização

Realização é o princípio geral da implementação de uma interface. *ClasseAbstrataA* implementa a interface chamada InterfaceA. ClasseB implementa a interface chamada InterfaceB. O relacionamento de realização é mostrado com linha tracejada e uma ponta de seta branca fechada ou o elemento pirulito.

Engenharia de código a partir de diagramas UML

A UML oferece muitas vantagens; ela não está restrita a explicar códigos existentes. Quando um arquiteto ou projetista de sistemas modela as classes de um aplicativo específico, alguém tem que desenvolver o código desses modelos. Muitas ferramentas de modelagem UML podem gerar automaticamente a estrutura de código dos modelos.

No entanto, a maioria dos desenvolvedores usa UML como guia e prefere começar sua codificação a partir do zero.

Atributos e operações

Os *atributos*, também conhecidos como *variáveis membro*, definem o estado de um objeto. As *operações*, às vezes chamadas de *funções membro*, detalham os métodos da classe. Examinaremos a inclusão de atributos e operações ao diagrama UML de uma classe. A seguir temos a listagem de código de uma classe PrimeNumber arbitrária. Mostraremos essa classe em UML.

```java
import java.util.ArrayList;
import java.util.List;
public class PrimeNumber {
   private Boolean isPrime = true;
   private Double primeSquareRoot = null;
   private List<String> divisorList = new ArrayList<>();
   public PrimeNumber(long candidate) {
      validatePrime(candidate);
   }
   public void validatePrime(Long c) {
      primeSquareRoot = Math.sqrt(c);
      isPrime = true;
      for (long j = 2; j <= primeSquareRoot.longValue(); j++) {
         if ((c % j) == 0) {
            divisorList.add(j + "x" + c / j);
            isPrime = false;
         }
      }
   }
   public List getDivisorList() {
      return divisorList;
   }
   public Double getPrimeSquareRoot() {
      return primeSquareRoot;
   }
   public Boolean getIsPrime() {
      return isPrime;
   }
   public void setIsPrime(Boolean b) {
      isPrime = b;
   }
}
```

Antes de examinar o(s) diagrama(s) UML associado(s), verificaremos o escopo e o formato requerido para as informações contidas dentro dos compartimentos de atributos e operações.

Compartimento de atributos

O compartimento de atributos contém os atributos, ou as variáveis membro, das classes. Opcionalmente, ele pode estar presente logo abaixo do compartimento de nome do diagrama de classe. O uso de UML para cada variável do compartimento de atributos é detalhado. A título de conhecimento geral, é útil conhecer o seguinte formato condensado dos atributos:

[<visibilidade>] <nome_variável> [:<tipo>] [= valor_padrão]

Aqui, visibilidade define o modificador de visibilidade exibido opcionalmente. O nome seria o nome da variável e o tipo seria o seu tipo.

Compartimento de operações

O compartimento de operações contém as operações, ou as funções membro/métodos, das classes. Opcionalmente, ele pode estar presente sob o compartimento de atributos do diagrama de classes. Se o compartimento de atributos for excluído, o compartimento de operações poderá ficar sob o compartimento de nome do diagrama. O uso de UML para cada método do compartimento de operações é detalhado. Também é útil conhecer o formato condensado das operações:

[<visibilidade>] <nome_método> [<lista-parâmetros>] [: <tipo_retorno>]

Visibilidade define o modificador de visibilidade exibido opcionalmente. O nome seria o nome do método, a lista de parâmetros exibida opcionalmente é o que o seu nome sugere e o mesmo ocorre para o tipo de retorno.

Exibindo os compartimentos de atributos e operações

A exibição de informações de nível detalhado é opcional para a maioria dos elementos da UML. Isso também é verdadeiro para as variáveis membro e os métodos dos compartimentos de atributos e operações. A Figura G-3 mostra um uso mais completo como definido nas seções dos compartimentos.

Na Figura G-4, uma representação mais condensada de usos de atributos e operações é mostrada.

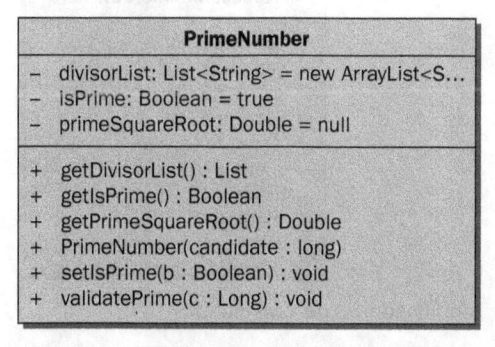

```
                PrimeNumber
  – divisorList: List<String> = new ArrayList<S...
  – isPrime: Boolean = true
  – primeSquareRoot: Double = null

  + getDivisorList() : List
  + getIsPrime() : Boolean
  + getPrimeSquareRoot() : Double
  + PrimeNumber(candidate : long)
  + setIsPrime(b : Boolean) : void
  + validatePrime(c : Long) : void
```

FIGURA G-3 Compartimentos de atributos e operações detalhados.

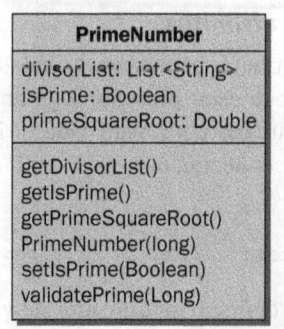

```
         PrimeNumber
divisorList: List<String>
isPrime: Boolean
primeSquareRoot: Double

getDivisorList()
getIsPrime()
getPrimeSquareRoot()
PrimeNumber(long)
setIsPrime(Boolean)
validatePrime(Long)
```

FIGURA G-4 Compartimentos de atributos e operações abreviados.

As duas representações a seguir são válidas. Se estudar bem isso, você não terá problemas ao trabalhar com UML.

Para atributos: `<nome_variável> [:<tipo>]`

Para operações: `<nome_método> [<lista_parâmetros>]`

Modificadores de visibilidade

Como você sabe, há quatro modificadores de acesso: *public*, *private*, *protected* e *privado de pacote*. Esses modificadores são representados com símbolos em UML e são usados de forma abreviada nos compartimentos de atributos e operações de um diagrama de classe. Os símbolos são conhecidos como *modificadores de visibilidade* ou *indicadores de visibilidade*. O indicador de visibilidade do modificador de acesso *public* é o sinal de adição (+). O indicador de visibilidade do modificador de acesso *private* é o sinal de subtração (–), o do modificador de acesso *protected* é o sinal de jogo das velha (#) e o do modificador *privado de pacote* é o til (~). Todos os quatro modificadores de visibilidade são mostrados na Figura G-5 dentro de compartimentos de atributos e operações. Os indicadores de visibilidade também são opcionais e não precisam ser exibidos.

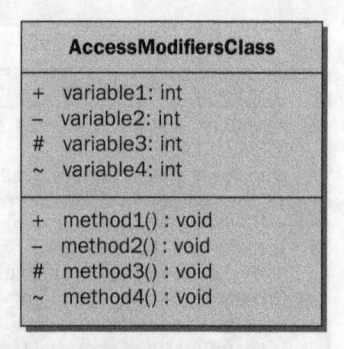

```
      AccessModifiersClass
+   variable1: int
−   variable2: int
#   variable3: int
~   variable4: int

+   method1() : void
−   method2() : void
#   method3() : void
~   method4() : void
```

FIGURA G-5 Modificadores de visibilidade.

Várias ferramentas de modelagem UML estão disponíveis gratuitamente e comercialmente no mercado. Conhecê-las o tornará mais produtivo no ambiente de trabalho, o ajudará a ser colaborativo e lhe conferirá um perfil mais profissional.

Reconhecendo representações de associações UML

A seção anterior solidificou seu conhecimento sobre os diagramas de classes básicos e seus componentes principais. Esta seção enfocará os relacionamentos entre classes no que diz respeito a suas associações e composições. Indicadores de multiplicidade e nomes de papéis (*roles*) também serão detalhados para ajudá-lo a especificar os relacionamentos entre as classes. Ao terminar a seção, você saberá como reconhecer os conectores usados entre as classes e como interpretar os indicadores de multiplicidade e os nomes de papéis especificados. Os tópicos a seguir serão abordados:

- Caminhos gráficos
- Especificadores de relacionamento

Caminhos gráficos

Os caminhos gráficos do diagrama de estrutura, também definidos como relacionamentos entre classes, incluem notações para agregação, associação, composição e dependência, como mostrado na Figura G-6. Os caminhos gráficos da generalização e da realização foram abordados na seção anterior.

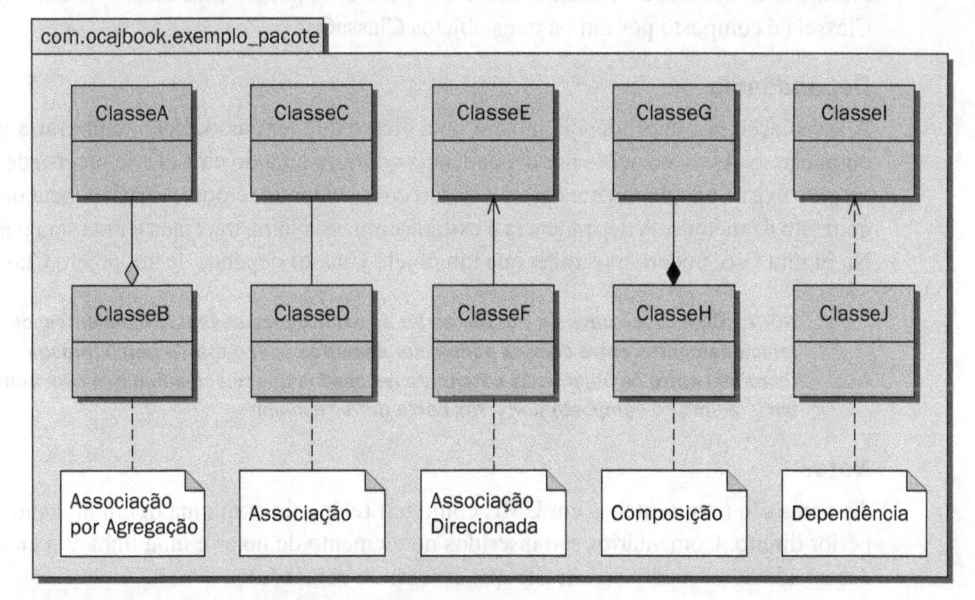

FIGURA G-6 Notações dos caminhos gráficos.

Associação por agregação

A associação por agregação mostra uma única classe como proprietária de uma ou mais classes. A agregação é exibida com uma linha sólida e um losango não preenchido. O losango fica no lado do classificador. Na Figura G-6, poderíamos dizer que um objeto ClasseA faz parte de um objeto ClasseB.

Associação

Uma associação que não esteja marcada com setas de navegabilidade pode ser navegada nas duas direções. Logo, cada extremidade da associação é de propriedade do classificador oposto. A associação é representada com uma linha sólida. Na Figura G-6, poderíamos dizer que há uma associação entre os objetos ClasseC e ClasseD.

Associação direcionada

Uma associação tem navegação (direcionada) quando é marcada com uma seta de navegabilidade, também descrita como seta palito. A seta da associação direcionada representa navegação na direção da sua extremidade. O classificador tem a posse da extremidade marcada e a extremidade não marcada é de propriedade da associação. Além de usar a seta de navegabilidade, a associação direcionada é exibida com uma linha sólida. Na Figura G-6, poderíamos dizer que um objeto ClasseE tem um objeto ClasseF.

Composição

A associação por composição mostra uma classe que é composta por uma ou mais classes. As partes/classes componentes só persistem durante a existência da classe que elas compõem. A composição é exibida com uma linha sólida e um losango preenchido. O losango fica no lado do classificador. Na Figura G-6, poderíamos dizer que um objeto ClasseH é composto por um ou mais objetos ClasseG.

Dependência

A associação por dependência mostra uma classe que tem associação temporária com outra classe. As associações por dependência ocorrem quando uma classe precisa de outra para existir ou quando um objeto é usado como valor de retorno, variável local ou argumento de método. A dependência é exibida com uma linha tracejada e uma seta palito. Na Figura G-6, poderíamos dizer que um objeto ClasseJ depende de um objeto ClasseI.

> **NOTA** Como você deve ter notado ao ler as explicações dos relacionamentos, os relacionamentos entre classes podem ser descritos com o uso de catchphrases (bordões) entre os objetos. As catchphrases usadas nos relacionamentos são "tem-um", "é-um", "é composto por", "faz parte de" e "usa-um".

Notas

As notas são representadas em UML como um retângulo com uma dobra no canto superior direito. Comentários são inseridos no elemento de notas e uma linha tracejada é desenhada do elemento ao artefato que está sendo comentado.

Especificadores de relacionamento

Às vezes representar relacionamentos com os elementos UML básicos como os diagramas de classe e conectores não é suficiente para mostrar a relação real que existe entre as classes. Um leitor poderia ver claramente que existe um relacionamento, mas querer saber mais com relação às restrições e à interação em alto nível. Os indicadores de multiplicidade e os nomes de papéis são especificadores usados para definir e esclarecer ainda mais os relacionamentos.

Indicadores de multiplicidade

Indicadores de multiplicidade são representações numéricas usadas para mostrar o número de objetos que podem ou devem ser usados em uma associação. A Tabela G-4 defi-

TABELA G-4 Indicadores de multiplicidade e seus significados

Indicadores de multiplicidade	Exemplo	Significado do indicador de multiplicidade
*	*	O(s) objeto(s) da classe de origem pode(m) ter conhecimento da existência de muitos objetos da classe de destino.
0	0	O(s) objeto(s) da classe de origem não tem conhecimento da existência de nenhum objeto da classe de destino. Essa notação não é normalmente usada.
1	1	O(s) objeto(s) da classe de origem deve(m) ter conhecimento da existência de exatamente um objeto da classe de destino.
[x]	10	O(s) objeto(s) da classe de origem deve(m) ter conhecimento da existência do número de objetos especificado da classe de destino.
0..*	0..*	O(s) objeto(s) da classe de origem pode(m) ter conhecimento da existência de zero ou mais objetos da classe de destino.
0..1	0..1	O(s) objeto(s) da classe de origem pode(m) ter conhecimento da existência de zero ou um objeto da classe de destino.
0..[x]	0..5	O(s) objeto(s) da classe de origem pode(m) ter conhecimento da existência de zero ou mais objetos da classe de destino.
1..*	1..*	O(s) objeto(s) da classe de origem deve(m) ter conhecimento da existência de um ou mais objetos da classe de destino.
1..[x]	1..7	O(s) objeto(s) da classe de origem deve(m) ter conhecimento da existência de um ou de, no máximo, o número de objetos especificado da classe de destino.
[x]..[y]	3..9	O(s) objeto(s) da classe de origem deve(m) ter conhecimento da existência dos objetos da classe de destino que se encontrem dentro do intervalo especificado.
[x]..[y],[z]	4..7,10	O(s) objeto(s) da classe de origem deve(m) ter conhecimento dos objetos da classe de destino que se encontrem dentro do intervalo especificado ou dentro da quantidade especificada.

ne os significados dos diferentes indicadores de multiplicidade. Se uma extremidade da associação não exibir um indicador de multiplicidade, presume-se que o valor seja 1. Os indicadores de multiplicidade podem assumir a forma de um único valor ou ser representados como um relacionamento limitado (<limiteinferior>..<limitesuperior>).

Os indicadores de multiplicidade que estão em uso estão representados na Figura G-7. Nela vemos o seguinte: objetos ResearchStation precisam ter conhecimento da existência de 20 ou mais objetos ResearchBuoy. Os objetos ResearchBuoy precisam ter conhecimento da existência de pelo menos um ResearchStation. Cada ResearchBuoy deve ser composto por zero ou mais objetos GpsDevice.

Nomes de papéis nas associações

Normalmente, os nomes de papéis são empregados para esclarecer o uso dos objetos associados e suas multiplicidades. Na Figura G-8, vemos que o objeto ResearchStation (EstaçãoDePesquisa) interroga (interrogates) o objeto ResearchBuoy (BoiaDePesquisa). Sem esse nome de papel descritivo, o relacionamento poderia ficar confuso. Também podemos deduzir que o objeto ResearchStation tem conhecimento da existência de 20 objetos ResearchBuoy e que cada objeto ResearchBuoy está associado a um ou mais objetos ResearchStation.

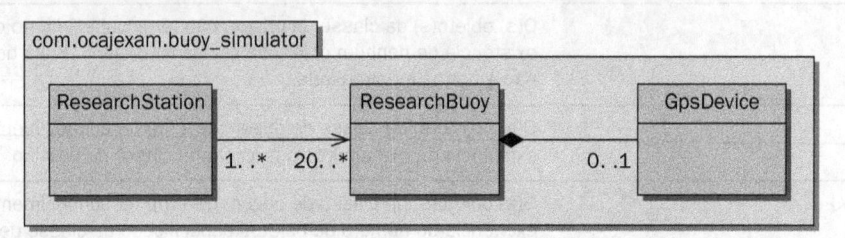

FIGURA G-7 Indicadores de multiplicidade.

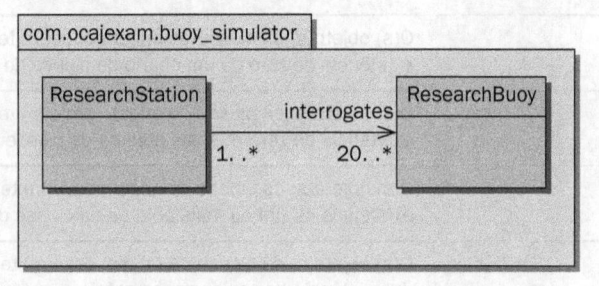

FIGURA G-8 Nome de papel na associação.

Apêndice H

Interfaces funcionais

O JDK 1.8 inclui interfaces funcionais (FIs) de uso específico e de uso geral. Uma maneira fácil de localizar FIs é procurando a anotação @FunctionalInterface no código-fonte. O código-fonte do Java SE 8 foi incluído nos arquivos src.zip e javafx-src.zip que são distribuídos com o JDK.

A lista a seguir foi produzida a partir da captura (via comando "grep") do código-fonte do JavaFX residente no diretório javafx-src. As FIs dessa listagem podem ser consideradas interfaces funcionais de uso específico (SPFIs, Specific Purpose FIs) do JavaFX. É bom ressaltar que você pode executar grep em máquinas baseadas em POSIX ou em máquinas Windows com o CYGWIN instalado.

```
$ grep -r "@FunctionalInterface"
com/sun/javafx/css/parser/Recognizer.java:@FunctionalInterface
com/sun/javafx/iio/bmp/BMPImageLoaderFactory.java:@FunctionalInterface
javafx/animation/Interpolatable.java:@FunctionalInterface
javafx/beans/InvalidationListener.java:@FunctionalInterface
javafx/beans/value/ChangeListener.java:@FunctionalInterface
javafx/collections/ListChangeListener.java:@FunctionalInterface
javafx/collections/MapChangeListener.java:@FunctionalInterface
javafx/collections/SetChangeListener.java:@FunctionalInterface
javafx/event/EventHandler.java:@FunctionalInterface
javafx/util/Builder.java:@FunctionalInterface
javafx/util/BuilderFactory.java:@FunctionalInterface
javafx/util/Callback.java:@FunctionalInterface
```

FIs de uso específico

As FIs de uso específico foram projetadas para dar suporte a pacotes em que estejam incluídas, como vimos com as SPFIs do JavaFX. Você pode examinar o código-fonte das FIs de uso específico em novas distribuições Java (conforme forem lançadas) para ver quais interfaces adicionais foram disponibilizadas para uso.

Várias FIs de uso específico estão listadas na Tabela H-1. Os métodos padrão e os métodos estáticos são opcionais em FIs. No entanto, das FIs listadas na Tabela H-1, só a interface Comparator precisava de métodos padrões e estáticos.

TABELA H-1 Interfaces funcionais de uso específico

API	Interface funcional – Assinatura de método abstrato
AWT java.awt	`public interface KeyEventDispatcher {` `boolean dispatchKeyEvent(KeyEvent e);}`
AWT java.awt	`public interface KeyEventPostProcessor {` `boolean postProcessKeyEvent(KeyEvent e);}`
IO básico java.io	`public interface FileFilter {` `boolean accept(File pathname);}`
IO básico java.io	`public interface FilenameFilter {` `boolean accept(File dir, String name);}`
Concorrência java.util.concurrent	`public interface Callable <V> {` `V call() throws Exception;}`
Data e hora java.time.temporal	`public interface TemporalAdjuster {` `Temporal adjustInto(Temporal temporal);}`
Data e hora java.time.temporal	`public interface TemporalQuery <R> {` `R queryFrom(TemporalAccessor temporal);}`
Linguagem java.lang	`public interface Runnable {` `public abstract void run();}`

Log
java.util.logging
	`public interface Filter {`
	`public boolean isLoggable`
	`   (LogRecord record);}`

NIO 2
java.nio.file
	`// inside DirectoryStream`
	`public static interface Filter <T> {`
	`boolean accept(T entry) throws IOException;}`

NIO 2 java.nio.file	`public interface PathMatcher{` `boolean matches(Path path); }`

Preferências
java.util.prefs
	`public interface PreferenceChangeListener{`
	`void preferenceChange`
	`   (PreferenceChangeEvent evt);}`

Utilitários java.util	`public interface Comparator <T> {` `int compare(T o1, T o2);}`

FIs de uso geral

As FIs de uso geral foram projetadas para dar suporte a recursos primários do JDK. Essas FIs residem em `java.util.function`. Todas as FIs de uso geral disponíveis no JDK 1.8-40 estão listadas na Tabela H-2, junto com as assinaturas de seu único método abstrato.

TABELA H-2 Interfaces funcionais de uso geral

Interface funcional	Assinatura do método abstrato
Predicado	
Predicate	boolean test(T t);
BiPredicate	boolean test(T t, U u);
DoublePredicate	boolean test(double value);
IntPredicate	boolean test(int value);
LongPredicate	boolean test(long value);
Consumidor	
Consumer	void accept(T t);
BiConsumer	void accept(T t, U u);
DoubleConsumer	void accept(double value);
IntConsumer	void accept(int value);
LongConsumer	void accept(long value);
ObjDoubleConsumer	void accept(T t, double value);
ObjIntConsumer	void accept(T t, int value);
ObjLongConsumer	void accept(T t, long value);
Fornecedor	
Supplier	T get();
BooleanSupplier	boolean getAsBoolean();
DoubleSupplier	double getAsDouble();
IntSupplier	int getAsInt();
LongSupplier	long getAsLong();
Função	
Function	R apply(T t);
BiFunction	R apply(T t, U u);

(continua)

TABELA H-2 Interfaces funcionais de uso geral (*continuação*)

Interface funcional	Assinatura do método abstrato
DoubleFunction	R apply(double value);
IntFunction	R apply(int value);
LongFunction	R apply(long value);
ToDoubleBiFunction	applyAsDouble (T t, U u)
ToDoubleFunction	double applyAsDouble(T t, U u);
IntToDoubleFunction	double applyAsDouble(int value);
LongToDoubleFunction	double applyAsDouble(long value);
ToIntBiFunction	int applyAsInt(T t, U u);
ToIntFunction	int applyAsInt(T value);
LongToIntFunction	int applyAsInt(long value);
DoubleToIntFunction	int applyAsInt(double value);
ToLongBiFunction	long applyAsLong(T t, U u);
ToLongFunction	long applyAsLong(T value);
DoubleToLongFunction	long applyAsLong(double value);
IntToLongFunction	long applyAsLong(int value);
Operador	
BinaryOperator	R apply(T t, U u);
DoubleBinaryOperator	double applyAsDouble (double left, double right);
IntUnaryOperator	int applyAsInt(int operand);
IntBinaryOperator	int applyAsInt(int left, int right);
LongUnaryOperator	long applyAsLong(long operand);
LongBinaryOperator	long applyAsLong(long left, long right);
DoubleUnaryOperator	double applyAsDouble(double operand);
UnaryOperator	R apply(T t);

Apêndice I

Material complementar

Visite o site do Grupo A (loja.grupoa.com.br) e busque, na página do livro, o ícone Conteúdo Online. Lá você encontrará um link para download do material complementar em inglês. O arquivo inclui o software Oracle Press Practice Exam que simula o exame 1Z0-808, um arquivo de projeto Enterprise Architect, exemplos de código do livro e uma cópia do volume em inglês em formato PDF. O software é fácil de instalar em qualquer computador Mac ou Windows, e deve ser instalado para tornar possível o acesso ao recurso Practice Exam. Você também pode navegar no livro eletrônico e acessar os conteúdos adicionais do arquivo sem precisar qualquer instalação.

Como baixar o material complementar

Para ter acesso ao conteúdo complementar deste livro, você precisa fazer o download do arquivo e salvá-lo em seu computador:

Etapa 1   Acesse o nosso site, loja.grupoa.com.br.

Etapa 2   Cadastre-se gratuitamente, caso ainda não seja cadastrado.

Etapa 3   Encontre o livro por meio do campo de busca do site.

Etapa 4   Clique no link Conteúdo Online e faça o download do arquivo Material complementar.

Requisitos de sistema

O software requer Microsoft Windows XP, Windows Server 2003, Windows Server 2008, Windows Vista Home Premium, Business, Ultimate ou Enterprise (inclusive edições de 64bits) com o Service Pack 2, ou ainda o Windows 7 ou o Mac OS X 10.6 e 10.7 com no mínimo 512MB de RAM, sendo recomendado 1GB. O livro eletrônico requer o Adobe Acrobat Reader.

Software de exame prático da Oracle Press

Consulte a seção a seguir para obter informações de como instalar e executar o software usando um computador Mac ou Windows.

Instalando o software de exame prático

Examine os requisitos de sistema antes de prosseguir com a instalação.
Siga as instruções para Windows ou Mac OS.

Etapa 1   Abra o arquivo Material complementar do livro.

Etapa 2   Localize o arquivo "Installer.exe" e clique duas vezes sobre ele.

Etapa 3   Siga as instruções na tela para instalar o aplicativo.

Apêndice I   Material complementar   **491**

> *Nota   Se visualizar uma mensagem de erro ao instalar o software, verifique se seu antivírus ou programa de segurança da Internet está desativado e tente instalar o software mais uma vez. Você poderá ativar o antivírus ou o programa de segurança da Internet novamente após a instalação terminar.*

Executando o software Practice Exam

Após concluir a instalação do software, siga as instruções a seguir.

Windows

Após instalar, você poderá iniciar o aplicativo usando um dos dois métodos a seguir:

- Clique duas vezes no ícone Oracle Press Java Exams em sua área de trabalho.
- No menu Iniciar, clique em Programas ou Todos os Programas. Clique em Oracle Press Java Exams para iniciar o aplicativo.

Mac OS

Abra a pasta Oracle Press Java Exams dentro da pasta Aplicativos de seu Mac e clique duas vezes no ícone Oracle Press Java Exams para executar o aplicativo.

Recursos do software Practice Exam

O software fornece uma simulação do exame real. Ele também apresenta um modo personalizado que você pode usar para gerar questionários por área de objetivo do exame. O modo de questionário (Quiz) é o padrão. Para iniciar uma simulação do exame, selecione um dos botões de exame OCA no topo da tela ou marque a caixa de seleção Exam Mode na parte inferior da tela e selecione o exame OCA na janela personalizada.

O número de questões, seu tipo e o período de tempo permitido na simulação do exame foram projetados para ser uma representação do exame real. O modo de exame personalizado (Custom) inclui dicas e referências, e explicações detalhadas das respostas são fornecidas pelo recurso Feedback.

Quando você iniciar o software, um relógio digital aparecerá no canto superior direito da janela de perguntas. O relógio continuará a contagem a menos que você opte por terminar o exame selecionando Grade The Exam.

Removendo a instalação

O software de exame prático é instalado na unidade de disco rígido. Para obter melhores resultados na remoção do programa com um PC Windows, use a opção Painel de Controle | Desinstalar um programa e selecione Oracle Press Java Exams para fazer a desinstalação.

Para obter melhores resultados na remoção do programa com um Mac, vá até a pasta Oracle Press Java Exams na pasta Aplicativos e arraste o ícone Oracle Press Java Exams para a lixeira.

Ajuda

Um arquivo de ajuda é fornecido por intermédio do botão Help no canto superior direito da página principal. Um arquivo readme também foi incluído na pasta Bonus Content e fornece mais informações sobre o conteúdo adicional que é disponibilizado com o livro.

Cópia gratuita do livro em inglês em PDF

O conteúdo inteiro do Programmer I Study Guide é fornecido em formato PDF. Baixe o Adobe Acrobat Reader a partir de www.adobe.com.

Conteúdo adicional

As pastas Sample Code e Enterprise Architect project do material complementar incluem exemplos de código e um arquivo de projeto EAP contendo diagramas UML que foram gerados e usados como fonte das figuras do livro. Para acessar o arquivo EAP, abra a pasta Enterprise Architect. Para acessar os exemplos de código, abra a pasta NetBeans Sample Code.

O Enterprise Architect (EA) é uma ferramenta CASE que dá suporte à modelagem UML e à engenharia reversa de código-fonte. O EA foi usado na criação dos esboços de diagrama UML deste livro. Já que saber UML é um requisito do exame, os autores incluíram o arquivo de projeto dos diagramas no material complementar para ajudá-lo em seu aprendizado.

Para abrir o arquivo de projeto, você precisa ter uma versão do EA. É possível baixar uma versão de teste do aplicativo válida por 30 dias a partir do site da Sparx Systems em http://www.sparxsystems.com/products/ea/trial.html. Uma vez que ela estiver instalada, você poderá visualizar e modificar todos os diagramas UML. Os diagramas encontram-se organizados no projeto EA como foram apresentados em cada capítulo. Consulte o Apêndice G para obter informações detalhadas sobre UML.

Suporte técnico

Informações de suporte técnico serão fornecidas nas próximas seções para cada recurso.

Solução de problemas no Windows 8

Veremos agora os erros relatados que ocorreram no Windows 8. Consulte as informações a seguir sobre a resolução desses problemas conhecidos.

Se ao instalar o software você visualizar uma mensagem de erro, como "The application could not be installed because the installer file is damaged. Try obtaining the new installer from the application author", talvez tenha que desativar seu antivírus ou programas de segurança da Internet e instalar o software mais uma vez. Você poderá ativar o antivírus ou o programa de segurança novamente após o término da instalação.

Para obter mais informações sobre como desativar programas de antivírus no Windows, visite o site do fornecedor do programa. Por exemplo, se você usa os produtos Norton ou MacAfee, visite o site da empresa e procure "how to disable antivirus in

Windows 8" (como desativar o antivírus no Windows 8). Programas de antivírus são diferentes de tecnologia de firewall, logo, certifique-se de desativar o programa de antivírus e de reativá-lo após ter instalado o software.

Embora o Windows não inclua um programa de antivírus padrão, ele costuma detectar programas de antivírus que você ou o fabricante de seu computador instalou e normalmente exibe o status na Central de Ações, localizado no Painel de Controle sob Sistema e Segurança (selecione Verificar o status do computador). O recurso de ajuda do Windows também pode fornecer mais informações sobre como detectar o programa de antivírus. Se o programa de antivírus estiver ativado, verifique o recurso de Ajuda incluído nele para ver informações de como desativá-lo.

O Windows não detecta todos os programas de antivírus. Se o seu não for exibido na Central de Ações, tente digitar o nome do programa ou de seu fornecedor no campo de busca do menu Iniciar.

Suporte ao conteúdo da McGraw-Hill Education

Para esclarecer dúvidas relacionadas à cópia do livro em inglês em PDF ou ao conteúdo do software envie um e-mail para techsolutions@mhedu.com ou visite http://mhp.softwareassist.com.

Para dúvidas relacionadas ao conteúdo do livro, envie um e-mail para customer.service@mheducation.com. Leitores de fora dos Estados Unidos devem enviar o e-mail para international_cs@mheducation.com.

O Grupo A não se responsabiliza pelo funcionamento dos programas e dos arquivos complementares disponibilizados neste livro.

Glossário

abstract   Um modificador que indica que uma classe ou um método tem algum comportamento que deve ser implementado por suas subclasses.

anotação   Metadados que fornecem informações adicionais sobre o programa, mas não compõem diretamente o aplicativo resultante. As anotações são sempre precedidas por @.

API Swing   Interface rica de programação de aplicativos de GUI contendo um modelo de eventos usado na criação e gerenciamento de interfaces de usuário.

argumento de método   Variável que é passada para o método. Um método pode ter vários ou nenhum argumento.

array   Um grupo de tamanho fixo com variáveis ou referências do mesmo tipo que são acessadas com um índice.

ArrayList   Uma implementação redimensionável da interface List como um array. Representação orientada a objetos para um array.

asserções   Expressões booleanas usadas para validar se o código funciona como esperado na depuração.

associação por composição   Um relacionamento do tipo "conjunto-parte" entre classes em que o conjunto é responsável pelo tempo de vida de suas partes. A composição também é conhecida como *contenção* e é um relacionamento forte.

atributos   O estado das variáveis (campos) de instância ou estáticas de uma classe.

autoboxing   Um recurso de conveniência em Java que permite que um primitivo seja usado como sua classe wrapper sem nenhuma conversão especial feita pelo desenvolvedor.

AutoCloseable   Uma interface Java que representa um recurso que deve ser fechado quando não for mais necessário. Objetos que herdam de AutoCloseable podem ser usados com a instrução try-with-resources.

AWT   O *Abstract Window Toolkit* é o pacote original para o desenvolvimento de interfaces de usuário multiplataforma.

bean   Um componente de software reutilizável que obedece às convenções de design e nomenclatura.

biblioteca   Conjunto de classes compiladas que adicionam funcionalidades a um aplicativo Java.

bloco   Código inserido entre chaves – por exemplo, { int x; }.

boolean   Uma palavra-chave Java (boolean) usada para definir uma variável primitiva como tendo um tipo booleano com um valor true ou false. A classe wrapper correspondente é Boolean.

byte   Uma palavra-chave Java (byte) usada para definir uma variável primitiva como um inteiro com 1 byte de armazenamento. A classe wrapper correspondente é Byte.

bytecode   O nome de um binário Java compilado.

caminho absoluto   O caminho completo de um diretório ou arquivo a partir do diretório raiz. Por exemplo, C:\NetBeansProject\SampleProject é um caminho absoluto. Os caminhos ..\ SampleProject ou Projects\SampleProject são relativos.

caminho relativo   Caminho que não está ancorado à raiz de uma unidade. Sua resolução depende do caminho atual. Por exemplo, ../usr/bin é um caminho relativo. Se o caminho atual fosse /home/user/Documents, esse caminho seria convertido para /home/usr/bin.

Caractere Unicode   Conjunto de caracteres de 16 bits que compõe o padrão Unicode.

casting   Consulte *coerção*.

char Uma palavra-chave Java (char) usada para definir uma variável como um caractere Unicode específico com 2 bytes de armazenamento. A classe wrapper correspondente é Character.

Checkstyle Uma ferramenta de desenvolvimento que ajuda os programadores a escrever código Java que siga padrões de codificação. Acesse http://checkstyle.sourceforge.net/ para obter informações.

classe Um tipo Java que define a implementação de um objeto. As classes incluem variáveis de instância, variáveis de classe e métodos. Elas também especificam a superclasse da qual herdam e as interfaces que implementam. Todas as classes herdam da classe Object.

classe base Consulte *superclasse*.

classe concreta Uma classe que tem todos os seus métodos implementados. As classes concretas podem ser instanciadas.

classe filha Consulte *subclasse*.

classe pai Consulte *superclasse*.

classpath Uma variável que inclui um conjunto de argumentos que informam à máquina virtual Java onde procurar classes/pacotes definidos pelo usuário.

coerção Conversão de um tipo em outro, como na conversão/coerção de um primitivo long em um primitivo int.

coerção de primitivo Técnica em Java que altera o tipo de dado primitivo de uma variável para outro tipo primitivo.

coleta de lixo Nome do processo Java que consome objetos que não estão mais em escopo e que libera sua memória.

comentário Texto dentro de um arquivo-fonte que fornece explicações sobre o código associado. Em Java, os comentários são delimitados pelos símbolos // (linha única), /*...*/ (várias linhas) ou /**...*/ (várias linhas, para Javadoc).

construtor Um método que inicializa um novo objeto.

construtor padrão O construtor vazio que será usado automaticamente pelo compilador se não forem definidos outros construtores.

DateTimeFormatter Uma classe da API de data e hora. A classe DateTimeFormatter é um formatador para exibição e parsing de objetos de data-hora.

declaração Uma instrução que estabelece um identificador com atributos associados. A declaração de uma classe lista suas variáveis e métodos de instância. Declarações dentro de métodos definem o tipo das variáveis locais.

desreferência Termo usado para descrever quando um objeto perde uma referência. Isso pode resultar de uma variável que passou por uma nova atribuição ou que saiu de escopo.

double Palavra-chave (`double`) Java usada para definir uma variável primitiva como um número de ponto flutuante com 8 bytes de armazenamento. A classe wrapper correspondente é `Double`.

Duration Uma classe da API de data e hora. A classe `Duration` fornece um período ao longo da linha de tempo em nanossegundos.

encapsulamento O princípio da definição (projeto/design) de uma classe que expõe uma interface pública concisa ao mesmo tempo em que oculta de outras classes os detalhes de sua implementação.

Error Uma subclasse da classe `Throwable`. A classe `Error` indica problemas que um aplicativo não deve tentar capturar.

escopo Bloco de código em que uma variável continua existindo e pode ser usada.

Exception Uma subclasse da classe `Throwable`. A classe `Exception` indica problemas que um aplicativo pode querer capturar.

expressão lambda Uma expressão lambda, também conhecida como closure, fornece um meio para a implementação da instância de uma classe anônima de uso único contendo um único método. Em outras palavras, a expressão lambda fornece um meio de representar métodos anônimos.

FI Acrônimo de interface funcional – uma interface que tem um único método abstrato e zero ou mais métodos padrão.

FindBugs Um programa que usa análise estática para procurar bugs em código Java. Acesse findbugs.sourceforge.net para obter mais informações.

float Palavra-chave (`float`) Java usada para definir uma variável primitiva como um número de ponto flutuante com 4 bytes de armazenamento. A classe wrapper correspondente é `Float`.

fluxo Mecanismo usado para a transmissão de elementos a partir de uma origem de dados por intermédio de um pipeline computacional.

genérico Termo usado para uma classe ou interface genérica que pode ser passada como parâmetro. Isso permite que métodos e objetos operem com objetos de diferentes tipos mesmo com verificações de tipos de dados sendo executadas em tempo de compilação.

getter Método público simples usado para retornar uma variável de instância privada.

Git Sistema de controle de versões distribuído de fonte aberta.

heap   Área na memória em que objetos são armazenados.

herança   Habilidade de uma classe Java estender outra e ganhar sua funcionalidade.

IDE   Acrônimo de *integrated development environment* (ambiente de desenvolvimento integrado). Conjunto de ferramentas de desenvolvimento que permite que os desenvolvedores editem, compilem, depurem, conectem-se com sistemas de controle de versões, colaborem e façam muito mais dependendo da ferramenta específica. A maioria dos IDEs modernos tem recursos complementares (add-ins) para vários módulos de software para aumentar suas capacidades. Os IDEs populares são o NetBeans IDE, o JDeveloper, o Eclipse e o IntelliJ IDEA.

Instant   Uma classe da API de data e hora. `Instant` representa um carimbo de hora (timestamp) numérico.

instrução   Comando que realiza uma atividade quando executado pelo interpretador Java. Os tipos de instrução Java comuns são os de expressão, condicionais, de iteração e de transferência de controle.

instrução condicional   Um fluxo de controle de tomada de decisão usado para executar instruções e blocos de instruções condicionalmente. Exemplos são `if`, `if else`, `if else if` e `switch`.

instrução de atribuição   Uma instrução que permite a definição ou a redefinição de uma variável ao atribuirmos a ela um valor. Em código Java é representada pelo operador de igualdade (=).

instrução de expressão   Uma instrução que altera parte do estado do aplicativo. As instruções de expressão incluem as chamadas de método, atribuições, criação de objetos, pré/pós-incrementos e pré/pós-decrementos. A instrução de expressão tem como resultado um único valor.

instrução de iteração   Fluxo de controle no qual uma instrução ou um bloco de instruções é percorrido, de acordo com o estado mantido em uma variável ou expressão. O laço `for`, o laço `for` melhorado e as instruções `while` e `do-while` são usados na iteração.

instrução de transferência de controle   Instrução usada para alterar o fluxo de controle de um aplicativo. As instruções de transferência de controle são `break`, `continue` e `return`.

instrução import   Instrução usada no começo de uma classe que permite que pacotes externos sejam disponibilizados dentro da classe.

int   Palavra-chave Java (`int`) usada para definir uma variável primitiva como um inteiro com 4 bytes de armazenamento. A classe wrapper correspondente é `Integer`.

interface Definição dos métodos públicos que devem ser implementados por uma classe.

interface funcional Também conhecida como método abstrato único (SAM). Uma interface que tem um único método abstrato e, portanto, representa um contrato de uma única função.

J2EE Acrônimo de *Java 2 Platform, Enterprise Edition*. Termo legado de Java EE. Consulte *Java EE*.

J2ME Acrônimo de *Java 2 Platform, Micro Edition*. Termo legado de Java ME. Consulte *Java ME*.

J2SE Acrônimo de *Java 2 Platform, Standard Edition*. Termo legado de Java SE. Consulte *Java SE*.

JAR Acrônimo de *Java Archive*. Um arquivo JAR é usado para armazenar um conjunto de arquivos de classes Java. Ele é representado por um único arquivo com a extensão .jar no sistema de arquivos. Pode ser executável. O arquivo JAR é baseado no formato de arquivo ZIP. Um arquivo JAR é criado com o utilitário jar e pode conter um arquivo de manifesto referenciando a classe principal.

JAR executável Arquivo JAR contendo um arquivo manifest.mf no diretório META-INF com o atributo `Main-Class` configurado com um método `public static void main(String args[])`.

Java EE Acrônimo de *Java Platform, Enterprise Edition*. Plataforma de desenvolvimento de softwares que inclui um conjunto de especificações de APIs empresariais para Enterprise JavaBeans, servlets e JavaServer Pages. A compatibilidade com Java EE é obtida quando um servidor de aplicativos (compatibilidade total) ou contêiner web (compatibilidade parcial) implementa as especificações Java EE necessárias.

Java ME Acrônimo de *Java Platform, Micro Edition*. Plataforma de desenvolvimento de softwares que inclui um conjunto de APIs projetadas para dispositivos embarcados.

Java SE Acrônimo de *Java Platform, Standard Edition*. Plataforma de desenvolvimento de softwares que inclui um conjunto de APIs projetadas para desenvolvimento de aplicativos clientes.

JavaBean Componente Java reutilizável baseado em um modelo de componente reutilizável independente de plataforma em que um meio padronizado é usado para acessar e modificar o estado de objeto do bean.

Javadoc Ferramenta que produz documentação HTML a partir de comentários extraídos de código-fonte Java. Os símbolos de comentário e as anotações devem seguir a especificação Javadoc.

JavaFX   Plataforma de cliente rica que fornece uma UI Java leve e acelerada por hardware.

jConsole   Ferramenta de monitoramento e gerenciamento que faz parte do JDK. Permite o monitoramento local ou remoto de um aplicativo para o rastreamento do uso de memória e CPU. Estabelece conexão e usa informações fornecidas com o uso do Java Management Extension (JMX).

JDK   Acrônimo de *Java Development Kit*. Conjunto de utilitários de desenvolvimento para a compilação, depuração e interpretação de aplicativos Java. O Java Runtime Environment (JRE) vem incluído no JDK.

JRE   Acrônimo de *Java Runtime Environment*, um ambiente usado para execução de aplicativos Java. Contém JVMs básicas de cliente e servidor, classes básicas e arquivos de suporte.

JVM   Acrônimo de *Java virtual machine*, o ambiente independente de plataforma em que o interpretador Java é executado.

literal   Valor representado como um inteiro, um número de ponto flutuante ou um caractere que pode ser armazenado em uma variável. Por exemplo, 1115 é um literal inteiro, 12.5 é um literal de ponto flutuante e A é um literal de caractere.

LocalDate   Uma classe da API de data e hora. A classe LocalDate armazena a data e a hora assim: 2015-03-15.

LocalDateTime   Uma classe da API de data e hora. A classe LocalDateTime armazena a data e a hora assim: 2015-03-15T12:00.

LocalTime   Uma classe da API de data e hora. A classe LocalTime armazena a data e a hora assim: 12:00.

long   Palavra-chave Java (long) usada para definir uma variável primitiva como um inteiro com armazenamento de 8 bytes. A classe wrapper correspondente é Long.

método   Procedimento que contém o código para a execução de operações em uma classe.

método acessor   Um método usado para retornar o valor de um campo privado. Consulte também *getter*.

método de classe   O nome de um método que não é estático e pertence a uma classe específica.

método modificador   Método usado para definir o valor de um campo privado. Consulte *setter*.

modificador package-private Modificador padrão que permite acesso somente de pacote à classe, interface, construtor, método ou membro de dados relacionado.

modificadores de acesso Modificadores que definem os privilégios de acesso de interfaces, classes, métodos, construtores e membros de dados. Os modificadores de acesso são *package-private*, private, protected e public.

módulo Operador de produção de resto (%).

multi-catch Cláusula que permite que existam vários argumentos de exceção na mesma cláusula catch.

null Palavra-chave Java (null) que representa uma constante reservada que não aponta para nada. Especificamente, um tipo nulo tem uma referência nula (void) representada pelo literal null.

objeto Instância de uma classe criada em tempo de execução a partir de um arquivo de classe.

operador Elemento Java que executa operações com até três operandos e retorna um resultado.

operador aritmético Operador da linguagem de programação Java que executa operações de adição (+), subtração (-), multiplicação (*), divisão (/) ou produção de resto (%).

operador bitwise Também conhecido como operador bit-a-bit. Um operador da linguagem de programação Java que pode ser usado na comparação de dois operandos de tipo numérico ou dois operandos de tipo boolean. Os operadores bitwise são AND (&), XOR bitwise (^) e OR bitwise (|).

operador de atribuição composta Um operador com sintaxe abreviada que é usado no lugar da atribuição de um operador aritmético ou bitwise. O operador de atribuição composta avalia os dois operandos primeiro e, em seguida, atribui os resultados ao primeiro operando.

operador de concatenação Um operador (+) usado para concatenar (unir) duas strings.

operador de incremento/decremento pós-fixado Esses operadores fornecem uma maneira abreviada de incrementar e decrementar o valor de uma variável em uma unidade após a expressão ter sido avaliada.

operador de incremento/decremento pré-fixado Operadores que fornecem uma maneira abreviada de incrementar e decrementar o valor de uma variável em uma unidade antes da expressão ter sido avaliada.

operador lógico Operadores da linguagem de programação Java que executam operações lógicas, como o NOT Boolean (!), o AND condicional (&&) e o OR condicional (||).

operador relacional Operador da linguagem de programação Java que executa operações relacionais como menor que (<), menor ou igual a (<=), maior que (>), maior ou igual a (>=), igualdade de valores (==) e diferença de valores (!=).

orientação a objetos Princípio de projeto que usa objetos e suas interações no design de aplicativos. Cada objeto representa um conceito abstrato. Códigos e dados relacionados são armazenados juntos nos objetos. Isso é o oposto do que ocorre na programação procedural de uma linguagem como a C.

package Palavra-chave Java (package) que inicia uma instrução no começo de uma classe. A instrução indica o nome do pacote ao qual ela está associada. O nome totalmente qualificado de uma classe inclui o nome do pacote.

palavra-chave Palavra da linguagem de programação Java que não pode ser usada como identificador, isto é, como nome de método ou variável.O Java SE 8 possui 50 palavras-chave e cada uma foi projetada para uma finalidade específica.

parâmetro de método Variável que faz parte do escopo do método inteiro. É declarado na assinatura do método e inicializado a partir dos argumentos.

passagem por referência Ação de passar um argumento para um método em que a máquina virtual Java fornece ao método uma referência do mesmo objeto que foi passado para ela. É assim que os objetos são passados.

passagem por valor Ação de passar um argumento para um método em que a máquina virtual Java copia o valor para o método. É assim que os primitivos são passados.

perfil Termo usado em Java ME para descrever recursos mais específicos que uma máquina virtual Java de destino implementa.

Period Uma classe da API de data e hora. A classe Period expressa um período de tempo em unidades que são significativas para humanos, como em anos ou horas.

polimorfismo Conceito que permite que dados de um tipo sejam tratados e referenciados com o uso de um tipo mais geral. Tipos genéricos podem ser criados por intermédio da herança e da extensão de classes ou pela implementação de interfaces.

POSIX Acrônimo de *Portable Operating System Interface*. É um grupo de padrões definido pelo IEEE (Institute of Electrical and Electronics Engineers) que aborda APIs e utilitários de linha de comando.

precedência de operadores Ordem em que os operadores são avaliados quando há vários em uma expressão.

predicado Interface funcional que determina se o objeto de entrada atende aos critérios fornecidos.

primitivo Tipo de dado básico que não é um objeto. Os primitivos Java são `byte`, `short`, `int`, `long`, `float`, `double`, `boolean` e `char`.

private, modificador de acesso Palavra-chave Java que permite acesso somente de classe ao construtor, método ou membro de dados associado.

protected, modificador de acesso Palavra-chave Java que permite acesso de subclasse não pertencente ao pacote e acesso somente de pacote ao construtor, método ou membro de dados associado.

pseudocódigo Maneira estruturada de permitir que os projetistas representem algoritmos de programação de computadores em um formato legível por humanos.

public, modificador de acesso Palavra-chave Java que permite acesso irrestrito à classe, interface, construtor, método ou membro de dados associado.

RuntimeException Uma subclasse da classe `Exception`. A classe `RuntimeException` é a superclasse das exceções que podem ser lançadas durante o tempo de execução normal da máquina virtual Java.

SAM Acrônimo de *Single Abstract Method*. Consulte *interface funcional*.

servidor de aplicativos Um servidor (Java EE) que hospeda vários aplicativos e seus ambientes.

setter Método público simples que aceita um único argumento e é usado para definir o valor de uma variável de instância.

short Palavra-chave Java (`short`) usada para definir uma variável primitiva como um inteiro com armazenamento de 2 bytes. A classe wrapper correspondente é `Short`.

sobrecarga Processo que implementa mais de um método com o mesmo nome e tipo de retorno, mas que usa várias quantidades e/ou tipos de parâmetros para diferenciá-los. Em inglês, *overloading*.

sobrescrita Processo que sobrepõe o método de uma superclasse usando a mesma assinatura de método. Em inglês, *overriding*.

stream Consulte *fluxo*.

String, classe Classe que representa uma cadeia de caracteres imutável.

StringBuilder A classe `StringBuilder` representa uma sequência de caracteres mutável.

subclasse Classe que é derivada de outra classe por meio de herança. Também chamada de *classe filha*.

super Palavra-chave Java (`super`) usada para chamar métodos sobrescritos.

superclasse Classe usada para derivar outras classes por meio da herança. Também chamada de *classe pai* ou *classe base*.

SVN Apache Subversion, um sistema de controle de versões de código-fonte aberto.

this Palavra-chave Java usada para ajudar a referenciar qualquer membro do objeto atual. A palavra-chave `this` deve ser usada de dentro de um método de instância ou construtor.

tipo enumerado Um tipo com um conjunto fixo de constantes como campos.

try-catch Instrução que contém o código que captura (em inglês, "catch") exceções lançadas de dentro do bloco `try`, explicitamente ou pela propagação para cima por intermédio de chamadas de método.

try-catch-finally Instrução `try-catch` que inclui uma cláusula `finally`.

try-finally Instrução contendo uma cláusula `finally` que é sempre executada após o término bem-sucedido do bloco `try`.

try-with-resources Instrução que declara recursos que podem ser fechados automaticamente. Os objetos/recursos que são declarados devem implementar `AutoCloseable`.

unboxing Recurso de conveniência em Java que permite que um objeto wrapper (encapsulador) de primitivo seja usado como seu primitivo nativo sem nenhuma conversão especial feita pelo desenvolvedor.

Unicode, Padrão Sistema de codificação de caracteres projetado para formar um conjunto de caracteres universal. O Padrão Unicode é mantido pela organização de padrões Unicode Consortium.

variável de classe Consulte *variáveis estáticas*.

variável Termo usado para uma referência simbólica a dados em código Java.

variável de instância Variável que é declarada na classe em vez de em um método específico. O ciclo de vida da variável persiste enquanto o objeto existir. Essa variável faz parte do escopo de todos os métodos.

variável estática Variável que é declarada na classe, como no caso de uma variável de instância. Essa variável, no entanto, é comum a todos os objetos do mesmo tipo. Só existe uma instância dela para todos os objetos de um tipo específico. Todas as instâncias da classe compartilham a mesma variável.

variável local Variável que faz parte do escopo de um único método, construtor ou bloco.

void Palavra-chave usada para indicar que um método não retornará dados.

XML Acrônimo de *Extensible Markup Language.* Especificação de uso geral usada para criar linguagens de marcação. Essa especificação permite a criação de tags personalizadas em arquivos de texto estruturados. Soluções baseadas para a web costumam usar arquivos XML como arquivos de configuração, descritores de implantação e arquivos de biblioteca de tags.

Índice

Símbolos

" " (aspas duplas), 18–20
! (operador lógico de negação), 91–92, 94
!! (operador lógico OR), 90–91
!= (operador diferente de), 88–89, 94
% (módulo)
   definição, 495–506
   usando, 86–87, 94
& (operador AND bitwise, booleano), 94
&& (operador lógico AND), 90–91, 94
' ' (aspas simples), 18–20
( ) (parênteses)
   convenções Java para, 462
   precedência e sobreposição de operadores em, 94–96
   sobre, 18–20
   usando para retornar tamanhos em strings, 104
/ (divisão), 86–87, 94
/* */ (comentários), 18–20
/** */ (comentários), 18–20
* (multiplicação), 86–87, 94
+ (adição)
   como operador de concatenação de strings, 94, 97–101
   concatenação de strings em instruções if-then, 50–52
   concatenação, 495–506
   precedência de, 94
   usando, 86–87
+= (operador de atribuição por adição), 83
++x (operador de incremento pré-fixado), 87
- (subtração)
   não bitwise, 94
   precedência de operadores para, 94
   subtração usando, 86–87
-= (operador de atribuição por subtração), 83
-> (operador seta), 18–20
--x (operador de decremento pré-fixado), 87
. (ponto), 18–20, 94
// (barras comuns), 18–20
: (dois pontos), 18–20, 53–54
; (ponto e vírgula), 18–20, 46–47
< (operador menor que), 88, 94
<< (operador de deslocamento à esquerda), 94
< > (colchetes angulares), 18–20, 462
<< >> (aspas francesas), 462
<= (operador menor ou igual a), 88, 94
= (operador de atribuição), 83
== (operador de igualdade), 88–89, 94, 114

> (operador maior que), 88, 94
>> (operador de deslocamento à direita), 94
>>> (operador de deslocamento à direita sem sinal), 94
>= (operador maior ou igual a), 88, 94
? (ponto de interrogação), 53–54
?: (ternário condicional), 94
@Implements (anotação), 264–265
@Override (anotação), 21–22, 264–265
[ ] (colchetes), 18–20, 94, 229–231, 462
^ (acento circunflexo), 94
| (barra vertical), 94
|| (barra vertical dupla), 94
{ } (chaves)
   convenções para o uso, 462
   identificando blocos de código dentro, 188–190
   inclusão de várias instruções em, 48–49
   métodos para a formatação de chaves, 60–62
   sobre, 18–20
x-- (operador de decremento pós-fixado), 87, 94

A

abstração no design orientado a objetos, 3
abstract, 495–506
algoritmos de pseudocódigo
   convenções para uso, 468–469
   dicas de exame para, 468
   implementando em Java, 470
   usando pseudocódigo, 468
ambientes de desenvolvimento integrado. *Consulte* IDEs
anotação implements (@Implements), 264–265
anotações
   @Implements, 264–265
   @Override, 21–22, 264–265
   definição, 495–506
API de data e hora, 375–399
   classe LocalDate, 379
   classe LocalDateTime, 380
   classe LocalTime, 379
   classes relacionadas à criação de calendários, 377
   entendendo, 376–377
   formatação de dados, 386–391
   objetivo do exame para, 376
   pacotes temporais da linguagem Java e, 458
   períodos de calendário, 382–387
   prefixos de métodos para, 378
   revisão rápida para, 392
   suporte a data/hora legadas, 380–381
   teste e respostas para, 393–399
   tratando dados de calendário, 380–382

API Java de entrada/saída básica, 12–14
API Java de rede, 12–15
API Java de utilitários, 11–13
API Java do Abstract Window Toolkit, 14–15
API Java do Swing, 15–17
API JavaFX, 16–17, 495–506
aplicativo FindBugs, 100–101, 495–506
ArithmeticException, classe, exceção não verificada, 356
argumento de método, 495–506
arquitetura model-view-controller (MVC), 16
arquivo de projeto Enterprise Architect (EA), 492
ArrayIndexOutOfBoundsException, classe, exceção não verificada, 355
arrays multidimensionais, 232–235
   declarando, 232–234
   dicas de exame sobre, 234–235
   exemplo de, 232–233
   inicializando, 233–235
   objetivos do exame para, 228
   unidimensional versus, 238
   usando, 234–235
arrays unidimensionais
   declarando, 229
   multidimensionais versus, 238
   objetivos do exame para, 228
   sobre, 228–229
   usando, 230–232
arrays, 228–256. *Consulte também* classe ArrayList
   classe ArrayList versus, 238
   definição, 495–506
   demonstração, 149–150
   implementando, 239
   inicializando, 229–231
   multidimensionais, 232–235
   não são usados parênteses para retornar o tamanho, 104
   objetivos do exame para, 228
   resumo para a certificação, 157, 239
   revisão rápida para, 240
   sobre, 149–150, 228
   teste e respostas para, 242–245, 248–253
   unidimensionais, 228–232
asserções
   definição, 495–506
   tratando exceções com, 340–341, 362, 367, 368
AssertionError, classe, erro não verificado, 357
associação direcionada, 479–481
associações de classe muitos-para-muitos, 436–437
associações de classe um-para-um, 436–437
associações por agregação
   definição, 432–434, 439–440

representando, 479–480
associações por composição
  definição, 432–433, 440, 495–506
  representações UML de, 480–481
associações temporárias, 433–434, 439–440
associações um-para-muitos, 436–437
atributos
  compartimento dos atributos, 477–478
  definição, 495–506
  instrução package, 6–7
  pacote, 5
  UML, 475–477
autoboxing
  classes encapsuladoras de primitivos, 145–146
  definição, 495–506
AutoCloseable, 495–506
AWT, 14–15, 452, 495–506

B

bean, 495–506
biblioteca, 495–506
blocos de código. *Consulte* blocos
blocos try
  instrução try-catch-finally, 44–46, 348, 360–361, 495–506
  instrução try-finally, 346–348, 360–361, 495–506
  instrução try-with resources, 348–351, 360–361, 495–506
  instruções try-catch, 344–347, 360–361, 495–506
  resumo para a certificação, 358–359
  revisão rápida para, 360–361
blocos. *Consulte também* blocos try
  criando, 188–190
  definição, 495–506
  demonstração, 190–191
  determinando o escopo da variável em, 191–192
  escopo, 188–189, 495–506
  instruções dentro, 49
  usando variáveis locais em, 188–192
bytecode
  convertendo código-fonte para, 22–23
  definição, 2, 495–506
  interpretando, 25–26

C

calendários regionais, 380–381
calendários. *Consulte também* API de data e hora;
ClassCastException, classe, exceção não verificada, 356

ClassNotFoundException, exceção verificada, 353–354
CloneNotSupportedException, exceção verificada, 352–353
classe Period
  classes relacionadas à criação, 377
  formatação de dados para, 386–391
  implementando novas interfaces para, 380–381
  interoperabilidade entre, 382
  objetivo do exame para, 376
  períodos de calendário, 382–387
  regionais, 380–381
  tratando dados para, 380–382
caminhos
  absolutos, 495–506
  classpath, 28–29, 495–506
  gráficos UML, 478–481
  relativos, 495–506
caracteres
  aspas francesas, 462
  pontuação ASCII (American Standard Code for Information Interchange), 465
cenários e soluções
  API Java do Swing, 15
  instruções de iteração, 62–63
  instruções switch, 56
  instruções, 62–63
  modificadores de acesso, 270
  operadores, 93–95
  primitivos, 144
  usando instruções import, 7–8
Checkstyle, 495–506
ciclo de vida de objetos, 188–189, 193–194
classe ArrayList
  arrays padrão versus, 238
  definição, 495–506
  implementando arrays com, 239
  iterando por, 59–60
  modificando para remover elementos em expressões lambda, 418–419
  objetivo do exame para, 235–236
  resumo para a certificação, 239
  revisão rápida para, 240–241
  usando, 235–238
  teste e respostas para, 245–247, 253–256
classe Arrays, 231–232
classe base Object, herança de, 266–267
classe DateTimeFormatter
  definição, 495–506
  formatadores especializados, 390–392
  formatadores localizados, 387–389, 392
  formatadores predefinidos para, 386–388, 392

classe Duration, 495–506
classe filho. *Consulte* subclasses
classe Instant, 495–506
classe JFXPanel, 17
classe LocalDate, 379, 495–506
classe LocalDateTime, 380, 388, 495–506
classe LocalTime, 379, 495–506
classe Period, 382–387
   definição, 495–506
   método between, 385–386
   método get[interval] para, 383
   método is[state], 385–386
   método minus[interval], 384–385
   método normalized de, 385–387
   método of[interval] para, 382–383
   método parse, 382–383
   método plus[interval], 384–385
   métodos with[interval], 383
   revisão rápida para, 392
classe RuntimeException, 345, 495–506
classe String
   avaliando em instruções switch, 57
   definição, 495–506
   método charAt, 102–103
   método concat, 104
   método endsWith, 106
   método equals da, 114
   método equalsIgnoreCase, 108–110
   método indexOf, 103
   método length, 103–104
   método replace, 104–105
   método startsWith, 105
   método substring, 106
   método toLowerCase, 107
   método toUpperCase, 107
   método trim, 107
   métodos da, 101–110, 117–118
   quando usar, 97–98
   trabalhando com o método compareTo, 115
   usando parênteses para retornar tamanhos em, 104
   verificando a igualdade entre strings e objetos, 118, 124–125, 135–136
classe StringBuffer, 97–98
classe SwingNode, 17
classes abstratas
   definição, 258, 286
   dicas de exame para, 303–304
   interfaces como, 264–265
   polimorfismo e, 303–304
   representando com UML, 475–476
   sobre, 262–265, 284–285

classes auxiliares com expressões da FI Predicate, 417–418
classes base, 266–267. *Consulte também* superclasses
classes concretas
   definição, 258, 286, 495–506
   exemplo de herança usando, 273–276, 284–285
   polimorfismo e, 303–304
   sobre, 262–263, 273–274, 284–285
   teste e respostas para, 288, 292
classes de exceção personalizadas, 343–344
classes derivadas de pacotes, 31–34, 37–39
classes internas anônimas
   refatorando, 418–419
   usando para a interface Comparator, 409
classes pai. *Consulte* superclasses
classes. *Consulte também* herança; pacotes; *e classes específicas*
   acessando variáveis de instância com getters e setters, 272
   API Swing de Java, 16
   classe auxiliares com expressões da FI Predicate, 417–418
   concretas e abstratas, 262–265, 284–285
   construtor padrão para, 197
   convenções de nomenclatura para, 17–20, 151–153
   criando dados de calendário, 391
   dando suporte a data/hora legadas, 380–381
   definição, 495–506
   definindo métodos dentro, 180
   design de pacotes e agrupamento de, 5
   embutindo elementos Swing em JavaFX, 17
   estendendo ou herdando, 261
   estrutura de, 18–22, 31–35, 39–40
   exceção personalizada, 343–344
   herança e encapsulamento para variáveis de instância, 286–287
   hierarquia das classes Reader e Writer, 12–15
   hierarquia de exceção Java, 338–340
   implementando a interface Comparator a partir de, 407–409
   implementando interfaces, 284–285
   implementando usando modificadores de acesso, 272–274
   importando explicitamente, 7–8
   Java Collections Framework, 11–12
   LocalDate, 379
   LocalDateTime, 380
   LocalTime, 379
   Object, 266–267

objetivo do exame para, 17
objetos versus, 145–147
polimorfismo e herança de classes, 302–304, 306–310, 322
projetando com encapsulamento, 267–268
reconhecendo exceções comuns, 351–356, 360–361, 365–365, 371–373
relacionamentos de associação para, 436–437
relacionamentos de composição para, 437–440
representando com UML, 475–476
revisão rápida para, 31–32
símbolos e separadores em código-fonte, 18–20
StringBuilder, 108–112
usando classe interna anônima para a interface Comparator, 409
usando interfaces para implementar métodos, 282–285
classpath
    definição, 495–506
    manutenção no IDE, 28–29
cláusula multi-catch, 350–352, 360–361, 495–506
código-fonte
    compilando, 22–23
    opção -d para compilação, 23
    símbolos e separadores de, 18–20
coerção, 316–322
    definição, 495–506
    dicas de exame para, 302
    objetivo do exame para, 316–317
    objetos, 320–322
    oculta, 319
    primitivos, 317–318
    quando usar, 316–318
    resumo para a certificação, 322
    revisão rápida para, 323–324
    sobre, 316–317
    teste e respostas para, 328, 335–336
coleta de lixo
    ciclo de vida dos objetos e, 194
    definição, 495–506
    para gerenciamento de memória, 3–4
comentários, 18–20, 495–506
comparando números de ponto flutuante, 89–90
compilação e interpretação de código Java, 21–30
    compilando código-fonte, 22–23
    compilando e executando objetos, 149
    erros causados por operadores de atribuição, 83
    executando software empacotado, 28–30
    expondo casos extremos com compiladores, 58–59
    independência de plataforma e, 2–3
    interpretando bytecode, 25–26

    objetivo do exame para, 21–22
    opção -classpath para a compilação de código, 24–25
    revisão rápida para, 31–32
    teste e respostas para, 34–35, 41–42
compilador
    expondo casos extremos com, 58–59
    revelando bugs não encontrados por, 100–101
    sobre o compilador Java, 22–23
    verificando métodos anotados em, 264–265
composição de classe um-para-muitos, 438–440
composição de classe um-para-um, 438–439
constantes, 204
construtores, 194–197
    classe de exceção, 341–342
    classe StringBuilder, 112
    classe, 197, 205
    criando, 194–196
    criando objetos string com/sem, 96–97
    definição, 194, 495–506
    inicializando objetos com, 193
    objetivo do exame para, 194
    padrão, 197, 495–506
    palavra-chave super para o acesso, 198–201
    palavra-chave this para o acesso, 197–199
    revisão rápida para, 207
    sem tipo de retorno declarado para, 195
    sobrecarregando, 196–197
    teste e respostas para, 211–212, 221–223
controlador na arquitetura MVC, 16
convenções de nomenclatura
    classes, 17–20, 151–153
    getter e setter, 272
    identificadores de método, 181–182
    nomeando argumentos da cláusula catch, 360
    nomenclatura para parênteses Java, 462
    nomes de papéis das associações, 482
    resumo para a certificação, 158
    revisão rápida para, 160
    variável, 151–153
convenções de parênteses, 462
criando e chamando métodos, 182–184

D

dados
    acessando ocultos, 284–285
    armazenando em objetos, 148
    encapsulando código Java e, 3
    formatando calendário, 386–391

impossibilidade de instanciar tipos de dados de classe abstrata, 303–304
tratando calendário, 380–382
declarações
   arrays multidimensionais, 232–234
   arrays unidimensionais, 229
   combinando expressões com, 46–47
   definição, 495–506
   método insert, 111–112
definindo exceções, 341–343
dependências entre objetos, 433–434, 480–481
design orientado a objetos. *Consulte também* relacionamentos; UML
   abstração e, 3
   definição, 495–506
   encapsulamento em, 267–268
   herança e, 258
   métodos de engenharia de software para, 472
   modificadores de acesso em, 268–271
   polimorfismo, 259
   programando para uma interface, 305–307, 312–317
   sobre o de Java, 3, 145–146
design robusto, 3–4
designs de software reutilizáveis, 304–305
desreferência, 495–506
dicas de exame
   algoritmos de pseudocódigo, 468
   arrays multidimensionais, 234–235
   classes abstratas, 303–304
   coerção, 302
   composições e associações de classes, 430
   conceitos básicos de herança, 276
   enfoque em pacotes e classes, 442
   escrevendo/entendendo código, 152–154, 158
   formatadores, 388
   herança, 276
   obtendo resultados melhores no exame, 58–59
   opções, 25
   para objetos, 138, 152–153, 155, 157
   passando objetos por referência para os métodos, 187–188
   passando variáveis por referência e valores, 188
   perguntas contendo arrays multidimensionais, 234–235
   polimorfismo, 302, 306–307
   sobrecarregando métodos, 204
   variáveis, 152–153

E

cmpacotamento de código-fonte, 5–6
encadeando métodos, 108
encapsulamento, 267–272
   definição, 3, 495–506
   design de classes usando, 267–268
   design orientado a objetos de Java e, 3
   getter e setters, 271–272
   objetivos do exame para, 267–268
   ocultação de informações com, 267–268, 270–271
   resumo para a certificação, 284–285
   revisão rápida para, 286–287
   teste e respostas para, 289–291, 295–300
enumerações
   benefícios de, 150–151
   exemplos de, 155, 158
   objetivo do exame para, 138
   resumo para a certificação, 157
   revisão rápida para, 159–160
   sobre, 149–151
   teste e respostas para, 161–178
erros não verificados
   classe AssertionError, 357
   classe ExceptionInInitializerError, 357
   classe NoClassDefFoundError, 357–358
   classe OutOfMemoryError, 357–358
   classe VirtualMachineError, 357–358
   comuns, 356–357
   dica de exame para, 342–343
   sobre, 340–341
erros. *Consulte também* exceções verificadas; erros não verificados
   causados por operadores de atribuição, 83
   comparando mensagens de erro de JDK de terceiros, 58–59
   criando, 357–359
   demonstração, 357
   evitando erros de compilação da instrução de atribuição, 51
   evitando erros de tempo de compilação das palavras-chave this e super, 200–201
   introduzindo intencionalmente o seu próprio erro, 58–59
   mensagens de JDK de terceiros, 58–59
   reconhecendo, 351–356, 360–361, 365–365, 371–373
   resumo para a certificação, 358–359

terminação da instrução if e overflow, 53–54
tratando com exceções, 338–340
escopo das variáveis
   determinando em blocos de código, 191–192
   dominando, 204, 220–221
   limitando, 191–192
   objetivos do exame para, 188–189, 191–192
   revisão rápida para, 206
   teste e respostas para, 210, 220–221
escopo, 188–189, 495–506. *Consulte também* escopo das variáveis
especificações da UML, 473–474
estendendo classes. *Consulte* herança
exceções, 337–373
   alterando o fluxo do programa, 344–352, 360–361, 364–365, 370–371
   asserções para tratamento, 340–341
   base lógica e tipos de, 360, 362–363, 366–368
   capturando RuntimeExceptions ou a subclasse Exception, 345
   cláusula multi-catch, 350–352, 360–361
   coerção de objetos sem geração, 322
   criando classes personalizadas para, 343–344
   definindo, 341–343
   erros comuns, 356–358
   hierarquia Java de, 338–340
   instrução try-catch-finally, 44–46, 348, 360–361
   instrução try-finally, 346–348, 360–361
   instrução try-with resources, 348–351
   instruções try-catch, 344–347, 360–361
   lançando, 342–343, 360, 363–364, 368–370
   modelos de código do IDE NetBeans para, 351–352
   não verificadas, 340–343, 354–356
   objetivos do exame para, 338, 341–342
   propagando, 342–344
   reconhecendo comuns, 351–356, 360–361, 365–365, 371–373
   resumo para a certificação, 358–359
   revisão rápida para, 360–361
   sobre, 338
   teste e respostas para, 362–373
   vantagens de, 338–340
   verificadas, 338–343, 352–354
exceções não verificadas
   classe ArithmeticException, 356
   classe ArrayIndexOutOfBoundsException, 355
   classe ClassCastException, 356
   classe IllegalStateException, 355–356
   classe IndexOutOfBoundsException, 355
   classe NullPointer Exception, 355
   demonstração, 354–355
   dica de exame para, 342–343
   IllegalArgumentException, 354–355
   listagem de, 353–354
   NumberFormatException, 354–355
   sobre, 340–341
   teste e respostas para, 362–363, 366–368
exceções verificadas
   classe ClassNotFoundException, 353–354
   classe FileNotFoundException, 353–354
   classe InterruptedIOException, 353–354
   classe IOException, 353–354
   classe NoSuchMethodException, 353–354
   classe SQLException, 353–354
   CloneNotSupportedException, 352–353
   demonstração, 352–353
   listagem de comuns, 352–353
   teste e respostas para, 362–363, 366–368
   visão geral de, 338–343, 352–354
ExceptionInInitializerError, classe, erro não verificado, 357
executando o software de exame prático, 490–491
exemplo de simulador de planta, 276–282
exibição na arquitetura MVC, 16
expressões, armazenando em subpacotes, 12–13
expressões lambda, 401–428
   definição, 495–506
   escrevendo, 402–403
   interface Comparator implementada a partir de classe para, 407–409
   interface Comparator usada com classe interna anônima, 409
   interface funcional Predicate para, 413–419
   interface functional Comparator usada com, 409–413
   interfaces funcionais, 404–405
   modificando ArrayList para remover elementos em, 418–419
   pipelines e fluxos com, 406, 418–419
   programação funcional, 403–404
   refatorando com IDE, 418–419
   resumo para a certificação, 419
   revisão rápida para, 420
   sintaxe de, 405–407
   sobre, 402
   teste e respostas para, 421–428

F

ferramentas de linha de comando
  necessidade de uso, 23, 24
  objetivo do exame para, 21–22
  opção -classpath, 24–26
  opção -d, 23, 26–27
  opção -version, 27–29
FI Comparator
  expressões lambda com, 409–413
  implementando a partir de classe, 407–409
  usada com classe interna anônima, 409
FI Predicate
  classes auxiliares com, 417–418
  expressões lambda e, 402, 413–419
  passando expressão lambda para chamada de método, 416–418
  retornando expressão lambda por intermédio de parâmetro em, 418–419
  sintaxe de, 413
  sobre, 405, 495–506
  usando fluxos, filtros e o método foreach com, 417–418
FIs de uso específico (SPFIs) do JavaFX, 484–485
FIs. *Consulte* interfaces funcionais
FileNotFoundException, exceção verificada, 353–354
fluxos de dados, 12–14
fluxos, 417–418, 495–506
formatação de chaves no estilo Allman, 60–61
Formatação de chaves no estilo K&R, 60–61
formatadores. *Consulte também* classe DateTimeFormatter
  de data e hora especializados, 390–392
  dicas de exame para, 388
  localizados, 387–389, 392
  predefinidos, 386–388, 392
  usados com a classe LocalDateTime, 388
formatando
  chaves em código, 60–62
  dados de calendário, 386–391

G

genérico, 495–506
gerenciamento de memória com coleta de lixo interna, 3–4
getters
  acessando dados ocultos com, 284–285
  criando o acesso a variáveis de instância com, 272
  definição, 495–506
  encapsulamento usando, 271–272

  no IDE Eclipse, 156–157
  no IDE NetBeans, 184
  para variáveis de instância, 286–287
Git, 495–506
glossário, 495–506

H

heap, 495–506
herança, 258–300. *Consulte também*
 encapsulamento; polimorfismo
  criando interfaces, 264–266
  definição, 495–506
  demonstração, 266–267, 276
  dicas de exame para, 276
  estendendo para outras interfaces, 266–267
  exemplo com classes abstratas, 276–282
  exemplo usando classes concretas, 273–276, 284–285
  exemplos de codificação com e sem, 259–262
  objetivos do exame para, 258
  polimorfismo via classe, 302–304, 306–310, 322
  revisão rápida para, 286
  sobre classes concretas e abstratas, 262–265, 284–285
  sobre, 258
  sobrescrita de métodos com a palavra-chave super, 262–263
  teste e respostas para, 288–295, 298–300
hierarquia da classe Reader, 12–15
hierarquia da classe Writer, 12–15

I

IDE Eclipse, 156–157
IDE NetBeans
  métodos getter e setter em, 184
  modelos de tratamento de exceções de, 351–352
  refatorando expressões lambda com, 418–419
IDEs (ambientes de desenvolvimento integrado).
 Consulte também IDE NetBeans
  definição, 495–506
  Eclipse, 156–157
  ferramentas de linha de comando versus, 24
  formatação personalizável de, 60–61
IllegalArgumentException, classe, exceção não verificada, 354–355
IllegalStateException, classe, exceção não verificada, 355–356
imutabilidade das strings, 96–97

IndexOutOfBoundsException, classe, exceção não verificada, 355
inicializando
    arrays multidimensionais, 233–235
    arrays, 229–231
    objetos com construtores, 193
    objetos com o operador new, 147, 148
    objetos, 193
instâncias
    impossibilidade de instanciar tipos de dados de classe abstrata, 303–304
    instanciando objetos, 193
    verificando se o objeto é uma instância, 322
instrução de iteração, 495–506
instrução synchronized, 44–46
instruções assert, 44–45
instruções break
    sobre, 44–45, 56, 63–65
    usando instruções rotuladas com, 66–68
instruções case, 44–45, 56
instruções catch. *Consulte também* blocos try
    capturando RuntimeExceptions ou subclasses de Exception, 345
    cláusula multi-catch, 350–352, 360–361
    usando a API de logging junto com, 343–344
instruções condicionais
    definição, 44–46, 495–506
    if, 48–50
    if-then, 48–52
    if-then-else, 48, 49, 51–54
    instruções switch, 44–46, 48, 54–56
    objetivos do exame para, 48
    objetos da classe wrapper Boolean em, 50–52
    resumo para a certificação, 68
    revisão rápida, 69
    selecionando palavras-chave para, 62–64
    terminações abruptas usando instruções if, 53–54
    teste e respostas para, 71–73, 75–77
    tipos de, 48
instruções continue
    sobre, 44–45, 64–66
    usando instruções rotuladas com, 66–68
instruções de atribuição
    combinando declarações e expressões em, 46–47
    definição, 44–46, 495–506
    encadeando métodos em, 108
    evitando erros de compilação com valores booleanos em, 51
    resumo para a certificação, 68
    revisão rápida, 69
    sobre, 46–47
    teste e respostas para, 71, 74–75

instruções de expressão
    avaliando com instruções while, 60–61
    combinando com declarações, 46–47
    definição, 44–46, 495–506
    exemplos de, 46–47
    resumo para a certificação, 68
instruções de expressão de atribuição. *Consulte* instruções de atribuição
instruções de importação explícitas, 8–11
instruções de importação implícitas, 8–11
instruções de iteração
    cenários e soluções para, 62–63
    definição, 44–46
    instruções while, 44–45, 58, 60–62
    iterando por um ArrayList, 59–60
    laços do-while, 44–45, 58, 61–62
    laços for melhorados, 58
    laços for, 57–59
    objetivos do exame para, 57
    resumo para a certificação, 68
    revisão rápida, 69–70
    selecionando palavras-chave para, 62–64
    sobre, 57
    teste e respostas para, 73, 78
    tipos de 58
instruções de transferência de controle
    definição, 44–46, 495–506
    dicas de exame para, 67–68
    instruções break, 44–45, 56, 63–65
    instruções continue, 64–66
    instruções return, 44–46, 65–66
    objetivo do exame para, 63–64
    resumo para a certificação, 68
    revisão rápida, 69–70
    selecionando palavras-chave para, 62–64
    sobre, 63–64
    teste e respostas para, 73–73, 79
instruções do-while, 44–45, 58, 61–62
instruções if
    abordadas no exame, 51
    sobre, 48–50
    terminação causada por erro de overflow, 53–54
    usando objetos da classe wrapper Boolean em, 50–52
instruções if-then, 44–45, 48–52
instruções if-then-else, 44–45, 48, 49, 51–54
instruções import
    compilando código-fonte de outras classes com, 6–8
    definição, 495–506
    estáticas, 8–9
    substituindo implícitas por explícitas, 8–11

válidas, 7–8
instruções import estáticas, 8–9
instruções package, 5–7
instruções return, 44–46, 65–66
instruções rotuladas, 44–46, 66–68
instruções switch
   avaliando a classe String em, 57
   cenários e soluções de, 56
   dicas de exame para, 25
   sobre, 44–46, 48, 54–56
instruções vazias, 35
instruções while, 44–45, 58, 60–62
instruções, 43–79
   abordadas no exame, 44–46, 51
   cenários e soluções para, 62–63
   definição, 495–506
   inserindo instruções package em arquivos, 5–6
   instruções rotuladas, 44–46, 66–68
   iteração, 495–506
   resumo para a certificação, 68
   revisão rápida para, 69–70
   selecionando palavras-chave para, 62–64
   sobre, 44–46
   teste e respostas para, 71–79
IOException, exceção verificada, 353–354
interface Stream, 406–407
interfaces funcionais (FIs), 484–487
   anotando, 405
   Comparator, 409–413
   de uso geral, 485–487
   definição, 495–506
   FIs JavaFX de uso específico, 484–485
   Predicate, 402, 413–419
   procurando código-fonte de, 484
   sobre, 404–405
interfaces, 264–266. *Consulte também* interfaces funcionais; pacotes de interface de usuário
   definição, 258, 282, 495–506
   estendendo a herança para, 266–268
   implementando funcionalidade definida por, 282–285, 312–313
   implementando novo calendário, 380–381
   JavaFX para a criação, 17
   métodos públicos como classe, 271
   polimorfismo e a implementação, 303–305, 310–312, 322
   programando para, 305–307, 312–317, 322
   relacionamentos de realização para, 475
   representando com UML, 475–476
   sobre, 284–285
   Stream, 406–407
interoperabilidade entre calendários, 382

InterruptedIOException, exceção verificada, 353–354
interpretando código
   com a opção -classpath, 26
   com a opção -d, 26–27
   executando software de pacotes, 28–30
   interpretando bytecode, 25–26
   recuperando versão do interpretador, 27–29
   resumo para a certificação, 30
ISO 8601, 376–377

J

J2EE (Java 2 Platform, Enterprise Edition), 495–506
J2ME (Java 2 Platform, Micro Edition), 495–506
J2SE (Java 2 Platform, Standard Edition), 495–506
JAR (Java archive), 495–506
JAR executável, 495–506
Java
   convenções de parênteses para, 462
   definindo estrutura de classe em, 17–22
   encapsulamento de dados e código em, 3
   estrutura de classes, 18–22, 31–35, 39–40
   hierarquia de exceções em, 338–340
   implementando algoritmos de pseudocódigo em, 470
   independência de plataforma de, 2–3
   interoperabilidade entre calendários, 382
   objetivo do exame para, 2
   pacotes de, 4–11, 442
   palavras-chave válidas, 460
   segurança e robustez de, 3–4
   sobre, 2
   suporte ao Padrão Unicode, 464
Java Collections Framework, 11–12
Java Development Kit (JDK)
   definição, 495–506
   demonstração, 23
   FIs de uso geral e específico de, 484–487
   sobre, 21–23
Java EE (Java Platform, Enterprise Edition), 495–506
Java Flight Recorder, 27
Java Language Specification, 358–359
Java ME (Java Platform, Micro Edition), 495–506
Java Mission Control, 27
Java SE (Java Platform, Standard Edition), 495–506
JavaBean, 495–506
Javadoc, 495–506
jConsole, 495–506
JDK. *Consulte* Java Development Kit
JRE (Java Runtime Environment), 495–506
JVM (máquina virtual Java), 3, 495–506

L

laços for melhorados, 58–60
laços for, 44–45, 57–60
lançando exceções, 342–343, 360, 363–364, 368–370
literais, 153–154, 495–506

M

matemática de ponto flutuante, 143–144, 318
Material complementar, 490–493
   arquivo de ajuda do, 490–491
   arquivo de projeto Enterprise Architect, 492
   executando o software de exame prático, 490–491
   exemplos de código do, 492
   instalando o software de exame prático, 490–491
   PDF deste livro, 491–492
   recursos do software de exame prático, 491–492
   removendo a instalação, 491–492
   requisitos de sistema para, 490
   sobre, 490
   solucionando problemas do Windows 8 para, 492–493
   suporte a conteúdo da McGraw-Hill Education, 493
método abstrato único (SAM). *Consulte* interfaces funcionais
método acessor, 495–506. *Consulte também* getters
método filter com a FI Predicate, 417–418
método foreach com a FI Predicate, 417–418
método principal, 202
método toString, 98–101
métodos de classe, 495–506
métodos estáticos
   classe Arrays, 231–232
   criando, 201–202, 207
   teste e respostas para, 213–214, 224–226
métodos públicos
   acessando e definindo valores de variáveis com, 271
   como interface de classe, 271, 282
métodos. *Consulte também* getters; setters
   abstratos, 262–263
   append, 110–111
   between, 385–386
   charAt, 102–103
   classe String, 101–110, 117–118
   classe StringBuilder, 108–109, 117–118
   compareTo, 115
   comuns da classe String, 102
   concat, 104
   corpo de, 182–183
   criando e chamando, 182–184
   criando objetivos, 182–183
   de classe, 495–506
   definição, 495–506
   delete, 111–112
   deleteCharAt, 111–112
   encadeamento, 108
   endsWith, 106
   equals, 114
   equalsIgnoreCase, 108–110
   estáticos da classe Arrays, 231–232
   estáticos, 201–202, 207, 213–214, 224–226
   FI, 404
   get[interval], 383
   getter e setter, 156–157, 184, 284–285
   herdando e implementando para classes, 259, 284–285
   identificadores de método, 181–182
   indexOf, 103
   insert, 110–112
   is[state], 385–386
   length, 103–104
   lista de parâmetros dentro, 181–182, 184, 191–193, 204
   minus[interval], 384–385
   modificadores de acesso para, 181
   normalized, 385–387
   objetivos do exame para, 180
   of[interval], 382–383
   parse, 382–383
   passando objetos por referência para, 187–188
   passando primitivos por valor para, 186–187
   plus[interval], 384–385
   prefixos da API de data e hora, 378
   públicos, 271, 282
   refatorando com o IDE NetBeans, 184
   replace, 104–105
   resumo para a certificação, 204
   reverse, 112
   revisão rápida para, 206
   sintaxe de, 180–181
   sobre parâmetros de métodos, 191–192
   sobrecarregando, 184–186, 204
   sobrepondo, 21–22
   startsWith, 105
   substring, 106
   teste e respostas para, 208–209, 215–217
   tipos de retorno para, 181–182
   toLowerCase, 107
   toUpperCase, 107
   trim, 107

uso opcional de instruções return em, 65–66
with[interval], 383
modelo na arquitetura MVC, 16
modelos de código para tratamento de exceções, 351–352
modificador de acesso package-private
    definição, 495–506
    representação em UML de, 477–478
    revisão rápida para, 286–287
    sobre, 269, 270, 284–285
modificador de acesso private
    definição, 495–506
    representação UML de, 477–478
    revisão rápida para, 286–287
    sobre, 268, 269
modificador de acesso protected
    definição, 495–506
    representação UML de, 477–478
    sobre, 268, 269
modificador de acesso public
    definição, 495–506
    representação UML de, 477–478
    revisão rápida para, 286–287
    sobre, 268, 270
    usando métodos públicos para expor a funcionalidade de objetos, 271
modificador padrão, 269, 270, 284–285
modificadores de acesso padrão, 286–287
modificadores de acesso, 268–271
    cenários e soluções para, 270
    definição, 495–506
    implementando classes com, 272–274
    ocultando informações com, 267–268, 270–271
    regra para uso, 271
    representando em UML, 477–479
    resumo para a certificação, 284–285
    revisão rápida para, 286–287
    usando para métodos, 181
modificadores de visibilidade, 477–479
modo de exame (software de exame prático), 491–492
modo de questionário (software de exame prático), 491–492
módulo (%)
    definição, 495–506
    usando, 86–87, 94
movendo métodos com o IDE NetBeans, 184
multiplicidades, 433–435, 440
    características de, 433–435
    definição, 433–434
    indicadores UML de multiplicidade, 481–482
    muitos-para-muitos, 435

um-para-muitos, 434–435
um-para-um, 434–435

N

navegação
    associação, 435, 439–440
    notações UML em caminhos gráficos para, 479–480
NoClassDefFoundError, classe, erro não verificado, 357–358
NoSuchMethodException, exceção verificada, 353–354
nome de classe totalmente qualificado, 5
nomes de papéis nas associações, 482
notas em UML, 480–481
NullPointerException, classe, exceções não verificadas, 355
NumberFormatException, classe, exceção não verificada, 354–355
números
    comparando de ponto flutuante, 89–90
    primitivos para matemática de ponto flutuante, 143–144
    tratando em arrays unidimensionais, 229
    usando sublinhados em números inteiros e de ponto flutuante, 153–154

O

Object Management Group (OMG), 472–474
objeto Float, 152–153
objetos da classe wrapper Boolean, 50–52
objetos de classe wrapper
    autoboxing de objetos primitivos, 145–146
    Boolean, 50–52
    convertendo primitivos em, 144–146
    exemplos de classes wrapper de primitivos, 155, 158
objetos mutáveis, 117
objetos nulos, 148–149
objetos string
    demonstração, 102
    encontrando bugs em, 100–101
    imutabilidade de, 96–97
    objetivo do exame para, 95–96
    operador de concatenação de strings, 97–101
    resumo para a certificação, 115–115
    revisão rápida para, 117–118
    sobre, 82, 95–98
    teste e respostas para, 122–124, 132–135

verificando a igualdade entre strings e objetos, 118, 124–125, 135–136
objetos StringBuilder, 108–112, 117–118
    construtores de, 112
    criando objetos string de caracteres mutáveis com, 97–98
    demonstração, 109
    método append de, 110–111
    método delete, 111–112
    método deleteCharAt, 111–112
    método insert, 110–112
    método reverse , 112
    métodos de, 108–109, 117–118
    objetivo do exame para, 108–110
    revisão rápida para, 117–118
    sobre a classe StringBuilder, 495–506
    strings de caracteres mutáveis e, 108–110
    teste e respostas para, 124, 135–136
objetos. *Consulte também* relacionamentos; *classes e tipos específicos de objetos*
    associação como referências de objeto para objeto, 439–440
    características de multiplicidades, 433–435
    ciclo de vida de, 188–189, 193–194
    classes versus, 145–147
    coerção entre primitivos e, 319
    coerção, 320–322
    compilando e executando, 149
    composições e associações de classes para, 430–432
    criando com a classe ArrayList, 235–236
    definição, 495–506
    dicas de exame para, 138, 152–153, 155, 157
    exemplos de, 155–156, 158
    expondo a funcionalidade de, 271
    inicializando, 147–148
    lendo ou gravando campos de objetos, 272–273
    metodologias anteriores à UML para, 472
    nulos, 148–149
    operador new para inicialização, 147, 148
    passando para método por referência, 186–188, 206
    passando para métodos, 186–188, 204, 206, 209–210, 217–220
    polimórficos, 302–303
    quando usar, 148
    relacionamentos *é-um* para, 302–304
    revisão rápida para, 159–160
    sintaxe para coerção, 317–318
    sobre, 145–146
    teste e respostas para, 161–178
    verificando se é do tipo apropriado, 321, 322

ocultação de informações
    examplo de, 272–274
    implementando modificadores de acesso com, 267–268, 270–271
OMG (Object Management Group), 472–474
opção -classpath, 24–26
opção -cp, 26
opção -d
    compilando código com, 23
    interpretando código com, 26–27
opção -version, 28–29
operações
    compartimento de operações, 477–478
    UML, 475–477
operador de concatenação de strings (+), 50–52, 94, 97–101, 495–506
operador instanceof, 322
operadores
    AND e OR, 93–95
    aritméticos básicos, 86–87
    atribuição, 83–86
    cenários e soluções para, 93–95
    definição, 495–506
    demonstração, 83
    igualdade, 88–91
    lógicos, 90–93
    new, 147
    objetivo do exame para, 82
    operadores de incremento/decremento pré-fixados e pós-fixados, 82, 87–88, 94, 495–506
    precedência de, 93–96, 115, 117, 495–506
    relacionais, 88–89
    resumo para a certificação, 214
    revisão rápida para, 116–117
    sobre, 82
    sobreposição, 93–96, 115
    teste e respostas para, 119–122, 126–132
    tipos de, 115
operadores aritméticos, 86–87, 495–506
operadores bitwise, 94, 495–506
operadores de atribuição
    compostos, 84–86, 94
    pseudocódigo, 86
    sobre, 83–86
operadores de atribuição composta
    definição, 495–506
    precedência de, 94
    usando, 84–86
operadores de concatenação, 50–52, 94, 97–101, 495–506
operadores de igualdade, 88–91

operadores de incremento pré-fixado e pós-fixado, 82, 87–88, 94
operadores de incremento/decremento pós-fixados, 82, 87–88, 94, 495–506
operadores de incremento/decremento pré-fixados, 82, 87–88, 94, 495–506
operadores lógicos de negação, 91–93
operadores lógicos, 90–93, 495–506
operadores relacionais, 88–89, 495–506
operadores ternários
  operandos de, 82, 83
  sobre, 48, 53–54
operandos
  inserção e número de, 82, 83
  promoção numérica de valores binários, 90–91
OutOfMemoryError, classe, erro não verificado, 357–358

P

pacote java.sql, 382
pacote java.time, 382
pacotes baseados em Extensible Markup Language (XML), 442, 455–458, 495–506
pacotes básicos, 444–446
pacotes da API Java de serviços de impressão, 453–454
pacotes da API JavaFX, 448–449
pacotes da API Swing, 448–451, 495–506
pacotes da linguagem, 443
pacotes de acessibilidade, 453–454
pacotes de API de som, 453–454
pacotes de criação de scripts, 447
pacotes de criptografia, 455
pacotes de integração do Remote Method Invocation (RMI), 447
pacotes de integração do RMI (Remote Method Invocation), 447
pacotes de integração, 446–448
  de script, 447
  definição, 442
  JDBC, 446
  JNDI, 447
  RMI, 447
  transações, 448
pacotes de interface de usuário, 448–454
  acessibilidade, 453–454
  API AWT, 14–15, 452, 495–506
  API de som, 453–454
  API Java de serviços de impressão, 453–454
  API JavaFX, 448–451
  API Swing, 451

definição, 442
pacote Java de I/O de imagem, 452
pacotes de transações, 448
pacotes do Java Database Connectivity (JDBC), 446
pacotes do Java Naming and Directory Interface (JNDI), 447
pacotes do JDBC (Java Database Connectivity), 446
pacotes do JNDI (Java Naming and Directory Interface), 447
pacotes Java de I/O de imagem, 452
pacotes javafx, 16–17
pacotes principais, 442–446
  definição, 442
  pacotes básicos, 444–446
  pacotes da linguagem, 443
  pacotes utilitários, 443–444
pacotes temporais, 442, 458
pacotes utilitários, 443–444
pacotes, 4–11, 442–458
  baseados em XML, 442, 455–458, 495–506
  código de empacotamento, 30
  definição, 495–506
  design de, 4–5
  ícones UML para, 473–474
  inserindo arquivos-fonte em, 5–6
  instruções import estáticas, 8–9
  instruções import para, 6–8
  integração, 446–448
  interface de usuário, 448–454
  java.awt, 14–15, 452, 495–506
  java.io, 12–15
  java.net, 12–15
  java.util, 11–13
  javafx, 16–17
  javax.swing, 15–16
  objetivo do exame para, 4
  prefixos java e javax para, 16
  principais, 442–446
  revisão rápida para, 31
  segurança, 453–455
  substituindo instruções de importação implícitas por explícitas, 8–11
  temporais, 442, 458
  teste e respostas para, 33, 36–37
  tipos em Java SE 8, 442
Padrão Unicode
  caracteres de pontuação ASCII, 465
  caracteres de, 495–506
  definição, 495–506
  sobre, 464
palava-chave interface, 264–266
palavra-chave null, 495–506

palavra-chave super
    características de, 205, 207, 212–213, 223–225
    referenciando superclasses de objeto, 198–201
    sobrescrevendo métodos com, 262–263
palavra-chave this
    acessando objetos e construtores com, 197–199
    acessando variáveis de instância com, 198–199
    características de, 205, 207, 212–213, 223–225
    definição, 495–506
palavra-chave, null, 495–506
palavras-chave reservadas, 460
palavras-chave, 198–201. *Consulte também* palavra-chave super; palavra-chave this
    boolean, 495–506
    byte, 495–506
    char, 495–506
    definição, 495–506
    double, 495–506
    extends, 286
    float, 495–506
    implements, 286
    int, 495–506
    interface, 264–266
    modificadores de acesso, 268–271
    package, 6–7
    reservadas, 460
    selecionando para instruções, 62–64
    short, 495–506
    static, 205, 207
    válidas em Java, 460
parâmetros de método
    arraycopy(), 230–232
    definição, 495–506
    listando, 181–182, 184, 204
    quando usar, 193
    sobre, 191–192, 206
passando
    objetos para métodos, 186–188, 204, 206, 209–210, 217–220
    primitivos, 186–187, 204
    variáveis por referência e por valor, 188, 206, 495–506
PDF deste livro, 491–492
perfis, 495–506
pilha de chamadas, 338–340
pipelines com expressões lambda, 406, 418–419
polimorfismo, 302–317
    definição, 495–506
    dicas de exame para, 302, 306–307
    exemplos de codificação de, 304–306
    herança de classes via, 302–304, 306–310, 322
    interfaces e, 303–305, 310–312, 322

objetivo do exame para, 302
resumo para a certificação, 322
revisão rápida para, 323
sobre, 259, 302–303
teste e respostas para, 325–335
unidirecional, 312
Portable Operating System Interface (POSIX), 495–506
POSIX (Portable Operating System Interface), 495–506
precedência de operadores, 93–96, 115, 117, 495–506
prefixos para métodos da API de data e hora, 378
primitivos
    booleanos, 139–140, 145–146
    byte, 140–141, 145–146, 318
    características de tipos de, 142–143, 318
    cenários e soluções para, 144
    char, 139–141, 145–146
    classe wrapper para, 144–146, 155, 158
    coerção entre objetos e, 319
    coerção oculta de, 319
    coerção, 316–318
    definição, 495–506
    dicas de exame para, 152–153, 157
    double, 142–143, 145–146, 318
    exemplos de, 154–155, 158
    float, 141–143, 145–146, 152–153, 318
    int, 140–142, 145–146, 318
    long, 141–142, 145–146, 318, 495–506
    mais usados, 145–146
    matemática de ponto flutuante com, 143–144
    objetivo do exame para, 138, 152–153
    passando para métodos, 186–187, 204, 206
    resumo de Java, 145–146
    revisão rápida para, 159–160
    short, 140–141, 145–146, 318
    sintaxe para coerção, 317–318
    sobre, 139
    teste e respostas para, 161–178
    usando objetos versus, 148
primitivos de tipo byte, 140–141, 145–146, 318
programação. *Consulte também* encapsulamento; herança
    adicionando funcionalidade a interfaces, 312–313
    alterando o fluxo de, 344–352, 360–361, 364–365, 370–371
    criando designs de software reutilizáveis, 304–305
    escrevendo/entendendo o código no exame, 152–154, 158
    estruturando código, 30
    executando refatoração de código, 61–62

expressões lambda, 403–404
formatando chaves em código, 60–62
literais, 153–154
melhores práticas, 17–19, 84–86, 182–183, 186–204, 271
para interfaces, 305–307, 312–317
para uma interface, 305–307, 322
usando diagramas UML para codificação, 475–476
usando modificadores de acesso, 271
usando operadores de atribuição composta, 84
Projeto Lambda, 402–403
promoção numérica de valores binários, 90–91
propagando exceções, 342–344
propriedades do sistema, 27–29
pseudocódigo
   definição, 495–506
   operadores de atribuição para, 86
   usando, 468

R

refatorando instruções de atribuição composta, 85
relacionamentos
   cenários e soluções para, 430–431
   especificando em UML, 480–482
   é-um, 302–304, 322, 475
   generalização, 475
   multiplicidades em, 433–435, 440
   navegação da associação, 435, 439–440
   realização, 475
   tipos de composição, 431–434, 440
relacionamentos de associação
   associação direta, 431–432, 439–440, 479–480
   associações por agregação, 432–434, 439–440, 479–480
   associações por composição, 432–433, 440
   associações temporárias, 433–434, 439–440
   definição, 430–432, 439–440
   exemplos de classe, 436–437
   navegação em, 479–480
   nomes de papéis das associações, 482
   quando usar, 430–431
   um-para-um, 436–437
relacionamentos de composição
   definição, 430–432, 439–440
   exemplos com classes, 437–440
   quando usar, 430–431
relacionamentos entre classes, 478–481
relacionamentos *tem-um*, 431–432
removendo o software de exame prático, 491–492

requisitos de sistema para o material complementar, 490

S

SAM (método abstrato único). *Consulte* interfaces funcionais
segurança
   design de Java para, 3–4
   pacotes para Java, 442, 453–455
separadores, 18–20
servidor de aplicativos, 495–506
setters
   acessando dados ocultos com, 284–285
   criando o acesso a variáveis de instância com, 272
   definição, 495–506
   encapsulamento usando, 271–272
   no IDE Eclipse, 156–157
   no IDE NetBeans, 184
   para variáveis de instância, 286–287
símbolos, 18–20
sintaxe
   array e ArrayList, 239
   coerção de objetos ou primitivos, 317–318
   expressões lambda, 405–407
   interface funcional Predicate, 413
   método, 180–181, 204
   string, 102
sistemas operacionais Mac
   compatíveis com o material complementar, 490
   executando o software de exame prático, 490–491
   instalando o material complementar, 490–491
   removendo o software de exame prático, 491–492
sistemas operacionais Windows
   compatíveis com o material complementar, 490
   executando o software de exame prático, 490–491
   instalando o material complementar, 490–491
   removendo o software de exame prático, 491–492
   solucionando problemas do material complementar no Windows 8, 492–493
sobre este livro
   exemplos de código do material complementar, 492
   PDF do livro, 491–492
   suporte a conteúdo da McGraw-Hill Education, 493
sobrecarregando
   construtores, 196–197
   definição, 495–506
   métodos, 184–186, 204

sobrescrevendo
    anotação @Override, 21–22
    definição, 495–506
    métodos com a palavra-chave super, 262–263
software de exame prático
    arquivo de ajuda de, 491–492
    executando, 490–491
    instalando, 490–491
    recursos de, 491–492
    removendo a instalação, 491–492
SQLException, exceção verificada, 353–354
strings de caracteres, mutáveis, 97–98, 108–110
subclasse Error, 495–506
subclasse Exception, 495–506
subclasses
    capturando RuntimeExceptions ou classes Exception, 345
    coerção de superclasses na movimentação para, 324
    definição, 286, 495–506
    teste e respostas para, 288, 289, 292–295
sublinhados em literais numéricos, 153–154
subpacotes, 12–13
superclasses
    coerção na movimentação para subclasses, 324
    referências da palavra-chave super a, 198–201
    teste e respostas para, 288, 289, 292–295
    usando em herança, 260–261
SVN (Apache Subversion), 495–506

T

técnica de modelagem de objetos, 472
tempo de execução
    capturando, exceções de subclasse em, 345
    Java Runtime Environment, 495–506
    verificando exceções não verificadas em, 340–341
tipo enumerado, 495–506
tipos de retorno dos métodos, 181–182
tratando exceções. *Consulte* exceções

U

UML (Unified Modeling Language)
    arquivo de projeto Enterprise Architect para, 492
    associações de composição em, 480–481
    associações direcionadas em, 479–481
    atributos e operações em, 475–477
    caracteres de aspas francesas em, 462
    engenharia de código usando diagramas, 475–476
    especificações da, 473–474
    especificadores de relacionamento para, 480–482
    exibindo relacionamentos com, 435
    ícones de pacotes de, 473–474
    indicadores de multiplicidade, 481–482
    indicando caminhos gráficos em, 478–481
    metodologias orientadas a objetos anteriores, 472
    modificadores de visibilidade, 477–479
    nome de papéis das associações, 482
    notas em, 480–481
    reconhecendo elementos de, 473–475
    representando associações por agregação, 479–480
    representando classes concretas, classes abstratas e interfaces com, 475–476
    sobre, 472
    tipos de diagramas, 473–474
unboxing
    definição, 495–506
    objetos da classe wrapper Boolean, 50–52
Unified Modeling Language. *Consulte* UML

V

valores
    erros de compilação com booleanos, 51
    métodos públicos para acesso e definição de variável, 271
    passagem por valor, 188, 206, 495–506
    passando primitivos para métodos por, 186–187
    passando variáveis por referência e, 188, 206, 495–506
    primitivos, 82
    promoção numérica de binários, 90–91
valores booleanos em instruções if, 51
variáveis. *Consulte também* variáveis de instância; escopo das variáveis
    coerção para tipos primitivos de, 151–152, 157–158
    convenções de nomenclatura para, 17–20, 151–153
    declarando locais, 188–193
    definição, 495–506
    dicas de exame para, 152–153
    diferenças entre passagem por referência e por valor, 188, 206, 495–506
    estáticas, 202–204, 207, 495–506
    fortemente tipificadas, 150–152, 157
    objetivo do exame para, 152–153
    primitivas, 138–143

usando enumerações para, 155, 158
variáveis de classe, 202–204, 207
variáveis de instância
   acessando com a palavra-chave this, 198–199
   criando o acesso a com getters e setters, 272
   definição, 495–506
   estado do objeto e, 182–183
   getter e setters para, 286–287
   ocultação de informações dentro, 270–271
   quando usar, 193
   resumo para a certificação, 205
   sobre, 191–193, 206
   teste e respostas para, 213–214, 224–226

variáveis e funções membro, 475–477
variáveis locais, 188–193, 206, 495–506
variáveis referência, 96–97
verificando a igualdade entre strings e objetos
   objetivo do exame para, 113
   revisão rápida para, 118
   sobre, 113
   teste e respostas para, 124–125, 135–136
   usando o método equals, 114
VirtualMachineError, classe, erro não verificado, 357–358
void, 495–506